독일시의 이해

조 두 환 지음

한국문화사

롤스의 시하에

• 책머리에 부쳐

    문학장르 중에서 가장 중요하고 원초적인 서정시 문학에 대한 이해 없이 한 나라의 문학을 올바르게 파악할 수 있을까? 보편적인 국민정서가 살아 움직이는 서정시를 거치지 않고 그 나라의 문화와 국민을 올바르게 관찰할 수 있을까? 이런 기본적 물음들은 독일을 이해하고자 하는 우리의 노력에 있어서 시의 역할이 얼마나 막중한가를 새삼 깨닫게 해 줄 것이다.

    그 동안 시는 '이해하기가 어렵다'는 이유로 사뭇 도외시되어 왔다. 꽤 여러 해 동안 대학 강단에서 독일시를 가르쳐 오면서, 정말 우리 실정에 마땅한 교재가 없다는 현실은 늘 가슴을 누르던 무거운 짐이었다. '이해하기 힘든' 시에 가중된 외국어의 장애가 이런 뒤늦음의 근거이지만, 그럴수록 아마도 이 책이 이 분야에 있어서 세상의 빛을 처음 보게 되는 것이라는 자부심이 더욱 커진다. 외국의 문화는 어떤 각도에서 바라보느냐에 따라 그 양상이 달라진다. 이해의 폭도 달라진다. 독일의 시문학을 읽고 생각하며 즐길 수 있는 우리의 눈 높이가 이 책의 출발점이다.

    교재의 내용은 문학사의 흐름과 연관하여 독일문화의 특성 전체를 바라볼 수 있는 시작품들을 바탕으로 한다. 학습효과 면을 검증해 보면서 시의 이해를 돕기 위한 해설도 곁들였다. 때에 따라서 우리말로 옮기기도 하였다. 독문학을 전공하지 않는 독자들을 위한 배려이다. 많은 참고자료가 이용되었다. 발췌, 인용, 소개를 위한 자료의 출처는 공유된 일반 지식의 경우, 책 말미에 참고도서 목록을 게재함으로써 대신하기로 한다. 이 책이 독일 시를 이해하는데 좋은 자료가 되었으면 한다.

2000년 9월 조 두 환

목 차

I. 터전 다지기 9
1. 시의 바탕 9
2. 시의 개념 17
3. 서정시의 영역 22
4. 시의 기능 30
5. 원문강독 34

II. 독일시의 율격(律格) Metrik 37
1. 시의 기본구성요소 37
   1.1. 시행 37
   1.2. 올림음과 내림음 37
   1.3. 박자 38
   1.4. 리듬 38
   1.5. 연(聯) 39
2. 각운(脚韻) Versfuß 40
   2.1. 의미 40
   2.2. 종류 40
3. 시행 분석연습 44
4. 운(韻) Reim 46
   4.1. 종류 46
   4.2. 형태 48
5. 시 용어 53

III. 시의 형태와 종류 63
1. 가요(歌謠) 63
2. 민요(民謠) 63
3. 담시(譚詩) 64
4. 설화(說話) 65
5. 소넷 65
6. 송가(頌歌) 66
7. 찬가(讚歌) 67
8. 비가(悲歌) 67
9. 격언시(格言詩) 68

IV. 원문강독: Über die Interpretation lyrischer Dichtung 69

V. 독일 서정시의 요람과 성장기 73
1. 태동 73
2. 민네장 76
3. 민요 82
   3.1. 민요의 생성과 특성 82
   3.2. <이 몸이 새라면···> 83
4. 중세의 붕괴와 인문주의 der Humanismus 86
   4.1. 루터의 종교개혁과 찬송가 87
   4.2. 시민문학과 장인가 89
5. 바로크 Das Barock 91
6. 계몽주의 Die Aufklärung 101
7. 슈트름 운트 드랑 Sturm und Drang 127
8. 괴테와 실러의 시문학 132
9. 전환기의 버팀목 164

10. 낭만주의 Die Romantik ·· 172
　10.1. 생성배경 ·· 172
　10.2. 전기 낭만주의 시인 ·· 176
　10.3. 후기 낭만주의 시인 ·· 186
　10.4 물질, 역사주의와 겨루는 마지막 낭만주의자 ······················ 201
　10.5. 이념을 넘어선 시인들 ·· 216
11. 사실주의 Der Realismus ·· 228
　11.1. 생성배경 ·· 228
　11.2. 시적 사실주의 ·· 231
　11.3. 고전주의의 잔영 ·· 244

Ⅵ. 현대 독일시 Ⅰ ·· 249
1. 자연주의 Der Naturalismus와 현대 ·· 249
2. 현대 실험시 ·· 252
3. 상징주의 Der Symbolismus ·· 255
　3.1. 생성배경 ·· 255
　3.2. 신시 운동 ·· 256
4. 인상주의 Der Impressionismus ·· 261
　4.1. 생성배경 ·· 261
　4.2. 시의 감각성 ·· 263
5. 신낭만주의 Neo-Romantik ·· 266
　5.1. 생성배경 ·· 266
　5.2. 직관력의 시인들 ·· 267
6. 20세기 시의 기둥 ·· 273
7. 고전주의의 그늘 아래 동트는 새 문학운동 ···································· 297
8. 신고전주의 Neo-Klassik ·· 303
9. 표현주의 Der Expressionismus ·· 304
　9.1. 생성배경 ·· 304

9.2. 환상과 열정의 시인들 ·· 307
   9.3. 진실을 능가하는 표현 ·· 318
   9.4. 현대시에 이르는 비탈길 ·· 330

Ⅶ. 현대 독일시 Ⅱ ·· 341
  1. 전쟁의 잿더미에서 재건되는 독일시 ·· 341
    1.1. 자연서정시 ·· 343
    1.2. 정치풍자시 ·· 346
    1.3. 언어실험시 ·· 347
    1.4. 초현실주의 Surrealismus와 다다이즘 Dadaismus ················ 348
    1.5. 구체시 Konkrete Poesie ·· 349
  2. 현대시인들 1 ·· 353
  3. 동독 출신의 시인들 ·· 374
  4. 현대시인들 2 ·· 384
  5. 현대시에 대한 반성과 전망 ·· 395

참고문헌 ·· 401

색인 ·· 411

I. 터전 다지기

> "예술가여, 형상화하라, 말로 하지 말라!"
> - Goethe -

1. 시의 바탕

인간은 본능적으로 자신이 보고, 듣고, 느끼고, 생각한 모든 것을 어떤 표현의 기능을 통하여 형상화하려고 노력한다. 그것은 곧 가락이 될 수도 있고, 색채 아니면 동작이 될 수도 있다. 그러나 그 중에서 가장 중요하게 여겨지는 것은 우리 인간이 의사소통의 도구로 쓰는 언어라는 매체이다. 언어는 정신의 지문(指紋)이라고까지 말하는 사람도 있지만, 말 이상으로 인간의 심상을 가장 효율적으로 표현하는 기능은 없으리라는 믿음은 오늘날까지도 여전히 널리 통용되고 있다.

그런 가운데 말과 글의 기능은 글쓰는 자의 태도와 방법에 따라서 확연히 달라진다. 즉 어떤 대상을 되도록 자세하게 또는 눈에 띄게 표현하려는 의지가 강조되는가 하면, 어떤 경우에는 그것을 암시적으로 또는 미학적으로 간결하게 하려는 소원이 앞서는 경우도 있다. 크게 구분해 보면, 철학, 역사, 웅변 등 토의의 기능이 중심인 산문과 일상어가 포용하고 있는 상식적인 논리 그 이상의 영역을 지향하는 운문이 언어활동의 중심을 이루고 있다. 전자의 분산기능에 비해서 후자는 응축활동에 본질을 둔다. '미니멀리즘', - 그것은 곧 시를 우리에게 필연적으로 존속케 하는 토대가 아닐 수 없다. 이에 따라 문학은 형태상 세 가지 기본장르로 나뉘는데, 그것은 각기 '이야기 하기 das Erzählen'과 '재현(연기) die Darstellung'을 바탕으로 하는 소설과 드라마와 더불어 개인체험에 대한 '고백 die Bekenntnis'을 생명으로 하는 시가 있다.

그러면 시는 어떤 것일까? 이러한 문제점을 쉽게 알아보기 위해서 시 한편을 예로 들어 살펴보자.

베를린의 경찰서장이
찾습니다:
1년에서 4년생의

세파트견.
혈통서가
있건 없건 상관없습니다

전제조건: 하자 없는 상태
무조건 사납고
철두철미한 추적본능

총성에 개의치 않으며
그리고
건강해야 합니다

주둥이 망을 단 채
무장없는 모의 범인에
실험 예정

최고
750 마르크

지불가능

연락처:
베를린 W-E 1
경찰서장

1 베를린 42
템펠호퍼 담 1-7
Tel. 69 10 91

통신부호
27 61
대시 64

Der Polizeipräsident
in Berlin sucht:
Schäferhundrüden.

Alter ein bis vier Jahre,
mit und ohne
Ahnentafel.

Voraussetzungen: einwandfreies Wesen
rücksichtslose Schärfe
ausgeprägter Verfolgungstrieb

Schußgleichgültig
und
gesund

Überprüfung

am ungeschützten Scheintäter
Hund mit Beißkorb

Gezahlt werden
bis zu
750,-DM

Angebote an:
Der Polizeipräsident
in Berlin W-E 1

1 Berlin 42
Tempelhofer Damm 1-7
Tel. 69 10 91

Apparat
27 61
Strich 64

 이것은 에리히 프라이트 Erich Fried의 <동물시장/구입 Tiermarkt/ Ankauf>이란 제목의 시이다. 시는 1970년 2월 28일과 3월 7일자 서부 베를린의 신문 ≪타게스 슈피겔 Tagesspiegel≫에 실린 어느 경찰서장의 평범한 광고문안을 어휘하나 변경함이 없이 그대로 되살린 것이다. 다만 시행과 연을 나눔으로써 새로운 표현기능으로 전환시켰다.
 물론 긴 산문을 이처럼 토막토막 잘라서 리드미컬하게 만들어 놓았다고 해서 시가 되는 것은 아니다. 잠언이나 경구, 광고문 같은 것들도 형식에 있어서 시의 속성을 지니고 있으나 시라고 부르기에는 부족한 점이 많지 않은가. 그러나 여기서 우리가 주목해야 할 사항은 광고로서의 서술 및 전달기능이 이제 암시와 함축을 전제로 한 시의 기능으로 바뀌었다는 점이다. 화자의 기능이 달라졌다. 의미의 영역도 어떤 전달통로의 제한에서 벗어나 활짝 열려있다고 할 수 있다. 독자의 참여와 역할도 그만큼 커졌다. 여기서 우리는 시의 중심을 이루고 있는 시행과 연, 운율의 역할이 말의 한 부분으로서 얼마나 큰가를 분명하게 알 수 있다.

인간의 감정표현 영역은 크게 '말 Logos'과 '정서 Pathos' 두 가지로 나뉜다. 앞의 것은 의미, 논리, 이성, 사상적 측면에, 뒤의 것은 정념, 영감, 감정적 측면에 해당된다. 인간의 생각은 말로 표현된다는 뜻에서 '언어적'인 데 비해, 정서는 말로 표현되기 어렵다는 점에서 '언어 이전 또는 그 이상의 것', 다시 말해서 '언어 초월적'이다. 그래서 결과적으로 언어의 보통영역을 떠난 양상이라 할 수 있다.

로고스는 그리스의 철학자 헤라클레이토스 Herakleitos(550-480 B.C.) 이래 그리스와 헬레니즘 철학에서 중심적 역할을 하는 어휘이다. 그것은 말의 기능으로서 기원전 8세기 로마의 서사작가 호메로스 Homeros에 이르러서는 '서사적 이야기 체' 또는 '연설' 등의 의미로, 다른 한편으로는 '셈'이나 '헤아림'같은 수학적인 배열을 바탕으로 한 뜻으로 쓰이기도 했다. 그리하여 5세기 후반에 이르러서는 만물을 이성적으로 파악하는 능력, 즉 '오성 Verstand', '사상 Gedanke', '의미 Sinn', '법칙 Gesetz' 또는 '이성 Vernunft'을 뜻하게 되었다.

한편, 기독교적 관점에서 풀이할 수 있는 시에 대한 인식은 창조주인 신의 존재를 깨달음으로써 시작된다. 인간과 자연은 신에 의해 창조된 피조물이다. 그러므로 인간의 대표인 시인은 신이 이 세상을 창조한 이후에 침묵에 빠져있는 모든 사물들이 언어로 전환될 수 있도록 하는 선지(예언)자적 책무를 지니게 된다.[1] 이 세상은 신의 '말씀 Wort'이 되어

---

[1] 이러한 입장은 경건주의 시인 F. G. 클롭슈톡이나 횔덜린에 의해 구체적으로 표명된 바 있다. '신의 세계의 관찰자' 또는 '신의 사도'라는 사제직으로서의 시인관과 연결된다.

야 한다. 성서에는 "태초에 말씀이 계시니라 이 말씀이 하나님과 함께 계셨으니 이 말씀은 곧 하나님이시니라"(요한 복음 1장 1절)고 기록되어 있다. 말(씀)은 "전세실존(前世實存)의 로고스 Logos präexistenz", 즉 세상이 있기 이전의 존재이며 신의 계시 Offenbarung이다.[2]

그래서 시인 귄터 아이히 Günter Eich는 신의 계시와 언어의 문제를 "번역하기 Übersetzen"의 개념으로 설명한다. 낭만주의 전통에 입각하는 그의 관점은 세계가 곧 하나의 책, 텍스트, 상형문자이어서, 다른 사람들이 전반적으로 관찰하는 동안 "사랑의 하나님이 펼쳐주신 거대한 그림책을 자세히 살펴보리라"는 자세로 펼쳐진다.[3] 여기서 아이히는 시를 쓰는 행위를 "*번역-과정 Translations*-Vorgang이라기보다는 *이동-사건 Transgressions*-Geschehen, 즉 경계초월, 주체의 형상지양, 다른 마적 영역으로의 이양"의 뜻으로 받아들인다.[4] 다시 말해서 분리동사로서의 "über-setzen"이다. 이처럼 언어로 이루어지는 시는 곧 존재영역을 바꾸는 열쇠가 된다.

시는 언어의 예술이다. 그리하여 "시인이란 말을 배열하는 데 있어서 초능력을 지닌 사람이다. 언어를 단순하거나 복잡한 패턴으로 떨어지게 하거나, 서로를 수식하고 그것들 간의 새로운 관계를 수립하게 함으로써 말이다."[5] 언어의 마술사라고 하는 시인은 때로는 물질과 관념의 조화속에서 인간이 객관적으로 실재하는 세계와 연결될 수 있는 유일한 통로

---

2) 참조: 요 14:26, 요 15:26, 사도행전 19:20.
3) P. H. Neumann, Die Rettung der Poesie im Unsinn., S. 26.
4) 같은 책, 37쪽.
5) S. S. Prawer, German Lyric Poetry. A critical analysis of selected Poems from Klopstock to Rilke. London 1952, S. 7: "A Poet is a man with a supernormal capacity for ordering words; for making words fall into simple and complicated pattern, making them modify one another, establishing new relations between them".

를 연다. 그것이 곧 언어를 통해서 열리는 시의 세계라 할 수 있다.

호메로스의 <일리아드 Iliad>, <오디시 Odyssey>, 베르질리우스 Vergilius(70-19 B.C.)의 <이니드 Aeneid>를 효시로 하는 서사 작품들은 설명하고 이해시키려는 언어기능을 활용하고 있다. 소설은 낱말 개개의 의미보다는 언어와 언어의 관계성에 생명력을 두고 있고, 드라마는 관객을 대상으로 연출되는 것이 아니라 소리내어 읽히며 들려지는데 일차적인 기능을 지닌다. 그에 반해서 시는 대부분 '말 Wort'과 '음조 Ton'가 서로 만나 표현됨으로써 이루어진다고 할 수 있다. 그러므로 "경험되는 experienced" 소설과 "목격되는 witnessed" 희곡의 특징에 비해, 시는 "엿들어지는 overheard" 현상이다. 다른 문장에 비해서 시구를 쉽게 외울 수 있는 까닭은 전후 문맥이 정서 상으로 서로 깊이 연관되어 있어서 낱말을 따로 외우기 이전에 전체의 맥을 감지할 수 있기 때문이다.

인간의 생각, 감흥, 상상 등에서 우러나오는 체험들을 압축된 언어기능을 통해 표현하는 것을 시의 목표이자 시인의 사명이라 한다면, 그것은 또한 어떤 운율적 형식으로 압축된 형식을 통하지 않고서는 불가능한 일이다. 일반적으로 시가 설명이 아니라 '언어로 된 노래'라고 이해되는 까닭도 여기에 있다.

소리는 물리적이다. 어떤 사람을 향해서 "여보세요"라고 부를 때에도 음조에 따라 표현과 담긴 뜻이 달라지는 현상이 그것이다. 가락을 위한 표현적 소리, 기분, 감정 등 '노래로 부를 수 있는 것 Etwas Sa(i)ngbares'을 말이 되도록 하는 것이 시문학활동의 기초이다. '노래 das Lied', 또는 '노래로 부를 수 있는 시 das sangbare Gedicht'는 이미 존재하는 대상을 설명하고, 관념을 부여하는 산문의 기능과 크게 다르다. 이것은 시가 말하고 듣는 표현기능을 일차적으로 간직하고 있는 문학 개념임을 증명하고 있다.

서정시는 또한 개인이 세계와 마주치는 독자적인 체험들을 형상화한다. "서정시의 경이로움은 그 본질 속에서의 것과 마찬가지의 개인성이 보편적으로 체험되어질 수 있는 데 있다"6)는 말을 통해서 알 수 있듯이 시인은 따라서 일종의 '고백'이라는 형태를 통하여 독자나 청자의 내적 체험을 불러일으키는 데 주력한다.

비록 언어가 제한된 표현도구에 지나지 않는다 할지라도 '문학의 진수'라고 할 수 있는 시의 세계에서는 무의식 속에 깊이 숨어 있는 미묘한 감정의 흐름까지도 생생하게 표현할 수 있어야 한다. 그렇기에 탄식이나 환호 같은 자연적인 소리들이 정신적인 형상들로 표현되지 않는다면, 문학에 있어서 시가 존재할 필요가 없다고 말하는 시인들도 있다. 따라서 인간의 행동을 하나의 '시'라고 본다면, 꿈은 그 시에서 쓰인 낱말들이 따로따로 떨어진 상태라는 비유도 설득력을 얻는다.

---

6) Joh. Pfeiffer, Das Lyrische Gedicht als ästhetisches Gebilde. Halle 1931, S. 72: „The miracle of lyric poetry is this: that individuality, in its essence as individuality, has become experience generally accessible. (Das Wunder lyrischer Dichtung besteht… darin, dass Individualität in ihrer Individualität allgemein erlebbar geworden ist)".

2. 시의 개념

> "예술이 지루한 것은 사람들이 알고 있는 걸 모두 말해 버린 데 있다."
> - W. Churchill -

서양시의 개념규정을 위한 근원을 거슬러 올라가면 두 가지의 출발점에 서게 된다. 즉 그 하나는 그리스 신화에 나오는 오르페우스 왕의 이야기에서 비롯된 개념이요, 또 다른 하나는 '만들다', '말하다'로 이루어지는 신과 인간의 기독교적 관계성이다.

오늘날 우리가 쓰고 있는 "서정시 Lyrik"는 '리라 Lyra=Leier'라는 라틴어 단어에서 파생되었다. 그것은 전설적인 왕 오르페우스 Orpheus[7]가 즐겨 타던 칠현금이라는 악기로서 그는 아폴론에게서 연주하는 법을 배웠다. 그의 솜씨는 우주삼라만상 모든 대상들, 특히 지상의 사나운 동물과 신들의 마음까지도 감동시킬 수 있게 된다. 그의 애인 에우리디케 Eurydike는 결혼식 직후 목동 아리스토이아스의 실수로 뱀에 물려 죽는다. 슬픔을 당한 오르페우스는 지하의 세계로 내려가 페르세포네와 명부의 왕 하데스의 마음을 움직여 그녀를 죽음의 나라에서 구할 수 있게 된다. 그러나 그는 하데스와 한 가지 약속을 해야만 했다. 그녀를 데리고 가는 도중 결코 뒤를 돌아다보지 않겠다는 것이었다. 그러나 지상에 거의 도달했을 무렵 그가 무심코 아내를 돌아보는 바람에 범하여 그녀는 그 자리에서 돌로 변하고 만다. 더 이상 움직이지 않는 그녀를 향해 간절한 노래가 온 천지에 울려 퍼진다.

---

[7] 아폴론과 뮤즈의 여신 칼리오페 사이에서 난 아들이다. 아내가 죽은 후 그는 이레동안 침식을 잃고 헤맸으며 그 후 어떤 여자에게도 가까이 하지 않는다. 이것을 시기한 트리키아의 처녀들이 디오니소스 의식에서 그를 죽이고, 시신을 조각내어 헤브로스강에 던진다. 그의 시신은 뮤즈와 여인들이 거두었고 제우스는 그의 칠현금을 별들 사이에 둔다. 오르페우스는 명부의 세계에서 얼마든지 아내를 바라볼 수 있게 된다.

고대 그리스에서는 시가 원래 '단성악 서정시 monodische Lyrik'와 '합창 서정시 Chor-Lyrik'로 구분되었다. 그만큼 음악과 밀접한 관계를 맺고 있어서 음악은 곧 서정시를 가리키는 말이었다. 시는 노랫말이어서 항상 칠현금의 가락에 따라 노래로 불리어졌다. 시인 사포 Sappho(600 B.C.)도 인생과 사랑을 주제로 하여 쓴 뛰어난 시편을 항상 노래로 부르지 않았던가.

'가인 Sänger' 또는 '노래의 신'으로 불리는 오르페우스는 현실의 인간, 즉 모든 시인의 신화적 반영이라 해도 과언이 아니다. 예언적 기능까지도 지닌 정신계의 지배자이다. 그래서 시인 릴케는 그에게서 인간의 대표인 시인의 이미지를 발견하고, <오르페우스에게 바치는 소넷 Sonette an Orpheus>(1922)에서 "숨결이여, 그대 보이지 않는 시여, 끊임없이 저 자신의 존재와 순수하게 바꿔들인 세계공간이여, 평형이여 나는 그 안에서 가락이 되노라"(SW I. 751)라고 노래불렀다. 또한 인간이 영원히 벗어날 수 없는 삶과 죽음의 한계성은 바로 상승된 방식과 높은 경지의 예술에 인간이 완전하게 다다를 수는 없을 것이라는 관점과도 연관시켜 "노래가 현존재 Gesang ist Dasein"(SW I. 732)임을 강조하고 있다.

시란 궁극적 단계에 이르면 이처럼 "존재론 Ontologie"의 본질과 깊이 연관된다. 현대적 관점의 '순수 시 poesie pure'일수록 더욱 강화된 이런 입장은 시가 무엇을 의미하기보다는 존재할 뿐이라는 사실을 설명하기에 충분하며, 그렇기 때문에 "문학은 우리 현존재 속에 감추어진 깊은 본질의 어떤 것을 밝혀 준다: 그 속에 그것은 자체의 진실을 지니고 있다. 문학은 직접 형상화를 통해 해명한다: 그 속에 그것은 자체의 아름다움을 간직하고 있다."[8]

---

[8] Johannes Pfeiffer, Umgang mit Dichtung. Eine Einführung in das Verständnis des Dichterischen. Hamburg 1952, S. 76.: „Dichtung erhellt etwas von der verdeckten Wesenstiefe unseres Daseins: darin hat sie ihre ‚Wahrheit'. Dichtung erhellt unmittelbar durch Gestaltung: darin hat sie ihre ‚Schönheit' ".

'신'만이 이 모든 것을 할 수 있다고 믿으면서 시인은 바로 이런 경지에 설 수 있어야 한다는 생각이 지배한다.

시를 표시하는 독일어 단어로서 'das Gedicht'가 있다. 그것은 '시를 짓는다 dichten'라는 동사에서 파생된 개념적 어군이다. 라틴-그리스 어의 "dictare/dicere"에 뿌리를 둔 이 어휘 자체가 '말한다 sagen'라는 뜻을 내포하고 있다. 그것은 또한 고고독일어의 'dihton', 즉 '쓰다 schreiben'의 의미와 연관되며, 특히 9세기에 이르러 '받아쓰다 nachschreiben'라는 구술 및 전술의 기능으로 강화되었다.

시인은 '말'을 창작의 도구로 삼아 사물에 충실해야 한다. 시문학을 특히 '언어적 예술작품 das sprachliche Kunstwerk'으로 보는 까닭이 여기에 있다. 독일어에서 문자화 된 문학적 소산을 가리키는 "문학 Literatur" (='문자'를 뜻하는 라틴어 Littera에서 파생됨)과는 달리, 구두로 전해오는 문학적 소산을 가리키는 '문학 Dichtung'이 형용사 'dicht', 즉 '조밀한', '빽빽한'의 의미인 것도 또한 매우 흥미롭다. 이 단어는 "압축된", "응축된"이라는 뜻을 담고 시의 본성을 나타내는 중요한 의미가 된다.

창조주와 피조물의 관계에서 다시금 시문학 자체의 성격을 표현해 주는 "포에지 Poesie"라는 단어의 개념을 검토할 필요가 있다. '포에지'는 흔히 읽는 시라는 뜻인 "포엠 Poem"이 형식을 갖추기 이전의 마음상태, 즉 시의 내용이 될 수 있는 것을 말한다. 그것은 그리스어로 'Po(e)in', 즉 '행한다 tun' 또는 '만들다 machen'의 뜻으로 무에서 유의 세계로의 전환이라 할 수 있다.

이런 과정은 릴케가 그의 한 시작품에서 매우 구체적으로 우리에게 제시하고 있다.

옹기장이여, 이제 마음을 가다듬고
그대의 회전판을 돌려라!
내 숨결 속에서처럼 떠올라
그대는 모습을 갖추누나.

내가 그대와 같다면! 나는 보리라
내가 거기에 앉은 모습을…
그건 무얼까? … 형체이긴 한데
…… 하나의 … 그릇일까?

이것은? 돌림판일까? - 그렇게
돌려서 나에게 허상을 보여주오
흐릿한 모습일지라도, 오!
거기서 그릇이 생겨나리라

Töpfer, nun tröste, treib
treib deiner Scheibe Lauf!
Mir gehts in Hauchen auf,
du formst den Leib.

Wär ich wie Du! Ich spür
wie ich da säß. . . .
Was ist sie?. . . Zeichnung für
. . . . . ein . . . Gefäß?

Diese? die Leyer? — So
dreh mir den Trug;
wenn auch aus Schleier, oh!
wird's doch ein Krug. (SW II. 134)

작업장에서 회전판을 돌리면서 형상을 가꾸어 나가는 옹기장이의 손길은 곧 시를 짓는 마음이다. 빈 공간을 축으로 하여 부단히 돌아가는 회전판은 순수한 '점토(粘土) Thon', 즉 대지의 원천인 흙을 "그릇 Gefäß"이 되게 한다. '시인'으로 비유되는 옹기장이는 혼과 열정을 그 흙의 형상에 쏟아 넣는다. 릴케는 여기에서 "T(h)on"이 지니고 있는 동음이어 Homonym 현상을 예술적으로 제시하고 있는 것으로 보인다. 즉 그것은 다른 한편으로는 '음향' 내지 '가락'을 뜻하고 있기 때문이다. 흙을 빚는 예술적 과정을 거쳐 무 형상에서 형상으로 나타난 "Gefäß"는 독일어에서, 특히 남부 독일에서는 "그릇"이란 뜻 이외에도 "절제"나 "척도"를 가리키는 "Gemäß"와 의미상 차이가 없는 것도 흥미롭다.

이러한 사실 모두 "만들다"라는 뜻과 일치하는 것으로 본질적으로는 시가 지니는 기본의미와 통한다. 특히 우리말에서도 흔히 "시를 짓는다"는 표현을 쓰고 있는데, 그것도 바로 이러한 서구적 개념을 연상시킨다.

시인은 자연의 피조물이 말이 되게 하는 데 창조자로서의 사명감을 느끼게 된다. 시인에게는 말은 예술적 기능을 원활히 수행할 수 있는 요소이자 재료이다. "자연의 피조물"이 말이 되게 하는 생산자로서의 시인의 사명감이 의미상으로 담겨 있다.

3. 서정시의 영역

고대 그리스에서는 서정시인이란 이름은 오랫동안 알카이오스 Alkaios (600 B.C.)나 핀다로스 Pindaros(518-446 B.C.)와 같은 대가들에게만 제한적으로 붙여졌다. 그러나 시간이 흐름에 따라 서정시의 폭이 넓어지고 소설 및 희곡과 더불어 존재하는 문학의 한 장르로 인식되면서 상호 대립과 보완의 관점에서 달리 이해되기 시작하였다. 노래를 부르고 싶다는 욕구로부터 출발하는 시는 변천 및 발전의 가능성이 가장 높은 문학장르 중의 하나이다. 그만큼 표현의 폭도 넓어서 세 가지 기능이 융합된 장르에 대한 이해가 시 내부에서 쉽게 이루어진다. 즉 명상이 특징인 경우를 일컬어 서정시, 신화, 전설 등 객관적 사건을 서술하고 노래하는 것을 서사시, 객관적 사건을 현재화하여 눈앞에 제시하는데 주력하는 극시로 나뉘어진다.

실제로 이른 바 '서정적인 lyrisch' 것은 어떤 제한적 틀을 넘어서 '서사적 episch' 또는 '드라마적 dramatisch' 형상 속에서도 나타날 수 있다. 로가우 Logau나 실러 Schiller의 에피그람 Epigramm 또는 사상시 Gedankenlyrik, 릴케 Rilke의 <두이노의 비가 Duineser Elegien>, 그리고 클롭슈톡 Klopstock의 <구세주 Messias>나 횔덜린 Hölderlin의 <휘페리온 Hyperion> 같은 작품들은 본질상 서정적인 방향으로 이루어진 서사문학이며, 그릴파르쳐 Grillparzer의 드라마 <바다와 사랑의 물결 Des Meeres und der Liebe Wellen>은 시적 기본형태에 입각한 뛰어난 서정성을 견지하고 있다.

서정시와 장르 이론에 대한 근원적인 문제제기는 제일 먼저 독일어 문화권에서 이루어졌다. 즉 문학 이론가 에밀 슈타이거 Emil Staiger의 <시문학의 기본개념 Der Grundbegriff der Poesie>과 케테 함부르거

Käte Hamburger의 <문학논리학 Literaturlogik> 그리고 르네 웰렉 René Welleck과 오스틴 워렌 Austin Warren의 <문학이론 Theory of Literature> 같은 저술은 이에 대한 대표적 연구의 성과라고 할 수 있다. 이들의 견해는 서정시나 서정적인 것이 지니고 있는 보편적인 자연성을 규정해 보려는 시도 자체가 완전히 포기되어야 한다는 입장에까지 이르고 있다. 하지만 그와 동시에 가장 극단적인 일반화가 추출될 수 있다는 주장도 염려의 형태로 제기된다. 따라서 문학이나 문학사를 밀도있게 연구할 경우 구체적인 전래요소들과 관례 속에 포착될 수 있는 장르 서술에 좀 더 큰 관심을 돌리기를 강하게 권하기도 한다.

한편 실러는 고전주의의 예술관을 정리하는 입장에서 서정시를 현재성의 원칙 das Prinzip der Gegenwärtigkeit과 연결시킨다. 시는 고전주의적 거리감이라는 차원에서 슈트름 운트 드랑 시대에 걸 맞는 열정과 민중에의 접근이라는 각종 저항에 부딪치면서 성장하게 되지만, 동시에 시인의 현재적인 감정상태가 고양시키는 예술적 산물이라는 것이다. 그래서 "시인은 고통 한 가운데에서 고통을 노래부를 수 있도록 관심을 기울여야 한다"고 말하기에 이른다.9) '이상적인 것'의 보편타당성이 단순한 개인주의로 좁아지거나 평균화된다고 보기 때문이다. 빌헬름 폰 훔볼트 Wilhelm von Humboldt는 이러한 상황 속에서 주관적 총체성의 개념에 잠정적으로 의지하면서 서정시에 '전체성'이 살아나게 되는 대신 주관적인 것이 상당부분 상실되고 있음을 밝히고 있다. 그밖에도 그는 "어느 일정한 정감을 향해" 이루어지는 서정시의 작업이 희곡작가(서사시와 서정시의 혼합형태로서의 드라마)에게도 타당하다고 밝히고 있어서 역시 장

---

9) Reallexikon der deutschen Literaturgeschichte. 2. Bd. „Innerhalb der Kunstanschauung der Klassik berührt Schiller das Prinzip der Gegenwärtigkeit der Lyrik, indem die „gegenwärtige ⋯ Gemütsbeschaffenheit des Dichters" hervorgehoben, aber in Abwehr geniezeitgemäßer Leidenschafts- und Volksnähe im Sinne klassischer Distanz gewarnt wird: „ein Dichter nehme sich ja in acht, mitten im Schmerz den Schmerz zu besingen".

르간의 엄정한 한계에 대한 문제점을 제시하고 있다.

이런 관점에서 슈타이거는 상호보완과 연결이라는 차원으로 세 장르의 폭을 넓히는 것을 바람직하게 여긴다. 즉 '남성적'이란 특질이 남성 고유의 영역에서뿐만 아니라 여성에게도 적용될 수 있는 것처럼, 서정시, 서사시, 드라마 같은 고정적이고 제한적인 데에서 해체시켜 서정적인 것 das Lyrische, 서사적인 것 das Epische 그리고 드라마적인 것 das Dramatische이라는 개념들이 그때 그 때 모든 장르 속에 나타나 문학의 단순한 질을 표시할 수 있어야 한다고 여긴다.10) 즉 '서정적인 것'의 본질을 밝힘에 있어서 문체상의 특성을 중심으로 자유롭게 새로운 카테고리를 형성할 수 있도록 하려는 노력이 필요하다는 주장이다. 문학양식의 개념으로서 서정시는 그러므로 여타의 서사시나 드라마 보다 활용범위가 넓다.

하지만 다른 한편으로는 본질로서의 '서정적인 것'과 모든 짧은 시들의 장르로서 '서정시' 사이에 아마도 더욱 깊은 '관련성 Zusammenhang'이 존재하리라는 것을 인정하면서, '서정시'나 '서정적'이라는 개념들을 따로 떼어놓고 정의할 수 있어야 한다는 입장도 강하게 버티고 있다.11)

그것은 먼저 '장르로서의 서정시'에 관심을 쏟는 함부르거에게서 나타나고 있다. 장르를 본질적 특성을 통해서 규정하려는 입장에서 그녀는 "서정시가(모든 서정적 시의 총체로서) 서술되는 형태"를 통해 구분되어야 한다고 주장한다. 형태와 장르 사이에는 어떤 관계가 있는지는 슈타이거가 말하는 서정적인 것과 서정시 사이의 관계만큼이나 분명하지 않다. 그렇기 때문에 함부르거는 '언어부여', '시행', '운'같은 형태적 요소들을 '서정적 시의 징후'로 특성화하지만, '서정적 발언주체'가 엄연히 존재함으로써 비로소 서정시를 구성한다는 사실은 부정하지 않는다.

---

10) E. Staiger, Grundbegriffe der Poetik, S. 7.
11) Dieter Lamping, Das lyrische Gedicht. Definitionen zu Theorie und Geschichte der Gattung. Göttingen 1989, S. 11.

그럼에도 불구하고 서정적 발언은 총체적으로 서정시를 시문학적 장르로 만드는 "시 Gedicht"의 형태 내에서 그의 가장 적합한 표현을 발견한다. "서정적인, 외형에 따라 이상적인 시는 그 의미에 있어서 순수하다. 그것은 한 감정이 진전되는 은유이다"[12]라고 횔덜린은 말하고 있지 않는가.

새로운 서정시 이론이 뿌리를 박지 못하는 근본적인 이유는 '낭만적 노래'만이 가장 순수한 서정성을 지니고 있다고 생각하기 때문이라는 사실이다. 그러나 우리에게는 오늘날의 시가 어떤 의미에서 서정적이며 어떤 모습으로 그런가 하는 의문이 하나의 큰 문제로 남아 있다. 후고 프리드리히는 <현대서정시의 구조 Die Struktur der modernen Lyrik>라는 저술을 내면서 "서정적인 것의 본질에 대한 물음을 현대서정시의 관찰과 연결시키는 것"이 당면한 가장 시급한 문제들 중의 하나라는 사실을 인식하여 왔지만, 그것 역시 오늘날까지도 제대로 풀리지 않았다. 서정시 이론은 서정시의 역사와 별도로 이루어져 온 셈이다. 그것은 문학현상을 개선해보고자 하는 순수한 마음을 줄곧 외면해 왔다.

'서정적인 것'은 그러나 19세기 이후 가장 순수한 시적 현상으로서 간직하여야 할 마지막 토대를 견지하고 있다. 여러 학자들의 견해를 종합하여 그 특징을 간추려 보면 다음과 같다.

1) 비합리적 정감예술로서의 감정 Gefühl als irrationale Stimmungskunst

---

12) Reallexikon, S. 241: Denn dadurch verenge und verflache die Allgemeingültigkeit des „Idealischen" zum bloßen Individualismus. Wilhelm v. Humboldt behalf sich in dieser Situation mit dem Begriff des subjektiven Totalität, wodurch immerhin auch für die Lyrik die „Totalität" gerettet war und anderseits das Subjektive nicht verlorenging. Im übrigen ist er sich klar darüber, daß die Lyrik „auf eine bestimmte Empfindung" hinarbeitete; aber das gelte auch vom Dramatiker(Drama als Mischform von Epik und Lyrik).
„Das lyrische, dem Schein nach idealische Gedicht ist in seiner Bedeutung naiv. Er ist die fortgehende Metapher eines Gefühls".

2) 무어라 설명할 수 없는 기적 ein unerklärliches Wunder
3) 영감과 은총 Eingebung und Gnade
4) 기억과 내면화 Erinnerung und Verinnerlichung

그에 따라 발터 킬리 W. Killy는 시라는 문학장르가 첫째, 노출을 전제로 하는 가면현상, 둘째, 시간을 문학의 생명요소로 하고, 인간형상을 현재화하는 것, 셋째, 외적인 정황을 간결하게 포착하는 짧음을 기본요소로 지녀야 함을 지적하고 있다.13) 이것들은 서정시문학의 가장 대표적인 현상으로 비밀성과 현재성을 기본적으로 지녀야 한다. 일반적인 관점을 크게 뒷받침하는 것이다. 그것은 현대에 와서 스테판 말라르메 Stéphane Mallarmé가 시란 비밀이며, 그 열쇠는 독자가 찾아야만 한다고 강조한 내용이나, 또한 "일찍이 서정시의 본질은 직접적으로 말 속에 해결을 설정해 놓은 체험으로서, 자아와 연관된 정감의 순수한 감정표현으로서 파악되어 왔다"14)는 전통적인 서정시 이론과 만난다. 이것은 앞에서 언급된 서정시 안에 간직된 "현재성의 원칙"으로서, 시는 감정과 기적을 주관과 객관 사이의 간격이 없이 이해하고, 지난 것뿐만 아니라, 현재와 미래의 것까지도 회상(기억)의 영역에 두고 내면화하는 것이 가장 중요한 시평이다. 시인의 현존하는 감정상태를 필요할 때 불러 일으켜 모든 것을 서정적으로 융합시킬 수 있을 때 비로소 서정시가 성립된다.

시가 추구하고 있는 표현의 영역은 일반사물을 지칭하는 어휘와 차원을 달리 한다. 시는 근본적으로 내연성(內延性) Konnotation, 즉 함축적 의미와 외연성(外延性) Dennotation의 관계에서 이해된다. 예를 들어 우

---

13) Walter Killy, Elemente der Lyrik. 2. Aufl. München 1972, S. 3f.
14) Reallexikon., S. 240. „Frühzeitig wurde das Wesen der Lyrik erfaßt als ein unmittelbar sich im Wort Erlösung setzendes Erleben, als reiner Gefühlsausdruck einer ichbezogenen Stimmung, …".

리가 어느 흑인 여인에 대해서 이야기 할 때, "흑인 여인"과 "깜둥이 여인"이라고도 할 수 있다. 전자처럼 단어 자체가 담고 있는 의미를 외연적 의미라 한다면, 외적으로 표현된 사실 이상의 다른 의도 내지 감정을 담고 있을 때, 그것을 내연적 의미라 한다. 시는 바로 이와 같은 의미를 통해 표현의 가능성을 넓힌다. 이러한 발언이 결코 단순한 표현이나 사상으로서만 이루어질 수 없다는 것은 자명한 사실이다. 또한 그것은 일시적이 아니어야 한다. 그렇기 때문에 영속성을 이룩할 어떤 형태나 구조 등이 절실하게 요구된다.

시의 언어는 보여주는 것이 아니라 그 나름대로의 특성을 파악하여 어떤 이미지를 우리 눈앞에 제시하는 것이다. 마치 각 사물이 독자적인 혼을 지니고 있듯이 말이다. 시인은 거기에다 인간적인 형상을 부여하면서 볼 수 있는 형상에 볼 수 없는 영혼을 투입하려고 한다. 널리 알려진 릴케의 '사물시 Ding-Gedichte'를 예로 본다면, '가시적인 것 das Sichtbare'을 '불가시적인 것 das Unsichtbare'으로 전환시키는 것을 시인의 과업으로 삼는다. 그리하여 <제 9 두이노의 비가>에서는 "땅이여, 눈에 보이지 않음이여, 무엇이, 변용이 아니면, 그대의 가장 긴박한 위탁이랴?"(SW I. 720)라는 물음을 던질 수 있게 된다. 시인의 감수성이 가장 세련된 모습으로 나타나게 하기 위하여 우선 모든 사물을 사심 없이 동등하게 관찰하는 자세가 요구된다.

그러나 모든 감정이 생생하다고 해서 그대로 시가 되는 것은 아니다. 오히려 경험이 너무 강렬하게 남아있으면 문학적으로 표현되기가 매우 어렵다. 시는 생생한 감정의 노출이 아니다. 오히려 그것이 예술로 성장, 발전되기까지, 그리고 체험된 그것이 나중에 영감으로 나타나 시의 옷을 입게 될 때까지 오랜 시간과 용해과정이 필요하다. 이에 대해서 릴케는 그의 <말테의 수기>에서 "시를 쓴다는 것은 사람들이 생각하는 만큼 감정이 아니다(사람들은 일찍이 그랬다), - 그것은 경험이다 Die Verse sind nicht, wie die Leute meinen, Gefühle(die hat man früh genug), - es sind Erfahrungen"(SW VI. 724)라고 분명히 말하고 있지 않는가. 모름지기 시인은 많은 "추(기)억들 Erinnerungen"을 가져야 하겠지만 그것으로 족한 것이 아니다. "많은 것을 경험하고 그것들을 잊을 수 있어야 한다. 그리고 그것들이 다시 나타나기까지 큰 인내를 가지고 기다려야만 한다. 회상 자체가 아직 충분한 것이 아니기 때문이다. 그것들이 우리 몸 안에서 피가 되고, 눈길과 몸짓이 되고, 이름도 없이 그리고 우리 자신과 더 이상 구분될 수 없을 때, 그런 후 어느 생각지도 못한 순간에 시행의 첫마디가 그 한복판에 나타나서 그것들에게서 빠져 나오는 일이 일어날 수 있을 것이다."(SW VI.724f.) 아도르노 Theodor W. Adorno가 "아우슈비츠 사태 이후 시를 쓴다는 것은 야만적인 일이다"라고 언명한 것과 같이, 감정의 골을 넘어선 그 어떤 정화의 언덕이 있어야 한다. 그것은 또한 다른 각도에서 "고통 한 가운데에서도 그 고통을 노래부를 수 있는" 마음자세와 의미상으로 일치한다. 거기에는 형상화, 다듬기, 구조의 틀 입히기 등 피나는 연마의 과정도 요구된다. 영속적 존재로 향하는 필수적인 길이다.

후고 폰 호프만스탈 Hugo von Hofmannsthal은 다른 각도에서 "불가능한 것이 시문학의 원래 영역이다 Das Unmögliche ist das eigentliche Gebiet der Poesie"15)라고 말하고 있다. 서술과정에 있어서 문장은 독자적인 사상을 담고 존재할 수 있는 것과 마찬가지로 모든 생각에서 풀려나온 형태가 존재한다. 그 둘은 서로를 필요로 하며, 서로 융합되어 뗄레야 뗄 수 없는 단일체가 된다. 이와 연관해서 벤 Gottfried Benn은 시를 시답게 하는 기본 요소로서 '매혹 Faszination'을 들고 있다. 그는 하나의 시를 참되게 하는 본질적인 요소를 찾으면서, "시의 내용, 말하자면 비애, 공포감, 결정적인 흐름 등은 누구나 가지고 있는 것인데, 그런

---

15) Hugo von Hofmannsthal, Notiz zu „Andreas", Die Erzählungen, S. 201.

인간적인 성분으로서의 소유범위는 다양하고 섬세하다. 그렇지만 서정시는 이러한 내용을 토착화 시켜, 그것을 간직하고, 또한 말을 가지고 그것에서 매혹을 이루는 형태 속에 들어설 때에만 이루어진다"16)고 말하고 있다.

좋은 시란 공명이 크고 향기를 오래 풍기는 것이라 할 수 있다. 시인이 보통사람보다 더 많은 가슴앓이를 한 후 그 정감이 그 스스로 빛이 될 때 훌륭한 시를 탄생시킬 수 있는 것이다. 그런 의미에서 "시의 가치는 무엇보다도 이성적(합리적)으로 말할 수 있는 것에 의해서가 아니라 합리적으로 말할 수 없는 것에 의해 규정된다. 말할 수 있는 것이 그친 곳에서 시가 시작된다"17)고 한 루돌프 이벨 Rudolf Ibel의 말이 더욱 선명하게 이해된다. 인간이 가지고 있는 보물인 말을 통하여 가장 정화된 표현을 발견할 수 있을 때 그것은 "신의 선물 ein Geschenk Gottes"로서 우리에게 영속적으로 남게 될 것이다.

따라서 시를 단순하고 평범한 일상어법이나 값싼 운율의 틀에서 벗어나게 하여, 그것을 처음부터 리듬, 음향, 이미지 등을 통해 압축시킴으로써 내용과 표현상의 긴장감을 얻어 더욱 참된 창조적 의미형상의 단계로 끌어올린다.

---

16) Gottfried Benn, Probleme der Lyrik. Vortrag in der Universität Marburg. Wiesbaden 1951, S. 21.
17) Zit. n. Edgar Neis, Wie interpretiere ich Gedichte und Kurzgeschichten? Methoden und Beispiele. Hollfeld 1983, S. 7.

4. 시의 기능

　시의 본질을 규명하려는 노력은 여러 방향에서 매우 진지하게 이루어져 왔다. 그럼에도 불구하고 시가 과연 무엇인가에 대한 답변은 아직도 충분히 이루어졌다고 볼 수 없다. 그것은 아마도 "인생이란 무엇인가"하는 물음만큼이나 단순하게 답변될 수 없는 것이기 때문이리라. 그래서 영국의 시인 엘리어트 T. S. Eliot는 "시를 정의하고자 하는 것은 오류의 역사"라고 말하고 있지 않는가.
　그렇다고 해서 시를 올바르게 규명하고자 하는 노력 자체가 무의미하다는 것은 아니다. 시각에 따라 시를 보는 견해가 다를 수 있다는 현상 자체가 오히려 시를 시답게 할 수 있는 요인이며, 그러한 다양성이야말로 시문학이 지니고 있는 커다란 장점이 아닐 수 없다.

　얼마 전 우리나라에 〈죽은 시인의 사회〉라는 영화가 상영된 적이 있다. 명문을 지향하는 어느 고등학교 교육현장의 이야기를 소재로 하고 있는 이 영화가 많은 사람들의 관심을 불러일으킨 것은 어떻게 해서든지 상급학교에 많이 진학시켜야 한다는 학교당국의 방침과 문학을 인간성 회복의 기틀로 삼아 참교육을 실시하고자 하는 한 교사간의 갈등이었다. 첫날 국어(문학)시간에 교사는 교과서에 실린 서문을 모두 당장 찢어버리라고 선언한다. 이런 폭탄 발언의 배경은 다음과 같다: "우리는 시의 구조를 논하려는 것이 아니라 시 그 자체를 이야기하려는 거야!" 그렇다. 시를 대하는 데 있어서 가장 중요한 것은 상상의 공간을 확보하는 것이다. 난삽한 지력을 동원하여 문학을 이론화하고 도구화한다면 그야말로 큰 잘못이 아닐 수 없다. 우리는 지금까지 시를 생활공간에서 내쫓고 항상 이념의 공간 안에 가두어 두었다. 그러면서도 별 큰 반성 없이 지내왔다.

플라톤은 문학이란 인격을 다듬는 수단으로서 우선적으로 도덕적 효율성을 지녀야 한다고 말한다. 그런데 현실의 모방자인 시인은 인륜에 해를 끼치는 경우가 허다하여 마땅히 "공화국"에서 추방되어야 한다고 주장한다. 시인이란 존재는 따라서 무용지물에 지나지 않는다는 것이다. 이러한 시대의식 때문에 <일리아드>와 <오디시>를 쓴 호메로스가 거지로 살다가 타향에서 객사하였는지도 모른다. 그렇지만 이런 '시인 추방론'은 곧 비자율적 문학관, 즉 문학의 수단가치를 제 1차 기준으로 삼고 있기 때문이 아닌가 한다.

우리 동양권에서는 어떠했던가. 국가의 고급관리를 뽑는 과거시험에 시 문장을 짓는 능력이 부과되었다. 나라를 다스리는 관리를 전인적 인격과 원만한 정서활동을 중시하여 선발하였다는 사실은 시가 인격측정의 가장 좋은 수단임을 확인시켜준다. 그러나 이것이 과학을 등한시한 원인이 되어 동양이 기술개발에 뒤떨어진 결과를 낳았다고 강도 있게 비판하는 사람도 많다. 또한 시문학이 정치나 교학의 수단이 되어 「시경(詩經)」에 수록된 3백여 편의 노래도 결국 시가 현실로부터 독립된 영역의 예술이라는 생각을 일으키지 못하였다는 점이 아쉬움으로 그치고 만다. 그러나 우리 옛 선인들이 그만큼 시를 사랑하고 모든 정신덕목의 기준으로 삼았던 것만은 높이 사고도 남음이 있다.

시는 한 사람의 내면 모두를 들여다 볼 수 있는 거울이다. 따라서 시를 공부하는 것은 세상과 자신에 대한 안목을 키우는 교육과정이라 해도 과언이 아닐 것이다. 공자(孔子)는 "시 3백 사무사(詩三百思無邪)"라 하여 시 300편을 읽으면 조금도 사악한 마음을 가질 수 없다고 한다. 마음에 시를 지니고 사는 사람은 가슴에 꽃을 꽂고 사는 사람이라고도 한다. 그래서 시인을 두고 인간의 마음에 창을 달아주는 사람이라고 말하는 사람도 있다.

이런 의미에서 한자의 '詩'라는 단어 자체는 우리에게 많은 것을 시사해 주고 있다. 즉 '말씀 언(言)'자와 '절 사(寺)'자가 합해진 것으로 "言"은 단순한 의미의 주고받는 '담(談)'이나 소리가 아니라, 구강구조 및 신체 전반의 발음기관이 작용됨으로써 음조를 가다듬어 만들어지는 말이라는 뜻이다. '寺'는 원래 "손을 움직여 일한다"는 뜻의 '持'로서 결국 '마음이 무엇을 향하여 똑바로 나아간다'는 의미의 '志'와 같다. 다시 말해서 시란 마음의 움직임 또는 그 진행을 바른 음조와 말로 나타내는 것, 즉 절대 어의 창출이다. 시를 쓴다는 것이 더없이 자유스럽고 기쁜 일이기 때문에 인간은 예술을 통해 구원의 길을 찾을 수 있다고 고백하는 시인도 있다. 그것은 좀더 쉽게 말해서 수도하는 자세로 말을 다듬어 보석같이 빛나게 하는 것이다.

시는 삶의 길이다. 시인 무용론을 앞세운 바 있는 플라톤도 결국에 가서는 사랑 때문에 스스로 죽음을 선택한 사포의 일생을 시를 통하여 찬양하지 않았던가. 사포도, 보들레르도 바로 플라톤이 염려했던 도덕과 형식이라는 위선을 가차없이 부숴 버리고 인생을 사랑과 본능이 있는 그대로 관찰한 시적 삶을 살았던 것이다. "시는 우리에게 새롭고 깊은 경험을 가능케 한다. 그것은 우리의 감각을 순화시키고, 그것을 새롭고 더욱 깊은 채널 속으로 들어가게 해준다. 그것을 공부하는 것은 그 어느 다른 원칙을 넘어서 지성적 삶과 함께 우리의 감성적 삶을 풍요하게 해 줄 수 있다."18) 더욱이 음성에 비해 기억력을 저하시킨다는 이유로 문자 미디어를 비판했던 플라톤은 결국 자신의 대화를 책으로 남겼다.

영국의 경제평론가 찰스 핸디는 그의 저서 <헝그리정신>에서 놀랍게도 시심이 인류를 구원한다고 예언한다.19) 학술원 회장을 지낸 그는 프

---

18) S. S. Prawer, a.a.O., S. 7: "Poetry enables us, in other words, to have new and deeper experiences; it refines our sensibility, directs it into new and deeper channels. Its study can enrich, beyond any other discipline, our emotional *together with* our intellectual life."
19) 찰스 핸디, <헝그리정신>. 노혜숙 옮김. 서울(생각의 나무) 1998, 62쪽.

랑스 과학역사가인 피에르 튈리에의 저서 <거대한 내부 폭발 - 1999~ 2002 사이 서구의 몰락에 대한 보고>를 인용하면서 만약 서구사회가 몰락한다면 "시심의 소멸"이 원인일 것이라고 까지 말하고 있다. "개인에게서 에너지를 끌어내고 사람들의 영혼을 결속시키는 이념과 전통을 창조해야 진정한 사회"20)라는 것이다. 시의 힘을 빌어 인간의 본성을 재발견하고 세계를 더욱 넓게 바라볼 수 있다. "솔직한 내면성찰을 통해 끊임없는 현대사회가 빠져들기 쉬운 자기개혁을 이룰 때 자연도태 또는 적자생존의 기능적 경직성에서 벗어날 수 있다. 실용적 삶의 영역을 다루는 과학, 경영학, 경제학 분야에도 시의 이념은 충분히 적용될 수 있다. 시란 이처럼 인간문화의 기본적 척도가 된다.

시는 또한 우리 시대에 횡행하는 언어폭력을 치유할 수 있는 지름길이기도 하다. 시를 쓴다는 것이 정서활동 못지 않게 지적인 훈련이며 종합적 정신능력의 개발이기 때문이다. 우리의 언어생활을 순화하는 방안으로 산문보다는 운문에 대한 교육이 더 효과적일 것이라는 생각을 해 본다. 시문을 통하여 한 번 생각하고 말하기보다는 두 번 생각하고 말할 수 있는 여유를 얻는다. "시인이 독자에게 전달하고자 하는 것은 - 비록 엄연히 존재하는 것이라 할지라도 - 사상이나 추상적 이념은 아니다. 시인은 최대한으로 빠르게 세상에서의 그의 경험을 전달하려고 노력한다."21) 언어의 미학이 속도와 폭력의 시대에 주체할 수 없는 분노를 삭이는 청정제가 될 수 있으리라. 인간이 지니고 있는 원초체험, 존재상황, 다양한 사조, 정서 그리고 복잡다단한 문명의 변화를 말로 수용하며 이에 대한 인류세계의 흐름 속에서 삶의 정수와 영혼의 핵심을 추출한다.

---

20) 같은 책, S. 63.
21) S. S. Prawer, a.a.O.: "What the poet conveys to his readers is not just thoughts, not just abstract ideas - though these may well be present. The poet endevours communicate, with maximum immediacy, his *experience* of the world".

5. 원문강독

Ein Text besitzt zwei grundsätzlich verschiedene Möglichkeiten, Signifikate zu notieren: als *Denotate*(zu lat. denotatum, frz. dénoté= festgeschrieben) oder als *Konnotate*(zu lat. connotatum, frz. connoté= zusätzlich mit notiert). Denotate sind alle Signifikate, deren Signifikanten zur Menge der Text-Zeichen zählen und die zum Kontext dieses Textes passen. Ein Beispiel: in einer Partie Skat denotiert das Aufspielen des „Kreuz Bube" den höchsten Trumpf. Kann man Denotate also auch als direkt notierte Signifikate bezeichnen, so Konnotate als *indirekt* notierte. Denotate sind selbständig, Konnotate setzen dagegen Denotate voraus, an die sie sich sozusagen „anhängen". An unserem Beispiel: wird in der Skatpartie „Kreuz Bube" aufgespielt, so könnten z. B. folgende weiteren Signifikate (=*Konnotate*) realisiert werden: der Spieler muß (es soll „Herz As" aufgespielt worden sein) „auf der Farbe Herz blank sein"; oder : „Christentum". „Blank auf Farbe Herz" ist *syntagmatisch*, „Chrstentum" ist *paradigmatisch* assoziiert worden. Wie sich zeigt, gehört der Signifikant eines Konnotats teils gar nicht zur Menge der Text-Zeichen, teils paßt sein konnotiertes Signifikat nicht zum ursprünglichen Kontext. Wie funktioniert die Konnotation dann aber überhaupt? Offenbar dadurch, daß das als „Stütze" dienende Denotat (das *Konnotator* heißen soll) paradigmatisch und/oder syntagmatisch mit dem Konnotat verbunden werden kann. Wir können *intratextuelle* (syntagmatische und oder paradigmatische Verbindungen im Text selbst: Beispiel „Blank auf Farbe Herz"), inter- textuelle (zwischen verschiedenen Texten des gleichen Systems), *Intra- System und Inter-System-Konnotationen* unterscheiden. Ein Beispiel für Inter-System-Konnotation bietet das Konnotat „Christentum" zu „Kreuz

Bube": es erfolgt aufgrund einer paradigmatischen Beziehung zwischen zwei verschiedenen Systemen (Skatspiel und Religionszeichen). Ein Beispiel für paradigmatische Intra-System-Konnotationen, bei denen die Signifikanten der Konnotate nicht zur Menge der Text-Zeichen gehören, sind konnotierte *Binäroppositionen* (z. B. Zeichen „grüne Ampel," Denotat ‚freie Fahrt', Konnotat ‚Stopp').

Aus: Jürgen Link, Literaturwissenschaftliche Grundbegriffe., S. 41f.

II. 독일시의 율격(律格), Metrik

1. 시의 기본구성요소

언어를 재료로 형성되는 시는 자유로운 표현력을 권장하지만, 다양한 양식수단에 의거한다. '운문어법 gebundene Rede'과, '산문어법 ungebundene Rede'으로 나뉘는 문학적 표현 가운데 시는 확고하게 규정된 리듬이 지배하고, 그에 따른 율격 Metrik(Versmaß)을 통하여 표현된다. 이러한 율격상 규칙화된 리듬은 강한 철음을 더욱 두드러지게 함으로써 이루어진다.

1.1. 시행 Vers

일정한 리듬을 지니고 있는 일련 또는 한 행의 철음을 말한다.

1.2. 올림음 Hebung과 내림음 Senkung

강음(액센트)은 시적 운율학의 토대를 이룬다. 그리스, 라틴어 같은 고대어에서는 철음이 질, 즉 모음의 장단에 따라 결정된다. 그러나 독일어에서는 간철음에 놓이는 강음이 그 역할을 한다.
 하나의 올림음은 고대 그리스 로마의 긴 소리와 같고, 하나의 내림음은 그의 짧은 소리와 같다. 강음이 없는 긴 소리는 내림음을 통해 재현된다.

강음이 있는 철음은 '올림음 die Hebung'이라 한다.
강음이 없는 철음은 '내림음 die Senkung'이라 한다.

보기: *Gebet* (*beten*에서)　　　표기방법: ∪ -, x ʹx
　　　gebet (*geben*에서)　　　　　　　　- ∪, ʹx x

1.3. 박자 Takt

시행은 박자를 지닌다. 또한 그 범위 내에서 이루어진 구성의 통일체로서 올림음에서 내림음에 이르는 간격이 표시된다. 그리스인과 로마인이 사용하던 모형에 따라 율격과 각운이 쓰이는데, 이 경우도 역시 올림음과 내림음이 배열된 숫자에 따라 박자가 결정된다.

1.4. 리듬 Rhythmus

그리스어에서 유래된 것으로 "흐른다 fließen"의 뜻이다. "동작"이라는 의미와도 관계가 있다. 리듬은 올림음과 내림음이 규칙적으로 또는 조화를 이루며 배열되는 것으로 율격이나 각운을 통해 규정되는 박자와 혼동해서는 안된다. 시의 감정 및 체험내용에 따라 내적 움직임이 이루어지기 때문이다. "시행의 독특한 질"로서 거기엔 어떤 독특한 힘, 즉 마력이 존재하고 있어서 같은 운율을 간직하고 있는 시라 할지라도 정감에 따라서 아주 다른 느낌을 준다. 또한 율격 상으로 모든 것이 제 자리에 있지만, 무언가 김빠진 느낌이 드는 것은 통일적이고 활동성이 있는 리듬이 결여되어 있기 때문이다.

다음의 시행들은 수많은 리듬을 가지고 있다. 리듬은 높낮이, 빠르고 느린 느낌을 자아낸다. 음향은 언어멜로디를, 내적 긴장은 물결, 가슴고

동 등 여러 형태의 리듬을 불러일으킨다.

>   *Füllest wieder Busch und Tal*
>   *still mit Nebelglanz,*
>   *lösest endlich auch einmal*
>   *meine Seele ganz.*　(Goethe)

1.5. 연(聯) Strophe(griech. = Wendung)

둘 또는 그 이상의 시행들이 모여서 이루는 한 단일체이다. 그의 형태는 아주 다양하며 운율 또는 운으로 결합된다. 옛날의 텍스트들, 특히 가요 및 발라드에서처럼 대부분 노래를 전제로 한 시들에는 각 연들이 균등하게 짜여져 있다.

2. 각운(脚韻) Versfuß

2.1. 의미

한 시행(시구)은 아주 많은 부분, 즉 각(脚) Fuß으로 나뉘어진다. 또한 그 안에 올림음을 간직한 철음이 몇 개인가에 따라 각운의 수가 결정된다.

    x́ x x́ x x́ x x́ x
    Trinke Mut des reinen Lebens (4개의 올림음, 즉 4 각운)

2.2. 종류

1) 얌부스 der Jambus

독일 시에서 가장 선호되는 것으로 하나의 내림음과 하나의 올림음, 즉 약강(∪ -)격이다. "튕김운 Springer"이라고도 하는 상승 리듬이다. 4 각운이 대부분인데, 렛싱의 <현자 나탄>(1779) 이래로 5 각운도 비극과 독일 고전주의 희곡의 시행 율격으로 즐겨 쓰인다.

    ∪ - x x́ ∪ - x x́ ∪ -
    Geduld, von Holz, hinein, vereint, genug

    x x́ x x́ x x́ x x́
    Gelobt sei uns die ewge Nacht

    ∪ - ∪ - ∪ - ∪ -
    Das Wasser rauscht, das Wasser schwoll…

2) 트로헤우스 der Trochäus

하나의 올림음과 하나의 내림음, 즉 강약(- u)격이다. 얌부스보다 무겁게 시작되어 좀더 의젓하고 신중한 느낌을 주지만, 때로는 하강하는 움직임과 단조로운 분위기를 자아낸다. 가볍고 꼿꼿이 걷는 "걸음걸이 운 Schreiter"이라고 말하기도 한다. 4 강음의 시행이 중심을 이루며 독일시에 아주 적합하다. 2에서 8 각운에 이르기까지 크기가 다양하다.

$$-\cup\quad \acute{x}\,x\quad -\cup\quad \acute{x}\,x\quad -\cup$$
Vater, Tugend, golden, Freude, Himmel

$$\acute{x}\,x\quad \acute{x}\,x\quad \acute{x}\quad x\,\acute{x}$$
Droben stehet die Kapelle…
$$\acute{x}\quad x\quad \acute{x}\,x\quad \acute{x}\,x\quad \acute{x}$$
Von dem Dome schwer und bang…
$$\acute{x}\quad x\,\acute{x}\quad x\quad \acute{x}\,x\,\acute{x}$$
Mondbeglänzte Zaubernacht
$$\acute{x}\quad x\quad \acute{x}\quad x\,\acute{x}\,x\,\acute{x}\,x\quad \acute{x}\quad x\,\acute{x}\,x\,\acute{x}\quad x\,\acute{x}\,x$$
Nächtlich am Busento lispeln bei Kosenza dumpfe Lieder (Platen)

3) 닥틸루스 der Daktylus

하나의 올림음과 두개의 내림음(하나의 긴 철음, 두개의 짧은 철음), 즉 강약약(- u u) 격이다. 하나의 긴, 두개의 짧은 구조를 지니고 있는 손가락과 같다 하여 "손가락 운 Fingerchen"(griech. dáktylos)이라고 부른다. 활기 있고 경쾌한 춤을 추는 듯한 움직임을 보여준다. 대부분 트로헤우스와 함께 쓰이기도 한다. 호메로스의 <일리아드>와 <오디시>, 클롭슈톡의 <구세주>, 괴테의 <헤르만과 도로테아> 등에 쓰였다.

$$-\cup\cup\quad \acute{x}\quad xx\quad -\cup\cup\quad \acute{x}\,x\,x\quad -\cup\quad \cup$$
Könige, mächtiger, Schwebende, sternenwärts, Abendschein

х́　х　х　х́ х х
Ach, wer da mitreisen…

－　ᴜ　ᴜ　－　ᴜ ᴜ　－　　ᴜ ᴜ　－　　ᴜ
Pfingsten, das liebliche Fest, war gegommen

4) 슈폰테우스 der Spondeus

두개의 높임 음이 나오는 강강 (- -)격이다. 주로 그리스어에서 쓰이며 독일어 운율규칙에서는 비교적 생소하다. 두개의 단어가 합성된 경우 (예: *Dreiklang, Haustür*)에는 규정사(합성어의 첫 부분)에 높임 음이 놓인다. 그리스 어문에서는 이것이 헥사메터의 마지막 운율을 이룬다. 독일어에서는 트로헤우스가 그 역할을 대신한다. 슐레겔, 횔덜린의 시에 비교적 자주 쓰인다.

х́ х́　－　－　х́ х́　－　－　х́　х́
Klopstock, Handwerk, taktstock, Stabreim, Weltschmerzen

5) 아나페스트 der Anapäst

두 개의 내림음과 한 개의 올림음의 각운. 약약강(ᴜ ᴜ -)격이다. '튀어 오름 운 der Aufspringer'이라고 하여 무언가 강력한 움직임을 표현할 경우에 즐겨 쓰인다. 처음에는 무언가 준비하는 듯한 분위기를 자아내지만 그 안에 장중한 면을 지니고 있다.

х х х́　ᴜ　ᴜ －　　х х х́　　ᴜ ᴜ　－
Majestät, er beginnt, überrascht, Autogramm

х　х　х́ х х　х́ х х　х́ х х　х́
Und es wallet und siedet und brauset und zischt!

x x x́   x x x́   x x   x́
Süße Ruh, süßer Taumel im Gras (Droste-Hülshof)

한눈에 보기   Jambus   xx́
             Trochäus   x́x
             Daktylus   x́xx
             Anapäst   xxx́
때때로   Spondeus   x́x́
             Amphibrach   xx́x

3. 시행 분석연습

1)   *Wer nie sein Brot mit Tränen aß*
       Wer nie die kummervollen Nächte
       auf seinem Bette weinend saß,
       der kennt euch nicht, ihr himml'schen Mächte. (Goethe)

2)   *To be or not to be that is the question.* (Shakespeare)

3)   *Von dem Dome*
       schwer und bang
       tönt die Glocke
       Grabgesang   (Schiller)

4)   *Der dunkle Herbst kehrt ein voll Frucht und Fülle,*
       Vergilbter Glanz von schönen Sommertagen.
       Ein reines Blau tritt aus verfallener Hülle;
       Der Flug der Vögel tönt von alten Sagen.
       Gekeltert ist der Wein, die milde Stille
       Erfüllt von leiser Antwort dunkler Fragen.

       Und hier und dort ein Kreuz auf odem Hügel;
       Im roten Wald verliert sich eine Herde.
       Die Wolke wandert übern Weiherspiegel;
       Es ruht des Landmanns ruhige Gebärde.
       Sehr leise rührt des Abends blauer Flügel
       Ein Dach von dürrem Stroh, die schwarze Erde.

***
Bald nisten Sterne in des Müden Brauen;
In kühle Stuben kehrt ein still Bescheiden
Und Engel treten leise aus den blauen
Augen der Liebenden, die sanfter leiden.
Es rauscht das Rohr; anfällt ein knochern Grauen,
Wenn schwarz der Tau tropft von den kahlen Weiden.

5) *Hab' ich den Markt und die Straßen doch*

6) *Übers Jahr, übers Jahr, wenn der Frühling dann kommt*
   While the sound whirls around

* 1) 얌부스, 5각운, 십자운
  2) 얌부스, 5각운
  3) 트로헤우스, 2각운, 십자운
  4) 얌부스, 5각운, 십자운/ 트로헤우스, 8 각운,
  5) 닥틸루스, 3각운
  6) 아나페스트

4. 운(韻) Reim

중세독일어 'rîm'에서 유래. 고대 프랑스어 'ritme'에 대한 라틴어 'rhythmus'의 영향을 받아 생겨났다. 1170년 알베르스 툰달루스 Albers Tundalus에 의해서 '시행'이라는 의미로 쓰였다.

중세에는 계수(計數)운 Abzählreim, 두운전환(頭韻轉換)운 Schüttelreim, 그러니까 짧은 운의 역할과 같은 시행의 의미를 지니고 있었지만, 오늘날에는 여러 가지 단어가 동일한 소리(음)를 내는 경우를 가리킨다. 이것은 두운과 미운으로 구분된다. 미운(尾韻)은 더욱 더 다채롭게 이루어졌다. 두 개 또는 다수의 단어들이 예를 들면 'Wipfel – Gipfel', 'tot – rot'처럼 마지막 올림음의 모음이 음향 상으로 일치하는 것을 말한다. 연과 연끼리 다양하게 배열된 운은 aa, bb, cc 등의 활자로 표시한다.

4.1. 종류

운 속에 묶인 철음의 종류와 수에 따라서 다음과 같이 구분된다:

1) 남성운 der männliche(stumpfe) Reim
   한 개의 올림음으로 된 한 개의 철음

   보기: *Flur – Spur, Gut – Blut, Jahr – Gefahr, Mut – Blut*

2) 여성운 der weibliche(klingende) Reim
   한 개의 올림음과 그 뒤를 잇는 내림음으로 된 철음이다. 대개는 남성운과 여성운이 상호 교차된다.

보기: *Sonne, Wonne, Lieder, wieder, Jahren - Gefahren, Leben - Reben*

3) 유동운 der gleitende Reim
   단어들이 내는 동일한 소리가 세 음절 이상 이어지는 것이다.

   보기: *lebende - strebende, klingende - springende, schwingende - singende*

4) 중복운 Doppelreim(der reiche Reim)

   보기: *dort war - fort war, mein Weg - dein Steg, Klanggeister - Sangmeister*

5) 동일운 der identische Reim

   보기: *Liebe - Liebe*

6) 순수운 der reine Reim
   액센트가 있는 모음에서 시작하여 두개의 단어가 발음상으로 정확하게 일치되는 것.

   보기: *See - Schnee, sang - sprang, Liebe - trübe, erschienen - grünen*

7) 교반운 der rührende Reim
   액센트 있는 모음 앞의 자음이 앞쪽에서 일치하는 것이다. 그리고 운이 일치하는 단어들은 완전히 같지만 대개는 뜻이 다르다.

   보기: *erweisen - weisen, handeln - behandeln, ließen - fließen*

8) 비 순수운 der unreine Reim
   일치하는 소리가 동일한 것이 아니라 단지 비슷한 운을 말한다.

보기: *lieb - trüb, See - Höh*

4.2. 형태

1) 미운(尾韻) Endreim

마지막 철음에 주조음 Hauptton을 지닌 마지막 모음이 같은 소리로 나타나는 경우이다. 오트프리트 폰 바이쎈부르크 Otfried von Weißenburg (870년경) 이후 도입되었으며, 가장 광범위하고 빈번하게 사용된다.

singen-klingen; Dach-Gemach; schlagen-wagen

a) 쌍운(雙韻) Paarreim
시행이 연이어 각각 운이 맞추어진 것. (운율도식 aa, bb, cc, dd)

> *Sprich! wie du dich immer und immer erneust?*   a
> *Kannsts auch, wenn du immer am Großen dich freust.*   a
> *Das Große bleibt frisch, erwärmend, belebend;*   b
> *Im Kleinlichen fröstelt der Kleinliche bebend.*   b
>   (Goethe)

b) 십자운(十字韻) Kreuzreim
첫 행은 셋째와, 둘째 행은 넷째와 같은 운이 엇갈려 짝을 이루는 것. (운율도식 abab, cdcd)

> *Droben steht die Kapelle,*   a
> *schauet still ins Tal hinab,*   b

>   *drunten singt bei Wies′ und Quelle*   a
>   *froh und hell der Hirtenknab.*   b
>   (Uhland)

c) 포옹운(抱擁韻) Umschließender(Umarmender) Reim

하나의 같은 운의 짝이 다른 같은 것에 의해 에워싸이는 것. (운율도식 abba, cddc)

>   *Das ist der Tag des Herrn!*   a
>   *Ich bin allein auf weiter Flur,*   b
>   *noch eine Morgenglocke nur,*   b
>   *nun Stille nah und fern.*   a
>   (Uhland)

d) 부가미운(副加尾韻) Schweifreim

6개의 시행 중 1행과 2행, 4행과 5행이 쌍운으로 짜여진 것에 3행이 6행과 같은 운을 이루는 것. (운율도식 aa, b, cc, b)

>   *Ew'ge Kräfte, Zeit und Ferne,*   a
>   *Heimlich wie die Kraft der Sterne,*   a
>   *Wiegen dieses Blut zur Ruh.*   b
>   *Mein Gefühl wird stets erweichter;*   c
>   *Doch mein Herz wird täglich leichter,* c
>   *Und mein Glück nimmt immer zu.*   b
>   (Goethe)

e) 연쇄운(連鎖韻) Kettenreim

내재 또는 외형 운율을 통하여 시행이 계속적으로 연결되는 것이다. 내적 연쇄운의 경우에는 시행의 끝이 다음 시행내의 한 단어와 계속적으로 운이 맞추어진다. 외적 운은 예를 들면 테르치네(3행 시행)의 운율 도식, 즉 aba, bcb, cdc이다.

2) 두운(頭韻) Alliteration, An(laut)reim, Stabreim

단어들의 첫 음이 두개 이상 일치되거나 똑같이 이루어진 현상을 말한다. 고대 게르만어에서 언어적 장식에 쓰이다가 미운이 도입된 이후부터는 음향적인 기능으로 퇴화되었다. 엄격한 게르만 두운에서는 다수의 시행으로 갈라지며, 종종 엇갈리는 경우도 있다. 개개의 압운어들을 '운율막대 Reimstäbe'라 부르기도 한다. 근세에 이르러 이것을 잘 활용한 사람은 리하르트 바그너 Richard Wagner이다.

> *Kind-Kegel, Wind-Wetter, Schimpf-Schande, Haus und Hof*
>
> *Sing und Sang, Kling und Klang*
> *und hohler und hohler hört man es heulen*
>
> *Winterstürme wichen*
> *dem Wonnemond,*
> *in mildem Lichte*
> *leuchtet der Lenz;*
> *auf lauen Lüften*
> *lind und lieblich,*
> *Wunder webend*
> *er sich wiegt. (Wagner)*

3) 행내운(行內韻) Binnenreim

한 시행 내에서 두개의 단어가 나란히 운으로 배열되는 것.

Schnaube, Winterwind, *entlaube*
N**ur** die Zierden dieser Fl**ur**.

4) 연속어운(連續語韻) Schlagreim

운이 맞추어진 단어들이 직접 뒤따라오게 되는 경우를 말한다. 시연 전체에는 운이 하나만 있다. 참조: 고트프리트 켈러 G. Keller의 <저녁노래 Abendlied>.

s*ingen*, spr*ingen* soll die Jugend

연이 긴 경우에는 다른 운율체계를 지닐 때가 많다.
보기: 괴테의 시 <원초의 말·신비의 말 Urworte·Orphisch>

Wie an dem Tag, der dich der Welt verliehen,	a
Die Sonne stand zum Gruße der Planeten,	b
Bist alsobald und fort und fort gediehen	a
Nach dem Gesetz, wonach du angetreten.	b
So mußt du sein, dir kannst du nicht entfliehen,	a
So sagten schon Sibyllen, so Propheten;	b
Und keine Zeit und keine Macht zerstückelt	c
Geprägte Form, die lebend sich entwickelt.	c

5) 반해음(半諧音) Assonanz(Halbreim), Anklang

"Kummer - ruhen", "denken - enden"처럼 완전 운이 아니라, 모음들이 같은 소리를 내는 경우이다. 압운어는 액센트 있는 음절, 즉 올림음의 모음과 일치하고 모음을 뒤따르는 자음과는 일치하지 않는다:

wachen - gaben, kehren - Segen

고대 프랑스, 스페인, 포르투갈 문학에 자주 쓰이던 이 형태는 고고독일어와 초기 중세독일어 문학, 특히 오트프리트 폰 바이쎈부르크의 <종합복음서 Evangelienharmonie>에 나타났다가 뷔르거 G. A. Bürger의 발라드 <레노레 Lenore> 이후 다시 낭만주의 시인들에 의하여 선을 보였다. 그러나 오늘날에는 다시 모습을 보기 힘들게 되었다.

auf Wegen und auf Stegen; — Gruß und ruß
Und nun schweigen sie. Langsam wandelt
Die schwarze Wolke.
                    (Klopstock)

O Hoffnung! holde! gütiggeschäftige!
Die du das Haus der Trauernden nicht verschmähst.
                    (Hölderlin)

5. 시 용어

• **가장** Travestie (frz.travesti)
잘 알려진 시가의 내용은 견지하면서 형식을 풍자적으로 바꾸어 우스꽝스럽게 개작한 것.

• **가젤** G(h)asel (Gasel=Gespinst)
아랍(페르시아)에서 전래된 시 형태. 3-15행으로 짝을 이룬다. 처음 두 시행의 운은 서로 일치하고, 똑같은 운은 모든 짝수 시행에 반복되며, 짝수의 것은 무운이다. (운율도식 aa ba ca da)
홀수 시행의 동일운에는 가젤이 지니고 있는 경쾌한 분위기를 장대한 집중력과 연결시키는 어떤 작용이 이루어진다. 원래의 운율이 맞추어진 단어 다음에 언제나 똑같은 단어가 반복된다:

heut ein Lied: streut ein Lied: erneut ein Lied.

하피스 Hafis, 슐레겔 Fr. Schlegel, 뤼케르트 F. Rückert, 플라텐 A. Platen, 가이벨 E. Geibel 등이 이에 대가로 손꼽히며, 특히 괴테는 <서동시집 West-östlicher Diwan>을 통하여 이 시행의 미학을 잘 구사하고 있다.

• **각울시**

6각 Hexameter (griech. Hexa=sechs, métron=Maß).
그리스의 대서사시에 즐겨 쓰이는 각울시 형태로서 6각운의 닥틸루스 (- ∪ ∪) 시행이다. 독일어에서는 트로헤우스(- ∪)와 섞여 쓰인다. 다섯 번째 각운은 언제나 닥틸루스, 마지막은 슈폰데우스(- -)인데, 독일어에서는 보통 트로헤우스이다. 괴테의 <헤르만과 도로테아 Hermann und Dorothea>에 집중적으로 구사되고 있으며 클롭슈톡, 라이네케 푹스 Reineke Fuchs도 즐겨 사용하였다.

5각 Pentameter (griech. pente=fünf)
이름과는 달리 6개의 닥틸루스로 형성되지만, 각율은 5개로 산정된다. 여섯 개의 올림음이 있는 시행에서 세 번째 올림음, 내림음이 뒤따르지 않기 때문에 쉼표가 시행 중간에 생긴다. 그 다음에는 항상 두 철음의 내림음이 있다.

$$\acute{x}\ x\quad x\ \acute{x}\ x\quad x\ \acute{x}\ x\quad x\ \acute{x}\ xx$$
This is the forest prineval. The murmuring

3각 Trimeter (griech. tri=drei)
얌부스 6각운으로 된 그리스 시행으로, 그 중 둘씩 하나로 묶여진다. (∪ - ∪ - / ∪ - ∪ - / ∪ - ∪ -). 소포클레스 등 그리스 대 비극작가들이 즐겨 쓴 시행이다. 괴테도 <파우스트 Faust>의 헬레나 장면에 부분적으로 이 형태를 사용하고 있다.

$$\cup\quad -\cup-\cup\quad -\cup-\cup\quad -\cup\quad -$$
Nicht mitzuhassen, mitzulieben binich da!
(Sophokles)

- **강음운문(强音韻文) Knüttel(Knittel)vers**
네 개의 올림운과 쌍운을 지닌 고대 독일시행이다. 시행은 기사서사시의 쌍운 형식에 귀속되지만 8개의 철음 숫자에 엄격히 고정되어 있다.

의미와 중심가락이 항상 일치하지 않기 때문에 리듬이 맞지 않아서 '몽둥이 시행 Knittelvers'이라 낮춰 부르기도 한다.

오피츠 Opitz는 이것을 독일문학에서 밀어내고 그 대신 단조로운 6각운의 얌부스 시행인 프랑스의 알렉산드리너를 받아들였다. 괴테는 이것을 적극 활용하여 네 개의 올림음 사이에 다수의 가벼운 철음을 넣음으로써 시행에 활기와 품위를 더하였다. 일반적으로 민요풍의 서정시에 즐겨 쓰인다.

> 보기: *So gleicht sich Schaden mit Schaden aus,*
> *Hauptsach, daß Frieden ist im Haus.*
> (Hans Sachs)

• **과장법** Hyperbel (griech. hyperbolé = Schuß übers Ziel hinaus)
어떤 대상을 사실에 비해 지나치게 불려서 나타내거나 말하는 것.

> 보기: *그는 번개처럼 빨리 왔다.*

• **공감각(共感覺)** Synästhesie
시각, 청각, 후각 등 이질적이며 다양한 감각경험들이 융합된 것을 말한다.

> 보기: *소리치는 색채들* schreiende Farben
> *어두운 가락들* dunkle Töne

• **두운전환운(頭韻轉換韻)** Der Schüttelreim
두 개의 단어 또는 어휘부분의 첫 활자(두운)들이 서로 바뀌어 쓰이는 재치와 장난기 서린 운의 형태이다.

보기: Wenn der Wind in **Wipfeln geht**,
Trost dir von den **Gipfeln weht**.

Ich wünsche, daß mein **Hünengrab**
ich später mal im **Grünen hab´**.

- **무운시구(억양격 5각의)** Blankvers

각 시행은 다섯 개의 얌부스 각운으로 구성되지만 무운이다. 이런 시구는 셰익스피어, 렛싱, 괴테, 실러, 클라이스트, 헵벨, 그릴파르쳐 등 영국과 독일의 드라마 작가들에게서 자주 쓰인다.

보기: x x́   x x́ x x́   x x́   x x́
Umsonst! Mich rettet nicht Gewalt, nicht List.
Der Feind ist wachsam und die Macht ist sein.
(Schiller)

- **빈정거림** Sarkasmus

웃기는 기법을 동반하는 풍자적 조롱.

- **반(의)어 反(意)語** Ironie (griech. eironia = Verstellung)

일종의 착종된 표현기법으로서 어떤 특정한 효과를 얻기 위하여 일부러 어떤 말을 실제와는 반대되게 표현하는 경우의 말이다. 예를 들면, 한 노동자가 자기를 해고한다고 통보한 고용주에게 "나는 당신에게 깊은 감사를 드립니다"라고 말한다거나, "살갗이 검다"는 것을 강조하기 위하여 "살갗이 몹시 흰데"라고 말하고, '울고 있다'는 사실을 강조하여 '왜 안 우니?'라고 반문하는 등의 보통의 정서로서 기대할 수 없는 역설적인 상황의 표현이다.

• **비유** Allegorie

그리스어로 "무언가 좀 달리 이야기하는 것 etwas anders sagen", 즉 사상이나 도덕적인 진리가 하나의 형상(이미지)으로 전환되는 것을 말한다. 즉 눈이 가리어진 채 손에 평형저울을 들고 있는 여인이 정의를 비유하고 있는 조각작품의 예를 볼 수 있다. 문학에서 비유는 직유로 나타난다. 실러의 <이방처녀 Das Mädchen aus der Fremde>. 헤르더의 <근심 속의 어린이 Das Kind der Sorge>가 그 좋은 보기로서 수많은 개별취향들은 환상력과 사고력을 불러일으킨다. 그 반면 사상적인 면에 치우치기 때문에 종종 인위성에 머문다.

• **시행 넘기** Enjambement

어떤 문장이나 시구의 의미가 한 시행에서 그치지 않고 다음 시행에까지 지속되는 것. 이처럼 연결된 시행들 사이에는 어세의 공백이 생기지 않아 유연한 시적 표현을 돕는다.

    보기: *Ich liebe dich.*
           Liebst du mich?
              대신
           Ich liebe
           Dich. Liebst du
           Mich?

• **쉼표** Zäsur

둘 또는 그 이상의 부분으로 갈라지는 긴 시행 내의 쉼(휴지). 참조: 알렉산드리너.

• **알렉산드리너** Der Alexandriner

대개 여섯 번째 철음 후에 반드시 쉼표가 나오는 6 각운(12-13 처음)

의 얌부스 시행이다. u – u – u – // u – u – u – (u). 게르만어에서는 액센트가 두개만이 아니라 모두 고정되어 있어서 로만어에서보다 더욱 견고하고 부동이다. 프랑스 고전주의 비극에 즐겨 쓰이던 시구로서 17, 18세기 영국 및 독일문학에도 널리 통용되다가 18세기 후반기부터 거의 자취를 감추었다. 시행은 대개 쌍운으로 짜여지며, 모순과 대립 그리고 비교의 수사적 효과를 지닌다.

> 보기: Wir sind doch nunmehr ganz, ja mehr denn verheeret.
> Der frechen Völker Schar, die rasende Posaun,
> Das vom Blut fette Schwert, die donnernde Kartaun
> Hat aller Schweiß und Fleiß und Vorrat aufgezehret.
> (Gryphius)

- **아스클레피아데스 연** Asklepiadeische Strophe

그리스의 시인 아스클레피아데스 Asklepiades(300 B.C. 경)의 이름을 따라 명명된 연의 형태이다.

```
x x – u u – – u u – u –
        또는
x x – u u – – u u – – u u – u –
```

각 시행은 슈폰데우스 대신 트로헤우스를 쓰고 있고, 박자가 본질적이다. 호레이스가 즐겨 썼다. 오늘날 괴테나 낭만주의에서 강조하는 얌부스나 트로헤우스에서 벗어나 하게도른 Hagedorn, 글라임 Gleim, 겔레르트 Gellert 같은 시인들은 마치 시계소리처럼 올림음과 내림음이 교차되는 이 시행을 선호하였다. 격정적인 송가형태의 특성을 강화시키고, 감정의 움직임을 그대로 시에 표현하려는 뜻에서였다.

• **역할 시** das Rollengedicht

서정시는 자신 또는 비 한정적인 '나', 즉 개인이나 군인, 목동 등 어떤 특정범주의 인물의 입을 통해 독백하는 형식으로 표현하는 문학형태이다. 보기: 괴테의 <목자의 애가 Schäfers Klagelied>.

• **완곡법(婉曲法)** Periphrase(griech.= Umschreibung)

어떤 대상의 특징을 통한 우회표현법. '전의적 표현 Trope'으로서 이화된 음소-복합체로도 설명된다. 보기: '닭의 생산물' = '계란'; '보조심판원' = '선심(線審)'; '전지 전능자' = '신'.

• **유머** Humor

라틴어 'humor'('체액'의 뜻)에서 유래되었다. 기분, 변덕, 기질 등 각종 성질을 나타낸다. 동양식 유머로는 해학, 풍자, 골계, 농담, 잡담, 반어, 재치, 비꼬기, 냉소, 보비위, 희해(戱諧), 관희(串戱) 등이 있다. 영국의 비평가 윌리엄 핼즐릿은 "유모어는 회화의 음식이 아니라 소금"이라고 말했다.

• **은유** Metapher(griech. metaphorá=Übertragung)

시적 이미지로서 은유의 단어내용은 원래의 의미에서가 아니라 전용되어 쓰이는 단어의 의미를 말한다. 텍스트에 따른 종합적인 복합체를 통하여 대치될 종합적인 기표(記票)가 나오면, 거기에는 두 개가 하나 또는 다수의 음소(音素)를 공통적으로 소유하게 되는데 그것을 우리는 메타포라고 한다. 보기로서 여우=노련(교활)한 사람: 대체용어는 각기 '여우'='생물', '포유동물', '네 다리 짐승', '영리한' 등으로 분석될 수 있다. 그 밖의 예로서 '전투의 사자'에서 사자는 영웅, 공통적인 의미는 '강한'이며, '인생의 5월'에서 5월은 '청춘'. 공통적인 의미는 '이른'이다.

- **2 중행시** Distichon(griech. di-stichos=Doppelvers)
하나의 '6각율시'와 '5각율시'로 구성된 시를 말한다. 실러는 "헥사메터에서는 분수의 물기둥이 솟아오르고, 펜타메터에서는 그것이 음악적으로 떨어진다"고 말하면서 그 특징을 살려서 시 <산책 Spaziergang>을 썼다. 두 번째 시행의 세 번째와 여섯 번째 각운에 가벼운 철음이 부여된다. 그래서 5각운 시행이라고도 말한다.

> *Willst du dich selber erkennen, so sieh, wie die andern es treiben;*
> *willst du die andern verstehn, blick in dein eigenes Herz!*
> (Schiller-Goethe)

- **익살** Parodie
풍자적 경향의 어리광대적 희화. '서투른 모방'이란 뜻도 있다. 좁은 의미로는 형식은 견지하면서 내용을 바꾸어 버린 경우의 텍스트를 말하기도 한다.

- **자유리듬** der freie Rhythmus
시행에 있어서 율격상의 도식이나 운이 적용되지 않으며, 행의 길이나 올림음, 내림음이 자유자재로 구사되고, 단지 의미에 따라서만 시행의 그룹을 형성하는 리듬을 말한다.

- **제유(提唯)** die Synekdoche (griech. = Mitaufnahme weiter Bedeutungen)
비유법의 한 종류로서 원래 '오해하라'의 뜻이다. 사물의 일부로써 전체 Pars pro toto(lat.= der Teil fürs Ganze)를, 전체로써 일부를 나타내는 표현기법으로서, 예컨데 북부독일 항구도시 '킬 Kiel'로 '배 Schiff'를 나타내고, '무기 Waffen'를 '검 Schwert'으로 대신하는 따위를 말한다. 그 예로서 '빵 없는 자유'에서 빵은 '생활양식', '양귀비 같다'에서 양귀비는 '미인'을 뜻한다. 또한 "Er steht unter dem Pantoffel"에서 Pantoffel은 'Frau'이며, "Komm unter mein Dach"에서 Dach는 'Haus'이다.

- **테르치네** die Terzine

3행으로 이루어진 연의 시 형태로서 운율도식: aba bcb cdc … yzyz이다. 운의 그룹이 연결됨으로써 연의 특성이 더 이상 강하게 부여되지 않는다. 가장 유명한 연의 형태 중의 하나는 스탄자 die Stanza(Ottava rima)이다.

- **풍자** Satire

문학작품 속에서 현실의 부정적 현상, 남의 결점 등을 빗대거나 비웃으면서 비꼬아 폭로하고 공격하는 것을 말한다.

- **환칭(換稱)** Antonomasie (griech. = Umnennung)

완곡법의 일종으로 그 대용자가 고유명사이다. 보기로서 '갈릴리의 선지자'='예수', '대 문호'='호머', '현자'='솔로몬'을 들 수 있다.

III. 시의 형태와 종류

시는 제재 및 내용에 따라 서정시, 서사시, 극시로 구분되며 형태상으로는 정형시, 자유시, 산문시 등으로 나뉜다. 서정시에는 가요, 연애시, 비(만)가, 찬가, 송가, 목가, 소넷, 에피그램, 즉흥시, 민요, 동요, 사상시, 주지시 등 여러 종류가 있다. 그밖에 서사적-서정적 융합형태로는 담시, 설화, 전원시, 교훈시 등이 있다.

1. 가요(歌謠)

Das Lied. 노래로 부를 수 있는 시로서 대개 여러 개의 연으로 되어 있다. 독일 시에서는 특히 중세기의 '민네장'에서 처음 꽃을 피웠다. 당시에 서정시인들은 동시에 작곡가이어서 시는 노래가 되었다. 하지만 작곡되지 않는 시도 노래라고 했다. 내용에 따라 사랑가, 자연가, 교회가, 방랑가 등이 있다. 책이 인쇄되기 시작하면서 그 양상이 바뀌었다.

2. 민요(民謠)

Das Volkslied. 중세기가 끝나갈 무렵 크게 번성하였다가 현대에 이르러 학교나 사교클럽 등 제한된 범위 내에서만 계속될 정도로 크게 위축

되었다. 방송과 각종 음향시설이 발전되면서 함께 노래부르는 일이 줄어들었기 때문이다. 민요는 원래 언제, 어디서, 누구에 의해 지어졌는지 거의 알려지지 않고 있는 것이 특징이다. 굳이 말한다면 '민중 전체'에 의해 지어졌다고 할 수 있다. 따라서 교양 있는 계층까지 포함한 '소박한 민중' 전체 속에 살아있다. 문자 외적으로 세대와 세대로 구전되기 때문에 가사와 멜로디가 바뀌는 이른바 'Zersingen' 현상이 자주 일어난다.

3. 담시(譚詩)

Die Ballade(ital. ballata, franz. balada=Tanzlied). 로만 문화권에서 전래된 짧은 무도곡으로서 자유로운 '이야기 풍의 노래 Erzähllieder'형태의 시이다. 12세기 남부 프랑스에 음유시인들이 생겨 영국으로 번졌고, 14·15세기경에 프랑스에서 다시 크게 유행하여 엄격한 시 형태로 자리잡았다. 18세기에는 민속신앙, 역사적 신비적 소재를 간직한 노래의 개념으로 발전하였다. 특히 잉글랜드, 스코틀랜드, 덴마크 등지에서 드라마적 긴장감을 자아내는 쉬운 줄거리의 문학으로 모습을 갖추었다. 또한 교회나 궁정 중심의 문학, 민중 속의 영웅전설, 연애비화 등을 소재로 전승되었다.

시 형식은 보통 3절로 이루어졌는데, 각 절은 7-8행이며, 그 중 끝 1-2행은 후렴으로 된 것이 특징이다. 그러나 14세기경에는 역사적 또는 전설적 과정을 이야기함으로써 단순히 정형의 소서사시라는 뜻으로 굳어졌다. 이탈리아에서는 단테 Dante와 페트라르카 Petrarca, 프랑스에서는 비용, 마로 등이 이 시 형식으로 작품을 썼다.

독일에는 1770년 헤르더에 의해 소개되었고, 뷔르거 G. A. Bürger, 괴테와 실러에 이르러 크게 꽃을 피웠다. 또한 18세기 낭만주의 문학에 있어서 민요가 관심을 끌면서 더욱 애호되었다. 이것은 일반적으로 두 가지로 구분된다. 즉 괴테, 뫼리케 Mörike 등이 대표하는 어두운 마력을 전달하는 자연 발라드와 실러, 슈트라호비츠 Strachwitz, 폰타네 Fontane, 뮌히하우젠 Münchhausen 등이 창출한 영웅 발라드가 있다.

음악에서는 담시 곡, 이야기 곡 등으로 번역되는 통속적 가극을 뜻한다. 14세기에는 무도가 대신 역사적, 전설적, 종교적 소재가 담긴 가벼운 독창곡으로, 16세기에 들어와서는 주로 이야기 식의 성악곡으로, 19세기에는 보통 3부 형식으로 된 피아노 소품으로 그 범위가 바뀌었고, 오늘날에는 센티멘털한 사랑이나 재즈 연주에서 팝송의 멜로디를 살리면서 즉흥 연주하는 것을 말하기도 한다.

4. 설화(說話)

Die Romanze. 고대 스페인 문학에서 유래, 독특한 시행구조를 지닌 발라드 풍의 문학작품이다. 종결부분에는 반해음을 지닌 16개의 긴 시행이 있다. 그것은 이따금 두 개의 짧은 시행으로 바뀌어지며, 첫 행은 무운이다. 종종 발라드와 같은 의미로 사용되기도 한다.

5. 소넷

Das Sonett(ital. Sonetto=Tönchen, kleiner Tonsatz). 17·18세기에 특히 사랑 받았고, 오늘날까지도 종종 등장하는 사상시의 형태이다. 이탈리아에서 유래한 시 형식으로서 단테, 페트라르카, 가스파라 스탐파 Gaspara Stampa 등에게서 크게 번성하였다. 소넷은 두 개의 '4행 연 Qartett'과 두 개의 '3행 연 Terzett'으로 이루어진 대부분 11 철음의 14행 시(주로 5각

운의 얌부스)이다. 즉 전절(前節) (2개의 4행연 abba abba)과 후절(後節)(2개의 3행연 cdc dcd)로 엄격하게 구분된다. 개인적 감정과 사상 표현에 있어서 강한 주관성이 지배하지만 엄격한 형식을 통하여 대상들을 나란히 대립시켜 효율적으로 서술하는 데 아주 유리할 뿐만 아니라, 내용은 대개 엄격한 논리성에 따른다. 반면 영국식 소넷은 3개의 십자 운으로 된 4행 연과 한 개의 2행 연(운율도식 abab cdcd efef gg)으로 이루어진다. 대표적 시인으로서 셰익스피어, 시드니 Sidney, 스펜서 Spencer 등이 있다.

6. 송가(頌歌)

Die Ode (griech. ode=Lied). 여러 개의 연으로 이루어진 운율체계가 없는 시. 각 행은 여러 각운으로 짜여져 있지만, 각 연의 서로 상응하는 시행들은 매우 똑같은 구조를 이루고 있다. 송가는 주로 어떤 사건이나 시인 자신의 개인 감정을 표출하기 위해 쓰이며, 진지한 주제, 고양된 문체, 그리고 정교하게 다듬어진 시의 연으로 어떤 대상이나 인물에 대한 찬양 또는 명상이 중심을 이룬다. 이 형식은 그리스의 핀다로스에 의해 확립, 연극의 코러스가 부르는 노래를 기본으로 만들어진 것이다. 복잡한 연들은 세 개의 세트로 구성된다. 즉 합창단의 일부가 무용리듬에 맞추어 왼쪽으로 움직이면서 처음 전회 Strophe를 부르고, 나머지 절반은 오른 쪽으로 움직이면서 반재전회 Antistrophe로 응답, 중간 연을 이룬다. 그 다음 정지한 상태에서 합창단 전체가 한데 어울려 부르는 뒤풀이 노래 Epode가 마지막 연을 이룬다.

핀다로스의 송가는 인물, 음악이나 시 같은 예술, 하루 중의 어떤 시간, 또는 추상적인 개념 등을 대상으로 찬양하고 영예롭게 하며 열정과 환상적인 분방함을 앞세운다. 반면 송가는 어조, 형식을 기반으로 조용하고 명상적이며, 절제력이 강하여 연 형식이 단일하고 반복적이다.

독일의 송가는 클롭슈톡 이후 로마의 시인 호라티우스 Horatius(65-8 B.C.)를 모형으로 삼아 크게 발전되었다(보기: <봄의 축제 Die Frühlingsfeier>, <여름밤 Die Sommernacht> 등). 그러나 형식이 도입된 것은 그보다 훨씬 오래 전 그리스로부터였다. 항상 서정적이며 가사나 발음에 있어서 리드미컬한 것을 특색으로 하는 발라드에 비해, 송가는 장중하면서도 고양된 감정을 되살리는 특성을 지닌 긴 서정시로서 게르만, 특히 프러시아적 정감을 담는데 적합하였다.

7. 찬가(讚歌)

Die Hymne (griech. hymnos=ein Preislied). 송가와 유사한, 특히 축제풍의 노래형태이다. 사상적인 내용을 표현하는 것이 아니라, 박자에 맞추어 강한 힘을 표현하는 등 장엄한 분위기와 대부분 종교적 경건성을 불러일으킨다. 종종 율격이 없는, 이른바 자유리듬으로 쓰여진다. 또한 국가처럼 운이 없는 장엄한 노래들도 이에 포함된다. 괴테의 <프로메테우스 Prometheus>, <가뉘메드 Ganymed>, <마호멧의 노래 Mahomets Gesang>, 그리고 횔덜린의 <휘페리온의 운명의 노래 Hyperions Schicksalslied>가 대표적인 예이다. 이 분야의 대가로는 두 사람 이외에 노발리스 Novalis, 바인헤버 Weinheber 등이 있다.

8. 비가(悲歌)

Die Elegie. 대개 사랑하는 사람의 죽음을 애도하는 만가(輓歌) 내지 인간존재에 대한 철학, 사상적 사색을 소재로 하는 시이다. 고대 그리스인이나 독일의 괴테, 횔덜린, 릴케 등이 이에 해당하는 작품을 썼지만, 최근에 이르러 형식의 독특성을 인정받아 시의 범주에 포함되었다. 대상지향과 사상성을 바탕으로 한 송가에 비해서 노래의 대상이 산발적인 점도 특징이다. 괴테의 <마리엔바드의 비가 Marienbader Elegie>, <로마비가 Römische Elegien>, 실러의 <산책 Der Spaziergang>, 릴케의 <두이노의 비가 Duineser Elegien>가 좋은 예이다.

9. 격언시(格言詩)

Der Spruch. 잠언(箴言)이라고도 한다. 감정과 정조 대신에 훨씬 삶의 지혜를 표현의 대상으로 삼는다. 그에 따라 간결하고 명확한 표현 또는 기지에 넘치는 첨예화된 문장이 구사되어서, '경구 Epigramm'라 부르기도 한다. 내용은 종교 및 도덕적 명제, 예술론, 인생론, 인격수양, 사랑, 사회 내지 정치적 비판 등이다. 발터 폰 데어 포겔바이데 Walther von der Vogelweide나 괴테에게서 좋은 예를 많이 발견할 수 있다.

IV. 원문강독

Über die Interpretation lyrischer Dichtung
- Benno von Wiese -

　Seit Wilhelm Diltheys Studien zur Grundlegung der Geisteswissenschaften ist der Begriff der „Interpretation" in seiner zentralen Bedeutung gesehen und immer wieder neu diskutiert worden. Aber natürlich hat es die Sache selbst längst vor Dilthey gegeben. Interpretieren heißt auslegen und bezieht sich daher stets auf Texte, die einer solchen Auslegung bedürfen. Es ist Diltheys Verdienst gewesen, daß er zwischen dem bloßen Erklären und Erläutern dieser Texte und dem nacherlebenden Verstehen aufs strengste geschieden hat. Die Frage nach dem Wesen der Interpretation ist daher zugleich die Frage nach den Möglichkeiten und Grenzen einer solchen verstehenden Auslegung. Interpretieren ist eine Aufgabe der Philologie und der Geisteswissenschaften.

　Diese Frage stößt jedoch auf besondere Schwierigkeiten, wenn es sich um Dichtung, zumal um lyrische Dichtung handelt. Juristische, theologische oder philosophische Texte sind in erster Linie Denkgebilde, die ihrerseits mit den Mitteln des Denkens erklärend oder verstehend erschlossen und aufgeschlossen werden können. Niemand wird das Recht der Auslegung solcher Texte bestreiten; niemand wird daran zweifeln, daß hierfür ganz bestimmte Methoden sich entwickeln lassen und auch entwickelt worden sind.

Schwieriger ist es um die Dichtung bestellt. Gerade bei der Lyrik kommt es in hohem Maße auf die persönliche Begegnung an. Wer mit dem Gedicht umgeht und wem es zum persönlichen Besitz geworden ist, wird oft behaupten, daß er einer zusätzlichen Interpretation nicht mehr bedürfe. Denn Dichtungen sind in erster Linie Kunst- und nicht Denkgebilde; sie sind nicht geschaffen worden, damit kluge Leute darüber reden, sondern damit ein aufgeschlossenes Publikum sie genießt. Das Einmalige des Gedichtes, seine unverwechselbare „Stimmung" begegnet uns mehr im Gefühl, entzieht sich aber oft dem Begriff. Eine solche Auffassung meint, daß Interpretation nicht zur Begegnung mit dem Gedicht gehöre, sondern sie gerade zerstöre. Sie zerrede nur ihren Gegenstand, sie beraube ihn der unmittelbaren Wirkung, sie vernichte die Hingabe des Gefühls. Dieser Einspruch wendet sich nicht nur gegen das dilettantische Paraphrasieren von Gedichten, sondern sehr häufig auch gegen die wissenschaftliche Beschäftigung mit der Lyrik. Sie bliebe ja doch nur vage, zerfließend, subjektiv; sie sei unfähig, bestimmte Methoden zu entwickeln, und daher dazu verurteilt, ein Zwittergebilde zwischen unverbindlicher Essayistik und überpersönlicher exakter Wissenschaften zu sein.

Aber alles Gedichtete verlangt, so wie jede Kunst überhaupt, seine Deutung. Denn es ist ja nicht nur überzeitlich, selig in sich selbst, sondern steht im Zusammenhang der Geschichte. Das gilt auch von der lyrischen Poesie. Sie ist keineswegs etwas Fertiges und Abgeschlossenes; neue und überraschende Formen kommen hinzu, die das bereits Vergangene und Gewordene in einem neuen Lichte erscheinen lassen. Wohl mag es einen „ewigen Vorrat" des deutschen Gedichtes geben. Aber Maßstäbe können wir nur finden, wenn wir ständig das Vergangene im Vergleich mit dem Gegenwärtigen und das Gegenwärtige im Vergleich mit dem Vergangenen sehen. Wie sollte das ohne Interpretation möglich sein? Schon die Art, ein Gedicht zu lesen, ist eine Vorstufe der Auslegung. Wir lesen und verstehen Klopstocksche Oden heute anders, als es noch die Zeitgenossen Klopstocks taten. Denn zum deutschen Gedicht gehören für uns bereits Trakl und Benn. Unser geschichtlicher Abstand zum überlieferten Gedicht muß notwendig wechseln; damit wechselt aber auch unvermeidlich unsere Möglichkeit des Verstehens. Es wäre sinnlos, das bedauern zu wollen. Denn nur im Gespräch mit dem Vergangenen wird der Mensch sich bewußt, ein geschichtliches Wesen zu sein. Welche Absurdität, wenn wir die Lyrik von dieser Geschichtlichkeit unserer Existenz ausschließen wollten! Es gibt kein isoliertes dichterisches Werk; jedes empfängt mannigfache Einwirkungen von außen: von dem Zeitalter, in dem es steht und auf das es auch seinerseits wieder zurückwirkt. Gesellschaft und Politik, Philosophie und Glaube einer Epoche sind mitformende Mächte, die beim angemessenen Verstehen einer Dichtung berücksichtigt werden müßten. Hinzu kommen die inneren Vorgänge der Dichtungsgeschichte, der Wandel der Sprachformen und Stilgesetze, die Probleme der dichterischen Gattungen. Äußeres und Inneres läßt sich hier nicht trennen. Gerade das geschichtliche Wechselspiel zwischen inneren Bildungs- und Wachstumsgesetzen der Dichtung auf der einen Seite und den Bewegungen, die von außen auf diesen Gang einwirken, auf der anderen Seite wird stets ein Gegenstand wissenschaftlicher Literaturgeschichtsschreibung bleiben.

Hier könnte nun freilich eingewendet werden: Das alles sind zwar legitime Aufgaben, aber es ist nicht Interpretation im engeren Sinne und gilt auch überdies für die Lyrik nur am Rande. Ja, man könnte einem solchen Vorgehen geradezu vorwerfen, daß es Gedichte nur als geschichtliche Dokumente auffaßt, als Quellen oder als Zeugnisse für bestimmte Ideen und

Probleme, und auf diese Weise die Eigentümlichkeit des Gedichtes gerade verfehlt. Selbst bei der Betrachtung der inneren Vorgänge der Dichtungsgeschichte bliebe es bei einem rein generalisierenden Verfahren. Dichtung werde auf Gesetze der Sprache, des Stils, der Gattung usw. bezogen, aber was ein Gedicht wirklich sei, etwa ein Gebilde wie „Wanderers Nachtlied" von Goethe, erfahre man so in keiner Weise. Ein Gedicht müsse für sich selbst sprechen, bei sich selbst bleiben; es könne in Wahrheit nur gelesen und gehört werden. Mit einem Wort: eine wissenschaftliche Interpretation des künstlerischen Einmaligen sei unmöglich.

Aus: Benno von Wiese (Hg.), Die deutsche Lyrik. Form und Geschichte, S. 11-13.

V. 독일 서정시의 요람과 성장기

1. 태동

유럽은 남과 북의 문화생태적 분할양상이 뚜렷하다. 이탈리아나 프랑스, 스페인 등 로만 문화권인 남유럽은 천연적으로 기후가 맑고 따뜻하여 인간의 심성도 그에 크게 영향을 받는다. 그리하여 자연감각적 음악성이 정서활동의 바탕을 이룬다. 이것은 곧 서정시의 급속한 발전을 이룩하는 요인이 되었다. 반면 북유럽의 날씨는 거의 항상 음산하고 침울하여서 사람들은 자연히 내면성찰적이며 사색적인 성정을 보여주고 있다. 따라서 음악적 가락보다는 설명 내지 서술을 주 기능으로 하는 서사문학이 강화, 발달되었다.

이러한 양분 구조는 독일에서도 거의 비슷하게 적용된다. 일찍이 독일의 시인 하인리히 하이네 Heinrich Heine는 그의 작품 <하르츠 기행 Die Harzreise>에서 전통적으로 북부독일이 서사적 문학 성향을 강하게 지니고 있다고 한다면, 남부독일은 서정성이 지배적이라고 지적하고 있다. 그러나 유럽 전체의 생태학적 조건과 연관하여 독일문학 전체를 개관할 때, 서사성이 강한 반면, 서정성의 뿌리가 매우 취약함을 발견한다. 그것은 역시 하이네가 강조하듯이, '도이취 deutsch'란 단어 자체가 'diutisc', 즉 'diot'(=민중 Volk)에서 파생된 것으로, 민중의 나라인 독일은 근면, 소박, 정직의 의미를 통해 설명과 논리 쪽의 사상전달에 근접해 있기 때문인지 모른다. '서정성'과 관련된 용어들이 대부분 독일 자체에서 보다 고대 또는 남구 문화권에서 비롯되었다는 사실이 증명을 하고 있다.

　유럽 중 북부에서 사냥과 목축을 기간생존활동으로 삼고 살아 온 게르만 민족은 원래 유목민으로서 호전적이고 강건한 민족성을 지니고 있었다. 농경민족 특유의 공간의식과 서정성을 간직하기가 어려웠다. '고고독일어 Althochdeutsch' 문화기간으로 구분되는 이 시기에 <메르제부르크 주문 Merseburger Zaubersprüche> 등이 시적 터전을 마련하였다.
　시문학에 있어서 독일적인 최초의 문학적 흔적이라 할 수 있는 6세기경의 수많은 <영웅의 노래 das Heldenlied>만 보더라도 서정성보다는 서사시적 경향이 뚜렷하다. 8·9세기경 풀다 Fulda의 수도사가 기도서의 앞 뒷장 표지 안쪽에 필사해 남긴 유일한 문헌자료인 <힐데브란트의 노래 das Hildebrandslied>도 서사작품이다.

> 정녕, 만상을 다스리시는 신이시여, 이 슬픈 운명을 어찌 하리이까!
> 이제 제 자식이 무기로 나를 쳐 없애려 합니다
> 내가 찔리거나 이 손으로 그 애를 찔러 죽여야 하다니!
>
> Wahrlich nun, waltender Gott Wehgeschick wird! ...
> Nun soll eigenen Kindes Eisen mich treffen,
> Blatt mich durchbohren oder ich ihm den Bluttod schaffen!

　게르만 민족 대이동 기에 나타난 동족간의 혈투, 의리와 명예, 복수 등을 주제로 하고 있는 많은 작품들 중에서, 여기서는 자신을 알아보지 못하는 아들과 생사의 결투를 벌려야 하는 아버지의 고통이 처절하게 서술되고 있다. 독일인의 심상에 깊이 자리한 이러한 비극적 양상에는 서사성 만이 가장 효율적인 표현양식이 아닌가 여겨질 정도이다. '말'과 '정서' 두 가지가 그 속에 겸비되어 독일인의 심성과 밀착되어 있다.
　운율적 기본 구성도 이탈리아나 프랑스 같은 남 유럽풍의 문학성과 근본적으로 다르다. 시 형태임을 부정할 수 없는 시행이 근간을 이루고 있지만, 무엇을 노래하기보다는 사실을 보고한다는 의식이 강하게 스며 있다. 게르만-독일시의 근원이며 특성이라 할 수 있는 두운(頭韻, Stabreim, Alliteration) 기법이 뚜렷하다. "wahrlich-waltender-Wehgeschick-wird"로 이어지는 첫 자음 "w"의 거친 운율효과는 서술장면의 내용과 잘 일치되고 있다. 그러한 효과는 "f"로 연결된 다른 부분에서도 두드러지게 나타나고 있다.

*P*hol und Wodan
*F*uhren zu Holze. Dort ward dem *F*ohlen Balders
der *F*uß verrenkt

이와 같은 서사적 문화성향은 8세기에 이르러 카알 대왕이 기독교를 독일에 수용함으로써 눈에 띄는 변화를 맞이한다. 전도와 선교를 목표로 한 수많은 기도서가 새로운 문학을 주도하면서, 서사시 중심의 시문학 풍토에 처음으로 로만 문화권의 미운(尾韻, Endreim)이 선을 보인 것이다. 미운은 남유럽의 서정시적 정서에 맞는 운율체계이다.

2. 민네장

전통적인 독일의 서사성이 남구적인 서정성과 구체적으로 접목되기 시작한 것은 기사문학시대 이후부터이다. 궁중문화와 더불어 교육계몽의 목적을 지닌 이 당시의 문학은 12세기 후반부에 발전의 기틀을 잡기 시작하여, 1190년부터 1220년에 이르기까지 정점을 이룬다. 이 때가 바로 독일시의 참다운 개화기라 할 수 있다.

1190년 바르바로싸 시대의 문학이 종말을 고하게 된다. 그간 활동하던 프리드리히 폰 하우젠 Friedrich von Hausen은 소아시아 십자군 원정길에서 목숨을 잃는다. 하인리히 폰 펠데케 Heinrich von Veldeke(1150-1210)도 깊은 침묵에 빠진다. 서사시의 판도가 더욱 광범위해졌다. 슈타우펜 시대는 교회와 사회의 신분, 이 두 위계질서가 강하게 지배하고 있었다. 전자는 기독교의 믿음과 도덕율을, 후자는 기사도의 삶과 형태에 근간을 두면서, 11-12세기의 독일문학을 수도자에 대한 교육을 수행하는 수단으로서 종교문학적 범주에 머물게 하였다. 그러나 이 때부터 문학이 성직자의 품에서 벗어나 기사계급의 활동대상으로 바뀌게 된다. 마리아 숭배의 사상을 바탕으로 귀부인에 대한 연애, 봉사의 과업이 강조된다. 그와 동시에 전설 및 고담에서 나온 각종 자료, 궁중, 민중, 영웅서사시 등이 광범위하게 시문학에 수용되기 시작한다. 당시 시문학의 형태로서 초기 도나우 강 유역에서 발생한 것으로 보이는 장형시가 발굴되고, 새로운 형태의 연애관과 프로방스의 법식을 모범으로 삼은 것이 두드러지게 보인다.

단순한 민중시가형식인 바바리아 지방 영가로서 연애가요가 중심을 이룬다. 스페인과 아랍의 궁중가요를 중심으로 하는 라틴적 사랑의 서정시로부터 받은 영향도 적지 않다. 특히 12세기에 도입된 성모상(미의 전형)이 게르만 민족성과 연결되어 더욱 발전되었다. 귀족적 신분문학으로서 내용어휘 형식은 통일적이 아니라, 오직 청중을 지향하고 있다. 가수들이 사회적 규범, 자신의 역할, 개별적, 무술적 체계가 아니고 기사계급의 등장을 전제로 한다. 그들은 무사로서의 업적에 국한하지 않고, 기독교 전수 이후부터 현세중심의 인간상을 타파하고, 명예, 기사도의 윤리적 바탕을 확립하는 데 주력하였다. 궁중서사시는 아르투어 Arthur 왕의 궁중, 원탁과 기사들의 이야기를 통해 목적에 얽매인 상황과 현실에서 풀려 나와 동화적 세계를 구현하여 이상적인 기사 상을 확립하였다. '노래(연) das liet(Strophe)'은 '말 wort(Text)'과 '선율(멜로디) wîse(Melodie)'로 이루어진다. 참된 시는 말을 재료로 한 음악적 구성이다.

이에 발맞추어 전문 가인계급이 등장한다. 독일에서는 프랑스 기용부세 프로방스 귀족출신으로 구성된 궁중가인 '뜨르바도르 Troubadour'에서 본을 따, 연애가인 Minnesänger이 활발한 활동을 벌이게 된다. 이들은 특별한 행사나 축제 때에 기사들의 사랑을 주제로 한 '민네장(연애가) Minnesang'을 지어 불렀다. 그리고 신분상 귀족(영주계급) 또는 원래 부자유한 봉사계층의 소속자로서 나중에 기사계급에 융합되었다. 대표적인 시인으로는 발터 폰 데어 포겔바이데 Walter von der Vogelweide (1170-약 1230)가 손꼽힌다. 오스트리아의 공훈귀족인 그는 1190년 빈에 있는 공작 레오폴드 5세의 궁중에서 '민네' 예술을 습득, 큰 활약을 하였다. 그의 내면에는 슈타우펜 기사의 당당함과 사랑, 분노, 증오 등 인간적 고뇌를 시적으로 표현할 수 있는 따뜻한 정감이 동시에 깃들어 있다. 그는 관용, 절제, 예의, 겸손, 충성심, 용맹성 그리고 봉사를 덕목으로 하는 기사도정신을 고취하는 것은 물론, 섬김의 대상인 귀부인과의 애정관계('높은 민네')를 중점적으로 다룸으로써 서사적 기반의 독일문단에 서정시의 꽃이 피게 하였다.

슈타우펜 왕조 시대의 문학은 다분히 계몽적 성향을 지니고 있었다. 시인은 곧 교육자이며, 문학은 전형화된 어떤 규범의 대상이었다. "충동적 자극의 순화 die Bändigung triebhafter Regungen(mâze)"를 목적으로 하는 '교육 Erziehung(zuht)'은 내적 조화를 바탕으로 인간성 안에서 윤리와 미학적 가치가 완전히 통합되도록 한다. 궁중적 습속에 젖어 살면서 자신의 삶을 '호에 민네'의 요구에 맡기는 시인들은 민네와 신이라는 두개의 최고가치 사이에서 갈등한다.

이 모든 상황의 중심은 여인이었다. 축제의 중심이자 모든 기쁨의 원천으로서 여인의 존재는 내외적 아름다움과 순수함의 극치로 모든 충동적 욕망에서 순화된 '높은 민네'의 대상이 된다. 그러나 참다운 서정성의 개화는 사랑을 귀부인에 대한 경직된 봉사관계에서 해방시킴으로써 이루어진다. 처녀나 사회적 신분이 낮은 여인일지라도 순수한 사랑의 차원에서 '민네'의 대상이 될 수 있게 된, 이른바 '낮은 민네 niedere Minne'로의 변천은 당시로서 큰 혁신이라 하지 않을 없다. 민네장이 애초에 본보기로 삼았던 프로방스의 예식을 많은 부분 털어버리고 이제 독자적인 길을 걷게 된 것이다.

> 사랑스런 작은 아씨,
>   신이 오늘이나 영원히 자비를 베푸시리라!
> 더 좋은 말로 너를 기릴 수 있다면
>   그런 뜻과 마음을 어찌 버리겠소
> 누구도 제대로 너에게 바치지 못한 마음
>   내 어찌 더 말로 할 수 있으리
>   아, 나에게 슬픔만 쌓일 뿐!

시적 대상인 여성도 "너"로 지칭, 한층 개인적인 친근감이 강조되면서 평등 및 평민화 되었다. 여인과 남성의 관계가 참 인간의 만남으로 찬양되고 있다. 현대적 의미에 있어서 곧 서정시의 근본주제인 '사랑의 대중화(민중화)'를 이룩한 셈이다. 예술적 민중화도 부차적 소산이 되었다. 그렇기 때문에 독일 낭만주의는 여기에서 전통계승의 뿌리를 발견하고 있다고도 할 수 있다. 남구적 훈풍, 그 이후 집중적으로 소개된 소넷, 발라드, 송가 등은 독일 시문학이 발아기의 취약점을 극복하고 서구문학, 아니 세계문학의 대열에 나서게 한 촉진제가 된다.

민네장의 활동무대는 주로 예술감각이 풍부한 제후들의 궁중이었다. 시인은 동시에 작곡가이어서 주로 바이올린과 하프같은 악기의 가락에 맞춰 자신들의 감정을 노래불렀다. 민네장의 가요연은 세 가지로 나뉠 수 있는데, 똑같이 구성된 세 가절 중 두개의 단 Stollen으로 이루어진 전절 Aufgesang에 세 번째 그에서 벗어나는 부분인 후절 Abgesang이 맞선다. 운은 기교적이다. 그러나 순수성이 엄격히 요구된다.

가요 이외에 동일하지 않은 시연으로 구성되고 각 시연마다 다른 곡조가 붙여진 '무도곡 der Leich'이 특별히 즐겨 쓰인다. '여인 또는 신을 기리는 찬양', '무도가', '연가 Tagelied'(중세시대에 동침한 남녀가 이별하는 아침에 부르던 노래)같이 사랑을 주제로 한 것들과 '십자가의 노래 Kreuzlied', '마리아의 노래 Marienlied' 같은 종교적인 소재의 것들이 중심을 이룬다.

경구도 포겔바이데에 의하여 비로소 기사적 시인의 과업이 된다. 정치적, 교육적 내용 때문에 원래 민네장 영역 밖에 있던 그것이 '민네섬김'이 기사적 활동의 중요한 임무가 되면서 민네장의 내용은 더욱 충족되지 않은 사랑, 끊임없는 그리움, 한탄같은 것들을 노래하는 전형적인 모습으로 발전된다. 그 후의 '장인가(匠人歌) Meistersang'에도 큰 영향을 미친다.

그러나 한 가지 흥미로운 사실은 이러한 서정시 문학의 태동이 당시의 대표적 서사작가, 하르트만 폰 아우에 Hartmann von Aue(약 1165-1215), 고트프리트 폰 슈트라쓰부르크 Gottfried von Strassburg, 볼프람 폰 에쉔바하 Wolfram von Eschenbach(1170-1220) 등에 의하여 간접적인 지원을 받았다는 점이다. 그리하여 하인리히 폰 모룽겐 Heinrich von Morungen, 라인마르 폰 하게나우 Reinmar von Hagenau 등이 가세하면서 참다운 의미의 궁중서정시가 완성을 보게 되었다. 하르트만 폰 아우에는 십자군원정의 노래에서 궁중적 민네를 압도하는 신의 민네를 설정하기까지 하였다. 그는 높은 민네와 그것이 지닌 윤리적 의미뿐만 아니라 상호애호와 성취의 낮은 민네도 알고 있었다. 하인리히 폰 모룽겐은 희생적인 봉사를 행하다가 죽어가는 여인의 종교적 순교에 초점을 맞추고 있다. 사랑이란 그에게는 병, 망상, 죽음 속에서 자신을 지킬 수 있는 마신적 힘이다. 이러한 열정적인 민네관과는 달리 라인마르 폰 하게나우의 문학에는 응답이 없는 사랑에 대한 고통이라든지 그리움에 가득한 탄원이 중심테마를 이루고 있다. "불행한 사랑의 스콜라학자이며 탁월한 형태예술가"인 그는 고통을 추적하며 사랑받는 자의 절제와 꾸준함에 힘입어 고귀해진 사랑의 가치를 발견한다.

특히 기사문학이 쇠퇴하기 시작한 12세기말의 <니벨룽의 노래 Das Nibelungenlied>는 1,200연이 넘는 긴 시행으로 본격적인 이야기 체의 문학형태를 구체화시켰다. 훈족의 통치하에 있던 게르만족의 궁중생활과 권력암투, 남녀 간의 사랑, 여인 간의 질투 등을 그린 작자미상의 이 작품은 고대 프랑스의 기사 무훈담을 바탕으로 독일적인 서사성에 서정성을 가미하여 신선도를 높였다.

철저성, 강인성, 충성심과 여인들의 정조관념 등 게르만 민족성의 특징들이 파란만장한 사건들과 어울려져 흥미를 더해준다. 용맹스런 장군 시그프리트 Siegfried가 보름스 Worms의 부르군트 Burgund 궁중으로 와

서 공주 크림힐트 Kriemhild를 아내로 맞고, 그녀의 오빠인 군터 Gunther 왕은 무력이 강한 이웃나라 왕비 브룬힐트 Brunhild를 물리쳐 아내로 맞이할 수 있도록 지그프리트에게 도움을 청한다. 처녀성을 빼앗음으로써 브룬힐트를 무력하게 만들고 매제의 왕비가 되게 한 지그프리트의 용감함을 중심으로 이야기가 전개되는 한편, 크림힐트와 브룬힐트간의 계속되는 암투는 대복수의 유혈극으로 벌어지고 비극적 결말을 보게된다.

  2,444절 (각 절 4행) 장시로 이루어진 이 작품이 지니고 있는 시문학적인 의의는 문학의 주체가 기사가 아니라 민속작가들이며, 이들에 의하여 전문가적인 비교적 긴 고대형식의 서사시 작품이 이루어졌다는 것이다. 이를 통하여 민중서사시 Volksepos 또는 영웅서사시 Heldenepos의 영역이 정착되고 민중과 더욱 친숙하게 되었다.

3. 민요

3.1. 민요의 생성과 특성

민요는 일반민중이 즐겨 부르는 노래, 즉 영어의 대중가요 popular song에 해당한다. 이 개념이 일반화되기 시작한 것은 1771년이며, 3세기경 스코틀랜드의 시인 오씨안 Ossian[22] 문집이 전해지면서 유래되었다고 알려졌다. 그후 프랑스의 몽테뉴 Michel de Montaigne(1533-1592)가 그의 <수상록 Essais>(1580)에서 처음으로 "대중 시문학 poesie populaire"이란 표현을 썼다. 독일에서는 1471년 노래집을 편찬한 클라라 헤츨러린 Klara Hätzlerin에 의해 처음 언급되었고, 요한 고트프리트 헤르더 Johann Gottfried Herder(1744-1803)에 의해 그 의미가 구체적으로 규정되었다.

봄축제, 혼례식, 일터, 저녁 휴식 때와 같은 공동생활, 꽃, 새, 바람 등 자연현상, 그리고 사랑, 동경, 이별 등 사회저층의 소박한 감정세계가 중심 주제로 자리를 잡았다. 그룹의 노래가 오늘날의 민요로 발전된 것도 있다. 또한 14·15세기에 시발점을 둔 '자유리듬시행 ein freier Versrhythmus'으로서 '민네장'이나 '장인가'와 깊이 연관된다. <콜마 가요집 필사본 Colmarer Liederhandschrift>(1450), <빈 노래책 Wiener Liederbuch>(1470) 등처럼 문헌 기록이 남아있지 않는 경우도 많다. 그 후 텍스트로 편찬하려는 시도가 잇달았고, 세월이 지나면서 상부층도 이 문학형태에 특별한 관심을 기울이기에 이르렀다. 특히 낭만주의 시대에는 큰 발흥을 맛보게 되면서 민중 속에 자연발생적으로 이루어진 문화자산으로서의 민속시문학 Volkspoesie과 특정한 작가가 민요풍에 따라 지은 예술시문학 Kunstpoesie으로 나뉘어 각기 발전의 길을 걸었다.

---

[22] 3세기경 켈트 족 계열의 음영시인. 시인 제임스 맥퍼슨 James Macpherson에 의해서 1765년 그의 전집이 발행되었다. 1768년 독일어로 번역, 괴테가 입수하였다.

민요는 한 민족의 자연성을 대상으로 삼음으로써 사고방식, 특성, 생생한 목소리 등을 간직한다. 단체성에 적합하기 때문에 주로 민속 Folklore 영역에 국한하여 쓰이다가 후에 의미가 확대되었다. 따라서 민속, 음악, 인류학, 국민심리, 역사, 사회 등 여러 분야와 관계가 밀접하다.

　민요의 특성을 정리해 보면 다음과 같다.

1) 멜로디와 운율형태가 단순, 소박, 간결하며 남성 운과 여성 운이 교차되는 대개 4행 3, 4박자의 노래이다.
2) 서사적, 역사적 과정을 담고 있는 발라드 풍이다.
3) 개인 정감이나 공동체 각 구성원의 감정과 보편성을 형체화한 민중의식에 근거를 둔다. 그 계층구분은 다음과 같다.
　　가) 성과 나이: 어린이, 젊은이, 청년, 성인남녀의 노래.
　　나) 사회그룹: 어부, 지방농노, 이주자, 군인노래.
　　다) 방법과 숫자: 독창, 제창 및 합창.
4) 어느 신분이나 직업계층에 쉽게 감득될 수 있는 정감을 바탕으로 이별, 투쟁, 사랑, 고향, 행복, 방랑, 연회, 수수께끼, 감사, 칭송, 위로 등 아주 일반적인 상황과 체험영역이 중심을 이룬다. 이를 통하여 음악성이 강조되고, 옛 전통은 용해 및 정화의 과정을 거치면서 자연의 순리와 일체화된다.

3.2. <이 몸이 새라면 …>

WENN ICH EIN VÖGLEIN WÄR'

Wenn ich ein Vöglein wär'
Und auch zwei Flüglein hätt',

Flög ich zu dir;
Weil es aber nicht kann sein,
Bleib' ich allhier.

Bin ich gleich weit von dir,
Bin ich doch im Schlaf bei dir
Und red' mit dir;
Wenn ich erwachen tu',
Bin ich allein.

Es vergeht keine Stund' in der Nacht,
Da mein Herze nicht erwacht
Und an dich gedenkt,
Daß du mir viel tausendmal
Dein Herz geschenkt.

이 몸이 새라면…

이 몸이 새라면
두 날개가 있다면
그대에게 날아가리
그럴 수 없으니
나 여기에 남아 있노라

나 그대로부터 멀리 떨어져 있어도
나 꿈 속에서 그대 곁에 있다 해도
나 그대와 속삭인다 해도
잠에서 깨어나면
나 혼자 뿐.

밤 시간은 지나가지 않아

내 마음은 잠들고 있네
그리하여 그대를 생각했노라
수없이 나에게 주었던
그대의 마음을.

해설

독일 전통적인 민속민요로서 1778년 헤르더의 <민요집 Volkslieder>에 처음 수록되었다. 텍스트는 작자미상으로 되어 있지만, '체념 Entsagung'과 '포기 Verzicht'의 기본 정서가 바탕을 이루고 있어서 가장 독일적인 모습을 간직하는 것으로 평가된다. 민중의 숨결이 느껴지기 때문이다. 따라서 괴테의 <들장미>나 하이네의 <로렐라이>와 같은 '예술민요 Kunstlieder = 민요풍의 노래 Volkstümliche Lieder'보다도 독일민족의 정서에 더욱 밀착되어 있다. 소박한 서정시 형상으로 구성되어 있지만, 문법적인 구조는 단순하지 않다. 조건, 양보, 원인, 시간을 표시하는 종속문장이 구사된 복합문장이다. 멜로디 상으로 이 시는 닥틸루스 율격의 3박자이다. 노래로 불려질 때에는 각 연의 제 4행은 반복된다.

4. 중세의 붕괴와 인문주의 der Humanismus

14세기경 슈타우펜 왕조가 무너지면서 약 반세기만에 정치, 사회, 경제, 문화적으로 큰 변화가 일어난다. 기사계급이 몰락하면서 궁중-기사 문학도 쇠퇴의 국면을 맞이한다. 시민계급의 문학적 역할이 강화된다. '뜨르바도르'와 '방랑시인 Vaganten'이 주도하는 시문학은 세속화의 늪에서 헤어나지 못하거나, 이전에 각광을 받던 궁중기사 서사시, 이른바 서사문학이 한낱 민요의 한 부분으로 의미가 약화된다.

그러나 이러한 위기는 이 시대의 정신적 지주로 등장한 이탈리아의 프란츠 폰 아씨시 Franz von Assisi와 남 프랑스의 도미니카 수도사 마이스터 엑카르트 Meister Eckhart에 의해서 새롭게 전개된다. 기독교적 신비주의 Mystik(gr. myein=die Augen und Lippen schließen, sich versenken)에 입각하여 신을 오성으로 인식하지 않고, 고유한 자아 속으로 침잠함으로써 영혼이 신과 하나가 되는 길이 탐구된다. 그러기 위해서는 감각세계로부터 벗어나는 일이 무엇보다도 중요하게 되었다. 그것이 이른바 "신비적 통합 Unio mystica"을 전제로 한 신비주의다. 종교적인 것, 정신적-영적인 것, 사상적-개념적인 것 등 모든 영역들을 포괄하는 독자적인 신학 내지 철학적 기틀이 마련된다. 이런 세계란 하인리히 조이제 Heinrich Seuse, 요하네스 타울러 Johannes Tauler, 그리고 가난과 겸손의 정신을 체득한 토마스 폰 아퀸 Thomas von Aquin에 의해 계승된다.

이러한 추세에 편승하여 새로운 궁중문학에의 가교를 놓았다고 할 수 있는 사람은 기사인 나이트하르트 폰 로이엔탈 Neidhart von Reuental이다. 그는 시를 <여름 노래 Sommerlieder>와 <겨울 노래 Winterlieder>로 나누고, 자연묘사로 시작하여 농가와 농부의 처지를 비웃음의 대상으로 삼음으로써 '민네장'을 풍자한다.

문예부흥 Renaissance은 유럽문화를 중세기로부터 신세기로 옮겨가게 한 중대한 변혁이다. 중세적 세계와 인간상이 재검토되고, 전통적 국가 의식과 사회질서가 극복의 대상이 된다. 독단적 신앙체계에서 학문적으로 비판적 탐구자세를 강조함으로써 새로운 문화의 지평을 연 것이다. 반면 고대(고전)적 문화양상이 모델로 받아들여지면서 프라하에 있는 황제 카알 4세의 궁중에서 처음 나타나기 시작한 인문주의는 학문적인 바탕에서 새로운 변혁을 가져온다. 1348년 독일어권 최초의 프라하 대학이 설립되고, 수많은 고전번역과 언어학적 탐구가 활발하게 이루어진다. 인본주의와 종교개혁은 이 시대의 정신적 토대인 현세적 낙관주의와 연결된다.

13세기 후반의 떠돌이 시인 베른헤어 데어 가르테내레 Wernher der Gartenaere, 울리히 폰 리히텐슈타인 Urlich von Lichtenstein이 중심을 이룬 중세 후기 문학은 문학의 쟁점을 주로 그러한 시대비판과 우매한 민중을 교화하는 수단으로 삼는다. 그에 따라 형식상으로도 단순히 운을 반복시키는 교육적 억양을 구사, 참된 삶을 깨우치는데 주력한다. 이탈리아어를 모국어로 하는 성직자 토마신 폰 체르클래레 Thomasin von Zerklaere(1185-1235), 프라이당크 Freidank, 후고 폰 트림베르크 Hugo von Trimberg(1300년경)나 하인리히 폰 타이히너 Heinrich der Teichner 같은 작가들이 그 뒤를 잇는다. 모든 악의 근원을 초기자본주의와 반기독교성이라 보는 그들은 기사계급의 이상을 구가하는 한편, '교훈시 Lehrgedicht'의 영역을 정착시킨다.

4.1. 루터의 종교개혁과 찬송가

종교의 활동영역이 궁중에서 시민세계로 옮겨가게 된 것은 종교개혁 Reformation을 위해 흔연히 분기한 마르틴 루터 Martin Luther(1483-

1546)에 의해서이다. 르네상스에 많은 영향을 받은 그는 종교적 폐쇄성에 희생된 모든 것을 개방시키고, 누구나 신의 세계와 접촉할 수 있게 한 것이다. 곧 교회의 균열이 이루어진다. 이는 실로 서구의 정신문화에 있어서 일대 변혁이 아닐 수 없다. 시의 모습은 <투쟁 및 저항가 Das Kampf - und Trutzlied>, <박해받는 자의 노래 Das Lied der Verfolgten> 등으로 바뀌고, 주로 갈등의 주제를 한층 가까이 수용하게 된다.

루터는 또한 양심과 개성의 자유를 앞세우는 인본주의에 힘입어 큰 부흥을 일으키는 한편, 그의 획기적인 업적인 '성서번역'을 통하여 라틴어 위주의 문자생활에 따른 중세적 한계성을 철폐하고 새로운 표준어의 기틀을 마련하였다. 작센 지방의 말을 기준으로 하면서, 각 지역방언을 고르게 수용하여 독일 언어생활에 있어서 세종대왕과 같은 위업을 남겼다. 방언에 가까우며, 유머나 슬픔 등 솔직하고 직접적으로 표출되는 감정을 풍부하게 민요로 흡수하였다. 또한 다양한 연의 형식을 강화시켜 노래 Gesang의 영역으로 발전시켰다.

루터가 수집, 정리한 <찬송가>는 기독교의 예배를 위한 것이지만, 서정시로도 전혀 손색이 없는 것으로 평가된다. 종교적 요소와 서민적 요소를 혼연일체 시켰기 때문이다. 또한 그것은 교회 찬양가 이외에도 이미 13세기 이후부터 성지순례, 간구 여행 시에 부르던 독일어 성가에 근원을 두고 있다. 예술분야에 성직자의 임무가 크게 강화되었고, '장인가'가 주된 활동의 대상이 되었다. 이 대열에 속한 시인들로서 후텐 Ulrich von Hutten(1488-1523), 무르너 Thomas Murner(1475-1537), 피샤르트 Johann Fischart(1546-1590), 빅크람 Jörg Wickram(1505-1560) 등이 있다.

"우리"를 주제로 한 신앙단체의 노래는 신비주의로부터 시작하여 카톨릭과 프로테스탄티즘에 이르기까지 '찬송가 Das Kirchenlied'라는 형식으로 후대의 시문학에도 연결된다. 개신교의 찬송가는 16세기말까지 존속하며 큰 영향력을 미치게 된다.

4.2. 시민문학과 장인가

14-16세기의 시민가요문학인 '장인가 der Meister(ge)sang'는 외적으로는 민네장을 계속 발전시킨 것이지만, 내용과 본질에 있어서는 그와 근본적으로 다르다. 그것은 예배를 예술적인 노래를 통해서 아름답게 꾸민 14세기의 평 수도사회에서 나왔다. 명칭을 이해함에 있어서 원래 '수공업자 Handwerker'가 아니라, '노래동아리 Sängertum'에서 비롯하였다는 데 특징이 있다. 그렇다고 수공업자계층과 전혀 무관하다는 것은 아니다. 당시 도시의 수공업자 권에서 전형적인 당대의 예술형식으로 인정되었다. 다른 측면에서 그것은 교회찬양대에서 근원은 찾을 수 있는데, 신앙 교리, 의식행렬, 장례 등에 나타난다. 한편으로 그것은 궁중서사시의 세속화라고 말할 수도 있어서 골계 Schwank와 풍자 Satire가 중심을 이룬다. 시민계급과 수공업자로 이어지는 문학의 수행자는 시문학과 음악을 확고한 규칙 안에서 교훈적 대상으로 삼았다.

이 시대의 대표적 시인은 한스 작스 Hans Sachs(1494-1576)이다. 그는 철저한 시민정신 속에 살면서 "민중 속의 민중을 위한 작가"로서 수많은 인간접촉을 통하여 지혜를 쌓고 그것을 작품으로 승화시켜 세계문학의 반열에 서게 된다. 특히 그는 대부분 '강음운문 시행 Knittelvers'이라 불리는 4강음과 여러 개로 구분된 약음을 지닌 8 철음을 그의 시행에 구사함으로써 이름을 떨친다.

'장인가'는 새로운 시 형식으로 당시 서정시를 대표하기에 이르기도 했지만, 이들은 루터의 성서번역과 마찬가지로 어느 면에서 민중 속에 깊이 뿌리박지 못했다. '노래에 걸맞지 않는 교훈성 Liedfremde Lehrhaftigkeit'

에 입각한 추상성, 개념성에 머물고 말았기 때문이다. 그래서 민요와 조화시킴으로써 폐단을 극복하고자 한다. 가요가 크게 번성하여 분쟁 대상들을 시행과 연으로 노래로 지어 부르기에 이른다. 이것들은 이름 없는 서민의 입을 통해 민요로 발달, 뒤에서 언급하게 될 낭만주의 서정시의 근본을 이루게 된다.

5. 바로크 Das Barock

16·17세기에 이르러 독일 시는 커다란 침체기를 맞이한다. '농민전쟁'과 연이은 '30년 전쟁'으로 독일 전지역은 피폐해지고, 사회는 혼탁의 절정에 달한다. 피안에의 동경 대신 현세에 침잠 하려는 안일주의, 금욕과 계율 대신 향락과 파계가 앞서는 모순과 혼란의 바로크 시대가 온 것이다.

"바로크"라는 말은 원래 17세기의 조형예술에서 쓰이던 명칭으로서, 포르투갈 어 "barocco"에서 파생, '이지러진 진주'라는 뜻이다. 바로크 문학은 두 가지 양상으로 전개된다. 시민들을 중심으로 한 종교적 시와 궁정시인을 중심으로 한 에로틱한 시가 그것이다. 당시 국가와 교회는 절대주의적 양상을 띠고 모든 것이 제후 중심으로 이루어지고 있었다. 오랜 전쟁의 그늘아래 널리 번진 허탈감은 '덧없음 Vergänglichkeit'이라는 인식체계아래 전반적인 허무주의로 확장된다.

이에 앞서 바로크 문학의 선구자 그룹을 형성한 작가들은 야콥 레그나르트 Jacob Regnart(1540-1599), 크리스토프 폰 샬렌베르크 Christoph von Schallenberg(1561-1597), 1573년 시편을 번역한 파울루스 멜리쑤스 쉐데 Paulus Melissus Schede(1539-1602) 그리고 테오발트 호크 Theobald Hock(1572-?) 등이다. 뒤이어 요한 헤르만 샤인 Johann Hermann Schein (1586-1630)과 게오르그 루돌프 베크헤얼린 Georg Rudolf Weckherlin (1584-1653)이 초기 바로크 문학을 대표한다.

바로크적 종교개혁운동이 시작되면서 새로운 형태와 음조의 매력이 강조된다. 그에 대한 동경 어린 접근이 시도된다. 언어개혁 운동이 뒤따른다. 마르틴 오피츠 Martin Opitz(1597-1639)는 외국의 시문학에 큰 관심을 가지고, <독일시학 서 Buch von der deutschen Poeterey>란 저서를 낸다. 그는 여기에서 시 이론에 따라 강약교체의 모범적 시행을 구사하여 시문학의 규칙을 세운다. 또한 그는 영문학을 모형으로 이른바 "전원문학 Schäferdichtung"을 독일문학에 도입한다. 몇몇 시인들은 쾨니히스베르크와 뉘른베르크 등을 중심으로 시인연합을 결성, 중기 바로크 문학을 이끌게 된다.

또한 게오르그 필립 하르스되르퍼 Georg Philipp Harsdörffer(1607-1658)는 요한 클라이 Johann Klaj(1616-1656)와 더불어 '페그니츠 목자 Pegnitzschäfer'라는 시인협회를 주도하였고, 함부르크에서는 요한 리스트 Johann Rist(1607-1667)가 대표하는 동인회 '엘베강의 백조 Elbschwanenorden'가 창설된다. 같은 곳의 '독일적으로 생각하는 협회 Deutschgesinnte Genossenschaft'의 설립자 필립 폰 체젠 Philipp von Zesen(1619-1689)은 내재운과 화음으로 가득한 음악적인 시행들을 창출한다.

후에 오피츠적 종교개혁과 30년 전쟁 시대의 개신교 신앙고백의 노래가 문단활동의 중심을 이룬다. 이에 속한 작가들은 크리스티안 크노르 폰 로젠로트 Christian Knorr von Rosenroth(1636-1689), 요한 헤에르만 Johann Heermann(1585-1647), 요한 마테우스 마이파르트 Johann Matthäus Meyfart(1590-1642), 요한 리스트, 요한 프랑크 Johann Franck(1618-1677), 지이그문트 폰 비르켄 Siegmund von Birken(1626-1681) 등이다.

프리드리히 폰 로가우 Friedrich von Logau(1604-1655)는 <독일경구 3000편 Deutscher Sinngedichte drey Tausend>(1653)를 위시한 동일한 소재의 작품들을 내놓음으로써 경구시인으로서 그의 순수성을 인정받는다. 그는 인류를 구하고자 하는 노력을 당면과제로 삼아 현대적인 의미에 있어서의 '체험문학 Erlebnisdichtung'이 아니라, 형식과 주제를 통하여 교훈을 주거나, 사회생활을 아름답게 치장함으로써 미적 의미를 고양시키는 방향으로 발전시켰다. 그래서 궁정의 축하연이나 제후들을 칭송하기 위한 주문과 즉흥시를 중심으로 한 "사교문학 Gesellschaftsdichtung"

이 꽃을 피웠다. 궁중시인과 학자들이 이에 참여하였고, 소넷 형식이 선호되었다.

안겔루스 실레시우스 Angelus Silesius(Johann Scheffler)(1624-1677)는 신비적 통합으로 바로크적 긴장감을 극복하고 한편, 그에 따른 무한한 정신력의 가능성을 보여주는 시집 <지천사(智天使)풍의 방랑객 Cherubinischer Wandersmann>(1677)으로 이름을 떨쳤다. 또한 파울 플레밍 Paul Fleming(1609-1640), 시몬 다하 Simon Dach(1605-1659), 파울 게르하르트 Paul Gerhardt(1607-1676)는 물론, 30년 전쟁이 끝난 이후 찬송가 분야에서 큰 활약을 한 볼프강 크리스토프 데쓸러 Wolfgang Christoph Dessler (1660-1722), 요아힘 네안더 Joachim Neander(1650-1680), 프리드리히 폰 슈페 Friedrich von Spee(1591-1635), 크비리누스 쿨만 Quirinus Kuhlmann 등이 종교성에 바탕을 둔 시인들로 손꼽힌다. 또한 당대의 가장 위대한 바로크 시인으로 인정받는 안드레아스 그리피우스 Andreas Gryphius (1616-1664)는 영국의 존 던 John Donne과 비교되기도 하는 데 여러 가지 소넷 시 <일요일과 축제일 소넷 Sonn-und Feiertagssonette>으로 이름을 높였다.

호프만스발다우 Christian Hofmann von Hofmannswaldau(1617-1679)는 시 <그녀의 어깨위로 Auff ihre Schultern>에서 덧없이 사라지고 말 아름다움과 에로틱한 사랑을 노래한다. 길게 이어지는 이미지들과 능숙하게 구사되는 비유들로 후기 바로크와 종결국면을 대표하는 시인으로 우뚝 선다.

파울 플레밍 PAUL FLEMING

1609년 10월 5일 츠비카우 근교 하르텐슈타인에서 태어나 1640년 4월 2일 함부르크에서 사망하였다. 라이프치히에서 공부하였다. 함부르크 출신상인의 딸 엘자베 니후스 Elsabe Niehus를 사랑하게 되었지만, 1634년부터 1639년까지 그가 홀슈타인 공작이 이끄는 탐험대의 일원으로 모스크바, 페르시아로 떠도는 사이 그 여자는 다른 사람과 결혼한다. 고향에 돌아온 시인은 배신의 아픔을 극복하려고 노력하였고, 후에는 그녀의 누이동생과 결혼하려 했지만 그녀마저 뜻하지 않게 죽고 만다.

플레밍은 당대에 유행하던 소넷 시로 명성을 얻는다. 페트라르카적 기교를 앞세워 신선한 자연감각을 내면세계와 잘 어우러지게 하였다. 더욱이 그의 알레고리적 변용은 우스꽝스러우면서도 순진한 인상을 바탕으로 긴박한 상황마저 조용하고 느긋한 톤으로 바꾼다. 그것은 세속의 것은 영속하지 못한다는 깨달음을 반영하고 있다. 그는 바로크 시대에 최초로 용맹스런 남성적 자의식과 관능미를 구현한 시인으로 인정되는 한편, 상심한 자의 비탄이라든가 고독한 자의 고백에도 귀를 기울이는 자상함을 간직하고 있다.

AN SICH

Sei dennoch unverzagt, gib dennoch unverloren,
Weich keinem Glücke nicht, steh höher als der Neid,
Vergnüge dich an dir und acht es für kein Leid,
Hat sich gleich wider dich Glück, Ort und Zeit verschworen.

Was dich betrübt und labt, halt alles für erkoren,
Nimm dein Verhängnis an, laß alles unbereut,
Tu, was getan muß sein, und eh man dir's gebeut.
Was du noch hoffen kannst, das wird noch stets geboren.

Was klagt, was lobt man doch? Sein Unglück und sein Glücke
Ist ihm ein jeder selbst. Schau alle Sachen an.
Dies alles ist in dir, laß deinen eiteln Wahn,

Und eh du förder gehst, so geh in dich zurücke.
Wer sein selbst Meister ist und sich beherrschen kann,
Dem ist die weite Welt und alles untertan.

자기에게

그럼에도 망설이지 말고, 그럼에도 낙담하지 말지라
어떤 행복도 회피하지 말고, 시기보다 더 높은 곳에 설지라
행복, 장소와 시간이 너에게 등을 돌릴지라도
네 자신에 만족하며, 그걸 고통으로 여기지 말라.

너를 슬프게 하거나 기쁘게 하는 것 모두를 소중하게 여기라
네 운명을 받아들이고, 모든 걸 후회 없이 두어라
누군가 네게 명하기 전에,
꼭 해야 할 일은 행하라,
네가 바랄 수 있는 것은 여전히 늘 생겨나리라.

그럼에도 무얼 한탄하며, 무얼 칭송한단 말인가?
그에겐 각자가 그 자신일지니. 모든 걸 잘 살펴 보라.
이 모든 것이 네 안에 있으니, 네 허망한 생각을 버려라.

네가 앞으로 나가기 전에, 뒤로 물러설지라
스스로의 주인이며, 스스로를 지배할 수 있는 자
그에게 드넓은 세상이 있고, 모두가 굴종하리라.

해설

　운명에 대한 담담함, 아니 일종의 당당함으로 맞서야 한다는 가르침이 바탕을 이룬다. 그것은 겸허함과 자아성찰을 통해 가능하다고 본다. "내 모든 행위 속에 지고하신 주님께 도움을 청하리 In allen meinen Taten laß ./ich den Höchsten raten"같은 성가에 나타나듯이, 시인은 신에 의지하는 경건한 삶을 강조하고 있다. 또한 그 속에는 원초적 자연에서 느낄 수 있는 열정도

깃들어 있다.

플레밍은 체험시인이다. 시속에 나타나는 체험 문학적 요소는 스토아적 금욕과 자제의 태도를 배경으로 한다. 실연으로 인한 자아의 손상, 전 생애가 송두리째 흔들리는 절망감이 고통스레 표현되기도 하지만, 이제는 연인만이 아니라, '자아 동질성 Identität'을 상실한 아픔이 극복되어야 한다는 교훈이 시의 중심을 이룬다. 그리하여 규칙성 Gesetzhaftigkeit에 입각한 냉철함이 바탕에 간직되어 있다. 그러나 그는 '가슴'을 통한 시인적 사명감에도 충실하다.

전체 시는 모순적 이미지들로 가득하다. 위협받는 자아와 적대적인 세계와의 대립, 그러나 유기적 관계를 통한 극복이 주제를 이루고 있기 때문이다. 이러한 논리성과 사상성은 오피츠적 소넷의 규범을 따르고 있다. 시는 각 행마다 한가운데 쉼표 Zäsur가 뚜렷하게 설정된 알렉산드리너 시행이 토대를 이루고 있다.

안드레아스 그리피우스 ANDREAS GRYPHIUS

1616년 글로가우에서 태어나, 일찍 부모를 여의는 등 혹독한 어린 시절을 보냈다. 또한 이미 이 시기에 경험한 '30년 전쟁'과 페스트의 참상이 그의 문학을 음산한 색깔로 가득 채우게 된다. 청년시절에는 프랑스, 네델란드, 이탈리아 등으로 여행함으로써 서유럽의 문화와 접촉한다. 1650년에는 글로가우 신교의회의 법률고문을 지내기도 했지만, 셰익스피어, 화란의 시인 폰델 Joost van den Vondel, 세네

안드레아스 그리피우스
킬리안의 동판화

카 Seneca 등에게서 영향을 받아 문학에 대한 그의 열정은 더욱 불타오른다. 예수잇 드라마에 대한 관심도 깊어진다. 1664년에 그는 회의 진행 중 불의의 죽음을 맞이한다.

그리피우스는 인간이 직면하는 마지막 결정의 상황, 즉 내적 결핍에서

우러나오는 갈증을 그의 시에 담음으로써, 서정시를 사교적, 장식적인 시구로 서술하려 했던 오피츠와 구분된다. 현존재의 위기와 세상의 허무함 그리고 그것을 이겨내고자 하는 삶의 의지가 나란히 맞서서 내적인 간구의 형태로 이어진다. 스토아 철학적 침착함이 바탕을 이룬다. 또한 플레밍과 마찬가지로 그의 시는 강한 신앙심을 바탕으로 삼는다. 특히 고난에 처한 인간의 모습을 비중 있게 다루면서 대부분 소넷과 송가의 형식을 선호한다.

대표적인 시작품으로는 <경고시 Mahngedicht>, <모든 것이 허무하도다 Es ist alles eitel>, <인간의 가련함 Menschliches Elend>, <조국의 눈물/1636년 Tränen des Vaterlands/ anno 1636> 등이 있다.

ABEND

Der schnelle Tag ist hin; die Nacht schwingt ihre Fahn
Und führt die Sternen auf. Der Menschen müde Scharen
Verlassen Feld und Werk; wo Tier und Vögel waren,
Traurt itzt die Einsamkeit. Wie ist die Zeit vertan!

Der Port naht mehr und mehr sich zu der Glieder Kahn.
Gleichwie dies Licht verfiel, so wird in wenig Jahren
Ich, du, und was man hat, und was man sieht, hinfahren.
Dies Leben kömmt mir vor als eine Rennebahn.

Laß, höchster Gott, mich doch nicht auf dem Laufplatz gleiten!
Laß mich nicht Ach, nicht Pracht, nicht Lust, nicht Angst
                                                verleiten!
Dein ewig heller Glanz sei vor und neben mir!

Laß, wenn der müde Leib entschläft, die Seele wachen,

Und wenn der letzte Tag wird mit mir Abend machen,
So reiß mich aus dem Tal der Finsternis zu dir!

저 녁

하루 낮이 재빨리 지나간다; 밤이 깃발을 흔들며
별들을 이끌고 나온다. 인간의 지친 무리들
들판과 일터를 떠났다; 동물과 새들이 있던 곳엔
고독이 슬피 잠겨 있다. 시간이 얼마나 지나갔나.

항구는 점점 지체의 작은 배에 다가오고
이 빛이 떨어지듯, 몇 년 지나지 않아
나와 너, 그리고 우리가 가지고 있는 것, 보는 것 모두 지나가리라
이 세상의 삶은 끝없는 경주장.

숭고하신 신이여, 저를 이 경주로에서 벗어나지 않게 하소서!
한탄과 화려함과 욕망과 불안에 제가 미혹되지 않게 하소서!
당신의 영원히 밝은 광채 내 곁에 늘 있게 하소서!

지친 육신이 잠들어 버리면, 영혼은 깨어서
마지막 날이 나와 함께 저녁을 이루면,
나를 암흑의 골짜기에서 건져 당신에게 이끄소서!

해설

알렉산드리너 시행으로 이루어진 소넷 시작품. 운의 배열은 abba, abba, ccd, eed로서 두개의 4행 시(Quartett)와 두 개의 3행 시(Terzett)로 구성된 전체구조가 대립과 지양의 과정을 확연하게 제시하고 있다. 1연과 2연은 세속적인 것의 무상함을, 3연과 4연에서는 화자인 시인의 영원성에 대한 간절한 기도로 되어 있다.

첫 연에서는 낮과 밤에 대해 언급되고 있는데 서로 싸우고 있는 두 군사의

대립양상으로 형상화되고 있다. '낮'에 연관된 술어부 "hin sein"(제1행 중간)은 "vorüber sein"보다 훨씬 강렬한 의미이다. 말하자면 "사라져 없어진다"는 부정적 의미로 가득 차 있다. 밤이 낮에 군림한다. 승승장구의 야전 사령관처럼 깃발을 흔들며 별들을(그들의 군사를) 이끌고 온다(1, 2행). "인간들, 동물과 새들"(2, 3행)은 낮에 배열되어 있으면서 밤을 피하고 있다. 밤과 더불어 질식할 듯한 고요함이 세상에 펼쳐지는 것이 아니라, "슬픔에 잠긴 고독"(4행)이 그렇다. 삶이 죽음에서 그렇듯이 낮은 밤에서 풀려 나온다. 첫 4행 시 마지막의 외침, "시간이 얼마나 지나갔는가"라는 구절이 낮과 밤이 이 소넷시에서 상징으로 이해되어야 한다는 것을 지적하고 있다. 두 번째 4연은 저녁에 체험되는 무상함을 노래한다. 신의 은총만이 구원의 힘이다. 어둠이 시작되는 "저녁"은 '종말'을 뜻한다. 첫 연의 "밤"이 여기서 완성된다.

형태와 마찬가지로 시의 내용도 그렇다. 4행 시의 각 행들이 그것을 더욱 뚜렷이 표현하고 있다. 저녁에 인간은 자기 자신의 무상함(6, 7행)을 체험한다. 그의 세속적 노력과 행위, 그리고 삶을 "경주장"(8행), "경주로"(9행)로 만들어 주는 세상. 삶의 경주에서 죽음이 판결을 내린다. 제 5행의 역설적 표상이 그 불가피성을 가리키고 있다. 무상함에 희생된 채 인간은 신의 은총에 매달린다. 그것을 간구하는 마음이 짙게 번진다.(9-14행)

낮과 밤으로 상징되는 삶과 죽음의 대립은 두 3행 시에서 반복된다. 첫 번째에서 인간은 신이 자신을 궤도에서 "벗어나게", 즉 "미혹되게" 하지 않도록 간구한다. 세상의 비애(Ach, Angst)와 복락(Pracht, Lust)은 그런 사람들에게 똑같이 유혹적이다. 신이 "밝은 광채"로 그들을 보호해주리라 믿는다.(11행) 두 번째 3행 시에서는 인간은 죽음으로부터 구원받을 것을 기원한다. 잠겨드는 어두움은 체험하는 자들에게는 자기 자신의 존재의 저녁, 즉 종말을 연상시킨다. 첫 번째 4행 시에 형상화된 밤은 낮에 대립될 뿐만 아니라, 죽음에 빠진 세계를 상징한다. 그 때문에 마지막 시행에서 "암흑의 골짜기"라고 불리운다.

크리스티안 호프만 폰 호프만스발다우
CHRISTIAN HOFMANN VON HOFMANNSWALDAU

1617년 브레슬라우에서 태어나 1679년 같은 곳에서 타계하였다. 네델란드, 영국, 프랑스, 이탈리아 등을 여행하여 견문을 넓히고, 귀국하여 고향도시의 관리로 일했다. 그의 그리스와 로마 문학의 전문적 식견을 바탕으로 오피츠와 그리피우스의 문학적 견해를 공박하였다.

플레밍의 〈자기에게〉와 유사한 소재의 시

Ach was wollt ihr trüben Sinnen
Doch beginnen!
Traurig sein hebt keine Not.
Es verzehrt nur die Herzen,
Nicht die Schmerzen,
Und ist ärger als der Tod.

Auf, o Seele! du mußt lernen
Ohne Sternen,
Wenn das Wetter tobt und bricht,
Wenn der Nächte schwarze Decken
Uns erschrecken,
Dir zu sein dein eigen Licht.

6. 계몽주의 Die Aufklärung

이성의 완성을 주창하는 문학사조인 계몽주의는 엄밀한 의미에서 서정시의 공간을 매우 협소하게 만들었다. 서정시란 이성의 산물만이 아니기 때문이다. 그러나 "천재시대가 서정시의 생성이나 본질을 더욱 깊이 포착함으로써 그리고 계몽주의가 정의나 이론적 본질규정에 있어서 더욱 명백하고도 순수하게 예술을 이해하는 모습을 놀라울 정도로 확장시킴으로써, (…) 그 둘은 서정시의 이론에 있어서 서로 중복되고 있다"[23]고 설명되듯이, 계몽주의는 나름대로 서정성을 유지하는 토대를 확고하게 유지하고, 오히려 열정으로 이성이나 예술을 미처 올바르게 이해하지 못한 '천재시대'보다 그 영역을 더 넓힐 수 있었다. 이 시대의 시문학이 정체되었다고 한다면 그것은 오히려 정치적인 격변이나 사회불안과 결코 무관하지 않을 것 같다. 그런 가운데에서도 서정시의 전통을 굳게 지킬 수 있었던 것은 민요, 농민의 노래, 용병가 등 때문이었다.

루터의 자유로운 종교의식에 영향을 받아 그것을 계승, 발전시킨 시인들은 프리드리히 폰 슈페, 파울 게르하르트, 요한 크리스티안 귄터 Johann Christian Günther(1695-1723) 등이다. 그 뒤를 이어 계몽주의와 로코코 문학의 영역에서 크게 활약한 시인들은 바르톨트 하인리히 브로케스 Bathold Heinrich Brockes(1680-1747), 알브레히트 할러 Albrecht Haller(1708-1777), 프리드리히 폰 하게도른 Friedrich von Hagedorn (1708-1754), 아나크레온 파 Die Anakreontiker로서 빌헬름 루드비히 글라임 Wilhelm Ludwig Gleim(1719-1803), 요한 페터 우츠 Johannn Peter Uz(1720-1796), 에발트 폰 클라이스트 Ewald von Kleist(1715-1759) 등이 있다.

---

23) Reallexikon der deutschen Literaturgeschichte, S. 240.

또한 이미 바로크 후기부터 활동을 폭을 넓히고, 계몽주의와 경건주의 시대 사이에서 성가 등 종교의식을 고취해 온 시인들도 있다. 이들이 니콜라우스 루드비히 친첸도르프 Nokolaus Ludwig Zinzendorf(1700-1760), 게르하르트 테르슈테겐 Gerhard Tersteegen(1697-1769), 크리스티안 퓌르히테고트 겔레르트 Christian Fürchtegott Gellert(1715-1769)이다.

경구, 우화, 풍자, 드라마를 앞세운 교훈 등 긍정적인 세계관을 심기에 주력한 문학이지만, 계몽주의가 본원적으로 안고 있는 시문학적 침체는 그 보완책으로 나온 경건주의 Pietismus 운동에 힘입어 오히려 독일 시문학사상 제2의 융성기를 예비하게 된다. 시인 프리드리히 고틀리프 클롭슈톡 Friedrich Gottlieb Klopstock (1724-1803)은 대표적 서사시 <구세주 Der Messias>(1748-1773)에서 신과 인간과 자연이 하나로 통합, 조화된 세계를 노래한다.

클롭슈톡의 서사시집 <구세주>의 표지(1760년)

      그대를 찬양하노니, 위대한 태양이여
      태양과 지구와 그리고 달을 돌아
      사람을 만들어 내고
      행복을 이끌고
      싹을 트게 하고
      죽은 자를 불러일으키고
      사막으로 해서 목표에 이르게 하고
      나그네에게 힘을 북돋아 준다
      그대를 찬양하노니

자연임은 그대 조국이요, 힘이요
그리고 영광임이라. 아멘.

그리스도의 생애, 고난, 죽음, 부활, 승천 등 종교적 열정과 헌신을 바탕으로 구속의 능력과 불멸성이 찬양된다.

사제 또는 신의 종이라는 별명을 지닌 예언자적 작가로 인정되면서 그는 무기력함에 빠져있던 시대상에 새로운 충격을 가한다. 시의 형식도 바꾸었다. 체험에 입각한 깊은 감동을, 대부분 운 대신에 연의 미학을 앞세워 표현한다. 신과 자연과의 조화에서 발견되는 종교적 인격이 이상적 대상이 된다.

프리드리히 고틀리프 클롭슈톡 FRIEDRICH GOTTLIEB KLOPSTOCK

18세기 독일 경건주의의 대표 시인. '종교시의 부흥자' 또는 '북방 르네상스의 전령'이란 별명을 얻을 정도로 독일 시문학을 프랑스 신고전주의 내지 계몽주의의 멍에에서 해방, 크게 발전시켰다.

1724년 북부독일 크베트링부르크에서 출생, 경건한 종교적 가정의 영향으로 예나와 라이프치히에서 신학을 공부하다가 일찍부

클롭슈톡

터 시에 뜻을 두고 당시의 유력 잡지 <브레멘 문집>을 통하여 작품활동을 하였다. 1803년 세상을 떠났다.

이성 중심에 쏠려 있던 당시의 고정된 틀을 타파하고 생명의 약동, 고양된 감정 등을 시의 내용과 일치시켜 그는 젊은이에게 새로운 희망을 불러일으켰다. 감정의 억압과 안일 등 소시민적인 무기력에 빠져있던 입

장에서 벗어나, 그는 "숭고한 시문학은 천재의 작품이다 Die höhere Poesie ist ein Werk des Genies"라는 기치 아래 적극적인 문학활동에 나섰다. 1771년에는 최초의 <송가집 Oden>을 내놓으면서 큰 호평을 받는다. 작품의 주제는 신과 자연, 자유와 조국, 죽음과 영원성, 우정과 사랑이다. 딜타이 W. Dilthey가 말한 대로, 비일란트가 남방적이라 한다면, 그는 "북방적 품성 eine nordische Natur"을 바탕으로 게르만 정신에 큰 애착을 지니고 있다. 그의 송가집 <나의 조국 Mein Vaterland>, <언덕과 숲 Der Hügel und der Hain>(언덕은 프랑스, 그리스/숲은 독일), <모국어 Unsere Sprache> 등이 감상적 격정을 배경으로 한 조국애의 산물이다. 그것은 <나의 벗 보트머에게 An meine Freunde Bodmer>, <파니 Fanny> 등 우정을 주제로 한 시와 또한 성서 드라마, 그리고 <헤르만 전투 Hermannsschlacht>(1769), <헤르만의 죽음 Hermanns Tod>(1787)같은 애국정신을 드높이는 축제극이 맥을 같이 한다.

특히 <얼음지치기 Der Eislauf>, <여름밤 Die Sommernacht>, <취리히 호수 Der Zürcher See>, <봄의 축제 Die Frühlingsfeier> 등 시작품을 발표하면서 그의 문학은 "사고력 이외에 신적 존재에 대한 신앙적 헌신으로 가득한 마음(가슴)이 다시 중요하게 여겨졌다 Neben dem Denken galt wieder ein Herz voll gläubiger Hingabe an das Göttliche"24)는 사실을 입증하는 토대가 되었다.

또한 전체 20개의 헥사메터(6각운 싯구) 시가로 구성된 종교서사시 <구세주>는 밀턴의 <실락원 The Paradise Lost>을 능가하겠다는 각오로 쓴 역작이다. 열광적인 작가정신을 바탕으로 그는 신고전주의 시대를 종식시키고, 위대한 독일문학을 건설하였다. 그는 무운의 헥사메터 등 그리스 계의 시형을 도입하는 한편, 산문적인 일상어를 대담하게 구사함으로써 시의 표현영역을 확대시킨다. 그런 의미에서 구사된 자유리듬은

---

24) Vogelphol, Deutsche Dichtung, S. 40.

운의 속박에서 벗어나 장엄하고 격정적인 송가의 형식으로 발전된다. 또한 그는 내적 체험과 감정을 올바르게 표현하는 데 주력한다. 자연 속에서 신과 인간의 모습을 발견하는 <장미리본 Das Rosenband> (1753/75)와 <취리히 호>, <봄의 축제> (1759) 등이 대표적으로 그런 효과를 지닌다. 그리하여 '괴팅겐 숲의 시인모임'에 큰 영향을 미친다. 이들은 루터 정신과 연관된 클롭슈톡의 '정신적인 geistig' 면에 비해, '감각적 sinnlich'이며 자연적이다. 이러한 시인의 모습을 괴테는 <젊은 베르테르의 괴로움 Die Leiden des jungen Werthers>과 <시와 진실 Dichtung und Wahrheit> 등에서 크게 감탄의 대상으로 삼았다. 그의 세계는 실러, 노발리스, 횔덜린 그리고 릴케에 이르기까지 계승된다.

DIE FRÜHLINGSFEIER

1.

Nicht in den Ozean der Welten[25] alle
will ich mich stürzen[26]! schweben nicht,
wo die ersten Erschaffnen, die Jubelchöre der Söhne des Lichts[27], -
anbeten, tief anbeten! und in Entzückung vergehn[28]!

---

[25] "물동이에 붙은 물방울"로 비유되고, 2연 4행의 "역시 전능자의 손에서 흘러나왔다 rann aus der Hand des Allmächtigen auch!"와 연관하여 지구와 대립됨으로써 신을 찬양할 당위성이 강조된다. 세상과 땅의 무한성이 "작은 벌레"와 같은 존재로 옮겨진다.
[26] "stürzen"이나 "entrinnen"같은 물리적 움직임은 "die Ströme des Lichts rauschten" (3/3)에서처럼 차츰 음향적 움직임으로 시적 비중을 바꾼다.
[27] "빛의 아들들이 부르는 환희의 합창 Die Jubelchören der Söhne des Lichts"(1/3)은 시각과 청각의 결합으로 승화된다.
[28] 영적 움직임을 집중화시킨다. 관찰자가 함께 참여하고, 독자는 말하는 자아가 된다. 감각적, 초감각적 감정능력은 상상력을 더욱 고양시킨다. 우리의 지구는 작아도 신의 창조작품임을 증거 하면서, "신의 현존"이 형이상학적으로 인식되고, 모든 물리적 사건이 영화(靈化)된다.

2.

Nur um den Tropfen am Eimer,
um die Erde nur, will ich schweben, und anbeten!
Halleluja! Halleluja! Der Tropfen am Eimer
rann aus der Hand des Allmächtigen auch![29]

3.

Da der Hand des Allmächtigen
die größeren Erden entquollen[30]!
die Ströme des Lichts rauschten. und Siebengestirne wurden,
da entrannest du, Tropfen, der Hand des Allmächtigen!

4.

Da ein Strom des Lichts rauscht', und unsre Sonne wurde!
ein Wogensturz sich stürzte wie vom Felsen
der Wolk' herab. und den Orion gürtete,
da entrannest du, Tropfen, der Hand des Allmächtigen!

5.

Wer sind die tausendmal tausend, wer die Myriaden alle,

---

29) 1-2연에서는 모든 존재의 무상함이 시적 이미지로 제시된다. 생성과 소멸 사이의 과정들이 "und"로 연결된다. 삶은 죽음에서 나오며, 그 둘은 한 과정 속에 있다는 사실을 강조한다. 빛은 최초의 창조대상이다. 세계를 노래하며, 우주가 아니라 조그만 피조물과의 만남까지도 귀하게 인식한다. 무한한 우주의 질서 속에서 인간은 한낱 먼지에 불과하다.

30) "전능하신 이의 손에서 솟아나왔다"(3/2)는 창조의 원천성과 연관된다. '천지창조론 Kosmogonie'을 바탕으로 한 영혼에 대립되는 육신의 세계가 부각된다. 이어서 "북두칠성"(3/3), "빛의 물결"(4/1), "파도"(4/2), "구름"(4/3), "오리온을 휘감았노라"(4/3)같은 형상어들이 14, 23, 26연에 나오는 천둥과 번개와 연관, 노아의 홍수 때처럼 신의 재판을 나타낸다. 세계의 종말이자 시작이다.

welche den Tropfen bewohnen, und bewohnten? und wer bin ich?³¹⁾
Halleluja dem Schaffenden! mehr wie die Erden, die quollen!
mehr, wie die Siebengestirne, die aus Strahlen zusammen-
strömten! -

6.

Aber du Frühlingswürmchen³²⁾,
das grünlichgolden neben mir spielt,
du lebst; und bist vielleicht
ach nicht unsterblich!

7.

Ich bin heraus gegangen anzubeten,
und ich weine? Vergib, vergib
auch diese Träne dem Endlichen,
o du, der sein wird!

8.

Du wirst die Zweifel alle mir enthüllen,
o du, der mich durch das dunkle Tal

---

31) 이 질문은 인생무상의 본질과 전반적으로 우울한 시인의 심성을 대표하고 있다. 그러나 찬양의 대상이 되는 들판 풍경을 통하여 '질풍노도'적 삶의 기쁨과 정신이 강조된다. 시인은 자기 자신에 대해서가 아니라, 우리 인간 전체에 대해 이야기한다. 비관적인 질문들은 실망의 개별적인 외침이나 그 어떤 관례적인 영혼-파토스에 빠져든다.
32) "봄 곤충"으로 관심이 옮겨지면서 인간 이외의 피조물과 신의 관계가 정립된다. 인간을 표현하는 말로서 감정의 친밀성이 아니라 무한하게 펼쳐지는 거대한 우주 속에서 인간생명의 문제를 앞세운다. 창세기의 과거시제로 표현되는 봄의 전원풍경이 중심이 된다. 문학의 본질적인 문제가 제기되고, 그것은 창조신을 믿는 데서 발견될 수 있다는 대답으로 끝맺는다. 뇌우가 치는 것은 현재시제로 표현된다.

des Todes führen wird! ich lerne dann,
   ob eine Seele das goldene Würmchen hatte.

9.

   Bist du nur gebildeter Staub[33],
   Sohn des Mais, so werde denn
   wieder verfliegender Staub,
   oder was sonst der Ewige will!

10.

   Ergeuß von neuem du, mein Auge,
   Freudentränen!
   Du, meine Harfe,
   preise den Herrn![34]

11.

   Umwunden wieder, mit Palmen
   ist meine Harf' umwunden! Ich singe dem Herrn!
   Hier steh ich. Rund um mich
   ist Alles Allmacht! und Wunder Alles!

12.

   Mit tiefer Ehrfurcht schau ich die Schöpfungen an,

---

33) '불멸의 unsterblich'의 뜻. 비록 분명치 않은 운명에 처하드라도 자비로운 신은 인간을 빛으로 인도한다. 사상과 리듬 상의 쉼표가 일치된다.
34) 서정적 자아는 현악기를 타는 찬미자이다. 시내산 위에서 모세와 새로운 언약을 시행하기 이전의 여호와의 계시(성서 구약 출애굽기 34:6)이다. 모세처럼 이 시에서 노래부르는 자는 신의 시현을 통보하는 자로서 영혼을 끝까지 찬미한다.

    denn Du!
    Namenloser, Du!
    schufest sie!35)

13.

    Lüfte, die um mich wehn, und sanfte Kühlung
    auf mein glühendes Angesicht hauchen,
    euch, wunderbare Lüfte,
    sandte der Herr! der Unendliche!36)

14.

    Aber jetzt werden sie still, kaum atmen sie.
    Die Morgensonne wird schwül!
    Wolken strömen herauf!
    Sichtbar ist, der kommt, der Ewige!

15.

    Nun schweben sie, rauschen sie, wirbeln die Winde!
    Wie beugt sich der Wald! wie hebt sich der Strom!
    Sichtbar, wie du es Sterblichen sein kannst,
    ja, das bist du, sichtbar, Unendlicher!

16.

    Der Wald neigt sich, der Strom fliehet, und ich
    falle nicht auf mein Angesicht?
    Herr! Herr! Gott! barmhrzig und gnädig!
    du Naher! erbarme dich meiner!

---

35) 기본 모티브는 괴로움, 무상함, 허무 Vanitas이다.
36) '뇌우'가 27연까지 이런 식으로 묘사된다.

17.

    Zürnest du? Herr,
    weil Nacht dein Gewand ist?
    Diese Nacht ist Segen der Erde.
    Vater, du zürnest nicht!

18.

    Sie kommt, Erfrischung auszuschütten,
    über den stärkenden Halm!
    Über die herzerfreuende Traube!
    Vater, du zürnest nicht!

19.

    Alles ist still vor dir, du Naher!
    Ringsumher ist Alles still!
    Auch das Würmchen mit Golde bedeckt, merkt auf!
    Ist es vielleicht nicht seelenlos? ist es unsterblich?

20.

    Ach, vermöcht' ich dich, Herr, wie ich dürste, zu preisen!
    Immer herrlicher offenbarst du dich!
    Immer dunkler wird die Nacht um dich,
    und voller von Segen!

21.

    Seht ihr den Zeugen des Nahen den zückenden Strahl?
    Hört ihr Jehovas Donner?

hört ihr ihn? hört ihr ihn,
den erschütternden Donner des Herrn?

22.

Herr! Herr! Gott!
barmherzig, und gnädig!
angebetet, gepriesen
sei dein herrlicher Name!

23.

Und die Gewitterwinde?37) sie tragen den Donner!
Wie sie rauschen! wie sie mit lauter Woge den Wald durchströmen!
und nun schweigen sie. Langsam wandelt
die schwarze Wolke. 38)

24.

Seht ihr den neuen Zeugen des Nahen, den fliegenden Strahl?
Höret ihr hoch in der Wolke den Donner des Herrn?
Er ruft: Jehova! Jehova!
und der geschmetterte Wald dampft!

25.

Aber nicht unsre Hütte!
Unser Vater gebot
seinem Verderber,
vor unsrer Hütte vorüberzugehen!

---

37) "뇌우"는 정신성 Geistigkeit과 감각성 Sinnlichkeit을 상징한다.
38) 24연까지 i, o, a, au, ö 음이 지배적이다.

26.

Ach, schon rauscht, schon rauscht
Himmel, und Erde von gnädigen Regen!
Nun ist, wie dürstete sie! die Erd' erquickt,
und der Himmel der Segenfüll' entlastet!

27.

Siehe, nun kommt Jehova nicht mehr im Wetter,
in stillem, saftem Säuseln
kommt Jehova,
und unter ihm neigt sich der Boden des Friedens!

봄의 축제

1. 모든 세계의 대양 속으로 빠지지도 않으리라!
   빛의 아들들이 부르는 환희의 합창들
   그 최초의 피조물들이 간구하는, 깊이 간구하는
   그래서 황홀함을 느끼고 꺼져 가는 곳을 맴돌지도 않으리라!

2. 물동이 가에 붙은 물방울에 지나지 않는
   이 지구의 주위만이라도 떠돌며 간구하리라!
   할렐루야! 할렐루야! 물동이 가의 물방울은
   전능하신 이의 손에서 생겨나지 않았던가!

3. 거기 전능하신 이의 손에서
   거대한 지구가 솟아 나왔노라
   빛의 물결 찰랑이고 북두칠성이 생겨났노라!
   물방울인 그대는 전능자의 손에서 흘러나왔노라

4. 빛의 물결 찰랑이고 우리의 태양이 생겨났노라!
   파도는 바위에서처럼 구름에서
   쏟아져 몰아치고, 오리온을 휘감았노라
   거기에서 물방울인 그대는 전능하신 이의 손에서 생겨났노라!

5. 물방울들에 붙어살던, 그리고 이전에 살았던
   수천에 수천을 곱한 사람들, 수억의 사람들,
   그들은 누구이며, 나는 누구인가? 할렐루야, 창조자여!
   그는 솟아나는 지구들 보다, 빛으로 뭉쳐진 북두칠성 보다 낫노라!-

6. 하지만 푸른 끼 서린 황금빛으로 내 옆에서 노니는
   그대 봄 곤충이여
   그대는 살아있지만, 그대는 아마
   아! 영원히 살지는 못하리라!

7. 간구하러 나왔는데
   나는 왜 우는 걸까?
   이 눈물을 유한한 것에 넘겨주시라
   오, 존재하게 될 그대여!

8. 당신은 저의 모든 의혹을 풀어주시리라
   오, 당신은 죽음의 어두운 골짜기를 지나
   저를 인도하시리라. 그 때가 되면
   황금빛 곤충이 영혼을 가졌는지 알리라

9. 그대는 한낱 쌓인 먼지,
   5월의 아픔이라면 다시
   흩날려 간 먼지가 되어라
   아니면 그밖에 영원한 자가 무엇이 되고자 할까!

10. 그대 나의 눈이여 새로이

　　　　기쁨의 눈물을 쏟아라
　　　　그대 나의 하프여
　　　　주님을 찬양하라

11. 휘감기겠지. 나의 하프는
　　　종려나무로 휘감기겠지! 주님을 찬송하리로다
　　　나 여기 서 있노라. 내 주위로
　　　모든 것이 전능이요, 기적이라!

12. 나는 창조물을 바라보노라
　　　깊은 경외감으로 바라보노라
　　　그대, 이름지어 부를 수 없는 그대가
　　　모든 것을 지으셨도다!

13. 내 주위를 맴돌며 불어오는 바람, 뜨겁게 달아오른
　　　내 얼굴에 부드러이 시원한 입김을 불어 준다
　　　그대들 놀라운 바람결 모두
　　　보내신 이는 주님, 영원하신 분이여!

14. 하지만 이제 바람은 잔잔해지고, 숨결조차 그친 듯하네
　　　아침햇살도 흐릿하고 답답하게 느껴지네!
　　　구름 떼가 몰려 올려오지만
　　　보이는 것은 다가오시는 영원하신 분이여!

15. 이제 바람은 수없이 나부끼고, 서걱대며, 소용돌이치네!
　　　숲은 그 얼마나 굽이치던가, 물결은 그 얼마나 솟구치던가!
　　　그대는 죽을 수 있는 존재임이 분명하련만
　　　진정, 또한 분명한 모습, 영원한 당신이라!

16. 숲은 기울고, 강물은 흐르네
　　　나는 제 모습과 하나되지 못하네

주여! 주여! 하나님이여! 자비롭고 은혜로우신 이여!
가까이 계신 당신이시여! 저를 불쌍히 여기소서!

17. 노하셨나이까? 주여,
    밤이 당신의 옷자락이기 때문입니까?
    이 밤은 땅의 축복
    아버지여, 노하지 마소서!

18. 밤이 옵니다. 강한 투구 위에
    가슴에 기쁨 넘치게 하는 포도 알들 위에
    신선함을 퍼붓기 위함입니다
    아버지여, 노하지 마소서!

19. 모든 것이 말을 잊노라. 가까이 계신 당신이여!
    사방 모든 것이 당신 앞에서 잠잠해지노라!
    애벌레도 금으로 덮였노라. 살피소서.
    혹시 영혼이 없는 걸까? 불멸의 것일까?

20. 아, 나의 소망이신 주여, 목마르게 당신을 찬양하노라
    더욱 찬란하게 모습을 보이시는 당신!
    당신이 두른 밤의 장막은 더욱 어두워지고,
    축복으로 가득하노라.

21. 가까이 계신 이의 저 번뜩이는 빛이 보이는가?
    여호와의 저 천둥소리가 들리는가?
    저 소리가 들리는가? 들리는가?
    주님께서 진동하시는 저 천둥소리가!

22. 주여, 주여, 하나님이시여!
    자애롭고 고마우신 이여
    당신의 찬란한 그 이름을
    숭앙하고 찬미하노라.

23. 그런데 저 비바람은? 천둥과 함께 휘몰아치누나!
    저 서걱대는 비바람소리! 얼마나 숲을 휘몰아치던가!
    그러나 이제 비바람도 잔잔해졌다. 천천히 흘러가는
    검은 구름 떼.

24. 가까이 계신 이의 저 날아가는 빛이 보이는가?
    저 높이 구름 속에서 주님의 천둥소리가 들리는가?
    그가 부르는 소리, 여호와여! 여호와여!
    흐트러진 숲이 흐릿한 안개 속에 휩싸인다!

25. 하지만 아버지 하나님께서는
    우리가 사는 장막만은
    해치지 않고 지나가도록
    파괴자에게 명하시노라!

26. 아! 어느새 찰랑이네, 어느새 찰랑이네
    온 하늘과 땅이 자비로운 빗줄기에!
    얼마나 목말라 했던가! 이제 대지가 힘을 얻는다
    하늘은 풍성한 축복을 가득히 내려주신다!

27. 보라! 이제는 거친 비바람 속에서가 아니라
    고요하고 잔잔한 바람결을 타고
    여호와께서 오신다
    그 아래로 평화의 무지개가 펼쳐지노라!

해설

　　27개의 연으로 구성된 장시 중 14개 연이다. 경건한 신앙심, 창조자를 향한 찬양, 또한 자연현상과의 조화가 격정적 정감으로 표현된다. 의문문과 감탄문이 자주 나오는 것이 그런 이유에서이다. 질풍노도의 자유리듬처럼 주관적 내면세계의 흐름만이 아니라, "떠돔 Schweben", "살랑거림 Rauschen", "바람 Wind", "회오리침 Wirbeln", 숲의 움직임, 요동치는 번개(15, 21, 23, 24연)와 같은 자연의 외적 사건이 체험의 대상이다.

 날씨의 변화가 인상적 감각 속에 표현된다. 시간적인 인식도 강화되어 마치 한 폭의 풍경화를 보는 듯 하다. 또한 자연, 피조물들의 삶과 죽음 – 영생 문제, 신에 대한 경건함과 신의 만능을 격정적인 톤으로 노래한다. 밤과 낮이 등장하고, 구름과 햇빛이 교차하고, 바람과 숲의 움직임, 물결의 요동이 있으며, 인간과 곤충의 영혼에 관한 의문도 제기된다. 인간은 5월의 한낱 먼지로 비유되며 줄곧 신에 대한 복종과 찬양이 강조된다. 신의 존재와 행위가 영상을 떠오르게 하며 생동감 있게 펼쳐진다. 신의 노여움은 자연현상(폭풍)과 연결된다. 그 이전에 잠시 정지된 듯한 침묵, 그 뒤 모든 것을 뒤흔드는 격렬함이 피조물의 세계를 지배한다. 천둥과 번개가 천상에서 번뜩거리고 숲과 물결이 지상에서 일렁인다. 신의 입김인 비바람 후에 평화로운 무지개가 나타난다. 피조물로 하여금 격정으로, 직접 느끼고 인식하게 하는 것이다.

 시의 특징으로는 '우주 속의 역동감 Dynamik im All', '정신성 Geistigkeit'과 '감각성 Sinnlichkeit'을 손꼽을 수 있다. 기독교적 '창조신 Schöpfergott'은 바로크적 '자연신성 Naturgottheit'과 일치한다. 시 전체가 "표현적, 연상적 양식 der expressiv-assoziative Stil"으로 가득 차 있어서 테마 상으로 중심을 찾기 힘들다. 그러나 시 모티브는 창조자의 전능, 창조의 위대성, 창조 속의 인간 등 세 가지이다. 클롭슈톡은 큰 것과 작은 것, 먼 것과 가까운 것같이 내면과 외면을 상응시키는 가운데 세계상의 조화를 표현한다. '신정론(神正論) Theodizee'의 문제가 라이프니츠 Gottfried Wilhelm Leibniz에게서처럼 시적인 발언으로 승화된다. 이성에서가 아니라 현대적 의미에서 감정에 의해 신의 존재가 인식된다. 신의 섭리는 현재적이자 미래를 대비한 축제이다. 그것은 열광적인 모습으로 인지되고, 우주, 봄의 곤충, 번개 등 다양한 모습으로 나타난다.

* 그 밖의 시에 나타난 특징

1. 접속사 "und"의 빈번한 사용

시 전체에 11번 사용된다. 주로 동화, 민요적 분위기에 쓰이는 이 기초적 접속사는 "die Naivität – das Einfachste – urpoetisch – urphilosophisch"로 연결되는 내용을 담고, 주제 상으로 반복되는 멜로디로서, 연결되기 힘든 파라독스한 내용을 이어준다.

2. 크기의 순서 배열

(1) "세계의 대양 Ozean der Welt" → "우주 das Weltall": "무한히 작은 것 das Unendlich-Kleine", "사라지는 것 das Verschwindene", "무 das Nichts"
(2) "물통 Eimer" → 태양계
  이 세계에 물방울, 물통이 얼마나 수용되고 있는가는 상상 불가이다.
  "수억의 사람들 Myriade von Menschen"
(3) 대우주 Makrokosmos ↔ 소우주 Mikrokosmos: 인간의 커다란 기적, 창조의 기적, 불멸성, 보편적 기독교 세계관이 감상주의와 연결시켜 체험된다.
  "mehr wie die Erden, die quollen! / mehr, wie die Siebengestirne, die aus Strahlen zusammenströmten!-"(5/3-4)

3. 우주 속의 상상할 수 없는 역동적 움직임

"stürzen"(4/2), "schweben"(2/2), "vergehen"(1/4), "entquellen"(3/2), "rauschen"(4/1), "werden"(4/1), "entrinnen"(4/4).

자연은 그 속성에서가 아니라 고귀함 속에서 창조성과 자조자의 능력이 인식된다. 연인의 아름다움은 형체에 있지 않고 영혼에 있기 때문이다. 클롭슈톡은 자연관찰에 있어서 감정, 즉 신화적 체험에만 의존하지 않고, 코페르니쿠스 N. Kopernikus(1473-1543), 갈릴레이 G. Galilei (1564-1642), 케플러 J. Kepler(1571-1630), 라이프니츠 등의 자연과학이나 철학사상같은 숭고한 이념도 많이 받아들였다. 그런 차원에서 그는 사상과 감정 그리고 종교까지도 조화될 수 있다고 믿었다. 그리하여 1) "상상할 수 없는 우주공간 속의 (한낱) 먼지 Stäubchen im unvorstellbaren All"에 불과한 인간이란 무엇인가, 2) 우주의 무한성과 관련하여 땅이란 무엇인가, 3) 신과 사탄은 새로운 우주 속 어디에서 어떻게 발견될 수 있는가, 4) 그리스도는 인간과 신 사이의 중개자로서 어떤 의미를 지니는가 하는 물음들을 앞세워 자연의 본질이 탐구된다. 그는 또한 신은 파악할 수 없고, 이해하기 어려운 영원한 것이며 지구는 한낱 미세한 존재에 불과하며, 상대적으로 무한한 대우주는 감각적으로 파악될 수 있는 것으로 보았다. 또한 이 모든 것이 신비성과 절대성을 찬양하는 데 집중되고 있다. 대우주와 소우주에 두루 걸친 '절대 대'와 '절대 소'의 양극적 이원론이 형성된다.

1745년 고등학교졸업 국가시험을 마치면서 행한 연설에서 클롭슈톡은 새로운 세계관과 장래의 시인 상을 1) 자연의 전 영역 통찰할 수 있으며, 2) 다른 사람에게는 닿을 수 없는 종교의 본질을 꿰뚫어 볼 수 있고, 3) 다가올 세기의 질서관망할 수 있는 사람으로 설정하고 있다.
 그에 따라 자연개념은 '무한-거대한 것'과 '무한-작은 것' 사이의 대립 속에서 우주의 적법한 구조를 파악하는 그리스의 자연과학자 프톨레메우스 Claudius Ptolemäus의 세계상에 기반을 두고 이루어진다. 그의 자연과학적 관점은 종교적이어서 많은 영향력을 행사하였지만, 그러나 다음과 같은 이유로 바로크의 종교시인과 구분된다.

1) 지구를 우주의 중심으로 본다. 인간중심으로가 아니고, 자연과학적

양상/우주의 변화에 비중을 둔다.
2) 하늘을 신성 Gottheit의 장소로 본다.
3) 지옥을 지하세계 Unterwelt로 본다.

작품 <구세주>에서 볼 수 있듯이, 신뿐만 아니라 사탄도 위대하고, 강력한 파괴자로서 신에 맞설 수 있는 힘의 존재로 본다. 하늘과 지옥은 어디에 있는가 하는 질문에 인간, 즉 무한-작은 것은 신(창조력)과 사탄(몰락)의 중간이라고 본다. 즉 인간은 '먼지 Stäubchen'에 불과하지만 강력한 활동능력을 갖춘 존재이다. 그리스도의 구원능력은 인간의 노력과 만날 때 더욱 바르게 설 수 있다는 새로운 신관을 세웠다.

DER ZÜRCHER SEE

Schön ist, Mutter Natur, deiner Erfindung Pracht
Auf die Fluren verstreut, schöner ein froh Gesicht,
  Das den großen Gedanken
    Deiner Schöpfung noch einmal denkt. [39]

Von des schimmernden Sees Traubengestaden her,
Oder flohest du schon wieder zum Himmel auf,
  Komm in rötendem Strahle
    Auf dem Flügel der Abendluft, [40]

---

[39] 초원으로 향한 항해를 묘사한다. 창조의 사고와 비교하여 인간의 사고는 합리적이지 못하다. 온 "영혼 Seele"과 "감정 Gemüt"으로 파악할 때 겨우 가능성이 발견될 수 있을까 하는 인식이 생긴다.
[40] 유쾌함이 가득한 시행이다. 세속성을 벗어나 감각이 고양된다. 그의 정신은 장엄하며 맑은 정감에 의거하여 풍경을 초월한다. 자주 사용되는 현재분사는 흐름과 움직임을 강화시킨다. 어휘적 용법에 있어서 절대적 비교급 (비교 3, 5, 15)은 다른 것과 비교를 전제로 하지 않으며, 다시 현재분사와 연결 5, 10. 성장 및 진전을 의미한다.

Komm und lehre mein Lied jugendlich heiter sein,
Süsse Freude, 41) wie du! gleich dem beseelteren
    Schnellen Jauchzen des Jünglings,
        Sanft, der fühlenden Fanny42) gleich.

Schon lag hinter uns weit Uto, an dessen Fuss
zürch im ruhigen Tal freie Bewohner nährt;
    Schon war manches Gebirge,
        Voll von Reben, vorbeigeflohn. 43)

Jetzt entwölkte sich fern silberner Alpen Höh',
Und der Jünglinge Herz schlug schon empfindender,
    Schon verriet es beredter
        Sich der schönen Begleiterin. 44)

Hallers 'Doris', die sang, selber des Liedes wert,
Hirzels Daphne, den Kleist innig wie Gleimen liebt;
    Und wir Jünglinge sangen
        Und empfanden, wie Hagedorn. 45)

Jetzo nahm uns die Au in die beschattenden
Kühlen Arme des Walds, welcher die Insel krönt;
    Da, da kamest du, Freude!
        Volles Masses auf uns herab! 46)

---

41) 하늘의 하나님을 가리킨다. (7/3 비교)
42) „der fühlenden Fanny"= die Herzen der Mädchen.
43) 찬란한 신의 창조세계를 벗들과 함께 감득할 수 있다는 것은 시인에게 지상의 행복으로 받아들여진다.
44) 감각성을 탈피하여 추상적인 방향으로 전환된다. 눈에 보이는 움직임 대신에 어미 -ung으로 이루어진 단어(보기: "Empfindungen"(11), "Entschließungen"(12))가 자주 쓰인다.
45) 시문학의 찬양. 감정의 고상함을 체험한 시인을 열거하며 기린다.

Göttin Freude, du selbst! Dich wir empfanden dich!
Ja, du warest es selbst, Schwester der Menschlichkeit,
    Deiner Unschuld Gespielin,
        Die sich über uns ganz ergoss![47]

Süss ist, fröhlicher Lenz[48], deiner Begeistrung Hauch, [49]
Wenn die Flur dich gebiert, wenn sich dein Odem sanft
    In der Jünglinge Herzen
        Und die Herzen der Mädchen[50] giesst.

Ach, du machst das Gefühl siegend, es steigt durch dich
Jede blühende Brust schöner und bebender,
    Lauter redet der Liebe,
        Nun entzauberter Mund durch dich![51]

Lieblich winket der Wein, wenn er Empfindungen,
Bessre sanftere Lust, wenn er Gedanken winkt,
    Im sokratischen Becher[52]

---

46) 안락과 기쁨을 주는 시원스러운 그늘이 강조된다.
47) 7연 마지막 2행을 포함하여 세속을 초월한 신비성이 노래 불리워진다. 신성한 하늘과 일체가 되며, 숭고한 여신의 신비로운 모습이 암시된다. 감탄사가 중요한 역할을 한다.
48) 존속하는 사회나 보편적인 이성작용 또는 신앙의 힘에서가 아니라, 영혼의 이름 아래 독자적, 예시적 창조성을 강조하면서 상상력을 드높인다.
49) 봄의 입김에서 봄의 기쁨으로 상승.
50) Seele 이상으로 관찰. 보트머적 자연관이 엿보인다.
51) 전형적인 송가 형태로 내면적 체험을 토로하는 고백시행이 이어진다. 첫째, 바로크 서정시가 지니는 허식과 로코코의 장난기서린 자세와 구분되고, 둘째, 체험이 곧 문학으로서 경험이 불러일으키는 고양된 정감이 강조된다.
    언어적인 면에서는 음향감각이 특별하고, 의미가 심오하며 무엇을 촉구하는 엄격함과 찬가적 표현력이 돋보인다. 대담한 어휘와 문장 접합으로 독일언어형식의 개혁을 이루었다고 할 수 있다. 호라티우스와 같은 아스클레피아데스 연을 구사하고 있다.
52) 신중한 소크라테스가 크세노폰에게 권한 작은 잔.

> Von der tausenden Ros'[53] umkränzt;
>
> Wenn er dringt bis ins Herz und zu Entschliessungen,
> Die der Säufer verkennt, jeden Gedanken weckt,
> > Wenn er lehret verachten,
> > > Was nicht würdig des Weisen ist.
>
> Reizvoll klinget des Ruhms lockender Silberton[54]
> In das schlagende Herz, und die Unsterblichkeit
> > Ist ein grosser Gedanke,
> > > Ist des Schweisses der Edlen wert!
>
> Durch der Lieder Gewalt bei der Urenkelin
> Sohn und Tochter noch sein; mit der Entzückung Ton
> > Oft beim Namen genennet,
> > > Oft gerufen vom Grabe her,
>
> Dann ihr sanfteres Herz bilden[55] und, Liebe, dich,
> Fromme Tugend, [56] dich auch giessen ins sanfte Herz,
> > Ist, beim Himmel! nicht wenig!
> > > Ist des Schweisses der Edlen wert!
>
> Aber süsser ist noch, schöner und reizender,
> In dem Arme des Freunds wissen ein Freund zu sein![57]

---

53) 이슬(은빛)을 의미함.
54) 죽은 후 열릴 존재. 영적 움직임인 "Entzückung"이 강조된다. 모든 것이 풍경 위로 상승, 그의 정신이 현재의 삶 위에 자리잡는다.
55) 독자적 창조성 및 상상력. 1연의 "denkt"와 연관, 창조의 사상, 영혼, 감정으로 파악 된다.
56) 신의 계시로서의 문학, 즉 경건성의 바탕이다.
57) "Aber süßer ist noch"= 젊은이의 넘쳐나는 영혼, 겔레르트 Gellert, 슈미트 Schmidt, 크라머 Cramer 등 멀리 있는 다른 친구들이 언급된다. 9연과 비교.

So das Leben geniessen
   Nicht unwürdig der Ewigkeit!

Treuer Zärtlichkeit voll, in den Umschattungen,
In den Lüften des Walds und mit gesenktem Blick
   Auf die silberne Welle
      Tat ich schweigend den frommen Wunsch:

Wäret ihr auch bei uns, die ihr mich ferne liebt, [58]
In des Vaterlands Schoss einsam von mir verstreut,
   Die in seligen Stunden
      Meine suchende Seele fand;

O so bauten wir hier Hütten der Freundschaft[59] uns!
Ewig wohnten wir hier, ewig! Der Schattenwald[60]
   Wandelt' uns sich in Tempe,
      Jenes Tal in Elysium![61]

해설

스위스의 작가 보트머 J. J. Bodmer(1698-1783)의 초대로 취리히에 갔다와서 쓴 총 19연으로 된 우정의 송가이다. 젊은 친구들과 어울려 호수를 항해하며 체험한 자연의 위대함이 찬양된다. 이 시가 엄숙한 분위기를 자아내는 것은 자연을 통해 인간의 감정을 정화시키고, 정신과 영혼을 황홀한 경지에 이르게 하기 때문이다. 클롭슈톡의 자연관은 창조주의 탁월한 능력에 대한 경탄으로부터 출발한다. 그것은 당시 유럽 여러 나라의 문학비평과 18세기 예술미학에 영향을 준 신플라톤주의 철학자 롱기누스 C. Longinus(213-273)의 사상

---

58) "liebt"는 19연의 "Hütten der Freundschaft"를 대상으로 한다. 사랑이란 자연성을 완성한 가운데 벗들과 함께 있는 것으로 인식된다.
59) 매혹을 절감, 우수를 혼입.
60) Entschließung.
61) 극락, 이상향.

이 바탕을 이루고 있다. 이념은 신성한 이성과 분리되어 존재한다. 그러므로 영혼이 품위를 잃지 않아야 비로소 언어도 고귀하고 위대한 힘을 갖는다는 것으로, 위대한 영혼과 위대한 인간정신 사이의 함수관계가 작용하고 있다.

그리스적이라 하면 '순진하고 naiv', '자연스럽고 natürlich', '미학적 ästhetisch'이며, 동사, 부정사, 분사를 많이 쓰는 등 단어로 규정하기보다는 암시하여 상상력을 드높이는 특성을 말한다. 반면, 라틴적인 것은 명사를 중심으로 한 개념-단어에 응고되고 명령(권위)적이라 할 수 있다. 클롭슈톡은 그리스에 가깝다. 대상을 언어의 테두리에 넣으려 하지 않고, 명사를 수식하는 형용사나 라틴어에서 특히 추구한 현재분사가 중심을 이룬다.

DIE SOMMERNACHT

Wenn der Schimmer[62] von dem Monde nun herab
In die Wälder sich ergießt, und Gerüche
Mit den Düften von der Linde[63]
In den Kühlungen wehn;[64]

So umschatten mich Gedanken an das Grab[65]
Der Geliebten, und ich seh in dem Walde
Nur es dämmern, und es weht mir[66]
Von der Blüte nicht her.

Ich genoß einst, o ihr Toten, es mit euch!
Wie umwehten uns der Duft und die Kühlung,
Wie verschönt warst du von dem Monde,
Du o schöne Natur!

---

62) der Schimmer=Glanz.
63) die Linde=Baum mit Blättern.
64) die Kühlung=kühle Luft.
65) umschatten=wie Schatten umgeben.
66) dämmern=dunkel werden.

해설

   3연 12행의 짧은 시로 1766/71년에 쓰여졌다. 시 전체에 어두움이 가득하다. 달빛이 숲 속으로 내려오는 여름밤이다. 서정적 자아는 사랑하는 이의 무덤을 바라보며 깊은 생각에 잠긴다. 시의 중심이라고 할 수 있는 탐미주의적 발언, 즉 "그대는 달빛을 받아 얼마나 아름다웠던가, 그대 오 아름다운 자연이여 Wie verschönt warst du von dem Monde,/Du o schöne Natur"(11-12행)라는 구절은 달빛이 가득 채운 아름다운 숲을 보면서 자연의 무한한 창조력이 커다란 감탄을 불러일으킨다. 시원한 바람이 불고, 내려 쪼이는 달빛은 파란 빛. 공포감마저 자아내는 깊은 고독 속의 자연이다. 죽은 연인의 모습이 떠오를 때 낭만주의적 허무감이 자연의 아름다움을 느낄만한 여유를 허용하지 않는다. 그러나 시인은 이런 상황 속에서도 자연에 대한 찬사를 아끼지 않는다. 죽음마저 초월한 자연의 마력을 체험하는 것이다. 인간이 이 세상에 나고 죽는 것은 한낱 존재상의 과정일 뿐이다. 우주의 작은 별이 떨어지는 것보다도 무의미한 일인지 모른다. 이런 허무주의가 팽배해 있을 무렵, 시인은 끈질기게 자연의 아름다움을 인식할 수 있도록 찬양을 그치지 않는다. 그것이야말로 신에 대한 참된 섬김의 증거라 여긴다. 그러나 그것은 자연과 시간의 절대성 앞에서 아주 보잘 것 없는 인간의 몸부림이 아닐까? 현세적인 쾌락과 미를 추구하는 것이 도피적인 행동일 수밖에 없는 미약한 인간 존재의 고통이 아닐까?

7. 슈트름 운트 드랑 Sturm und Drang

르네상스이래 고창되어 온 인간중심주의는 기존사회의 도덕과 관습으로부터 해방된 정신세계를 부르짖는다. 외적 규제를 거부하고 오직 인간의 본성, 그 안에서 샘솟는 생명을 그대로 문학으로 표현, 승화시켜야 한다는 것이다. 슈트름 운트 드랑(질풍노도) 문학이 고전주의적 제한성을 박차고 도래한 것이다.

이 계열의 선각자는 요한 코트프리드 헤르더 Johann Gottfried Herder (1744-1803)이다. 클롭슈톡과 마찬가지로 원래 신학자인 그는 영국의 감상주의 문학으로부터 큰 영향을 받았다. 그는 휴매니즘의 본질에 입각, "자유 die Freiheit", "원천성 die Ursprünglichkeit", "창조적 천재성 die schöpferische Genialität"을 실현하는 데 주력하였다. 이를 위하여 특히 '민속성'을 강화했다. 언어, 문학, 종교사상가인 요한 게오르그 하만 Johann Georg Hamann(1730-1788)의 영향도 많다. 또한 그는 셰익스피어의 민중문학 요소를 수집한 스코틀랜드의 시인 오씨안 Ossian에 큰 관심을 갖고 이 부문의 자료발굴에 몰두하였다. "시문학이란 인류가 지닌 모국어"라는 생각이 바탕을 이루었다.

슈트름 운트 드랑과 낭만주의에서 민속책, 민요, 동화 등에서 나타나는 민중정신이 강조되는 것은 바로 그의 공이 아닐 수 없다. 민요는 "민중 Volk"에 바탕을 두고 있으며, 루터 시대에 이미 두 가지 의미, 즉 모든 계급을 망라한 실제적인 민중이라는 수평적 포괄적 의미에서의 "공통적인 common"이란 뜻과 농부, 광부, 사냥꾼 등의 하층계급이라는 수직적 의미에서의 "비천한 gemein"이란 뜻이 그것이다. 따라서 문학뿐만 아니라 음악이나 민속학 등에서 중요하게 다루어지는 민요는 민족의 공동적인 정신요소로서 서정적 바탕이 되어왔다.

클롭슈톡으로부터 시작된 문학이념은 '괴팅겐 숲의 시인모임 Göttinger Hainbund'에 의해 계승되면서 자연감정과 민족적 애국심을 고취시켰고 결과적으로 강한 서사성에 서정성을 융합시키는 계기가 되었다. 독일시에 민속적 전통에 뿌리를 박은 소박하고 평범한 내용과 서정적 리듬의 참신한 목가, 송가, 담시 등을 수용하는 데에도 큰 작용을 하였다. 여기에는 근대 독일 발라드의 창시자로 평가되는 코트프리드 아우구스트 뷔르거 Gottfried August Bürger(1747-1794)가 대표적인 자리를 차지한다. 그는 작품 <레노레 Lenore>(1773)에서 새색시가 서정적 자아가 되어 죽은 병사의 아픔을 드라마적으로 표현, 조국애와 연결시키고 있다. 그밖에도 마티아스 클라우디우스 Matthias Claudius(1740-1815), 루드비히 (하인리히 크리스토프) 휠티 Ludwig (Heinrich Christoph) Hölty(1748-1776), 요한 하인리히 포쓰 Johann Heinrich Voss(1751-1826), 크리스티안 프리드리히 다니엘 슈바르트 Christian Friedrich Daniel Schubart(1739-1791), 하인리히 크리스티안 보이에 Heinrich Christian Boie(1744-1806) 등이 하나의 대열을 이룬다. 이들을 중심으로 독일시문학은 활발한 융성기를 맞이한다. 그 후 괴테, 실러, 횔덜린, 릴케 등에 이르면서 독일 서정시는 독특한 전통을 이루게 된다.

마티아스 클라우디우스 MATTHIAS CLAUDIUS

1740년 독일의 북부 뤼벡 부근의 라인펠트에서 태어났다. 목사인 부친의 영향으로 예나로 가서 신학과 법학을 공부하였다. 28세가 되는 해 그는 함부르크의 신문사 편집장이 되었고, 그곳 근교 마을에 상주하면서, 1771년부터 1775년까지 현지신문 <반츠벡커 보테 Der Wandsbecker Bote>의 발행자 및 자유기고가로 활동하였다. 왕성한 그의 작품활동은, 헤르더가 말하듯이, 순진하고 소박한 영혼 속에 불멸의 진리와 교훈이 담긴 노래에 집중되고 있다. 그는 또한 민속성에 대하여 강한 애착을 보여주는 한편, 신앙심이 강한 시와 비평문을 많이 썼다.

DER TOD

Ach, es ist so dunkel in des Todes Kammer,
　　Tönt so traurig, wenn er sich bewegt
Und nun aufhebt seinen schweren Hammer
　　Und die Stunde schlägt.

죽 음

아, 죽음의 방은 어둡기만 하여라
　　그가 움직이면 슬픔의 소리 들린다
이제 그의 무거운 망치를 들어 올려
　　시간을 알린다

해설

　　시인은 자상한 아버지처럼 인생에 대한 충고를 한다. 죽음이라는 생의 최후 점에 다다를지라도 결코 시간을 허비하지 않을 수 있는 삶의 지혜가 강조된다. 인생에 있어서 가장 중요한 것은 부귀와 지식보다도 자신에 대한 충실성이다. 선을 행하고 현실에 대해 고민하지 않으며, 남에게 의지하기보다는 스스로의 삶을 굳건히 세워야 한다는 것이다. 이러한 것을 죽음이라는 극한 상황을 통해 간접적으로 가르친다. 이 시에서 죽음은 곧 삶의 벗이다.

　　총 4행의 짧은 시이다. 그러나 그 안에는 시인이 말하려는 뜻이 모두 담겨 있다. 비애와 허무감에 대한 첫 행의 감탄사 'Ach'가 시 전체를 체념적 분위기로 유도하며, 인생의 덧없음을 깨닫게 한다. "Kammer - Hammer"같은 명사의 무거운 이미지, "bewegt - schlägt"로 연결되는 동사 움직임(세월, 시간) "wenn - und"의 접속사 사용, "dunkel - traurig"같은 형용사가 시의 저변 분위기를 유도한다. "und nun"(3행)은 죽음이 현실과 결코 무관하지 않음을 나타낸다. 시는 휴머니즘, 개별자와 일반화된 타자 사이의 조화, 그리고 철학성에 바탕을 두고 있다.

* 시감상

> Die Liebe hemmt nichts; sie kennt nicht Tür noch Riegel,
> Und dringt durch alles sich;
> Die ist ohn Anbeginn, schlug ewig ihre Flügel,
> Und schlägt sie ewiglich.

DER MENSCH

Empfangen und genähret
    Vom Weibe wunderbar,
Kömmt er und sieht und höret
    Und nimmt des Trugs nicht wahr;
Gelüstet und begehret
    Und bringt sein Tränlein dar;
Verachtet und verehret,
    Hat Freude und Gefahr;
Glaubt, zweifelt, wähnt und lehret,
    Hält nichts und alles wahr;
Erbauet und zerstöret
    Und quält sich immerdar;
Schläft, wachet, wächst und zehret;
    Trägt braun und graues Haar.
Und alles dieses währet,
    Wenns hoch kommt, achtzig Jahr.
Dann legt er sich zu seinen Vätern nieder,
    Und er kömmt nimmer wieder.

해설

18행으로 된 전체 시는 인간이 어머니 몸 속에 수태되어 죽기까지의 인생 역정을 노래하고 있다. 생과 사의 인생법칙은 누구에게도 예외가 없다. 이런 사실이 시 전체에 객관적이고 간결하게 묘사된다. 형상과 은유가 풍부하다. 두운으로 연결되는 2행의 "Weibe"와 "wunderbar"는 리듬 상으로 단조로움을 자아내지만, 그 대신 철저한 균제미를 통하여 이 시가 상당한 미적 토대를 갖추고 있음을 알려 준다. 그것은 동일한 운율 ab의 반복을 통해서도 나타난다. 인간은 예외 없이 삶과 죽음의 사슬에 얽매인 존재이다. 그것을 시인은 곧 성서적인 토대 위에서 허심탄회하게 토로한다. "우리의 년수가 칠십이요 강건하면 팔십이라 그 년수의 자랑은 수고와 슬픔 뿐이요 신속히 가니 우리가 날아가나이다"라는 시편 90편 10절의 구절이 시의 바탕을 이룬다. 인간의 존재와 삶에 대한 참다운 인식을 촉구하는 시인의 음성이 명료하다.

* 시감상

> Ein kleiner Ring
> Begrenzt unser Leben,
> Und viele Geschlechter
> Reihen sich dauernd
> An ihres Daseins
> Unendliche Kette.

8. 괴테와 실러의 시문학

1775년부터 1810년까지의 기간은 이른바 '국민문학'이란 이름으로 시는 내용이나 형식에 있어서 정점에 달하였다. 그것은 슈트름 운트 드랑 문학에 이어 1786부터 1805까지 괴테와 실러가 주도한 고전주의 문학이 성공을 거둔 시문학적 황금기라고도 할 수 있다.

괴테는 천재적 다양성을 간직한 시인이다. 로코코의 풍취가 담겨있는 초기 시는 참된 고백의 한 단면이라 할 정도로 내면적이면서도 재기 발랄하다. 특히 탁월한 자연감각을 보여주는 슈트라스부르크 시대, 헤르더의 민중 문학적 영향, 질풍노도적 거친 천재성, 그리고 자연 속의 신성에 대한 사랑스런 헌신을 노래하는 시들이 내용과 형식적인 면에서 특유의 영역을 확보하게 된 것이다.

또한 바이마르 시대의 시문학은 고전적 형식미와 절제미를 자랑하고 있다. 특히 <달에게 An den Mond>같은 시는 자연서정시가 간직하고 있는 심오함과 장엄함을 통해 고귀한 인간성을 유감없이 표출한다. 노년에 이르기까지 서정시인으로서 세계와 인생에 몸을 바친 그는 식지 않는 시적 정열을 보여준다. 시인이 65세 되던 1814년에 쓰여진 시 <복된 그리움 Selige Sehnsucht>은 다음과 같다.

> 아무에게도 말하지 말고, 현명한 자에게만 말하라
> 대중은 곧 경멸하기 때문이려니:
> 불길에 타죽기를 갈망하는
> 살아있는 것을 나는 찬양하노라,
>
> (…)
>
> 이 죽어서 변해 가는 모습,
> 그대가 그것을 가지고 있지 않는 한!

그대는 이 어두운 대지 위의
퇴색한 손님이리라. 67)

<서동시집 West-östlicher Diwan>에 수록된 이 시는 우리를 괴테의 신비로운 세계관으로 이끌어 준다. 시인이 73세 되던 때 17세의 울리케 폰 레베초브를 만나 부른 사랑의 연작시 <마리엔바드의 비가 Marienbader Elegie>를 연상시킨다. 꺼질 줄 모르는 시적 정열은 질풍노도적 문학이념의 화신이 아닐 수 없다.

그러나, 괴테는 서간소설 <젊은 베르테르의 괴로움 Die Leiden des jungen Werthers>에서 "제한성 die Beschränktheit" 속에서 고통을 받는 인간상을, 또한 <타우리스 섬의 타쏘 Tasso auf dem Tauris>에서 "인간이란 자유로운 존재로 태어나지 않았다"는 사상을 전제로 바로 이런 제한성을 긍정적인 것으로 받아들일 수 있는 교육적 계기를 마련한다. 고전주의 문학의 시발점이기도 한 이런 의식은 "스스로를 제한시켜라. 의무란 고된 것이지만, 거기에서 오직 인간만이 어떻게 자기와 그것이 내밀한 관계를 이룰 수 있는가를 보여줄 수 있다. 모든 사람은 자의적으로 살아갈 수 있다"68)는 내용이 다양한 괴테의 시 세계를 형성하는 요인이 아닐 수 없다.

그에 비해 실러는 상당히 관념적인 시인이다. 칸트철학의 영향을 받아

---

67) „Sagt es niemand, nur den Weisen,/Weil die Menge gleich verhöhnet:/Das Lebend'ge will ich preisen,/Das nach Flammentod sich sehnet…// (…) // Und solang du das nicht hast,/Dieses Stirb und Werde!/Bist du nur ein trüber Gast/Auf der dunklen Erde."
68) Vincent J. Günther, Johann Wolfgang von Goethe. In: Deutsche Dichter des 18. Jahrhundert. Ihr Leben und Werk, Hg. v. Benno von Wiese. Berlin 1977, S. 693. (An Kraft vom 31. 1. 1781): „Schränken Sie sich alsdann ein: das M u ß ist hart, aber beim m u ß kann der Mensch allein zeigen, wie's inwendig mit ihm steht. Willkürlich leben kann jeder".

사색과 명상의 시인으로 칭송되는 그는 청년시절에 시민적 자유를 제대로 누리지 못해 자유에 대한 의지가 남달리 강하다. 또한 그런 이상구현을 위해 저항의식이 강화되었고, 다른 한편으로는 민중에 대한 친근감을 바탕으로 민속성에 대한 관심이 크게 고조된다.

그러나 실러에게 있어서 시는 다른 장르에 비해 활발하지 못한 것 같다. 초기 시작품 <헥토르의 이별 Hektors Abschied>이나 <유아살해 여인 Kindesmörderin>을 보면 수사기법에 따른 드라마적 대화나 독백이 중심을 이루고 있다. <체념 Resignation>이란 시는 영혼의 체험을 무대영상 내지 드라마적 장면으로 표출한다. 그는 대상체험을 자연정감에 의존하기보다는 초감각적이며 보편적인 이미지를 구현하는데 시적 능력을 특성화시킨다.

실러는 발라드를 많이 쓴다. 그에게는 "노래로 불리어 질 가능성 Sangbarkeit"이 결여되어 있어 시적 본질에서 벗어났다고 평가되기도 한다. 그것은 그의 문학이 독특한 관조성을 전제로 한 이념성을 추구하고 있기 때문이다. 그 자신이 말하듯, 개별적인 것보다는 전체 속성을 포괄하는 이념을 서술하는데 시적 역량을 모으고 있다. 그에게 있어서 시를 짓는 것은 어디까지나 정신적 무기력을 극복해 내는 수단이다. 그런 자세가 그로 하여금 고전주의적 성향과 어우러져 사상체계와 감정표현을 잘 조화시킨 '사상시 Gedankenlyrik'를 낳게 한다.

괴테와 실러 두 사람은 독일시단에서 대극적 현상을 가장 효율적으로 조화시킨 '별'들이다. 괴테의 관조성과 실러의 관념성은 정과 반의 대립을 형성하는데 그치지 않고, 날카로운 이원성 Dualismus을 통해 종합 Synthese의 경지에 이르는 출발점이다.

요한 볼프강 폰 괴테 JOHANN WOLFGANG VON GOETHE

1749년 8월 28일 프랑크푸르트 암 마인에서 태어난 시인은 일찍부터 아버지의 특별한 지도로 다방면의 교육을 받으며 자라났다. 1765년부터 1768년까지 라이프치히에 머물면서 법학을 공부하였지만, 그의 관심은 문학과 예술 쪽에 더욱 쏠린다. 1772년에는 베츨라에 있는 제국대심원에서 근무하기도 하였다.

괴테

1774년 <젊은 베르테르의 괴로움>을 발표했다. 그 후 1775년 가을까지 슈트라스부르크 대학에서 공부를 계속하였다. 그 후 잠시 프랑크푸르트에 머물다가 바이마르 궁정에서 공작의 고문, 그리고 1779년에는 추밀 고문관을 지내기도 하였다. 1782년 심계원장으로 행정직에 간여하고 귀족작위를 받았다.

그러나 1786년부터 1788년까지와 1790년에 걸친 두 차례의 이탈리아 여행은 시인에게 크나큰 감명을 안겨주었다. 1795년부터 1805년까지 실러와 친밀한 관계를 맺었다. 또한 나랏일에서 손을 떼면서 학, 예술 원장과 극장 장을 지낸다. 1831년 <파우스트>를 완성, 이듬해인 1832년 3월 22일 세상을 떠났다.

성실성, 소박성, 따뜻한 생, 아름다운 표현으로 대표되는 초기시 작품들은 클롭슈톡적 시 세계에 토대를 두고있다. 자연에 대한 경외, 조국애, 경건한 신적 세계 등을 감지하면서 그는 차츰 단면적인 한계성을 벗어나 독특한 내적 변천을 이룬다. 그의 시 세계를 단계적으로 구분해 보면 다음과 같다.

1) 슈트라스부르크 근교 세젠하임에서 알게 된 여인 프리데리케 브리

온 Friederike Brion에게 바치는 사랑의 시. 대개 열정적이며 순진하고 감상적이다: <환영과 이별 Wilkommen und Abschied>, <5월의 노래 Mailied>.

2) 헤르더의 영향하에 조성된 순진하고 부드러우며 순박한 민요조: <들장미 Das Heidenröslein>.

3) 발라드 또는 비합리적, 신비적 사건에 대한 슈트름 운트 드랑적 사랑의 표현: <마왕 Der Erlkönig>, <어부 Der Fischer>, <프로메테우스 Prometheus>.

4) 괴테의 찬가를 표현하고, 젊은 세대의 불안을 토로할 뿐 아니라, 거대한 힘과 포부 그리고 신과의 연합을 위한 격정적 갈망: <모하멧 Mahamet>, <가뉘메트 Ganymed>.

5) 엘리자베트 쇠네만 Elisabeth Schönemann 이나 기타 여인들에게 바치는 소박한 사랑의 시: <릴리에게 바치는 노래 Lieder an Lili>.

6) 송가, 고전주의 풍의 노래: <방랑자의 밤 노래 Wanderers Nachtlied>.

7) 낭만주의 시집: <슈트라스부르크 서정시 Straßburger Lyrik>(1770-1771), <바이마르 서정시 Weimarer Lyrik>(1776-1785), <로마 비가 Römische Elegien>(1795), <서동시집 West-östlicher Divan>(1819), <마리엔바드 비가 Marienbader Elegie>(1823) 등이 있다.

WANDERERS NACHTLIED

Der du von dem Himmel bist,
alles Leid und Schmerzen stillest,
den, der doppelt elend ist,
doppelt mit Erquickung füllest,

Ach, ich bin des Treibens müde!
Was soll all der Schmerz und Lust?

Süßer Friede,
komm, ach komm in meine Brust!

나그네의 밤 노래

그대 하늘에서 내려와
모든 슬픔과 고통을 어루만진다
두 배나 애달파 하는 자를
두 배나 위로로 넘치게 하노니,

아, 세상일에 휩쓸리노라 지친 나!
고통이나 즐거움이 다 무엇이랴?
달콤한 평화여,
오라, 아 내 품으로 오라!

EIN GLEICHES

Über allen Gipfeln
ist Ruh',
in allen Wipfeln
spürest du
kaum einen Hauch;
die Vögelein schweigen im Walde.
Warte nur, balde
ruhest du[69] auch.

같은 제목의 시

모든 산 봉오리 마다
쉼이 있고,

---

69) 미래를 대신하는 현재형.

모든 나무 우듬지 위에는
숨소리조차
느끼지 못하리;
새도 새들도 숲 속에서 울음을 그쳤다,
그래 기다릴지라, 곧
너도 쉼을 얻으리라.

해설

    같은 제목으로 쓰여진 앞의 8행 시(4행 2연)에 계속되는 1연으로 된 시가 있다. 한 순간 삶의 전체에 대한 눈길을 여는 '즉흥시 Gelegenheitsgedicht'의 일종이다. 개인적으로 체험된 정감이면서도, 그 표현은 영원한 인간의 영혼을 맴돈다.

    앞의 시는 1775년 11월 시인이 바이마르 공국의 초청을 받아 그곳에 간 후, 이듬해인 2월 12일 도시 근교 에터스베르크 Ettersberg 산장에서 지은 것으로 슈타인 부인에게 헌정한 작품이다.

    뒤의 시는 그가 1780년 9월 6일 튀링겐 일메나우의 숲 속 키켈한에 있는 어느 사냥꾼 오두막에 묶으면서 널빤지에 이러한 고백의 시를 써 놓았다. 그가 세상을 떠나기 반년 전인 1831년 8월 27일 그는 두 손자를 데리고 그곳을 다시 찾는다. 색이 발해 거의 알아볼 수 없는 시구를 읽던 노 시인의 두 눈에는 어느덧 눈물이 홍건히 고인다. 82세의 괴테는 "그래, 기다릴지라, 곧 너도 쉼을 얻으리라"고 중얼거린다. 침묵에 잠긴 어느 시점의 저녁풍경이 수많은 시간들을 넘어서 우리 가슴에 전해진다. 오늘날 숭고한 감정을 느끼는 모든 사람에 대한 귀중한 말이 되기까지……

    이 두 편의 시에서는 평화에 대한 희망이 자연현상 속에서 노래 불리어지고 있다. 시인의 눈길은 꼭대기, 즉 "산봉우리 Gipfel"와 "우듬지 Wipfel"에 고정된다. 원래 자주 혼동되어 쓰이는 두 단어의 특징을 시적으로 표현하였다. 어둠 속에 남아있는 마지막 빛의 저녁풍경이다. 모든 것은 모순이 그치는 곳에 다가선다. 슬픔과 정적, 비참함과 위안, 고통과 즐거움이 더 이상 대립이 아니라, 평화로 이어진다. 시의 시작이자 끝을 이루는 "쉼 Ruh"이란 어휘는 단순한 음향이지 표상만은 아니다. 시인은 "숨소리조차/느끼지 못하리", "새들도 숲 속에서 울음을 그쳤다"라는 표현을 통하여 모든 소리가 멈춘 적막 속의 원초세계를 체험공간으로 설정한다.

　슬픔, 고통, 기쁨, 행복 같은 감정의 변화양상이 프랑크푸르트의 질풍노도 시대에 비하여 큰 차이가 있다. 여기에서는 잘 다듬어진 깊은 영혼의 세계, 깊은 관조와 이해심이 어휘들 속에 가득 서려있다. 내적인 품격과 신비로운 영혼의 빛이 넘쳐난다. 자연 그 한 가운데에서 그는 평화를 발견한다. <달에게 An den Mond>라는 시에서처럼, 시적 체험 깊은 곳에서 인간영혼의 고백이 샘처럼 솟아난다.

MAILIED

Wie herrlich leuchtet
Mir die Natur!
Wie glänzt die Sonne!
Wie lacht die Flur!

Es dringen Blüten
Aus jedem Zweig
Und tausend Stimmen
Aus dem Gesträuch

Und Freud und Wonne
Aus jeder Brust.
O Erd, o Sonne!
O Glück, o Lust!

O Lieb, o Liebe!
So golden schön,
Wie Morgenwolken
Auf jenen Höhn!

Du segnest herrlich
Das frische Feld,
Im Blütendampfe
Die volle Welt.

O Mädchen, Mädchen,
Wie lieb ich dich!
Wie blickt dein Auge!
Wie liebst du mich!

So liebt die Lerche
Gesang und Luft,
Und Morgenblumen
Den Himmelsduft,

Wie ich dich liebe
Mit warmem Blut,
Die du mir Jugend
Und Freud und Mut

Zu neuen Liedern
Und Tänzen gibst.
Sei ewig glücklich,
Wie du mich liebst!

오월의 노래

기쁨과 희열이 넘친다.
오 땅이여, 오 태양이여!
오 행복이여, 오 즐거움이여!

오 사랑, 오 사랑이여!
황금빛 아름다움이어라
모든 언덕마다
얼마나 아름다운 아침구름인가!

신선한 들판을
그대는 찬란히 축복하리라
꽃의 아지랑이 속에
가득한 세계.

오 아가씨, 아가씨여
나 얼마나 그대를 사랑하는가!
그대의 눈은 얼마나 바라보는가!
그대 나를 얼마나 사랑하는가!

종달새도 그만큼
노래와 바람을 사랑하노라,
아침 꽃들도
하늘의 향기를 사랑하노라

따스한 가슴으로
나 얼마나 그대를 사랑하는가
새 노래와
춤이 되도록

그대가 나에게 젊음과
기쁨과 용기를 주었노라.
영원히 행복할지라
그대가 나를 사랑하듯이.

해설

　질풍노도기의 대표적인 시로서 1771년에 쓰여졌다. 괴테가 세젠하임에서 시무하던 목사의 딸 프리데리케 브리온을 사랑하게 된 것이 작품의 직접적인 집필동기이다. 시인은 특히 슈트라스부르크에서 공부하던 1770년부터 1771년 사이에 엘사스 지방을 두루 여행하며 자연을 가까이 대하게 된다. 그의 관조력은 종교적 분위기로 승화되고, 그것은 어떻게 인간의 마음속에 되살아 날 수 있는가를 노래한다. 연인과 봄이 하나가 되고, 사랑 자체가 마적 격정으로 서술되면서 이지력보다 감정이 앞선다. 디오니소스적인 환호나 장엄한 분위기가 형식을 압도한다. 그러나 시가 내용에 치우치면서 환희의 순간에서도 자제력과 조화를 잃지 않는 괴테의 자세가 엿보인다.

　4행 9연으로 이루어진 시의 각 행은 2각 운의 약강격(얌부스)으로 이루어져있다. '완전각운 akatalektisch'과 '불완전 각운 katalektisch'으로 각기 시행이 엇갈려 끝난다. 전체 중 8개 연은 운이 abcb이지만, 제 3연 하나만은 십자 운이다.

　내용상으로 시는 세 부분으로 나뉜다. 첫째, 1-10행까지는 복된 자연(봄날의 아름다움)에 대해 경탄의 노래, 그리고 인간영혼 속에서 함께 호흡하는 동식물의 세계가 중심을 이룬다. 둘째, 11-20행에서는 특히 감탄문이 반복되면서 신성한 사랑이 조화된 자연, 즉 봄의 대기와 아름답게 비교, 찬양된다. 또한 21-36행에서는 다시금 사랑에 대한 감각이 일어나는 가운데 종달새나 아침 꽃 같이 자연과 하나가 되는 인간의 마음이 노래 불리어진다. 셋째, 시의 종결부인 35-36행은 소망의 형태로 숨겨진 마지막 감탄문이 나타나 처음과 나중이 원의 형태로 이어진다. 영혼이 스스로 자연에서 무엇인가를 간파함으로써 인간이 사용하는 언어가 곧 자연의 그것이 되어야 한다는 사실을 노래하고 있다.

* 비교: 하이네 *Heinrich Heine*의 <참 아름다운 5월에 *Im wunderschönen Monat Mai*>

　　　　Im wunderschönen Monat Mai,
　　　　Als alle Knospen sprangen,

Da ist in meinem Herzen
Die Liebe aufgegangen.

Im wunderschönen Monat Mai,
Als alle Vögel sangen,
Da hab' ich ihr gestanden
Mein Sehnen und Verlangen.

* Knospe – Liebe – Vögel – Ich(der Dichter)

* 비교: 플라이쉴렌 *Cäsar Fleischlen*의 <5월 *Mai*>.

Es war einmal, – im Monat Mai, –
kaum erst ein Jahr ist's her!
denk ich an jenen Mai zurück,
wird mir ums Herz so schwer!

In weißen Rosen stand die Welt,
und Glocken klangen durch die Luft,
und schauernd stumm vor Glück und Lust
durchschritten Hand in Hand zwei Kinder
das blütentraumversunkene Tal —

Es war einmal! —
es war einmal!

Denk ich an jenen Mai zurück —
verwelkte Rosen, verwelktes Glück!

HEIDENRöSLEIN[70]

Sah ein Knab' ein Röslein stehn, [71]
Röslein auf der Heiden, [72]
War so jung und morgenschön, [73]
Lief er schnell, es nah zu sehn, [74]
Sah's mit vielen Freuden. [75]
Röslein, Röslein, Röslein rot,
Röslein auf der Heiden.

Knabe sprach: „Ich breche dich, [76]
Röslein auf der Heiden!"
Röslein sprach: „Ich steche dich,
Daß du ewig denkst an mich,
Und ich will's nicht leiden."[77]
Röslein, Röslein, Röslein rot,
Röslein auf der Heiden.

Und der wilde Knabe brach
's Röslein auf der Heiden;
Röslein wehrte sich und stach, [78]
half ihm doch kein Weh und Ach, [79]

---

70) "die Heide"는 황야, 광야, 들이다.
71) Sah ein Knab'=Ein Knab' sah의 정상어순을 시적으로 바꾼 것임.
72) 단수 3격 Heide의 고어형.
73) 시에서는 드물지 않은 "war"의 주어가 생략됨.
   "morgenschön"= '아침처럼 아름다운' 또는 '아침의 아름다움처럼 신선한'.
74) lief er schnell=종속절, 본 시행 서두에 so와 연결되는 dass가 보충되어야 한다.
75) Vielen Freuden=단수로 번역.
76) ich breche dich=미래를 대신하는 현재시제.
77) nicht leiden = nicht mögen. 가만두지 않겠어. "allow", "permit".
78) sich wehren=sich verteidigen.
79) half ihm doch=시적인 변칙배어법. ihm이 Röslein 또는 Knabe 어느 것에 관련되는

Mußt' es eben leiden. [80)]
Röslein, Röslein, Röslein rot,
Röslein auf der Heiden.

들 장 미

어린이가 보았네,
들에 피인 장미
갓 피어난 어여쁜
그 향기에 탐나서
정신없이 보네
장미, 장미, 붉은 장미
들에 피인 장미.

어린이가 말했네: "내가 너를 꺾겠어,
들에 피인 장미야!"
장미가 대답했네: "그럼 널 찌를 거야,
나를 두고두고 잊지 못하게,
가만 안 둘 테야."
장미, 장미, 붉은 장미
들에 피인 장미.

거친 어린이는 꺾었네
들에 피인 장미를;
장미는 몸부림치다 찔렀네
아픔과 한탄도 소용없었네
참을 수밖에 없었네

 지 불명확함.
 doch="but".
 Weh, Ach=단수 명사로 쓰인 감탄형.
80) "leiden"="참다"의 뜻.
 eben=just the same.

장미, 장미, 붉은 장미
들에 피인 장미.

해설

　　마치 민속민요처럼 독일인의 심성 깊이 뿌리박고 있는 작품이다. 거칠고도 신선한 자연과 이 세상의 원초상황을 아주 아름답게 노래하고 있다. 순수한 토양을 상징하는 "들"과 사랑을 상징하는 "장미"가 어떤 겨룸의 대상으로서 시의 중심을 이룬다. 다시 말해서 "소년"과 "장미"가 그것을 대표하는 남녀의 원초관계로 설정되어, 자연정복의 의지와 저항 사이의 갈등이 비극적인 결과로 나타나고 있음을 보여준다. 먼 옛날 게르만 민족의 향수를 불러일으키는 민속민요적 함축성이 느껴진다. 시 전체로 볼 때, 줄거리 보다 정감이 더 중요하게 작용한다. 모티브 상으로 <제비꽃 Veilchen>이란 시와 아주 유사하다.

　　이 시를 통하여 괴테는 '슈트름 운트 드랑'과 '로코코'의 분기점에 선다. 그는 또한 '민요 연 Volksliedstrophe'을 정립시키는 계기가 된다. 민요 연이란 대개 4행으로 이루어진 연의 구성이다. 네 개 또는 세 개의 올림음이 있는 시행이 교차되는 것이 보통이며, '남성 운'과 '여성 운'으로 엇갈리며 끝난다. 즉 한 개의 연으로서 '시행의 노래 Zeilenlied'이거나, 2, 4, 8행으로서 '연 구조(聯構造)의 노래 Gerüststrophenlied'로서 연의 수가 점차 증가되는 특징을 지닌다. 이 시가 민중의 사랑을 받게 된 것은 경쾌하고 단순한 멜로디 때문이라 하겠다. 특히 각 연의 마지막 두 행은 후렴 격으로 반복됨으로써 어휘설정에 있어서 중요한 역할을 한다. 시에 곡을 붙인 것만도 300여 가지가 넘지만, 슈베르트 F. Schubert와 베르너 Werner의 것이 가장 널리 알려져 있다.

GANYMED

　　　Wie im Morgenrot
　　　Du rings mich anglühst,
　　　Frühling, Geliebter!
　　　Mit tausendfacher Liebeswonne
　　　Sich an mein Herz drängt

Deiner ewigen Wärme
Heilig Gefühl,
Unendliche Schöne!

Daß ich dich fassen möcht'
In diesen Arm!

Ach, an deinem Busen
Lieg' ich, schmachte,
Und deine Blumen, dein Gras
Drängen sich an mein Herz.

Du kühlst den brennenden
Durst meines Busens,
Lieblicher Morgenwind,
Ruft drein die Nachtigall
Liebend nach mir aus dem Nebeltal.

Ich komme! ich komme!
Wohin? Ach, wohin?

Hinauf, hinauf strebt's.
Es schweben die Wolken
Abwärts, die Wolken
Neigen sich der sehnenden Liebe.
Mir, mir!
In eurem Schoße
Aufwärts,
Umfangend umfangen!
Aufwärts,
An deinem Busen,
Alliebender Vater!

가뉘메트

아침노을 마냥
그대 내 주위를 불타오른다
봄이여, 사랑하는 이여!
수많은 사랑의 희열로
내 가슴에 밀려드는
네 영원한 따사로움의
성스러운 느낌.
한없는 아름다움!

이 품에
나 그대를 안을 수 있다면!

아, 그대의 가슴에
나는 누워, 애를 태운다
그대의 가슴, 그대의 풀이
내 가슴에 밀려든다.

그대는 내 가슴의
타오르는 목마름을 식혀준다
사랑스런 아침바람,
그 속으로 꾀꼬리가
안개골짜기에서 사랑스레 나를 향해 외친다.

나는 가리라! 나는 가리라!
그러나 어디로 갈까? 아, 어디로?

위로, 위를 향해 가보자.
구름은 아래쪽으로
맴돌고,

그리움에 젖은 사랑 쪽으로 쏠린다
나에게, 나에게!
너희 품 속
위쪽으로,
사로잡듯 싸 안으라!
위쪽으로,
모든 것을 사랑하는
아버지의 품안에!

해설

'가뉘메트'는 그리스의 신들에게 술을 따르는 미소년이다. 이 술은 그들에게 불로장생과 신적 위엄을 가져다준다. 1연은 바로 이런 가뉘메트의 모습을 묘사하고 있고, 2연은 그의 아름다운 모습에 취하여 "너의 팔에" "안기고 싶다"고 외치는 등 사랑을 갈구하는 노래이다. 가뉘메트의 품에서 시인이 얻고자 하는 것은 방황과 고난에 지친 가슴을 식히는 일이다. 3연에서 이것을 "불타는 나의 가슴을", "너의 꽃과 풀로" "식히고" 싶다고 말한다. 시 전편에는 따라서 "Geliebter", "Liebeswonne", "Lieblicher", "liebend", "Liebe", "Alliebender" 등의 어휘가 중심을 이루고 있어서, 시의 토대가 '사랑'임을 알려준다.

사랑은 오히려 평범한 남녀사이에서 가능하다. 그러므로 시의 제목인 '가뉘메트'는 괴테의 연인 중 한 사람일 수도 있다. 어쨌거나 시인은 단순한 사랑이 아니라, "숭고한 사랑의 기쁨"을 갈구한다. 그것은 그러나 일순간이 아니라, 숱한 방랑과 괴로움 끝에 얻어진다. 4연에서 시인은 "나는 가리라. 나는 가리라. 그러나 어디로? 아! 어디로 갈까?"라고 묻는다. 간절히 사랑을 원하고, 자연과 합일될 것을 촉구하지만 방도를 알 수 없는 안타까움이 표현된다. 또한 5연에는 방향을 나타내는 부사가 한 행으로 되어 있고, 그것이 시인의 간절한 마음을 전해준다. 시인은 방황 속에서도 언제나 "저 구름 위"를 향한다. 즉 그곳으로 자신의 "그리움에 가득한 사랑"을 언제나 올려 보낸다. 그리하여 그 신적인 "품안에" "안기기를" 바란다. 이것은 현실적 갈등을 모두 벗어나 진정한 평화에 이르려는 인간 모두의 희망이기도 하다. 5연의 마지막 행이 "모든 것을 사랑하는 아버지의 품안에"로 표현되는 것은 시인의 방황이 지극히 고귀한 영역, 즉 인간적인 관계를 넘어서서 가뉘메트의 아름다운 형상으로 발전하기 때문이다. 여기에서 인간은 자연과의 완전한 조화를 맛본다. 동시에 신적인 위치에 다다르며 그 일치감을 맛본다. 시인은 거친 사랑의 쟁취 욕에서 벗어나 사랑이 전달하는 평화를 얻게 되며, 그 품안에서 진실한 자유를 얻는다. 그것이 유토피아의 세계이다.

"저 위로, 저 위로", "앞으로", "앞으로" 등 5연의 방향을 나타내는 말들은 시인에게만이 아니라, 독자에게도 던져지는 촉구의 의미로 이해된다. 모두가 사랑을 찾아 나서서 완전한 조화를 다시금 이 지상에 건설해야한다는 것이다. 또한 그것들은 하늘에의 동경, 약동하는 봄, 슈트름 운트 드랑의 격정에 맞춰 얌부스 운율도 점점 고양된다. 그리하여 동사가 특히 강조된다. 심적 동요와 흥분이 자유운율로 표현된다. 제우스 신에 의하여 하늘로 올려진 미소년은 자연과의 연합을 위한 기쁨, 열정 그리고 범신론적인 그리움의 상징이 된다. 인간성과 자연성을 지닌 인간의 연합이다. 개체는 전체에 연합된다는 스피노자 Spinoz(1632-1677) 사상을 바탕으로 한 그리움이다.

동사는 인간과 자연 사이의 역동적인 관계를 가장 효율적으로 전달한다. 봄이 "불타 오른다", 그 온기와 아름다움은 꽃과 풀처럼 "가슴에 밀려든다"; 시인은 그의 품에 자연을 품으려 열망한다. 괴테는 신성을 향한 애 타는 마음을 표현할 사랑의 이미지를 사용한다. 봄은 "연인"이다. 시인은 그의 가슴에 안겨 "애를 태운다". 꾀꼬리는 "사랑하면서" 외친다. 구름은 "애타게 그리는 사랑에 기운다". 자연은 인간을 향해, 인간이 자연을 향하여 참된 연합이 이루어진다. 이런 시적 분위기는 "얼마나 행복하랴! 사랑받는다는 일이,/ 또한, 신들이여, 사랑하는 일은 얼마나 행복하랴! …, welch Glück, geliebt zu werden,/ Und lieben, Götter, welch ein Glück!"라는 구절로 표현되는 <환영과 이별>의 열광적 태도와 매우 흡사하다.

가뉘메트의 열광적인 톤과 문법적인 구조가 일치되고 있다. 클롭슈톡과 헤르더는 인상주의적, 감정적 어순에 대한 새로운 고안을 내세운다. "그 속으로 꾀꼬리가/안개골짜기에서 사랑스레 나를 향해 외친다"에서 시인이 먼저 의식하는 것은 꾀꼬리의 외침과 방향이지, 꾀꼬리 자체는 나중에 인식된다. 그와 더불어 맨 처음 기쁨과 사랑의 느낌, 그리고 그 원인이 1연에서 언급된다.

분위기가 점점 고양되면서 문장은 거의 전적으로 기쁨과 감탄으로 넘친다. 이러한 열광은 괴테로 하여금 이것 내지 슈트름 운트 드랑 송가의 자유시행의 선택을 정당화시킨다. 가뉘메트는 미와 자연의 신성에 대해 굴복하는 열정적 존재를 대변한다. 이런 특이한 경험은 그 어떤 운율도식으로도 이 보다 더 효과적으로 표현할 수는 없을 것이다. 먼저, 떨어지는 박자와 긴 시행, 인간을 향하여 느리지만 저항할 수 없는 자연의 움직임이 있다: "구름은 아래쪽으로/맴돌고,/그리워하는 사랑 쪽으로 쏠린다". 그리고 나서 진지하고, 활기 있는 자연, 즉 연인에 대한 인간의 대답은 "나에게, 나에게! 너희 품 속/위쪽으로!" 이다.

여기에서 우리는 괴테가 슈트라스부르크의 성당을 찬미한 사실과 그가 나중에 "내적 형태"라고 부른 예술활동, 즉 무 형태나 혼란이 아니라, 그 자체의 질서에 따르며 모든 순간 경험에 의하여 재편되고, 슈트름 운트 드랑기에 사랑받던 용어를 사용하게 된 사실들을 상기하게 된다. 이와 연관하여 괴테가 그의 생을 통하여 줄곧 간직해 온 "참된 세계를 바라보고 그것을 표현하도록 노력하라. 그것은 옛 사람들이 살아있을 때 행한 것이다"라는 원칙을 되새겨 볼 수 있다. 시는 참되고 공통적인 경험을 묘사하는 것으로 끝을 맺는다. 시인의 애 타는 마음이 모든 것과 연합되어 가뉘메트의 신화와 융합된다.

* 꼭 읽어야 할 시 : <프로메테우스 Prometheus>

해설원문 강독:

Die Anrede des G a n y m e d ist Gebet. Um das Erlebnis von Frühling und Gottheit, die als Gottnatur schon hier eines sind, drängen sich die Begriffe der Verehrung: „geliebter", „heilig", „Schöne", „lieblich". Die Anrede bedeutet Entgrenzung. Die Bewegung des Betenden wird von der Gottheit durch entgegenkommende Bewegung beantwortet: „Wie ⋯ du rings mich anglühst", „sich an mein Herz drängt deiner ewigen Wonne heilig Gefühl",

„daß ich dich fassen möcht", „Ach, an deinem Busen lieg ich", „deine Blumen, dein Gras drängen sich an mein Herz", „Du kühlst den brennenden Durst meines Busens", „Ruft drein die Nachtigall liebend nach mir", „Hinauf, hinauf strebt's, es schweben die Wolken! abwärts die Wolken neigen sich der sehnenden Liebe", „Umfangend umfangen". Die Häufungen des immer gleichen Erlebens bezeichnen die religiöse Begegnung. — Die Frage spielt hier keine Rolle, aber eine desto größere der entzückte Ausruf. Die einzige Frage im grammatischen Sinn: „Wohin! Ach wohin!!" ist ausdrücklich nicht als Frage gemeint, sondern als eine andere Vokabel für das Unendliche.

Prometheus sagt: „Hier sitz' ich, forme Menschen", Ganymd dagegen: „Ich komm'! Ich komme!" Prometheus sagt: „forme Menschen nach meinem Bilde, ein Geschlecht, das mir gleich sei". Er schafft also seine Kinder, und sie gehen aus seiner Künstlerhand hervor, aber sie werden ihm nicht von einer liebenden Frau geboren. — Ganymed aber kennt nur die Gotteskindschaft. Er kehrt heim ins Vaterhaus. (J. Klein)

Aus: Geschichte der deutschen Lyrik, S. 311.

MIGNON

Kennst du das Land, wo die Zitronen blühn,
im dunkeln Laub die Gold-Orangen glühn,
ein sanfter Wind vom blauen Himmel weht,
die Myrthe[81] still und hoch der Lorbeer steht?
Kennst du es wohl?
          Dahin! Dahin
möcht' ich mit dir, o mein Geliebter, ziehn!

---

81) 신부, 순결, 도금양(桃金孃), 관목.

Kennst du das Haus? Auf Säulen ruht sein Dach,
es glänzt der Saal, es schimmert das Gemach,
und Marmorbilder stehn und dehn mich an:
Was hat man dir, du armes Kind, getan?
Kennst du es wohl?
　　　　　Dahin! Dahin
möcht' ich mit dir, o mein Beschützer, ziehn!

Kennst du den Berg und seinen Wolkensteg?
Das Maultier sucht im Nebel seinen Weg;
in Höhlen wohnt der Drachen alte Brut;
es stürzt der Fels und über ihn die Flut.
Kennst du es wohl?
　　　　　Dahin! Dahin
geht unser Weg! o Vater, laß uns ziehn!

해설

장엄하고 화려한 시행으로 시작된다. 마치 독특한 것을 모든 사람에게 알려주려는 듯이 말이다. 제 3행에서는 둔탁하고 암울한 분위기에 휩싸인다. 5행의 "그대는 아는가?"라는 물음은 아주 신비로운 모습을 자아낸다. "저곳으로 Dahin"(6행) 속에는 시인의 내면에 이미 거역할 수 없는 동경이 자리하고 있음을 알려 준다. 특히 반복기법을 통하여 이루어지는 간절한 소원은 긴박한 감각을 불러일으킬 뿐만 아니라, 장래의 수많은 약속에 입각한 충동적인 분위기를 자아내고 있다.

'미뇽'은 괴테의 소설 <빌헬름 마이스터의 수학시대>에 나오는 인물과 연관, 여성이름으로 자리를 잡았다. 우아하고 신비에 가득 찬 남자아이의 옷으로 치장한 인물이다. 원래 불어로 귀족사회에서 동성의 친숙한 사랑을 대상으로 하는 '가장 사랑스런', '귀염둥이', '애인(총애자)'을 뜻한다.

시의 내용을 느끼게 하는 <빌헬름 마이스터>의 구절은 다음과 같다: "노래가 끝난 이후에 잠깐 동안 내면세계와 빌헬름을 바라보고 말한다. '너는 그

나라를 아는가?' - '아마 이탈리아를 생각하고 한 말이겠지요'라고 빌헬름이 대답했다. '그 노래를 어디서 배웠어?' - '이탈리아에서요!' 미뇽이 말했다. '이탈리아에 갈 때엔 나를 꼭 데려가 주세요. 나는 여기가 추워 죽겠어요.' - '얘야, 널 벌써 그곳에 가보지 않았느냐?' 빌헬름이 물었다. 아이는 말이 없었다. 더 이상 한마디도 하려들지 않았다."

AUF DEM SEE

    Und frische Nahrung, neues Blut
    Saug' ich aus freier Welt;
    Wie ist Natur so hold und gut,
    Die mich am Busen hält!
    Die Welle wieget unsern Kahn
    Im Rudertakt hinauf,
    Und Berge wolkig, himmelan,
    Begegnen unserm Lauf.

    Aug', mein Aug', was sinkst du nieder?
    Goldne Träume, kommt ihr wieder?
    Weg, du Traum, so gold du bist;
    Hier auch Lieb' und Leben ist.

    Auf der Welle blinken
    Tausend schwebende Sterne,
    Weiche Nebel trinken
    Rings die türmende Ferne;
    Morgenwind umflügelt
    Die beschattene Bucht,
    Und im See bespiegelt
    Sich die reifende Frucht.

해설

서정적 자아가 자유로운 세계에서 흡수하는 약동하는 생명이 그 자체를 품고 있는 자애로운(hold und gut) '자연'과 말을 주고 받는 형태로 나타난다. 세계와 자연 사이의 친화적 관계 설정이다. 이것은 인간이 만든 배(그 위에 타고 있는 서정적 자아를 포함하여)를 움직이는 행위, 즉 노를 저어 가는 템포와 어울리는 '파도 Welle'와 배를 지켜보는 주위 산의 모습이 마치 한 폭의 그림 같다. 산은 고결한 의미로서 "구름덮인 wolkig"과 "하늘높이 himmelan"와 같은 하늘의 이미지로 표현된다.

그러나 둘째 연에 이르면서 서정적 자아의 강한 의구심이 제기된다. 그것은 "눈이여, 나의 눈이여 Aug', mein Aug'"라는 시행을 통해 나타나는데, 눈은 곧 서정적 자아의 내면을 비추는 영혼을 암시한다. 그리고 그것의 직접적인 대상은 '꿈 Traum'이며, 지상의 모든 것을 위태롭게 만든다. 또한 꿈은 금빛으로 찬란하게 빛나며 서정적 자아를 위협하지만, "가거라 Weg"라는 단호한 말로 거부당한다. 이 지상의 사물 속에 내재한 지고한 가치인 '사랑과 삶 Lieb' und Leben'의 존재가 부각된다. 여기서 운율규칙도 십자 운에서 쌍 운으로 바뀐다.

마지막 연에는 앞서 언급한 자연의 천성적 의미가 재 강조된다. 그런 모습은 물결 위에 어른거리는 수많은 별빛과 같이 숨쉬고 있는 부드러운 "안개 Nebel"를 통해 제시된다. 자연과 세계, 그리고 인간의 친화력이 종합적으로 다시 한번 비춰진다. 어둠이 깃 든 만(灣)을 감싸고 지나가는 "아침바람 Morgenwind"과 그 호수 속에 비치는 익어 가는 열매는 완성을 향해 가는 서정적 자아의 모습을 보여주며 서로 하나로 결합된다.

KLEINE BLUMEN, KLEINE BLÄTTER

Kleine Blumen, kleine Blätter
Streuen mir mit leichter Hand
Gute junge Frühlings-Götter[82]

---

82) 5행의 Zephir를 말함.

Tändelnd[83] auf ein luftig Band.

Zephir, [84] nimm's auf deine Flügel,
Schling's um meiner Liebsten Kleid!
Und dann tritt sie für den Spiegel
Mit zufriedener Munterkeit. [85]

Sieht mit Rosen sich umgeben,
Sie wie eine Rose jung.
Einen Kuß, geliebtes Leben,
Und ich bin belohnt genug.

Schicksal, segne diese Triebe,
Laß mich ihr und laß sie mein,
Laß das Leben unsrer Liebe
Doch kein Rosen-Leben sein!

Mädchen, das wie ich empfindet,
Reich mir deine Hand!
Und das Band, das uns verbindet,
Sei kein schwaches Rosen-Band!

작은 꽃, 작은 이파리

작은 꽃, 작은 이파리
착하고 젊은 봄-신들이
가벼운 손으로
장난스레 가벼운 띠 위에 뿌리네

---

83) tändeln=etw. mehr in spielerisch-leichter Weise tun.
84) Griech. zéphyros. milder Wind.
85) munter=heiter, gutgelaunt u. frisch-lebendig.

바람 신이여, 그걸 너의 날개에 가져가라
내 사랑하는 이의 옷에 감아라!
그러면 그녀는 뿌듯한 마음으로
거울에 나타나리라

장미로 둘러싸인 모습을 본다
장미 마냥 그녀는 젊다
입맞춤 하나, 사랑 받는 삶,
그것이면 대가는 충분하다

운명이여, 이 충동들을 축복해주오
나는 그녀의, 그녀는 나의 것이게 하소서
우리 사랑의 삶이 있게 하시되
장미의 삶은 되지 않게 하소서!

나와 같은 감정을 지닌 아가씨여,
그대의 사랑스런 손을 나에게 주시오!
우리를 연결시키는 그 띠가
결코 연약한 장미-띠가 아니었으면!

해설

 이 시는 괴테가 여러 차례 수정을 거듭한 끝에 자필로 쓴 최초의 작품으로 프리데리케 브리온이 유산으로 간직하고 있던 것이다. 최종원고에는 제 4연이 삭제되었고 제목은 "그림을 그린 띠로"였다.
 사랑하는 여인에게 보내는 선물에 그림을 그려 넣은 띠를 붙여보낸다. 남자는 자기 자신이 띠에 그림을 그렸다거나, 그것을 이제 아가씨에게 보낸다는 사실을 말하지 않는다. 그는 봄의 신으로 나타나고, 또한 관례처럼 여러 시적 표상들 중에서 의인화된 바람-신을 애써 등장시킨다. 자연을 온갖 색채로 꾸며주는 봄은 그런 띠로 치장해야만 할 것이라고 시인은 바란다. 바람 신은 그림을 그려 넣은 띠와 이파리들을 스스로 간직하고, 사랑하는 여인의 목을 휘감는다. 봄의 신들에 대하여는 자기의 일을 너무 "장난기로", "가벼운 손으로" 처리한다는 아쉬움이 표현된다. 시는 우아한 시적 허구성을 발전시키면서 여인이 새롭게 단장하여 거울 앞에서 경탄하게 될 그 어떤 순간을 암시한다. 그리고 사랑하는 남자 자신은 그녀를 띠 위의 장미와 비교하면서 계속해서 심심풀이 자세를 버리지 않고 말한다. 은근하게 입맞춤이 요구된다.

여인은 남자에게는 "사랑 받는 삶" 자체이다. 상대방이 없는 삶이란 두 사람에게는 정말 아무런 의미가 없다. 14행에는 그런 소원이 간절히 표명되고, 감정의 대립이 17행에서 다시 한번 강화된다. 사랑을 구하는 자와 사랑을 받은 자 사이에는 더 이상 아무런 놀이도 없다. 두 사람은 더 강하고 행복하게 하거나 절멸시킬 수 있는 힘을 따른다. 그러한 표상들은 "운명", "축복하다", "충동" 등의 어휘들에서 비롯된다. '작은 것'(1행)과 '가벼운 것'(2행), '장난기 서린 것'과 '가벼운 것'(4행) 등 로코코 문학의 특징들이 새로운 연상공간을 열어준다. "충동"은 관례적인 것이 아닌, 자연성을 가리킨다. "운명"은 인간적인 유희규정이 아니라 결과를 결정한다. 그것은 축복할 수도 저주할 수도 있다.

마지막 두 연의 후반부는 진지함으로 바뀐다. 사랑의 편지를 쓴 계기가 서서히 밝혀진다. 사랑 자체가 전혀 가볍게 취급되지 않는다. "장미의 삶은 되지 않게 하소서!"라는 간절한 소원이 표명된다. 그것은 장미에 대한 부정적 시각이 아니라, 더할 수 없이 아름답지만 오랜 생명을 누리지 못하는 꽃에 대한 안타까움을 담고 있는 것이다. 영원지속의 사랑이 남자의 소원이기 때문이다.

프리드리히 실러 FRIEDRICH SCHILLER

완전한 이름은 'Johann Christoph Friedrich von Schiller'이다. 1759년 11월 10일 뷔르텐베르크 주 마르바하에서 출생하였다. 처음에 성직자가 되려고 하다가 진로를 바꾸어 군사양성소에 입학, 그러나 후에 법학, 의학을 공부하였다. 1780년 슈트트가르트의 연대군의관을 지냈고, 1782년 만하임으로 도피, 한동안 바우에르바하에 머물다가, 시인 쾨르너 Christian Gottfried Körner(1756-1831)의 아버지를 통하여 1785년 라이프치히, 곧 이어 드레스덴으로 가서 문화활동에 참여한다. 1787년에는 바이마르로 가서 비일란트 Wieland 와 헤르더 Herder를 알게 된다. 1789년 예나 대학 역사학 교수로 부임한다. 1795년 괴테와 친분을 쌓고 줄곧 선의의 경쟁관계를 유지한다.

독일 서정시인으로서 실러는 언어의 변천에 영향을 받기보다는 영혼의 직접적인 움직임을 그대로 표현하는 기법의 대가이다. 권력에 항거

프리드리히 실러

하는 드라마 작품을 많이 내놓으면서 내적 정감을 노래부르기에 힘썼다. 원래 드라마 작가로 높은 명성을 지닌 만큼 서정시의 기반이 약하다는 평을 받기도 하지만, 시인으로서의 역할은 나름대로 독특하다. 형식미에 있어서 바로크의 '노련미 Virtutosität'가 견지되며 독자적 리듬보다는 연의 형상을 통해 강한 개성과 시적 고유성이 견지된다. <환희에 붙여 An die Freude>, 그밖에 "선도 죽어야 하다니…"라고 한탄하는 시 <만가 Nänie>와 인간이 덧없는 대상들을 추적하는 안타까움을 노래하는 <순례자 Der Pilgrim>란 시가 유명하다.

AN DIE FREUDE

> Freude, schöner Götterfunken,
>   Tochter aus Elysium,
> Wir betreten feuertrunken
>   Himmlische, dein Heiligtum.
> Deine Zauber binden wieder,
>   was der Mode Schwert geteilt;
> Bettler werden Fürstenbrüder,
>   Wo dein sanfter Flügel weilt.

CHOR
　Seid umschlungen Millionen!
　　Diesen Kuß der ganzen Welt!
　　Brüder - überm Sternenzelt
　Muß ein lieber Vater wohnen.

Wem der große Wurf gelungen,
　Eines Freundes Freund zu sein;
Wer ein holdes Weib errungen,
　Mische seinen Jubel ein!

Ja - wer auch nur e i n e Seele
　S e i n nennt auf dem Erdenrund!
Und wers nie gekonnt, der stehle
　Weinend sich aus diesem Bund!

　　CHOR
　Was den großen Ring[86] bewohnet
　　Huldige der Sympathie!
　　Zu den Sternen leitet sie,
　Wo der U n b e k a n n t e thronet.

환희에 붙여

　기쁨이여 아름다운 신들의 불꽃이여
　선경(仙境)의 딸이여
　우리들은 불같이 취하여
　천상의 그대 성소로 올라가노니

　시대의 칼날이 가른 것일랑

---

86) 지구를 말함.

그대의 마력이 다시금 매듭짓나니
그대의 부드러운 날개 쉬이는 곳에
거지라도 영주의 형제이노라

   합   창
세상만민이여, 품에 안길지어다!
온 세계에 이 입맞춤을!
형제여 — 저 별나라 위에만
그대의 자비로운 아버지가 살고 계시네

한 친구의 벗이 되는
커다란 소망이 이룩된 자여
상냥한 여인을 얻은 자여
환호의 소리를 높이 하여라

사실이지 — 이 세상에서 다만 한 사람!
심령을 불러낸 자여!
그리고 아무 것도 못한 자도
눈물을 씹으며 이 대열에서 물러가거라

   합   창
이 지구에 사는 모든 것이
마음으로 함께 하리라
그러면 미지의 신이 다스리는
별들에게로 인도하리라

해설

  1785년 11월초 쾨르너와 가까이 지내게 되면서, 특히 드레스덴과 바이마르 등지에서 활약할 수 있도록 배려해준 그에 대해서 감사를 표하는 뜻에서 부른 노래이다. 실러는 만하임에서 라이프치히와 드레스덴으로 거처를 옮기면서 자기의 생애 중 더 없는 행복을 누린다. 그것을 그는 <환희에 붙여 An die

Freude>라는 이 송가를 통해 표현하고 있다.

   이 시는 전체 시연과 코러스가 동반된 9개 중 처음 두개 연이다. <시집 Gedichte>의 2권에서 1803년과 1805년에 각기 수정 및 단축되어 인쇄되었다. 베토벤이 이 작품에 곡을 붙여, <제 9 교향악>에 포함시킴으로써 더욱 널리 알려졌다.

DAS MÄDCHEN AUS DER FREMDE

   In einem Tal bei armen Hirten
Erschien mit jedem jungen Jahr,
Sobald die ersten Lerchen schwirrten,
Ein Mädchen schön und wunderbar.

   Sie war nicht in dem Tal geboren.
Man wußte nicht, woher sie kam;
Und schnell war ihre Spur verloren,
Sobald das Mädchen Abschied nahm.

   Beseligend war ihre Nähe,
Und alle Herzen wurden weit;
Doch eine Würde, eine Höhe
Entfernte die Vertraulickeit.

   Sie brachte Blumen mit und Früchte,
Gereift auf einer andern Flur,
In einem andern Sonnenlichte,
In einer glücklichern Natur;

   Und teilte jedem eine Gabe,
Dem Früchte, jenem Blumen aus;
Der Jüngling und der Greis am Stabe,

Ein jeder ging beschenkt nach Haus.

　Willkommen waren alle Gäste;
Doch nahte sich ein liebend Paar,
Dem reichte sie der Gaben beste,
Der Blumen allerschönste dar.

9. 전환기의 버팀목

고전주의에서 낭만주의로 이어지는 길목에는 휠덜린 F. Hölderlin, 클라이스트 Heinrich von Kleist(1777-1811), 장 파울 Jean Paul, 헤벨 J. P. Hebel 등 여러 작가들이 있다. 이들은 문학사조에 초연한 입장을 견지하며 자신의 문학세계를 열어갔다.

드라마 취향의 클라이스트는 대표 작품으로 <게르마니아 Germania an ihre Kinder>, <프러시아 왕비에게 An die Königin von Preußen> 등 조국애를 바탕으로 감정의 굴곡이 큰 시작품을 많이 남겼다. 또한 산문 영역에서 두각을 나타낸 장 파울 Jean Paul에게도, 몇몇 눈에 띄는 시작품들이 있다. 이들 중에서 휠덜린은 시영역에 가장 뚜렸한 발자취를 남겼다. 그는 서정적 정감을 앞세워 세계감정과 내면적인 체험을 노래하는 주옥과 같은 시작품을 발표하였다.

이들이 남긴 시에는 고전적이면서도 풍부하고 자유로운 낭만의 정신을 담겨 있다. 옛 전통이 저장, 용해, 정화되고, 자연성과 일체화되면서 광범위한 세계관이 펼쳐진다.

프리드리히 휠덜린 FRIEDRICH HÖLDERLIN

철학자 마르틴 하이데거 Martin Heidegger(1889-1976)가 "시인 중의 시인"이라 칭송한 휠덜린은 자신이 규정한 대로 이른바 "궁핍한 시대에 신의 뜻을 전하는 예언자"로서 시인의 사명을 다한 사람이었다.

그는 1770년에 태어나 부모를 일찍 여의고, 할머니 밑에서 성장하였다. 그 후 튀빙겐에서 신학을 공부하다가 방향을 바꾸어 작가의 생활로 접어들었다. 헤라클레이토스 Herakleitos, 엠페도클레스 Empedokles, 플라톤 Platon 등에 특별한 관심을 쏟으며 그리스 사상에 심취하였고, 쉘링

F. W. J. v. Schelling, 헤겔 F. Hegel, 루소 J. J. Rousseau, 실러 F. Schiller 등의 문학세계에도 열광하였다.

프리드리히 횔덜린
당시의 파스텔화

그는 시인으로서의 천직을 자각하고, 방랑과 고난의 삶을 살았다. 지상생활을 초월하여 영원히 꺼지지 않을 참 생명을 찾아 나섰다. 그러나 1802년 정신착란을 일으키고 긴 수용생활을 하는 등 1843년 타계하기까지 불우한 생애를 보낼 수밖에 없었다.

대표작으로는 그의 전 사상이 망라되어 있는 서간체 소설 <휘페리온 또는 그리스의 은둔자 Hyperion oder der Eremit in Griechenland>가 손꼽힌다. 휘페리온은 터키압정에 시달리는 조국 그리스의 독립을 위해 투쟁하는 불멸의 정신주체이다. 종교는 아름다움으로 가득 넘치는 사랑이라는 것도 그의 사상의 큰 줄기이다.

또한 사랑다툼의 본질, 조화와 대립 속에 하나된 것, 즉 대극의 기본개념을 추구한다. 그는 자연 속에 정신을 일치시켜 비현실적인 실체 속에 참된 인간과 종교의 의미를 찾고자 한 것이다. 그의 문학적 노선은 실러와 클롭슈톡 중간쯤으로 평가된다. 니체, 게오르게, 릴케 등에게 그의 문학적 여운이 짙게 남아 있다.

HÄLFTE DES LEBENS

    Mit gelben Birnen hänget
    Und voll mit wilden Rosen
    Das Land in den See,
    Ihr holden Schwäne,
    Und trunken von Küssen
    Tunkt[87] ihr das Haupt

Ins heilignüchterne Wasser.

Weh mir, wo nehm' ich, wenn
Es Winter ist, die Blumen, und wo
Den Sonnenschein,
Und Schatten der Erde?
Die Mauern stehn
Sprachlos und kalt, im Winde
Klirren die Fahnen.

반평생

노랗게 익은 배들과
야생의 장미가 가득히
호수 속의 섬에 달려있다
그대 그윽한 백조들이여
그대들은 입맞춤에 취해
머리를 담그는 구나
성스러이 냉담한 물 속으로

슬프다. 겨울이면 나 어디서
꽃을 구할 것이며, 그리고 어디서
햇살과
대지의 그늘을 얻을까?
담장은
말없이 냉냉하게 서 있고
바람 속에
깃발은 덜거덕거린다.

---

87) taucht.

해설

시인이 정신착란을 일으킨 이듬해인 1803년의 작품이다. '반평생'이란 생의 이분적 의미로 기쁨(풍요)과 슬픔(소멸)이 대조를 이룬다. 두 연으로 구성된 시는 이러한 대립국면을 잘 보여준다. 1, 2연의 명사수가 8개로 같으며 양쪽의 균형을 잘 유지하는 "요람과 같은 리듬"이 인상적이다. 횔덜린 후반기의 특징인 자유운율 형식을 취하고 있으나 무언가 끊어진 듯한 미완성적 분위기가 스며 있다. 각 연은 7행, 3개 행은 3개의 강음, 4개 행은 2개의 강음, 3개의 강음을 가진 시행 중 2개의 시행은 제 1연에서 처음에 두개가 쌍을 이루고, 하나의 행은 연의 끝에 위치한다. 제 2연에서도 마찬가지로 3개의 강음을 가진 시행이 연의 첫머리에 쌍을 이룬다. 두 연 사이의 성격 차는 운율 상으로도 잘 표현되고 있다.

첫 연은 한 폭의 그림처럼 평화로운 호수풍경과 색채-시간으로 둘째 연의 비애적인 어투, 허망함과 황량함이 지배되는 음향과 대립된다. 즉 "노오란 gelb" 색감을 통하여 풍요로운 지난 시절을 회상하면서 "그윽한 hold" 모습의 새하얀 연인을 만나 사랑을 속삭이던 순수한 전반기의 삶과 인생의 절반을 보낸 이후 쓸쓸한(시든 꽃)후반기의 그것이 대비되고 있다. 더구나 의문부호를 넣음으로써 어디에서도 생동감이 있던 그 때와 온화한 햇볕, 그리고 시원한 그늘을 구할 수 없을 것임을 현실의 위치에서 바라보고 있다. 또한 마지막 부분에서는 현실의 모든 것이 이렇다할 해답을 주지 못하는 안타까움이 표현된다. 그저 풍향계 깃발만 부질없이 덜거덕거리며 바람에 나부낀다. 그러나 황량한 감각 속에서도 물결에 잠겨 가는 경치가 사랑의 세계법칙에 의해 파악된다. 물의 "냉담함 Nüchternheit" 덕으로 인간에게 다가오는 신성체험이 뇌우를 통해 위협받는다.[88]

1연과 2연의 대립적 요소는 다음과 같다.

1) 여름과 겨울
   여름: 성숙, 충만, 아름다움,

---

[88] Vgl., L. Wiesmann, Das moderne Gedicht, S. 31.

"백조"와 "장미"=연인.
<디오티마에게 바치는 메논의 탄원 Menons Klage um Diotima>
과 비교.
"물"= 순수하고 정결한 세계, 곧 '수제테 콘타르트' 또는 '디오티마'.
겨울: 사랑의 상실. 빛의 사라짐.
"담장", "풍향계의 기계음('schrill', 'klirrende')"=부정적 형상.
시적 언어에 대한 회의.

2) 자연적 요소(호수의 백조)와 인공적 요소(담벼락, 풍향계)

3) 긍정적 의미: 행복감의 백조: "그대 사랑스러운 백조들이여"
 부정적 의미: 고독감의 자아: "슬프다. 어디서 구할 것이며".

해설원문 강독

„Die Natur ist für ihn die Elementarwelt von Äther, Sonne und Erde: er rückt sie nicht von sich, auf daß sie ihm wie Goethe ein Gleichnis des Werdens und Vergehens werde. Hölderlin lebt unmittelbar in ihr. So kehrt sich seine Sehnsucht dem alten Griechenland zu, wo die Menschen sich eins mit der Natur und in der Natur die Götter fühlen." (Grabert, S. 232)

DER ABSCHIED

Trennen wollten wir uns? wähnten es gut und klug?
 Da wirs taten, warum schröckte, wie Mord, die Tat?
  Ach! wir kennen uns wenig,
   Denn es waltet ein Gott in uns.

Den verraten? ach ihn, welcher uns alles erst

Sinn und Leben erschuf, ihn, den beseelenden
　Schutzgott unserer Liebe,
　　Dies, dies Eine vermag ich nicht.

Aber anderen Fehl denket der Weltsinn sich
　Andern ehernen Dienst übt er und anders Recht
　　Und es listet die Seele
　　　Tag für Tag der Gebrauch uns ab.

Wohl ich wusst es zuvor, seit die gewurzelte
　Ungestalte die Furcht Götter und Menschen trennt,
　　Muss, mit Blut sie zu sühnen,
　　　Muss der Liebenden Herz vergehn.

Lass mich schweigen! o lass nimmer von nun an mich
　Dieses Tödliche sehn, [89] dass ich im Frieden doch
　　Hin ins Einsame ziehe,
　　　Und noch unser der Abschied sei!

Reich die Schale mir selbst, dass ich des rettenden
　Heilgen Giftes genug, dass ich des Lethetranks
　　Mit dir trinke, dass alles
　　　Hass und Liebe vergessen sei!

Hingehen will ich. Vielleicht seh ich in langer Zeit
　Diotima! dich einst. Aber verblutet ist
　　Dann das Wünschen und friedlich
　　　Gleich den Seligen, fremde gehn

Wir umher, ein Gespräch führet uns ab und auf,

---

89) 다른 텍스트에는 'hier'로도 기록됨.

Sinnend, zögernd, doch itzt mahnt die Vergessenen
　　　　Hier die Stelle des Abschieds,
　　　　　Es erwarmet ein Herz in uns,

　　　Staunend seh ich dich an, Stimmen und süssen Sang
　　　　Wie aus voriger Zeit, hör ich und Saitenspiel,
　　　　　Und die Lilie duftet
　　　　　　Golden über dem Bach uns auf.

해설

　경구적인 바탕에서 사상적 반론을 펼치는 전형적인 사랑의 송가이다. 형태상으로는 아스클레피아데스 asklepiadeisch 송가로서 여러 개의 원고가 있다. 1연을 각운을 살펴보면, x́xx́xxx́ x́xxx́xx́/ x́xxx́xx́ x́xxx́xx́/ x́xxx́xx́x/ x́xx́xx x́xx́으로 되어 있다. 시어는 점점 영적 세계의 표현과 일치되면서 섬뜩한 분위기를 자아내기도 한다. 직접적인 체험이 상징적인 쪽으로 옮겨가면서 비극이 나타난다.

　'예언자', '가인', '의사', '영주' 등과 비교하여 가장 윗자리에 있는 '속죄하는 자 die Sühnenden'가 횔덜린에게 있어서 '사랑하는 자'의 대표로서 크게 존중된다. 자연철학과 약간 빗나간 인간론이 맞세워지면서 시행 속에 엠페도클레스 Empedokles의 세계관이 깊이 스며들게 하고 있다. 그의 관점에 따르면 인간의 영혼은 전세실존이다. 지상은 자체의 행복을 상실하여 그것에 낯선 존재가 되었다. 인간 속의 현존재는 거기에 없다. 죄악은 대부분 증오심을 버리지 못하고 그에 끌려 다니기 때문에 생긴다. 수 천년을 떠돌아다니는 영혼 속에서 악령은 성숙하여 사랑 속으로 들어갈 때까지 속죄된다.

　3연은 사회도덕에 배치되는 그의 독특한 사랑의 상황을 노래한다. 그런 모순된 상황이 죄악, 곧 피를 부른다. 노출과 동시에 감춤도 있다. 횔덜린과 디오티마는 그것이 "처벌한 것이라 할지라도 이별을 택한다. 그들은 그러므로 관례에 맞서는 사랑을 포기한다. "아! 우리는 서로 아는 것이 없다,/우리 안에서 신이 다스리기 때문이다 Ach! wir kennen uns wenig,/Denn es waltet ein Gott in uns"(I/3-4). 신은 "영혼을 불어 넣어주는 존재 der beseelende"(II/2)이다. 이러한 이별은 그들이 쟁취한 것이어서 완전히 그들의 것이기 때문이다. 이별은 격동적이기도 하지만 그 속에는 가장 위대한 접근이 이루어진다. 그러나 만남 속에는 그에 견줄만한 어떤 것도 이루어지지 않는다.

10. 낭만주의 Die Romantik

10.1. 생성배경

고전주의 문학이 엄격한 형식과 의식적 명징성에서 벗어나지 못한 채 제자리걸음을 하는 듯 하자 이를 극복하기 위한 움직임이 일기 시작한다. 위축되었던 감정이 새로운 미적 표현의 원동력이 된다. 자아의 발현을 통해 제한 없는 세계를 구현하고자 하는 노력이 시대의 명제로 나타난다. 낭만주의 의식의 출발점이다.

독일의 낭만주의는 관념론 Idealismus을 사상적 배경으로 하여 대략 1795년부터 1830년까지 전개된 문학운동이다. 대상을 묘사하는데 있어서 그 제재와 가치를 주관에 따라 선택하여 표현하는 형이상학적 의식이 강화된 것이다. 이상주의를 앞세워 형식주의를 거부하는 경향으로도 전개된 이 사조는 슐레겔 Schlegel 형제를 중심으로 한 몇몇 시인들이 동인지 <아테네움 Athenäum>창간하고 새로운 문학이론을 활발히 구축하면서 큰 발전을 보게 된다.

예나를 중심무대로 노발리스 Novalis, 루드비히 티이크 Ludwig Tieck 등이 하나의 유파를 형성한다. 뒤를 이어 향토문화와 민속성에 비중을 두고 공동체, 교회, 국가에 대한 결집력을 드높이려고 한 작가들이 하이델베르크에 둥지를 튼다. 여기에는 브렌타노 C. Brentano, 호프만 E. T. A. Hoffmann, 아이헨도르프 J. v. Eichendorff, 울란트 L. Uhland, 뫼리케 E. Mörike 등이 속한다. 이들을 각기 전기와 후기 낭만파라고 부른다.

'낭만주의 Romantik'란 말은 '장편소설 Roman'이라는 단어에 근원을 두고 있다. 그것은 '가공-허구-꾸며낸 이야기-비 현실'이라는 의미의 영역에서 '소설적(허구적) romanhaft', '시간적으로 먼 zeitlich fern', '환상적

phantastisch', '모험적 abenteuerlich'이란 형용사와 연결된다. 이런 관점에서 낭만주의 시인들은 '절대적 자아 das absolute Ich'를 구현하는 데 목표를 둔다. 그리하여 방황, 방랑, 고독 등 내면세계의 모티브를 앞세워 자아를 심화시킨다. 그 대상은 어디까지나 자연이다. 낭만주의자들은 고요한 숲, 아득한 먼길, 창백한 달, 캄캄한 밤, 정처 없는 발길, 대리석 석상과 샘터, 샘물, 폐허화된 옛 성터 등, 일상성에서 벗어난 환상의 세계를 자연풍경 속에 이입시켜 주관의 영역을 확대시킨다. 자연은 지나간 사건이나 꿈들을 주술로 불러내거나, 몰락한 현실을 되살리려는 의지와 나란히 함께 체험된다. 이런 흐름 속에 창조적인 자아를 '우주적인 것 속으로 ins Universale' 상승시킬 수 있다. 자연은 곧 시인 자신의 내면세계가 된다.

"점진적인 보편시문학 eine progressive Universalpoesie"으로서의 낭만주의 문학은 그것이 목적하는 바 분리된 시문학의 장르들을 다시 통일시키는 것만이 아니라, 시인의 자의성을 한없이 자유롭게 해주는데 주력한다. '통일성 Einheit'은 제반 모순들을 포괄하는 총체적 세계관이다. 계몽주의적 합리주의나 이성주의와 고전주의적 형식을 극복함으로써, "무한한 것 das Unendliche", "본질적인 것 das Elementare"을 찾아 삶을 시화(詩化)하려는 노력의 일환이다. 그 목표는 자연과 정신, 유한과 무한, 과거와 현재를 일치시킴으로써 자유로운 창조적 환상을 고양시키는 데 있다. 그에 따라 현대적인 것이 제한 없이 추구되고, 중세적이며 바로크적인 기독교의 전일성에 대한 자각도 강화된다.

낭만주의 특성으로는 무엇보다도 '내밀성 Innigkeit'과 '내면성 Innerlichkeit'을 들 수 있다. 자연풍경 속에 감정을 일치시키려는 시인의 노력은 낭만주의 시를 더욱 풍요하게 만든다. 민요를 재발견하면서 어느 때 보다 민중문학의 기틀이 강화된다. 더욱이 주목할 사실은 이 시대에 있어서 서정시는 전통에 입각하여 옛 것 또는 먼 곳에 대한 동경이 중요한 의식으로 형성되기 시작하였다는 점이다. 이것은 곧 시간적으로는 중세기적 역사성으로, 공간적으로는 이국문화, 즉 동양정신을 받아들임으로써 세계관을 크게 확대시킨다. 클롭슈톡 또는 괴테, 더 나아가서 슈트름 운트 드랑 작가로부터 깊은 영향을 받은 시인들은 이미 시의 의미를 리듬, 외적 구조, 내적 흐름 등에 있어서 영적 움직임으로 옮겨가고 있다. 문화적으로 높은 수준을 지닌 인간의 움직임과 그런 원초성의 세계가 서정시에 있어서 민요를 보호한다든지, 민족혼을 불러일으키는데 까지 뻗치게 된다. 예술이란 곧 그런 혼 속에 깃든 생명력을 탐구하는 것이라 보기 때문이다.

아르님 Achim von Arnim과 브렌타노는 민요집 <소년의 마적 Des Knabens Wunderhorn>을 냄으로써 헤르더나 괴테보다 더 큰 수확을 얻게 된다. 이에 따라 괴테의 <들장미 Heidenröslein> 같은 민요풍의 노래가 나타난다. 시란 "공동이해가 가능한 음조 ein gemeinverständlicher Ton"이다. 이제 독일 서정시인들이 부르는 노래는 이전에 예상치 못한 독일민족의 표준으로 머물게 되었다. 그리하여 획기적인 역사의식과 문화인으로서의 사명감을 바탕으로 로만 문화권까지도 독일화하는 데 주력한다. 뮐러 W. Müller, 하우프 W. Hauff, 아이헨도르프 등은 민요뿐만 아니라, 발라드 형식을 빌어 중세 및 고대의 소재를 즐겨 구사한다. 전기 낭만주의 세계관에서 출발하여 점점 순수한 기독교적 정신에 몰두한다. 아름다운 지상과 밝은 천상 사이에서 방황하는 인간의 내면세계를 각성시켜 영원한 세계와 연결시키는 것도 시인의 사명으로 인식한다.

노발리스는 신비주의를 앞세워 종교성에 접근하게 되고, 찬송가에 자주 쓰이는 어휘와 형태를 되살려 시의 순화에 큰 영향을 미친다. 반면 가톨릭은 브렌타노, 아이헨도르프에 이르러 큰 호응을 받게 되었다. 울란트는 <로랑 기사의 방패시종 Roland Schildträger>, <저 위에 예배당

이 있네 Droben stehet die Kapelle> 같은 시작품들을 통하여 역사 발라드의 토대를 마련한다. 그는 현실감각과 과거에 대한 인간의 사랑을 유연하게 묘사함으로써 뫼리케나 레나우 N. Lenau의 전통을 이어받고 있다. 내적 평온과 조화를 향한 채울 수 없는 동경, 암울한 색채로 그려주는 전원풍경, 감정의 격동, 우수와 감상적인 열정을 가지고 부르는 집시와 목동의 삶 등이 낭만주의 영토에서 자연감각과 잘 어우러지고 있다.

그러나 이들이 차츰 사실주의적 경향을 보이기 시작하면서 퇴조의 기미를 보인다. 그런 과정의 하나로 나타난 것이 '낭만적 아이러니 die romantische Ironie' 현상이라고 할 수 있다. 바로크적 유희 Spielerei를 받아들여 새로운 혁신의 하나로 '경박함 Leichtigkeit'과 '고상함 Eleganz'을 서로 교차된다. 영혼은 원초적인 것을 지향하지만 균열된다. 차츰 풍자를 통한 사회비판이 강화된다. 이러한 양상은 특히 하이네와 브렌타노에게 있어서 뚜렷하다.

해설원문 강독:

Der Ästhetizismus wird abgewehrt und einer Diesseits-Jenseits-Überbrückung zugestrebt. Die Tendenz zur Naturdichtung ist stärker als die zur Kunstpoesie, wobei neben der Naturfrische das Wechselspiel zwischen Naturwehmut und Naturdemut nicht unterschäzt werden sollte. Traggrund des Lyrischen ist neben dem Religiösen und Traumhaften vor allem das Erinnerungs-und Heimaterleben, welche Faktoren auf Th. Storm hinüberdeuten, so schroff sich Storm im religiösen Betracht abhebt. Das Gottbegnadetsein des Dichters gilt für Eichendorff besonders auch vom Lyriker.

10.2. 전기 낭만주의 시인

노발리스 NOVALIS

본명은 Friedrich Leopold Freiherr von Hardenberg. 1772년 만스펠트 근교 비더슈테트에서 태어났다. '보편성 Universalität'을 바탕으로 섬세한 예술감각을 지닌 전기 낭만파의 대표적 시인이다. 18세 때 예나 대학에서 법학, 수학, 자연과학을 공부하고, 실러의 강의를 경청하였다. 한 때 법률사무소에 근무하기도 했지만, 문학, 철학, 자연과학에 두루 관심을 갖고, 피히테와 슐레겔 등과 가까이 지냈다.

1795년 그는 당시 13세의 소녀 소피 폰 퀸 Sophie von Kühn과 약혼하였다. 그러나 그녀가 16세의 나이에 일찍 세상을 떠나자 그녀에 대한 그리움을 견디지 못하고 곧 따라 죽음으로써 그도 29세의 짧은 생을 마감을 하였다. 소피는 작품 속에서 마리아 또는 신과 인간의 중간자로 성화되거나 예수와 함께 태양으로까지 섬김을 받는다. 이러한 영적 경지에서 쓰여진 것이 시집 <밤에 부치는 찬가 Hymnen an die Nacht>(1800)이다.

"마적 이상주의 der magische Idealismus"를 구현하였다고 평가되는 그는 슐라이어마허 F. D. E. Schleiermacher(1768-1834)의 말대로 "심오할 뿐만 아니라 명쾌하고 생기 넘치는" 시인이다. 그는 낭만주의를 "푸른 꽃 Blaue Blume"으로 상징케 한 새로운 창조시대의 주역이었다.

SEHNSUCHT NACH DEM TODE

Hinunter in der Erde Schoß,
Weg aus des Lichtes Reichen,
Der Schmerzen Wut und wilder Stoß
Ist froher Abfahrt Zeichen.

Wir kommen in dem engen Kahn[90]
Geschwind[91] am Himmelsufer an.

Gelobt sei uns die ew'ge Nacht,
Gelobt der ew'ge Schimmer.
Wohl hat der Tag uns warm gemacht
Und welk der lange Kummer.
Die Lust der Fremde[92] ging uns aus,
Zum Vater wollen wir nach Haus.

Was sollen wir auf dieser Welt
Mit unsrer Lieb' und Treue?
Das Alte wird hintangestellt:
Was soll uns dann das Neue?
O! einsam steht und tiefbetrübt,
Wer heiß und fromm die Vorzeit liebt.

Die Vorzeit, [93] wo die Sinne licht
In hohen Flammen brannten,
Des Vaters Hand und Angesicht
Die Menschen noch erkannten.
Und hohen Sinns, einfältiglich
Noch mancher seinem Urbild glich.

Die Vorzeit, wo noch blütenreich
Uralte Stämme prangten
Und Kinder für das Himmelreich

---

90) 관, 즉 무덤을 의미한다.
91) schnell, rasch.
92) 이 지상의 '낯선자', 곧 인간을 말한다.
93) längst vergangene, vorgeschichtliche (=geheimnisvoll anmutende) Zeit.

Nach Qual und Tod verlangten.
Und wenn auch Lust und Leben sprach,
Doch manches Herz für Liebe brach.

Die Vorzeit, wo in Jugendglut
Gott selbst sich kundgegeben
Und frühem Tod in Liebesmut
Geweiht sein süßes Leben.
Und Angst und Schmerz nicht von sich trieb,
Damit es uns nur teurer blieb.

Mit banger Sehnsucht sehn wir sie
In dunkle Nacht gehüllet;
In dieser Zeitlichkeit wird nie
Der heiße Durst gestillet.
Wir müssen nach der Heimat gehn,
Um diese heil'ge Zeit zu sehn.

Was hält noch unsre Rückkehr auf,
Die Liebsten ruhn schon lange.
Ihr Grab schließt unsern Lebenslauf,
Nun wird uns weh und bange.
Zu suchen haben wir nichts mehr —
Das Herz ist satt — die Welt ist leer.

Unendlich und geheimnisvoll
Durchströmt uns süßer Schauer —
Mir deucht aus tiefen Fernen scholl
Ein Echo unsrer Trauer.
Die Lieben sehnen sich wohl auch,
Und sandten uns der Sehnsucht Hauch.

Hinunter zu der süßen Braut,
Zu Jesus, dem Geliebten —
Getrost, die Abenddämmerung graut
den Liebenden, Betrübten.
Ein Traum bricht unsre Banden los,
Und senkt uns in des Vaters Schoß.

죽음의 동경

대지의 품으로 돌아가자
빗발 치는 나라를 버리고 가자
고난이 미친 듯 어울리는 것은
즐거운 출항의 손짓
좁다란 작은 배를 타고
천국의 강기슭에 빨리 닻을 내리자

찬미하라 영원의 밤을
찬미하라 영원의 꿈나라를
한낮은 끓어 우리를 따뜻이 감싸주고
긴 슬픔은 가시었다
이국의 쾌락은 끝났다
우리도 주의 곁에 돌아가자

우리의 사랑과 믿음으로
우리는 이 세상에서 무엇을 할 것인가?
낡은 것은 무시되고
그러면 새로운 것은 무슨 의미를 주는가
오! 뜨거운 마음으로 고개 숙여 사라진 시대를
사랑하는 이는
깊은 슬픔 속에 홀로 외로이 서 있다

사라진 시대, 온갖 감각들이 밝게
높은 불길로 타올랐다
조상의 손과 얼굴
인간을 여전히 알아보았다.
그리고 높은 감각으로, 단순하게
여전히 많은 것이 그의 원 모습을 닮았다.

사라진 시대 — 거기 아직도 태곳적 종족은
찬란한 꽃처럼 번식하고 있었다
그리고 아기는 하늘나라를 기도하여
오뇌와 죽음을 그리워하고 있었다
그리고 즐거움과 목숨은 속삭이고 있었지만
사랑에 무너진 마음도 많았던 것

사라진 시대 — 거기선 젊은 정열에 불타
신은 스스로를 보이시고
사랑의 정기 속 일찍 찾아든 죽음에
사랑스런 목숨을 바치셨다.
그리고 우리에게 더욱 소중하게 머물기 위해
불안과 고통도 멀리할 수는 없었던 것

우리는 불안한 그리움을 안고
사라진 시대가 어둠에 휩싸이는 것을 본다
이 부질없는 현세에서는 결코
뜨거운 갈증이 나아질 수 없다
우리는 고향에 돌아가야 한다
그 거룩한 시대를 보기 위해

무엇이 고향으로 되돌리는 우리의 발길을 막으랴
사랑하는 이들은 이미 오래 전에 잠들었다
그들의 무덤은 우리의 삶을 닫아 버리고

이제 우리에게 가득한 것은 슬픔과 안타까움 뿐
더 이상 아무 것도 보이지 않는다 —
가슴은 가득 찼다 — 세계는 텅 비었다.

끝없이 그리고 신비 가득하게
달콤한 두려움이 우리에게 밀어닥친다 —
우리 마음에 느껴지는 것. 저 깊은 먼 곳에서
우리들의 슬픔의 메아리가 울려 퍼진다
사랑스런 이들은 그리움에 목이 타서
그리움의 숨결을 우리에게 보냈다.

저 아래 아리따운 신부의 곁으로
예수 님 곁으로, 사랑하는 이 곁으로 —
위로 받으소서. 사랑하므로
마음 슬픈 이들을 위해서
저녁노을이 트인다
꿈은 우리들의 묶임을 풀고
우리 주님의 무릎에 가라앉힌다.

해설

이 시작품은 <밤의 찬가 Hymnen an die Nacht> 6부로 된 전체 송가 중 마지막 부분이다. 애인 소피의 무덤 앞에서 부른 이 노래에는 시인의 체험적 고백, 인생관, 종교관 등이 동화적인 분위기에 잘 담겨져 있다. 즉 1) 낮과 밤, 2) 졸음과 잠, 3) 밤의 열광은 사랑하는 자의 무덤에서 어떻게 파기되며 시인은 삶 위에서 어떻게 떠도는가, 4) 사랑하는 이와 그리스도의 죽음을 통하여 마음을 밤으로 상징화, 5) 세계사에 있어서 빛과 어두움, 6) 죽음에 대한 동경과 죽은 여인과 예수와의 재결합에 대한 희망이 구체적인 주제로 나타난다. 그리움의 대상이 된 죽음이란 삶을 향하는 참된 해소이다. 그것은 신성으로 가득 찬 우주와 일치하는 것이기도 하다. 우리 인간들이 현존재의 신비에 잠겨있는 근원을 파헤치면 현세의 삶 속에서 그러한 차원 높은 현존재의 봉헌을 경험할 수 있다는 사실도 보여준다.

시행의 서두는 '빛의 나라'에서 '땅의 자궁(지심)으로', 즉 밝음에 어두움으로의 움직임을 보여준다. 이 점에서 젊음(어머니 이미지)에서 성숙함으로, 즉 어둠에서 빛으로 옮겨가는 이동과정을 주제로 하고 있는 괴테의 <호수 위에서>라는 시작품과 비교된다. '자궁', '보호', '집', '잠', '죽음', '종교'에 의해 약속된 무덤 저 편의 세계 등을 암시하는 어두움의 근원인 밤은 모든 경직된 한계를 불식시키고, 그 속에 무의식적인 예견의 가능성을 열어줄 뿐만 아니라 무한한 세계를 간직하고 있는 꿈을 확대시킨다. 그런 신비화과정을 통하여 인간이 신성함과 연결됨으로써 죽음은 극복되고, 삶의 원천이 살아 움직인다. 마지막 10연에 나타난 바와 같이, 인류를 사랑하기에 자기 목숨을 바친 예수는 '사랑의 죽음 Liebestod'이 지닌 최상의 본보기가 아닐 수 없다. 그것은 공포가 사라진 평화의 세계이다.

루드비히 티이크 LUDWIG TIECK

1773년 베를린에서 태어난 초기 낭만주의 작가. 바켄로더, 괴테, 노발리스 등으로부터 영향을 받은 그는 동화적 모티브에 천착, 작품활동에 전념하였다. 순진한 어휘배열은 옛 민요의 천진난만함을 바탕으로 음악성을 창출하고 있다. 다양한 관점의 시인 내면에는 이중적 요소가 늘 잠재해 있다. 즉 행복의 내적 불안정, 운명에 대한 불신이 교훈 내지 경구의 형태로 작품 전체를 지배하고 있다. 1853년 태어난 곳에서 세상을 떠났다.

3권으로 된 시 전집이 있고, <우수 Melancholie>, <숲의 노래 Waldlied>, <달빛의 노래 Das Mondscheinlied>, <들판 쪽으로 새 한 마리 날아들었네 Feldeinwärts flog ein Vöglein> 등이 있다.

  Schwarz war die Nacht,
  Und dunkle Sterne brannten

Durch Wolkenschleier matt und bleich,
Die Flur durchstrich das Geisterreich,
Als feindlich sich die Parzen abwärts wandten
Und zorn'ge Götter mich ins Leben sandten.

시 〈우수〉 중에서

WALDEINSAMKEIT

Waldeinsamkeit
Die mich erfreut,
So morgen wie heut
In ewger Zeit,
O wie mich freut
Waldeinsamkeit.

(…)

Waldeinsamkeit
Wie liegst du weit!
O Dir gereut
Einst mit der Zeit.
Ach einzge Freud
Waldeinsamkeit!

(…)

Waldeinsamkeit
Mich wieder freut,
Mir geschieht kein Leid,
Hier wohnt kein Neid
von neuem mich freut

Waldeinsamkeit.

<금발의 에크베르트 Der blonde Eckbert> 중에서.

클레멘스 브렌타노 CLEMENS BRENTANO

1778년 프랑크푸르트에서 태어났다. 이탈리아계의 부친과 프랑스계의 모친을 둔 유럽 서남북구 혼혈이라 할 수 있다. 따라서 카톨릭 신앙심이 강하고 유럽 전통문화에 큰 관심을 가졌다. 누이동생 베티나와 더불어 활발하게 문단활동을 하였다. 괴팅겐에서 만난 아힘 폰 아르님과 민요집 <소년의 마적 Des Knabens Wunderhorn>을 펴냈다. 하이델베르크에 머물면서 독일의 중세문화에 몰두하였으며, 특히 로렐라이 전설에 관심을 갖고 그밖에도 라인강을 찬양하는 노래를 많이 지어 불렀다. 자연히 민요적 정감이 그의 문학적 특징을 이루어 <낯선 곳에서 In der Fremde> 같은 시는 철저히 형식에 따르면서, 또한 그것을 초월한 소박한 음조를 나타내고 있다. 총체적으로 그는 아이헨도르프 풍의 민요정신에 아름다운 멜로디가 담긴 언어를 창출, 그 형식을 시에 불어넣었다. 이로써 그는 19세기 서정시의 기틀을 만들었다는 시인으로서의 공적을 인정받고 있다. 1842년 아샤펜부르크에서 세상을 떠났다.

WIEGENLIED

Singet leise, leise, leise,
Singt ein flüsternd Wiegenlied,
Von dem Monde lernt die Weise,
Der so still am Himmel zieht.

Singt ein Lied so süß gelinde,

Wie die Quellen auf den Kieseln,
Wie die Bienen um die Linde,
Summen, murmeln, flüstern, rieseln.

자장가

노래불러라 가만히, 가만히, 가만히,
속삭이는 목소리로 자장가를 불러라
말없이 하늘을 지나가는
달에게서 노래를 배워라.

달콤하고 부드럽게 노래 불러라
조약돌 위의 샘물처럼
보리수 맴도는 꿀벌처럼
윙윙, 졸졸, 쏴쏴, 찰랑.

해설

　이 시는 단순한 의미의 자장가가 아니다. 다만 자장가의 분위기를 앞세워 바른 노래를 부르자고 하는 의식을 고취하는 데 중점을 두고 있다. 시행 서두에 세 번이나 나오는 "노래불러라"라는 동사의 명령형이 그 예이다. 이렇다 할 누구를 대상으로 한 것도 아니다. 반드시 어린이가 아니어도 자장가를 필요로 하는 신의 자녀들 모두를 향하고 있다.
　귀로 읽는 글이기에 말로 작곡된 음악에서 어휘의 의미들은 덧없이 지나간다. 자연의 나즉한 가락들이 배경이다. 제 1연에서, 더욱이 2행과 4행에서 리듬은 가벼운 의미의 단절, 둔탁한 시행 끝마디, 울리는 소리가 다음 연의 시행들을 이어주는 리듬과 형태가 같다. 또한 시행 끝 부분에 강음과 저음이 계속 엇갈려 나타나 시의 마지막 어휘에서 살랑거리는 소리가 된다. 리듬에서와 마찬가지로 음향에 있어서 경직된 느낌이 사라진다. 부드러운 화음은 자음이 그 어떤 강한 액센트를 필요로 한다 하여도 그에 저해되지 않는다. 전체적으로 유성음의 유음과 비음, 또는 등장하는 폭발음과 마찰음 속에서도 유성음으로 변형된 것들이 우세하다. "singen"과 "Lied" 같은 말의 간 모음은 모음들 중에서 지배적이다. 강음(올림음)이 주어진 32개의 철 음들 중에서 16개가 간 모음, 그러니까 꼭 절반이다. 그 밖의 4개는 복자음으로 구성되어 있다. 시의 네 운율 중에서 그것을 세 개가 순수한 형태로 보여주고 있다. 네 번째에서는 그것은 중음으로 나타난다. 조금만 귀를 기울이면 불협화음이 느껴지는 운율이지만 결코 이러한 동음과 공명음이 어우러지는 속에서도 화음은 깨지지 못한다. "gelinde"(5행)에 대한 메아리로서 "Linde"(7행)는 섬세하고 부드러운 음조의 마력을 강화시켜 준다. 물론 율격 상으로 강조된 곳에 어두운 하음(저음)("u" 세 번, "o" 두 번, "au" 한번)이 나타난다. 하지만 지배적인 밝은 모음이 귀에 아주 잘 들린다. 어두운 음조들이 숫자적으로 똑같이 갖추어져 있고, 마지막 시행의 모음결과를 통하여 그것은 다시 한번 뚜렷하게 증명된다. 두 번 울려 퍼지는 "u"를 "flüstern"에서 "i"에 근접한 변음이 뒤따른다. 반면 어휘의 "i"음에 마지막 음 철이 속한다.

  곡조를 따로 붙이지 않아도 말 자체가 시이자 노래이다. 잘 들어보면 제목에 나타난 약속이 이루어지고 있음을 알게 된다. 스스로 요구된 것을 수행하며, "달콤하고 포근하게 süß gelinde"(5행) 행동함으로써, 자신을 지켜주는 주위의 모든 상황들에 만족한 미소를 짓게 되기 때문이다.*

10.3. 후기 낭만주의 시인

나폴레옹의 침공으로 인하여 독일은 정치, 사회, 문화적으로 큰 곤경에 처하게 된다. 종교적, 문화적 통일성을 추구하여 유럽적 단일문화로 확산시키려던 노력이 수포로 돌아간다. 그러나 이러한 시대상은 곧 국가에 대한 자의식을 강화시키고, 문학이 그에 기여할 수 있는 길을 모색하게 된다. 낭만주의가 독일인의 애국정신과 연결된 것이 바로 이 때부터이다. 새로운 문학풍토에 앞장서서 활동한 사람들은 디오니소스적 격정과 무절제로 음악적, 신화적 세계를 창출한 하인리히 폰 클라이스트는 물론, 기독교적 세계관을 바탕으로 국민적 이데올로기를 고양시키는 시작품을 많이 쓴 막스 폰 쉥겐도르프 Max von Schenkendorf(1783-1817), 특유의 음악성을 바탕으로 활동력 있는 시각과 감정의 변화를 표현, 실러를 연상시키는 테오도르 쾨르너 Theodor Körner(1791-1813)가 있다. 또한 학자, 역사가 그리고 정치적 문필가로 이름을 떨친 에른스트 모리츠 아른트 Ernst Moritz Arndt(1769-1860)도 민속문화를 앞세워 국가의식을 드높였다. 이들이 애국심을 고취하는 서정시를 쓰게 됨으로써 낭만주의가 지나치게 개인적인 관념론이라는 외길에 빠지는 것을 방지하는 한편, 새로운 각도의 국민문학으로 성장하는 데 큰 도움이 되었다.

빌헬름 뮐러 WILHELM MÜLLER

후기낭만파에 속하는 가장 서민적 시인. 1794년 데싸우에서 태어나 베를린에서 문헌학과 역사학을 공부하였다. 1813년 독립전쟁에 참가하였다가, 전쟁이 끝나자 다시 베를린으로 돌아 왔다. 1817년 학업을 마치고, 1821년 결혼하였다. 1827년 고향에서 세상을 떠났다. 칼크로이트, 브란켄제, 헨젤 등과 가까이 지냈으며, 민요 집을 읽고 이탈리아와 그리스 민요를 수집하는 등, 그런 과정상에서 많은 영향을 받아 시집 <아름다운 물방앗간의 소녀 Die schöne Müllerin>, <그리스인의 노래 Lieder der Griechen> 등을 완성하였다.

<아름다운 물방앗간의 소녀>는 23편으로 되어 있는데, 물방앗간의 젊은이가 사냥꾼에게 빼앗긴 사랑 때문에 시냇물에 몸을 던진다는 내용을 간직하고 있다. 또한 24편으로 되어 있는 <겨울 나그네 Die Winterreise>는 사랑을 잃은 젊은이가 눈 속을 방랑하며 인간 본연의 내면화에 도달하고 있는 모습을 보여주고 있다. 그의 작품은 특히 슈베르트가 곡을 붙임으로써 더욱 널리 알려졌다.

Der Lindenbaum

Am Brunnen vor dem Tore,
Da steht ein Lindenbaum;
Ich träumt' in seinem Schatten
So manchen süßen Traum.

Ich schnitt in seine Rinde
So manches liebe Wort;
Es zog in Freud' und Leide
Zu ihm mich immer fort.

Ich müßt' auch heute wandern
Vorbei in tiefer Nacht,
Da hab' ich noch im Dunkeln
Die Augen zugemacht.

Und seine Zweige rauschten,
Als riefen sie mir zu:
Komm her zu mir, Geselle,
Hier find'st du deine Ruh'!

Die kalten Winde bliesen
Mir grad' ins Angesicht,
Der Hut flog mir vom Kopfe,
Ich wendete mich nicht.

Nun bin ich manche Stunde
Entfernt von jenem Ort,
Und immer hör' ich's rauschen:
Du fändest Ruhe dort!

보리수

성문 앞 우물곁에
서 있는 보리수
나는 그 그늘 아래
단 꿈을 꾸었네.

줄기에 새겨 넣은
수많은 사랑의 말
기쁠 때나 슬플 때나
항상 이끄네.

오늘도 밤이 깊어
그곳을 거닐 제
어두움 속에서도
두 눈을 감았네.

가지는 속삭임으로
이렇게 날 부르는 듯 하네:
친구여 이리 와서
평안히 쉬소서

찬바람이 불어와
얼굴에 몰아치고
모자를 날리어도
줍기가 싫었네

지금은 그곳을 떠나
멀리와 있건만
여전히 들려오는 속삭임:
그곳에서 안식이 있으리라.

해설

시는 싸늘한 겨울을 배경으로 하고 있다. "찬바람이 불어와/얼굴에 몰아치고/모자를 날리어도/줍기가 싫었네"(5연)라는 구절에서 시인은 자연의 황량함 이외에 내면적 외로움을 강하게 부각시키고 있다. 꺼져 가는 사랑에 사라지는 세월이 어우러진다. 방랑을 통해 맛보는 행복은 슬프고도 먼 추억이다. 그렇지만 시인은 그것을 늘 반복해야 한다. 방랑의 욕망은 고통이 되었다. 나무 그림자 윤곽은 모든 방랑 전후로 휴식의 상징이 되었다. 세 개의 빠듯한 형상들과 이미지들이 지배적이다. 친숙한 소도시의 모습, 고요한 풍경이 스며들며 한 조각 자연으로서 강한 체험을 증거한다. 그리고 언제나 그 모습으로 머무는 보리수. 노래의 구조 속에 이러한 상징들이 포함되어 있다.

첫 연은 곧 다음 연을 이끌고 나온다. 도시와 보리수가 옛 형상으로서 아직도 풍경 속에 잠겨 있다. 두 번째 상징은 세 번째 방랑자의 모습으로 이어진다. 평온과 불만족 사이에 매혹적인 대립이 이루어지듯, 날카롭게 노래 속에 들어선다. 셋째 연은 두개의 마지막 연을 지배한다. 방랑자가 서 있는 시간은 텅 빈 밤, 보이는 것이라고는 내쫓긴 그의 모습뿐이어서, 시가 끝나는 상황에는 무시무시한 고적감이 메아리로 울려 퍼지는 듯하다.

슈베르트의 선율을 도외시하고 이 시를 이해하기가 힘들 정도이다. 그만큼 작곡가의 역할은 거의 절대적이라 할 수 있다. 그는 놀랍게도 시의 구조까지도 섬세한 멜로디로, 아니 한 걸음 더 나아가 사뭇 암시적인 민요풍의 가락으로 만들었다. 그런 바탕 위에서 나직한 애수는 이 노래의 특성을 이루게 되었다.

요셉 폰 아이헨도르프 JOSEPH VON EICHENDORFF

1788년 슐레지엔(라티보르 근교 루보비츠 성) 귀족가문의 후예(남작 Freiherr)로 태어났다. "낭만주의의 마지막 기사"로 불리어진다. 유산으로 물려받게 된 오스트리아의 보수성과 카톨릭 정신이 젊은 시절의 그에게 성장의 원천이 되었다. 브레슬라우에서 김나지움을 마치고, 할레에서 대학을 다녔다. 하이델베르크에서 아르님, 브렌타노, 괴레스 등과 사귀는

가운데 감각적이고, 사려 깊으며 품위 있는 귀족
풍의 정감을 체득하게 되었고, 가요와 전설의 마
력에 깊이 사로잡히게 되었다. 빈에서는 F. 슐레
겔과 친분을 맺었다. 1814년 결혼하였으며, 1831
년부터 1844년까지 교육부 관리로 근무하기도 했
다. 후에 단치히, 빈, 나이쎄 등에서 살다가 1857년
세상을 떠났다. 많은 서정시들 외에도 소설 <예감
과 현재 Ahnung und Gegenwart>(1815), <어느
건달의 이야기 Aus dem Leben eines Taugenichts>(1826) 등이 대표작으
로 손꼽힌다.

아이헨도르프

  그의 문학세계는 꾀꼬리의 노래, 마력적인 성, 분수, 떠다니는 구름, 숲
의 살랑거림, 먼 곳에 대한 동경, 행복한 방랑아, 도취감과 우아함, 향토
애, 몽환적이고 경건한 정감 등으로 가득 넘친다. 특히 자연과 합일함으
로써 얻는 전일의 세계에 대한 만족감이 소박한 음향으로 노래 불리어진
다. 이것이 그로 하여금 낭만주의의 본질을 순수하게 유지하며 기독교적
가치관을 더욱 순화시키는 원동력이 된다. 인간과 자연이 신의 의지에
따르는 소박한 상태에서 시문학은 신성을 감지하고 전달하기 위한 신비
그 자체이어야 한다고 본다. 브렌타노 식의 고통 어린 긴장감도, 티이크
풍의 낭만적인 아이러니도, 노발리스의 사색적 정신세계와 달리 그는 과
민하고 마적인 탐닉의 감상적 분위기에서 벗어나 민속 풍에 깊이 젖어
현세의 마력을 찬양함으로써 낭만주의의 전통과 모티브를 계승한다.

ZWIELICHT

    Dämmerung will die Flügel spreiten,
    Schaurig rühren sich die Bäume,
    Wolken ziehn wie schwere Träume —

Was will dieses Graun bedeuten?

Hast ein Reh du lieb vor andern,
Laß es nicht alleine grasen,
Jäger ziehn im Wald und blasen,
Stimmen hin und wieder wandern.

Hast du einen Freund hienieden, [94)]
Trau ihm nicht zu dieser Stunde,
Freundlich wohl mit Aug′ und Munde,
Sinnt er Krieg im tück′schen Frieden.

Was heut müde gehet unter,
Hebt sich morgen neugeboren.
Manches bleibt in Nacht verloren —
Hüte dich, bleibt wach und munter!

황 혼

어둠이 나래를 펼치려네
나무들은 무서워 몸을 흔들고,
구름들이 무거운 꿈처럼 지나간다 —
이 무서움은 무얼 뜻하나?

그대는 무엇보다 노루를 좋아했지,
혼자 풀을 뜯게 놔두지 말라
사냥꾼이 숲 속을 지나며 부는 나팔소리
이리저리 떠도는 목소리

그대에게 이 세상에 한 친구가 있으면

---

94) „hienieden"=auf dieser Erde, im Diesseits.

이 시간에는 그를 믿지 말라
다정하지만 눈과 입으로 뿐
그는 평화를 가장하여 전쟁을 생각하고 있지

오늘 지쳐 무너져 가는 건
내일 새로 솟아나리라.
많은 것이 밤이면 없어져 버리겠지 -
조심하라, 깨어서 경계하라!

해설

　어스레해 가는 숲 속 저녁 풍경이 시를 읽는 사람에게 까닭모를 불안을 느끼게 한다. 그렇기 때문에 첫 연의 세 개 시행에서 자연형상이 묘사된 이후, 종결부분에 이미 엄습한 불안이 하나의 질문으로 나타나면서 생각선(—)을 통해 여운을 남긴다. 시 <달밤>과 거의 유사한 분위기이지만, 시간적인 배경은 완전한 밤이 아니라, 낮에서 밤으로 넘어가는 황혼기의 과도기이다. 저녁 노을에 잠긴 세상은 불투명하다. 윤곽을 희미하게 하는 빛은 더욱 진한 불안을 자아낸다. 거기에 숲 속의 뿌연 빛이 일치되었다가, 숲으로 가물가물 사라져 간다. 여기저기에서 들려오는 음성들과 사냥꾼의 나팔소리. 그에 걸맞게 시 전체에 포옹 운이 구사되고 있다. 십자 운으로 강조될 각 연의 독자성이 이로써 더욱 강화될 뿐만 아니라, 전체의 경합을 느슨히 풀어 주기도 한다.
　자연은 여기에서 초자연적인 것을 암시하기보다는 어두운 대항력을 형성한다. 그것은 "집으로 nach Haus"가 아니라, 미로 속으로 인도한다. 하늘은, 그렇지 않으면 영원성의 모형이 그 안에 있는 구름 속에 세속적인 악몽만을 묘사한다. 불안해진 인간은 자기가 가장 사랑하는 것을 두려워하며 친구의 충성을 불신한다. 두려움에 떠는 나무의 움직임, <달밤> 시에서처럼 그 어떤 나직한 살랑거림일지라도 영혼을 움직이게 하는 대신 놀라움을 안겨다 준다.
　언제나 마비된 채, 생기를 잃고 밤에 "지쳐" 몰락할, 그리고 "새로 태어나지" 못한 채 아침에 일어날 가능성은 제 4행에서 의미가 추궁되는 그런 불안을 자극한다. 마지막 시행의 명령형이 주는 답은 불안이란 우리가 "깨어서 정신차리고 wach und munter" 있도록 경고하거나 자극을 주어야 한다는 것이다. 여기에는 중지시키거나 유지하는 결정을 위한 시간적 여유를 허용하는 생각 선이 설정되어 있다. 하지만 명령법은 질문처럼 발언 자체가 확신을 불러일으키지 못한다. "조심하라 Hüte dich"라는 경고가 강한 의미를 자아낸다. 우리는 우리를 보호할 수 있다. 그렇다고 안전하다고는 볼 수 없다. 마지막 시행에 마련된 촉구의지는 바로 그에 앞서 위협적으로 설정된 "많은 것이 밤이면 없어져 버리겠지 Manches bleibt in Nacht verloren"라는 상황을 불식시키지 못한다.

DER FROHE WANDERSMANN

Wem Gott will rechte Gunst erweisen,
Den schickt er in die weite Welt;
Dem will er seine Wunder weisen
In Berg und Wald und Strom und Feld.

Die Trägen, die zu Hause liegen,
Erquicket nicht das Morgenrot;
Sie wissen nur von Kinderwiegen,
Von Sorgen, Last und Not um Brot.

Die Bächlein von den Bergen springen,
Die Lerchen schwirren hoch vor Lust,
Was sollt ich nicht mit ihnen singen
Aus voller Kehl und frischer Brust?

Den lieben Gott laß ich nur walten;
Der Bächlein, Lerchen, Wald und Feld
Und Erd und Himmel will erhalten,
Hat auch mein Sach aufs best bestellt!

즐거운 방랑자

신이 바른 은총을 베푸는 자를
그는 드넓은 세계로 보내리라
산과 숲과 강과 들판에서
기적을 몸소 보여주시리라

집에 누워 빈둥거리는 자를
아침노을도 신선케 하지 못한다
그들은 아기를 키우는 일이나
근심, 짐, 그리고 먹고 살 빵만 알 뿐

시냇물이 산에서 흘러내리고
종달새는 기쁨에 겨워 재잘거린다
그들과 함께 나는 무슨 노래를 부를까
목청 가득 그리고 시원한 가슴으로?

자애로운 하나님만 따르리라
시내와 종달새, 숲과 들판,
하늘과 땅을 지켜주시리라
내 일도 잘 부탁드렸네!

해설

    <회상 Erinnerung>, <두 젊은이 Zwei Gesellen>, <종달새 Die Lerche> 등의 시들과 유사한 계열의 작품이다. 전체 시의 4연 중 각 4행으로 된 3개 연은 방랑을 찬양하며, 마지막 한 연은 기다림을 주제로 한다. 십자 운이다.
    관습적인 도덕관에 따라 평범하게 수행되는 삶, 즉 "아기를 키우는 일 Kinderwiegen"이나 "먹고 살 빵 벌기 die Not um Brot" 같은 틀에 박힌 가족 부양 내지 생계유지 행위들이 부정적으로 인식되고, 그런 삶의 주인공을 "빈둥거리는 자 die Trägen"라고 규정된다. 그것은 일하기를 싫어하는 '게으른

자'를 뜻하지 않는다. 그에 반대개념으로 설정된 것이 '방랑자'이다. 그가 목표 없이 세상을 떠돌아다니는 동안, 나름대로 계속 애쓰고 근심함으로써 어떤 의미의 건설적 행위를 이룩한다. '빈둥거림'은 활동성의 반대개념이자, 지상의 무거움을 상징한다. 그들은 "드넓은 세계로 in die weite Welt" 나아가 신의 자녀가 홀가분한 마음을 가질 수 있는 것과는 달리, "집에서 im Haus" 머물 따름이다. 시냇물이나 뻐꾸기조차 휙 소리를 내며 움직이는데, 그들은 누워있기만 한다. 아침노을도 신선하게 느껴지지 않는다. 전날의 일로 지쳐있기 때문에, 즐거운 낮의 햇살이 도둑처럼 들이 닥쳐도 무감각이다. 드넓은 자연을 방황하며 얻는 체험도 모르는 채 웅크리고만 있다.

처음과 나중, 즉 가장자리의 두 연은 열린 자연풍경을 에워싼 벽들과 같은 느낌을 준다. 항구에 정박한 것처럼 스스로를 그냥 내버려두는 것이 어째서 더 좋으랴. 신은 우리들에게 자연에서의 기적을 통해 이야기한다. 인간적 영역 속에 우리를 묶는 각종 의무들이 우리들을 그것으로부터 멀리 있게 한다. 애쓰는 자는 세속적인 것을 중요하게 하고, 창조자만이 그의 창조를, 그러나 피조물은 스스로 유지될 수 없다는 것을 잊는다. 자기 스스로를 위해 무엇을 마련하지 않아도, 신의 인도하심을 믿으면 목표에 다다르게 된다. '꾀꼬리'는 하늘과 땅 사이에서 노래 부르며 그런 역할을 담당한다.

낭만주의 시인 아이헨도르프가 특별히 강조하는 "방랑", - 그것은 언젠가 되돌아옴을 전제로 한 여행이 아니다. 그것은 일정한 삶의 형태에 맞서는, 아니 그것을 능가하는 자유의 표현이다.

HEIMWEH

Wer in die Fremde will wandern,
Der muß mit der Liebsten gehn,
Es jubeln und lassen die andern
Den Fremden alleine stehn.

Was wisset ihr, dunkele Wipfel,
Von der alten, schönen Zeit?

Ach, die Heimat hinter den Gipfeln,
Wie liegt sie von hier so weit!

Am liebsten betracht ich die Sterne,
Die schienen, wie ich ging zu ihr,
Die Nachtigall hör ich so gerne,
Sie sang vor der Liebsten Tür.

Der Morgen, das ist meine Freude!
Da steig ich in stiller Stund
Auf den höchsten Berg in die Weite,
Grüß dich, Deutschland, aus Herzensgrund:

해설

 '향수', '방랑', '자연', '어두움' 등 전형적인 낭만주의적 주제를 구사하는 작품이다. '향수'는 고향에서 쫓겨난 자의 비애이자 영원한 회귀를 가능케 하는 구심점이다. 또한 여기서 노래 불리어지는 '방랑'은 낯선 곳으로 떠나는 낭만적 정감만이 아니라, 해방된 자아를 되찾아 영원한 질서에 귀일 하고자 하는 노력의 하나이다. 시어마다 깃들어 있는 독자적인 운명의 표현이 계속적으로 읽는 사람의 마음을 사로잡는다. 각 연 4행, 4연으로 된 전형적인 민요 연으로, 십자 운이다. 시의 중심을 이루고 있는 마지막 행의 "독일이여, 충심으로 인사를 전하노라"라는 구절과 "독일"이란 어휘는 또한 정치선전적 의미가 아니라 향토적 애국심에 국한된다. 즉 민중의 가슴 한복판에 깃 든 꿈과 인간애를 느끼게 함으로써, 민족의식을 고취시킨다. 시를 노랫말로 하여 작곡가 후고 볼프 Hugo Wolf(1860-1903)가 아름다운 멜로디를 붙였다. 우리에게 마치 지루한 여름장마 중에 맞이하는 뇌우처럼 산뜻한 충격을 던져준다.

MONDNACHT

Es war, als hätt' der Himmel

Die Erde still geküßt,
Daß sie im Blütenschimmer[95]
Von ihm nun träumen müßt'.

Die Luft ging durch die Felder,
Die Ähren[96] wogten[97] sacht, [98]
Es rauschten leis die Wälder,
So sternklar war die Nacht.

Und meine Seele spannte
Weit ihre Flügel aus.
Flog durch die stillen Lande,
Als flöge sie nach Haus.

해설

　온 누리를 지배하는 적막과 암흑. 밤 풍경이 세상 사물들의 윤곽을 없애준다. 먼 곳을 느끼게 하는 명사어휘들, 그리고 단수가 아닌 복수로 쓰인 "Lande"라는 단어가 특별한 관심을 불러일으킨다. 동사가 큰 인상을 자아내고 있다면, 거기에 고요함을 깃들게 하는 부사도 예외는 아니다. 영혼이 날아갈 준비를 하고 그것이 집으로 가려고 한다는 것은 하늘과 땅이 있는 원천이다. 하늘과 땅은 마치 새색시의 입맞춤처럼 빛, 초자연적인 힘으로 전개된다. 처음과 마지막 시행이 접속법 2식 문장으로 상호 연관되면서 작품의 비현실적 상황을 적극적으로 묘사한다.
　소박한 어휘들과 단순한 형태미로 자연의 풍요로움이 노래 불리어진다. 특정한 모티브와 상황들이 반복되고, 특히 물결 흐르는 골짜기와 어두운 숲을 높은 곳에서 바라보는 눈길이 특이하다. 단 한번의 구체적인 풍경이 아니라

---

95) der Schimmer Glanz.
96) Oberer Teil der Getreidepflanzen.
97) sich hin und her bewegten.
98) leise.

"영적인 풍경 Seelenlandschaft"이 묘사된다. 그러나 자연 자체가 노래하기 위해 일어나고 그 신비가 음향이 된다. 시인은 노래 자체를 동경으로 가득 차 있는 내적 기쁨으로 본다. 신이 이 세상의 모든 대상을 창조의 품에 안아주고 있다고 확고하게 믿고 있기 때문에 평온함이 더욱 짙다.

영원한 공간이 세속적 풍경의 그것과 만난다. 이 시는 아이헨도르프의 시집 <성시(聖詩) Geistliche Gedichte>안에 수록되어 있다. 하지만 풍경이 마적으로 불러낸 노래라는 느낌을 준다. 첫 연은 영원과 세속이 만나는 봄의 배경을 묘사한다. 봄은 영원성에 대한 땅의 꿈이자, 영원한 부활의 꿈이다. 아이헨도르프가 문학의 현실 가까이에서 요구한 것이 여기에서 성취된다. 세상의 정신적인 얼굴로 예상하던 것이다.

제 2연은 순수한 형상으로 이루어져 있다. 여기서 사람들은 대상들을 들음으로써 비로소 보게 된다. 그것들은 "바람이 지나갔다 Die Luft ging", "이삭들이 나직이 굽이쳤다 Die Ähren wogten sacht", "숲이 가만히 살랑거렸다 Es rauschten leis die Wälder"처럼 나직하기 이를 데 없는 소리들이다. 듣는 자, 특히 음악적인 사람에게 형상은 감지된 공간에서 솟아오른다. 별 하늘의 형상이 모음들이 만들어 내는 음향적 미를 통해서 비로소 뚜렷해진다. "밤은 별빛 찬란하였다 So sternklar war die Nacht".

제 3연은 영원 속으로 변천되는 인간을 보여준다. 하지만 해방된 영혼의 이러한 비상도 비유로 머문다. 영원은 "고향으로 향하듯, 조용한 들판을 지나 durch die stillen Lande, als flöge sie nach Haus" 맴돌기 때문이다. 이러한 형이상학적인 세계, 우리가 처한 "고향 Vaterhaus"에 머물고자 하는 희망으로 그는 괴테와 유사한 길을 걷는다.

요셉 모오르 JOSEPH MOHR

카톨릭 사제. 1792년 12월 11일 잘츠부르크에서 태어나 1848년 12월 4일 잘츠부르크 근교 바그라인에서 사망했다.

STILLE NACHT

Stille Nacht,
Heilige Nacht!
Alles schläft, einsam wacht
Nur das traute, [99] hochheilige Paar.
Holder Knabe im lockigen Haar,
Schlaf' in himmlischer Ruh!

Stille Nacht,
Heilige Nacht,
Hirten erst kund gemacht;
Durch der Engel Halleluja
Tönt es laut von fern und nah:
„Christ der Retter ist da."

Stille Nacht,
Heilige Nacht!
Gottes Sohn, o wie lacht
Lieb' aus deinem göttlichen Mund,
Da uns schlägt die rettende Stund',
Christ, in deiner Geburt!

해설

1818년 성탄절 노래로 작시되었으며, 프란츠 크사버 그루버 Franz Xaver Gruber(1787-1863)에 의해 곡이 붙여지면서 세계적으로 널리 알려졌다. 각각 6행으로 된 세 연의 앞과 뒤의 세 행이 같은 운으로 짜여져 있다.

---

99) traut: 아늑한, 친한.

유스티누스 케르너 JUSTINUS KERNER

1786-1872. 의사이며 문학에도 천재적인 성향을 지녔다. 영원한 삶의 멜로디가 소박한 형상들과 어우러져 독특한 문학영역을 형성한다. 삶과 죽음의 영역을 자유로이 넘나드는 세계상이 민요풍의 가락을 통해 노래불리어진다.

구스타프 슈밥 GUSTAV SCHWAB

1792-1850. 대중적 낭만주의 성향을 지닌 가운데 역사의식도 강하게 견지하고 있다. 대학생의 노래 등 집단적 의식을 고취하는 작품을 많이 썼다.

10.4. 물질, 역사주의와 겨루는 마지막 낭만주의자

루드비히 울란트 LUDWIG UHLAND

민속적 성향을 지닌 슈바벤의 시인. 1787년 4월 26일 튀빙겐에서 태어났다. 처음에는 법학을 공부하다가, 1810년 문학적 목적을 달성하기 위해 파리에 머물렀다. 1811년 튀빙겐에서, 1812년 슈트트가르트에서 변호사로 개업하였다. 1819년 뷔르텐베르크 주의회원, 1830년부터는 튀빙겐 대학 독문학 교수를 지내다가 은퇴하였다. 1862년 11월 13일 사망하였다.

향토문화에 대하여 특별한 애정을 지닌 그는 자신의 내면 속에 정치적 활동성과 인간적인 과묵함을 상반적 요소로 지니고 있다. 작품의 소재선택에 있어서 그는 매우 보수적이다. 문학과 정치를 최대한도로 분리하여 생각하였다. 그의 사랑의 시는 어휘구사 면에서 절약의지가 매우 강한 반면, 음향에 대한 감각이 탁월하다. 또한 어떤 객관화를 지향하는 역할 시, 그밖에 시가, 비가, 담시, 드라마 등을 많이 썼고, 고대 및 저지 독일어 민요 모음에 열중하였다. 중세의 시인 발터 폰 데어 포겔바이데에 대한 저술을 남겼다.

특히 그의 <방패시종 롤랑 Roland Schildträger> 같은 역사 발라드 작품들은 과거를 향해 현실감각을 <봄의 신앙 Frühlingsglaube>, <위에는 예배당이 있네 Droben stehet die Kapelle>, <나는 벗이 하나 있었네 Ich hatt' einen Kameraden> 같은 발라드들은 향토성과 종교성에 아주 밀착된 시인의 세계관을 잘 보여주고 있다.

EINKEHR

Bei einem Wirte wundermild, [100]
Da[101] war ich jüngst zu Gaste;
Ein goldner Apfel war sein Schild[102]
An einem langen Aste.

Es war der gute Apfelbaum,
Bei dem ich eingekehret;
Mit süßer Kost und frischem Schaum
Hat er mich wohl genähret.

Es kamen in sein grünes Haus
Viel leichtbeschwingte Gäste:
Sie sprangen frei und hielten Schmaus
Und sangen auf das beste. [103]

---

100) 운을 맞추기 위해 형용사가 뒤로 나와 있다.
101) 생략되어도 좋을 정도로 특별한 의미가 없다.
102) 여인숙 문앞에 달아두는 황금사과 간판.
103) 부사적 최상급으로 "최선을 다하여".

Ich fand ein Bett zu süßer Ruh'
Auf weichen, grünen Matten;
Der Wirt, er[104] deckte selbst mich zu
Mit seinem kühlen Schatten.

Nun fragt' ich nach der Schuldigkeit,
Da schüttelt' er den Wipfel.
Gesegnet sei er allezeit
Von der Wurzel bis zum Gipfel!

숙 박

어느 포근한 여인숙에
얼마 전 투숙했다
황금사과가 간판이었고
긴 가지에 달려 있었다.

내가 하룻밤을 묵은 곳은
좋은 사과나무였다
달콤한 음식과 신선한 거품으로
그것은 나를 잘 먹여주었다.

그 푸른 집안으로 몰려든
손님들이 가벼이 재잘대고 있었다
그들은 마음껏 뛰놀고 성찬을 즐겼다
그리고 멋진 노래를 불렀다.

나는 연하고, 푸른 초장 위에
편히 쉴 잠자리를 발견했다
여인숙 주인은 시원한 그늘로

---

104) 'der Wirt'의 강조, 생략가능.

손수 나를 덮어 주었다.

내가 투숙비가 얼마냐고 물으니까
그는 머리끄트머리를 가로 저었다
머리부터 발끝까지
영원히 축복 받을 지어다!

해설

방랑을 모티브로 하고 있는 가장 낭만주의적 특성이 살아있는 작품이다. 자연과 인간의 일체화가 시의 주제를 이루고 있다. 사과나무가 "여인숙 주인 der Wirt"이 관리하는 "푸른 집 sein grünes Haus"으로, 방랑하는 "나"는 손님으로, 다른 투숙객은 "새들"로 비유된다. "부드러운 푸른 초장 weiche grüne Matte"에 대하여 감사하고, 숙박비가 얼마냐고 묻는 품과 고개를 설레설레 흔드는 모습이 자연을 인간화하는 낭만주의적 비유법으로 넘친다. 더욱이 그 곳에 스며있는 시인의 자연사랑 의지가 느껴진다. 자연과 인간이 아무런 간격을 느끼지 않고 사는 것은 낭만주의 사상의 본질이며, 어떤 세상의 속박에서 벗어나 인간을 되찾는 노력의 하나일 것이다.

SCHÄFERS SONNTAGSLIED

Das ist der Tag des Herrn!
Ich bin allein auf weiter Flur,
noch eine Morgenglocke nur —
nun Stille nah und fern.

Anbetend knie' ich hier.
O süßes Graun, 105) geheimes Wehn! 106)
Als knieten viele ungesehn

---

105) beseligende Furcht.
106) 목자는 성령이 그를 신비스레 맴돌고 있는 것처럼 느낀다.

und beteten mit mir.

   Der Himmel nah und fern,
er ist so klar und feierlich,
so ganz, als wollt' er öffnen sich.
Das ist der Tag des Herrn!

목자의 주일노래

   주님의 날이다!
드넓은 초장 위에 나 홀로 있네
아직 아침 종소리만 남아 있는 —
온 누리에 정적만이 있네.

   나 여기서 무릎꿇고 기도하노라
오 달콤한 두려움이여, 살랑거리는 바람결이여!
만물이 어느새 무릎꿇고
나와 함께 기도하노라.

   여기 저기 온 하늘이
아주 맑고 장엄하다
너무나 완전하여 스스로 열리는 듯 하다
주님의 날이다.

해설

   시집 <시와 발라드 Gedichte und Balladen>(1815)에 수록된 작품이다. 역할 시의 하나로서 음향적 형상미가 돋보인다. 종소리와 울려 퍼지는 합창소리가 노래의 크고 깊은 가락 속에서 지속적인 영향을 미친다. 멀고 가까운 것이 넓은 시야를 통해 감지되는 경우 같은 차원에서 느껴진다는 원근법적 체험을 바탕으로 우리 인간과 시각을 달리하는 신의 위대함을 강조한다. 경건한 인간의 마음에 느껴지는 신과 자연풍경이 정적과 홀로 있음의 절대환경에서 더욱 절대화된다. 마지막 연에서 그런 분위기가 다시 한번 특별히 강조된다. 시 작품 <예배당 Kapelle>과 비교.

아달베르트 폰 샤미쏘 ADALBERT VON CHAMISSO

1790년 생. 순수 프랑스인의 혈통에 독일인의 국적을 지닌 시인이다. 가족은 프랑스 국적을 다시 찾아 고향으로 갔지만 혼자 남았다. 1813년 프로이센 장교로서 자기 조국의 국민에게 총부리를 겨누는 고통스러움을 체험했다. 이러한 상반적 체험과 내면갈등이 그의 소설, 동화 작품 곳곳에 중요한 소재로 등장한다. 1838년에 세상을 떠났다. 대표작으로 자기 자신의 운명을 그린 것으로 여겨지는 <페터 슐레밀의 이상한 이야기 Peter Schlemihls wundersame Geschichte>가 있으며, 자신을 되돌아보는 많은 시편을 남겼다.

> Ich träumt' als Kind mich zurücke,
> Und schüttle mein greises Haupt;
> Wie sucht ihr mich heim, ihr Bilder,
> Die lang ich vergessen geglaubt?
> 〈봉꾸르 성 Das Schloß Boncourt[107]〉 중에서

프리드리히 뤼케르트 FRIEDRICH RüCKERT

1788년 슈바인푸르트 출생. 낭만주의적 요소를 간직하면서 사실주의적 시인의 성향을 보여 준다. 사물과 접하면서 티없이 맑은 세상을 발견하지만 장난기 어린 놀이충동으로 항상 모순적인 갈등을 자신의 내면세계에 간직한다. 그리하여 어떤 조화로운 통일성을 추구하는 것이 시인으로

---

107) 샤미쏘의 출생지.

서 그의 특징이자 목표가 되었다. 또한 그의 시는 연작 형태를 통해 민속적 소재가 다양하게 표현되었다. 1866년 세상을 떠났다.

나폴레옹에 항거하는 의지를 노래한 시집 <갑옷 입은 소넷 Geharnischte Sonette>, 민요풍의 <어린 시절 이야기 Aus der Jugendzeit>, 전형적인 알렉산드리너 시형의 <브라만교의 지혜 Die Weisheit des Brahmanen> 등의 작품을 통하여 탁월한 언어감각과 자유자재의 형식미를 보여준다.

하인리히 하이네 HEINRICH HEINE

낭만주의에서 출발, 아름다운 서정성으로 그의 문학을 채색하였지만, 후기에 이르면서 차츰 사실주의적 사회비평 쪽으로 옮겨간다. 그는 보수적인 속물주의와 위선, 진보파의 편협한 교조주의와 독선주의를 날카롭게 비판, 공격하여 인간성을 옹호한다.

1799년 12월 31일 뒤셀도르프에서 유태계 포목상집 장남으로 출생, 예수잇 고전 중학교에 입학하여 신학을 공부하였다. 그에게 성직자의 자질이 발견되었으나, 부모는 곧 그를 상업학교로 전학시킨다. 유능한 실업가로 성공시키겠다는 희망에서였다. 그러나 천성을 고려하지 않은 이런 조처는 상업적 재능이 부족하다는 이유로 퇴교당하면서 끝나고 만다. 그 후 함부르크의 은행가인 백부에게 실무를 사사하도록 보내졌으나, 1년도 채 못되어 중단된다. 그 사이에 백부의 딸 아말리아를 향한 사랑이 곧 실연으로 끝나고 만다. <젊은 괴로움>, <서정삽곡(揷曲) Lyrische Intermezzo> 등이 당시의 심정을 담은 시집들이다. 감상적이며 낭만적인 시인은 곧 그녀의 동생 테레제에게 연정을 품었으나 역시 좌절의 아픔을 맛본다. 그 후 나온 것이 시집 <귀향 Die Heimkehr>이다.

1819년 그는 법률가가 된다는 조건아래 학비지원을 받아 본 대학에 등록한다. 그러나 법학보다는 문학에 더 열중한다. 당시 라이프치히 전쟁에서 나폴레옹 군대를 격파한 독일은 고조된 통일 분위기에 잠기게 되었고, 예나 대학 학생단은 자유통일의 선봉에 서서 보수정책과 싸운다. 하이네는 이들과 손을 잡는다.

1820년 가을 괴팅겐 대학으로 옮긴다. 그곳에서 법학공부를 계속하려고 했으나 이미 자유주의 사상에 물든 그로서는 독일고전에 대한 깊은 관심을 떨쳐 버릴 수가 없었다. 그 후 결투사건에 연루되어 퇴학을 당하여 베를린 대학으로 옮긴다. 그곳에서 헤겔 철학에 심취한다. 또한 샤미쏘 Chamisso, 푸케 Fouque, 호프만 E. T. A. Hoffmann 등 당시 독일문단의 거성들과 가까이 사귀게 된다. 차츰 풍자시인의 품격을 갖춘다. 학사학위를 받던 1823년, <하르츠 기행 Die Herzreise>이 출판된다. 1825년 그는 유태교에서 기독교로 개종하고, 이탈리아와 영국으로 여행한다.

1826년 런던에 머무는 동안 그는 영국의 해방정책에 큰 공감을 하게 된다. 그러나 후에 환멸만 느끼고 함부르크로 돌아온다. 1827년 소박한 민요풍의 가락을 담은 <노래의 책 Buch der Lieder>이 나온다. 그 후 그는 프랑스의 7월 혁명과 2월 혁명을 거치면서 독일인의 애국심으로 싸웠지만 유태인으로서의 한계를 벗어나지 못한다. 마침내 그는 독일을 등지고 만다. 1931년 그리던 파리로 간다.

1844년에는 파리에서 <신시집 Neue Gedichte>이 세상의 빛을 본다. 그 중 몇몇 작품들은 큰 센세이션을 일으킨다. 하이네는 단순한 서정시인에서 곧 부조리한 현실을 예리하게 풍자하는 독설가 또는 비판가로서 명성을 얻게 된다. 그러나 아내의 무지와 낭비벽으로 인한 경제적 타격, 극도에 달한 심신의 피로가 그를 덮친다. 그런 가운데 '설화 시 Romanzero'가 큰 환영을 받게됨에 따라 점점 압축된 운율과 리듬으로 시대적인 감정을 아름답게 노래한다. <아타 트롤 Atta Troll>(1843), <여름밤의 꿈>, <독일, 겨울 이야기 Deutschland, ein Wintermärchen>(1844), <여행의 그림 Die Reisebilder>, <독일에 있어서의 종교와 철학의 역사 Zur Geschichte der Religion und Philosophie in Deutschland>, <낭만파 Die romantische Schule>, <이야기 시집 Romanzero>(1851) 등이 출간된다.

    1848년 척추 병으로 입원, 오직 죽음을 기다릴 수밖에 없는 시인 앞에 '카밀라 세르당'이라는 여인이 나타난다. 그녀에 대한 최후의 연정은 <뮤즈에 보냄>이라는 장시로 작품화된다. 그러나 천대와 모욕으로 점철된 인생체험과 아름다운 시어들은 1856년의 죽음과 더불어 모두 끝나고 만다.

LEISE ZIEHT DURCH MEIN GEMÜT[108]

    Leise zieht durch mein Gemüt
    Liebliches Geläute, [109]
    Klinge, kleines Frühlingslied,
    Kling hinaus ins Weite.

    Kling hinaus bis an das Haus,
    Wo die Blumen sprießen;[110]
    Wenn du eine Rose schaust,
    Sag', ich lass' sie grüßen.

가만히 내 가슴을 스치는

    가만히 내 가슴을 스치는
    사랑스런 종소리
    울려라, 작은 봄 노래여,
    저 멀리 울려 퍼져라.

---

108) das Gemüt=der Sinn, die Gedanken.
109) lieblich=sehr zart und schön.
    das Geläute=Läuten der Glocken.
110) sprießen=wachsen.

꽃들이 피어나는
저 멀리 집까지 울려 퍼져라
그대가 한 송이 장미를 만나면
내 인사를 전해주렴.

DU BIST WIE EINE BLUME

Du bist wie eine Blume
So hold und schön und rein;
Ich schau' dich an, und Wehmut
Schleicht mir ins Herz hinein. 111)

Mir ist, als ob ich die Hände112)
Aufs Haupt dir legen sollt',
Betend, daß Gott dich erhalte113)
So rein und schön und hold.

그대는 한 송이 꽃과 같도다

그대는 한 송이 꽃과 같도다
고귀하고 아름답고 순수하다
너를 보고 있노라면
서러움은 내 가슴속까지 스며드누나

나 그대 머리에 손을 얹고
간구 하는 마음이라
하나님이 너를 언제나 이대로 지켜주시리라
순수하고 아름답고 고귀하게.

---

111) mir ins Herz=내 가슴 속으로(소유의 3격).
112) mir ist=es ist mir.
    die Hände=나의 손, 정관사가 경우에 따라 소유형용사를 대신해서 쓰인다.
113) 미래 대용으로 쓰인 현재시제. "지켜주시리라"

해설

단순 소박한 사상과 완성된 형식의 본보기라 할 수 있는 시이다. 하이네 특유의 낭만적 선율이 깃들어 있다. 그러나 현실을 극복, 승화시키려는 노력이 뚜렷이 엿보인다. 전신마비로 누워 죽음만을 기다리는 절망적 상황 속에서, "무슈 파리"라고 그 자신이 별명을 지어 준 여교사에게 쏠린 자신의 정신적 사랑이 이 시구에 담겨져 있다. "너를 보고 있노라면/ 서러움은 나의 가슴속까지 스며드누나"(3-4행)에서 느껴지는 귀엽고 사랑스러운 여인에 대한 감정은 죽음도, 수많은 왜곡된 현실세계도 희석시켜 기쁨으로 바꾸어 준다. 육체와 정신, 양면의 사랑이 이루어질 때 완전하다고 본다면, 하이네에 있어서는 반쪽 사랑의 안타까움이 짙게 서려 있다. "하나님이 너를 언제나 이대로…"(7행)라는 구절에서 시인은 부족하나마 지금의 기쁨을 간직하려고 하는 의지가 기도의 형태 속에 연결되고 있다. 특히 1연의 "hold", "schön", "rein"이 2연에서는 "rein", "schön", "hold"로 엇갈리게 쓰여짐으로써 시인의 언어미학적 의지도 강하였음이 증명된다.

LORELEI

Ich weiß nicht, was soll es bedeuten, 114)
Daß ich so traurig bin;
Ein Märchen aus alten Zeiten,
Das kommt mir nicht aus dem Sinn. 115)

Die Luft ist kühl und es dunkelt,
Und ruhig fließt der Rhein;
Der Gipfel des Berges funkelt
Im Abendsonnenschein.

---

114) 무얼 의미하는 지, 무얼 뜻하는지.
115) "das … Sinn": 그런 생각을 떨쳐버릴 수 없다. "das"는 관계대명사가 아니라 "전설"의 단순히 장황한 반복일 따름이다.

Die schönste Jungfrau sitzet
Dort oben wunderbar, 116)
Ihr goldnes Geschmeide blitzet,
Sie kämmt ihr goldenes Haar.

Sie kämmt es mit goldenem Kamme,
Und singt ein Lied dabei;
Das hat eine wundersame,
Gewaltige Melodei.

Den Schiffer im kleinen Schiffe
Ergreift es mit wildem Weh;117)
Er schaut nicht die Felsenriffe,
Er schaut nur hinauf in die Höh.

Ich glaube, die Wellen verschlingen118)
Am Ende Schiffer und Kahn;
Und das hat mit ihrem Singen
Die Lore-Ley getan. 119)

해설

성 고아르와 오버베젤 사이의 라인강 언덕 바위 위에서 노래부르는 요정이 있다. 지나가던 뱃사공들은 그 매혹적인 모습을 넋을 잃고 바라보다가 급류와 암초에 부딪쳐 죽었다고 한다. 이와 같은 전설에 바탕을 둔 이 시는 필립 프리드리히 질허 Philipp Friedrich Silcher(1789-1860)가 그에 곡을 붙여서 제 2의 독일 국가라 할 정도로 널리 알려졌다. 원래 낭만주의 문학가가 선호

---

116) "die schönste … wunderbar": 아름답기 그지없는, "dort oben": 저 위.
117) "es"는 das Lied를 가리킨다. "ergreift"의 주어는 비인칭적으로 이해될 수 있고, 수동적 의미로 번역하는 것이 좋다.
118) "verschlingen"은 미래를 대신하는 현재형.
119) "hat getan"은 미래완료적 표현.

하는 이 주제는 브렌타노, 아이헨도르프 등은 물론, 100년 후 에리히 케스트너 같은 시인들도 즐겨 시로 노래불렀다.

하이네는 자연의 이중적 이미지로 "저녁놀"이니 "강물"이니 하는 것을 자연의 요소로 도입하고 있다. 석양의 산정에 섬광처럼 비치는 요정의 모습과 산 봉오리의 그늘에 가리워 어둡고 서늘한 라인강물이 각기 시의 모티브를 이룬다. "석양햇살"을 받으며 산 봉오리에서 황금 빗으로 금발을 빗고 있는 아름다운 요정이라든가 그 모습에 홀리어 암초에 부딪쳐 목숨을 잃는 뱃사공, 바로 "매혹"과 "죽음"을 뜻하는 이중적 암시의 신화적 존재가 아닐 수 없다. 산정에 걸려 있는 "석양"과 싸늘한 어둠 속에서 조용히 흐르고 있는 "물줄기"의 모습은 객관적인 자연의 상태로부터 주관적인 낭만적 분위기를 동시에 연상케 하는 "양면가치의 병존 Ambivalenz"을 뜻한다. 이러한 "일몰의 이중성"은 하이네 시의 전형적 모형이다. 특히 4연에서와 같이 뱃사공의 죽음은 요정을 동경하는 사랑에 대한 구제로서 마녀의 복수를 의미하며, 사랑과 죽음의 양극성이 마녀의 조화에 의해 신비적으로 결합된다.

이 작품은 초기 서정시집 <노래의 책>에 수록되었다. 아말리아에 대한 실연으로 마음의 상처를 안고 함부르크에서 본으로 옮겨간 시인은 그곳에서 공부를 하는 동안 라인강 정취에 사로잡혀 이 노래를 부르기에 이른 것이다. 요정은 아말리아의 변형이며 뱃사공은 시인 자신의 모습이다. 그러나 강 물결 위에서라도 경건하고 온화한 "연인의 모습"을 찾았으면 하는 그리움은 버리지 못한다. 특히 첫 글자 "나 Ich"는 개인적 감정을 부각시키는 데 큰 역할을 한다. 그러면서도 까닭 모를 비애에 대한 원인은 계속 수수께끼로 남는다. "내가 왜 이리도 슬픈지 나도 모르겠다"(1-2행)고 한탄하면서도 그는 "황금의 장신구"(11행)를 번쩍거리며 "황금의 머리칼"(12행)을 빗는 아름다운 여인을 계속 찾는다. 그것은 자신의 내면에 자리한 본성을 찾으려는 시인 자신의 노력이기도 하다.

형태상으로는 같은 흐름의 문장구조, 리듬을 살리기 위한 단어의 압축, 운을 맞추기 위한 어휘선정 등으로 단조로움이 중복된다. 그래서 이미지나 구조가 취약하다. 더욱이 소박한 형태와 비기교적 취향을 바탕으로 하기 때문에, 배어법이나 문장구조가 정상에서 이탈하고 운율과 리듬의 제한성을 깨뜨린다. 이러한 요소들로 해서 세련미가 부족하다는 평이 뒤따른다. 그러나 초기 시에서처럼 뮐러 풍의 가요적 요소가 사람들의 마음을 사로잡고, 십자 운이나 출렁이는 물결을 암시하는 가벼운 닥틸루스(강약약) 리듬이 나름대로 시의 생동감을 높여주고 있다.

해설원문강독

Während das Heinesche Frühgedicht den Vergleich: Strom — Geliebte in vier Strophen auseinanderzerrt, während die Lureley-fassung Loebens über sechs Strophen Bilderstücken und Warnrufe des lyrischen Ichs steigerungslos mischt, zeichnet sich hier in auch nur sechs Strophen eine kunstvolle Spannungsfigur, die mit subjektivem Angstgefühl beginnt, eine objektive Landschaft entgegengesetzt, die Landschaft auflöst im mythischen Bild, aus dem Märchenhandlung wird und das Märchen zurückgibt an das lyrische Ich, das es zu Ende denkt und mit Namensgebung besiegelt.

Heine war 26 Jahre alt, als er die eine der ihm gegebenen dichterischen Möglichkeiten so bis zum letzten, ja, man möchte fast sagen: so bis zur Erschöpfung zu nutzen wußte. Persönliche Stimmung und persönliches Erlebnis (Loreley ist die archetypisch verwandelte Amalie) setzten sich hier aufs sublimste in ein romantisches Bild um. Und dennoch ist dies Gedicht kein romantisches Kunstwerk, sondern nur Ausdruck rückgewandter Sehnsucht nach der Romantik. Heine bekennt hier sein Heimweh nach der Zeit, in der die Blaue Blume geglaubt wurde. Das Geglaubte hat Wirklichkeit. Für ihn aber ist jene Blume eine Illusion.

(Ursula Jaspersen)

Aus: Benno von Wiese(Hg.) Die deutsche Lyrik II. Form und Geschichte, S. 133.

DER ASRA

Täglich ging die wunderschöne
Suktanstochter auf und nieder
Um die Abendzeit am Springbrunn,
Wo die weißen Wasser plätschern.

Täglich stand der junge Sklave
Um die Abendzeit am Springbrunn,
Wo die weißen Wasser plätschern;
Täglich ward er bleich und bleicher.

Eines Abends trat die Fürstin
Auf ihn zu mit raschen Worten:
„Deinen Namen will ich wissen,
Deine Heimat, deine Sippschaft!"

Und der Sklave sprach: „Ich heiße
Mohamet, ich bin aus Yemen,
Und mein Stamm sind jene Asra,
Welche sterben, wenn sie lieben."

해설

시는 남부 아랍민족 사이에 전래되는 이야기를 소재로 한 발라드이다. 아스라 der Asra는 'dhara'(úːðra), 'Odsra' 또는 'Udhra'로 쓰이기도 하며 사랑을 하면 곧 죽게 된다는 비극적인 운명의 사람들에 대한 이야기이다.

* 꼭 읽어야 할 시: <독일 가문비나무 Ein Fichtenbaum>,
　　　　　　　　<약속 Verheißung>,
　　　　　　　　<슐레지엔 직조공 Die schlesischen Weber>.

10.5. 이념을 넘어선 시인들

아우구스트 폰 플라텐 AUGUST GRAF VON PLATEN

1796년 안스바하에서 태어남. 1814년 중위로 프랑스 출정, 1818년부터 뷔르츠부르크와 에어랑겐에서 법학, 철학, 고전 및 현대어를 공부했다. 1826년과 1834년에 이탈리아와 시실리로 여행, 1835년 12월 5일 그곳 쉬라쿠스에서 세상을 떠났다. 귀족풍의 탐미주의를 고전적 형태 속에 잘 가꾸어 송가, 찬가, 설화 시, 소넷, 가젤, 경구 등에는 엄격한 형식의 의지가 지배하고 있으며 그를 통해 문학적 역량을 크게 발휘하였다. 그런 가운데 <가슴속의 무덤 Das Grab im Busento>, <성 쥬스트의 순례자 Der Pilgrim von St. Just> 같은 발라드에는 울적한 분위기가 가득 채워져 있다. 그가 겪을 수밖에 없었던 내적, 외적 갈등이 그를 결국 이탈리아로 자유로운 망명의 길로 내몬 것이다. 그는 특히 고대 및 동양의 시운을 즐겨 썼다. 루드비히 티이크의 제자로서 풍자에 능하였지만, 하이네와는 작품성향이 정반대라고 할 수 있다.

시집: <가젤 Ghaseln>(1821), <하피스의 거울 Der Spiegel des Hafis> (1823), <베네치아의 소넷 Sonette aus Venedig>(1825).

ES LIEGT AN EINES MENSCHEN SCHMERZ

Es liegt an eines Menschen Schmerz, an eines Menschen Wunde nichts,
Es kehrt an das, was Kranke quält, sich ewig der Gesunde nichts,
Und wäre nicht das Leben kurz, das stets der Mensch vom Menschen erbt,
So gäb's Beklagenswerteres auf diesem weiten Runde nichts.
Einförmig stellt Natur sich her, doch tausendförmig ist ihr Tod,
Es fragt die Welt nach meinem Ziel, nach deiner letzten Stunde nichts.
Und wer sich willig nicht ergibt dem ehrnen Lose, das ihm dräut, [120]
Der zürnt in's Grab sich rettungslos und fühlt in dessen Schlunde nichts.
Dies wissen Alle, doch vergißt es Jeder gerne jeden Tag.
So komme denn, in diesem Sinn, hinfort aus meinem Munde nichts!
Vergeßt, daß euch die Welt betrügt, und daß ihr Wunsch nur Wünsche
                                                zeugt,
Laßt eurer Liebe nichts entgehn, entschlüpfen eurer Kunde nichts!
Es hoffe Jeder, daß die Zeit ihm gebe, was sie Keinem gab,
Denn Jeder sucht ein All zu sein und Jeder ist im Grunde nichts.

인간의 괴로운 마음 때문이지

인간의 괴로운 마음 때문이지, 인간의 상처는 아무 것도 아니리
아픈 자가 겪는 고통, 그것을 건강한 자는 영원히 상관하지 않는다
그리고 항상 인간이 인간으로부터 물려받는 삶이 짧지 않다면,
이 드넓은 순환 속에서 한탄할 것이 그 무엇이랴.
자연은 한가지 모습이지만, 그것이 죽어 가는 건 천가지 모양,

---

120) drohen.

세상은 나의 갈 길을 묻지, 너의 마지막 시간을 묻지 않는다.
자신을 위협하는 철통같은 운명에 기꺼이 몸바칠 생각이 없는 자는
걷잡을 수 없는 분노에 사로잡혀 무덤 속으로 들어가 그 깊은 속에서
감각마저 잃고 말리라.
모두가 이걸 알고 있지만 모두가 날마다 그걸 쉽게 잊고 산다.
그러면 이런 의미에서 앞으로는 내 입에서 아무 것도 나오지 않으리!
세상이 너희를 속이고, 세상의 소원이 한낱 소원들을 낳는 다는 걸 잊어라,
너희 사랑이 어느 것 하나 그냥 내버려두게 하지말고, 어느 것 하나 너희 지식에서 벗어나게 하지 말라!
시간이 다른 사람에게는 아니어도 자기에게는 주기를 모두가 바란다
모두가 완전함을 원하지만, 원래 허무한 존재이기 때문이라.

해설

일곱 개의 짝을 이루는 가젤 시. 중간에 쉼이 있는 6각 운의 얌부스(약강격) 긴 시행으로 되어 있다. 처음의 두 시행과 하나씩 걸러 허무한 존재성, "nichts"으로 끝난다. 이것은 테마 상으로도 큰 의미를 지니고 있어서 개개인 간은 아무 것도 아닌 존재임을 강조한다. 세상은 인간이 어떤 소원과 괴로움을 갖고 있든지 간에, 설사 죽는다 할지라도 아무런 관심도 없다. 인간의 이런 한스러운 위치에 대한 생각은 모든 시행마다 짝을 이루며 모습을 바꾸어 간다. 각 행의 개개 성분들이 논리적으로 연결되기보다는 공동적인 기분을 통해서 그렇게 된다. 이것은 가젤이 갖는 일반적 형식에 일치하는 것이다.

플라텐에게 있어서 특징을 이루고 있는 것은 그러나 가젤 시의 마지막 쯤, 여기서는 짝을 이루고 있는 시행 7개 중의 다섯 째에서 첫째 것과 어긋나는 두 번째 사고 선이 일어난다는 사실이다. 그러한 배열은 반의 상태로 넘어간다. 인간이 원래 그들의 참된 상황을 잊으려 했기 때문에, "이러한 의미에서"(10행), 즉 인간의 허무함에 대한 지금까지의 발언의 의미에서, 장래에는 더 이상 아무 것도 들을 필요가 없다. 기대할 수 있다면 첫째 사고배열이 파기되고 새로운 것이 시작된다는 것이리라. 그러나 다섯 번째 시행 짝에서의 약속은 여섯 번째에서 파기된다. 옛 상상의 배열이 새 것과 더불어 시작된다. 두개의 마지막 시행 짝은 우리들에게 사랑하고, 배우고, 희망하기를 촉구하는

것이다. 우리들을 그러한 무의미한 행위로부터 사기를 죽이지 않고서 말이다. 그러나 좋은 충고가 적절한 표현력을 발동하여, 우리의 자신감과 우리의 객관적인 허무성 사이의 모순이 더욱 더 심하게 모습을 드러내고 마지막 행에 이르러는 화해하지 못하는 대립으로 상승된다.

니콜라우스 레나우 NIKOLAUS LENAU

1801년 8월 13일 헝가리 테메쉬바 Temeswar(Csatád)에서 태어났다. 아버지로부터 독일, 슬라브의 피를, 어머니로부터 헝가리의 피를 받았다. 빈 대학에서 철학, 법학, 의학 등을 공부하였다. 1831년 오스트리아를 떠나 한동안 독일 슈바벤 지방에 살면서 민속적 취향에 젖었다. 1832년에는 미국으로 여행을 하였고, 1833년 유럽으로 돌아와, 빈과 슈트트가르트를 오가며 살았다. 1844년 실연으로 인하여 횔덜린처럼 정신질환을 일으켜, 수년동안 요양소에서 머물게 되었다. 그 후 계속 2년여 빈 병원에 입원, 그곳에서 1850년 8월 22일 세상을 떠났다.

그의 시에는 낭만주의 유산이 곳곳에 스며 있다. 내적 평화로움과 조화를 향한 채울 수 없는 동경에 힘입어 그는 <숲과 갈대의 노래 Wald- und Schilflieder>에서 자연과 풍경을 암울한 색채로 그리고 있다. 우수와 감상적인 또는 열정을 가지고 푸츠타 Puszta 광야에서의 집시와 목동의 삶을 노래부른다. 시 <우편(마차)배달부 Der Postillion>에 묘사되고 있듯이, '5월 밤'의 마력까지도 죽음과의 만남을 통해서 파괴된다.

누구보다도 진지하게 "세계고 Weltleiden"를 내면에 품은 그는 강한 낭만성에 고전주의적 기풍을 가미한 이색적인 시인이라 할 수 있다. 아이헨도르프와는 대립적 유형의 시인으로 통한다. 초원, 가을 숲, 고요한 호수, 암울한 우수, 이별, 죽음, 환멸 등을 통하여 그는 단순한 민속문학이 아닌 예술(창작)문학의 기틀을 마련하였다.

<시집 Gedichte>(1982), <신시집 Neuere Gedichte>(1838), 운문서사시

<알비파 Die Albigenser>(1842), <사보나롤라 Savonarola>(1837), <파우스트 Faust>(1836).

SCHILFLIED
(5)

Auf dem Teich, dem regungslosen,
Welt des Mondes holder Glanz,
Flechtend seine bleichen Rosen
In des Schilfes grünen Kranz.

Hirsche wandeln dort am Hügel,
Blicken in die Nacht empor;
Manchmal regt sich das Geflügel
Träumerisch im tiefen Rohr.

Weinend muß mein Blick sich senken;
Durch die tiefste Seele geht
Mir ein süßes Deingedenken
Wie ein stilles Nachtgebet!

갈대의 노래
(5)

잔잔한 연못에
고운 달빛 비쳐 오고
애련한 달빛은 갈대 푸른 이삭 위에
장미 꽃 모양의 창백한 관을 이룬다

저 건너 언덕 위를 거니는 사슴들
고개를 들어 어두운 밤하늘을 우러러본다

새들은 때때로 날개를 파닥이며
갈잎 속에서 꿈꾸며 움칠댄다

나는 하염없이 눈물 젖은 눈을 내려뜨린다
내 마음 깊은 속을 스쳐 지나가는
그대 그리는 감미로운 생각이
고요한 밤의 기도이어라!

해설

  4행으로 된 3연의 시. 십자 운이다. 시든 장미를 바라보며 애처로운 자연의 모습을 가슴에 담는다. 자연의 이미지는 이미 시인의 마음이 되었다. 지난 시간으로 치닫는 추억, 아련한 꿈, 낭만적 무한성이 깊은 영혼과의 만남 속에 깃들어 있다. 그것은 "밤 기도"로 비유된다. 경건한 정신의 승리에 느긋한 마음이 달빛처럼 밤하늘에 퍼진다. 슬라브적 우울과 공상, 그리고 내면의 거센 폭풍이 그가 서사적으로 서술하려고 하는 소재 속에 스며 있는 시적 멜로디로 승화된다.

EINSAMKEIT

I

Hast du schon je dich ganz allein gefunden,
Lieblos und ohne Gott auf einer Heide,
Die Wunden schnöden Mißgeschicks verbunden
Mit stolzer Stille, zornig dumpfem Leide?

War jede frohe Hoffnung dir entschwunden,
Wie einem Jäger an der Bergesscheide
Stirbt das Gebell von den verlorenen Hunden,
Wie's Vöglein zieht, daß es den Winter meide?

Warst du auf einer Heide so allein,
So weißt du auch, wie's einen dann bezwingt,
Daß er umarmend stürzt an einen Stein;

Daß er, von seiner Einsamkeit erschreckt,
Entsetzt empor vom starren Felsen springt
Und bang dem Winde nach die Arme streckt.

II

Der Wind ist fremd, du kannst ihn nicht umfassen,
Der Stein ist tot, du wirst beim kalten, derben
Umsonst um eine Trosteskunde werben,
So fühlst du auch bei Rosen dich verlassen;

Bald siehst du sie, dein ungewahr, erblassen,
Beschäftigt nur mit ihrem eignen Sterben.
Geh weiter: überall grüßt dich Verderben
In der Geschöpfe langen, dunklen Gassen;

Siehst hier und dort sie aus den Hütten schauen,
Dann schlagen sie vor dir die Fenster zu,
Die Hütten stürzen, und du fühlst ein Grauen.

Lieblos und ohne Gott! der Weg ist schaurig,
Der Zugwind in den Gassen kalt; und du? —
Die ganze Welt ist zum Verzweifeln traurig.

율리우스 슈트름 JULIUS STURM

필명이 슈테른 Stern이다. 1816년 튀링겐의 쾨스트리츠 출생, 1896년

라이프치히에서 사망하다. 직업은 목사. 후기 낭만적-종교적 서정시인이자 동화 및 우화 작가이다.

에두아르트 뫼리케 EDUARD MÖRIKE

1804년 루드비히스부르크에서 태어나 전 생애를 슈바벤에서 보냈다. 13세 때 부친을 잃고, 백부의 밑에서 성장하였다. 1829년 목사의 딸 루이제 라우 Luise Rau와 약혼했다가, 4년 후 파혼, 1834년부터 1843년까지 어머니와 누이동생과 함께 하일브론 근교 클레버스슐츠바하에서 지냈다. 씨트론과 여름꽃, 과일과 장미의 축복, 따사로운 유머로 가득했던 이 기간을 그는 생애 중 가장 행복하게 여겼다. 신학교를 졸업한 후, 1834년부터 목사로 시무하다가 슈투트가르트 여학교 문학교사로 진로를 바꾼다. 그 후 친구를 통해 횔덜린을 소개받고 많은 영향을 받았다. 궁중고문관을 지내던 1875년 그는 죽음을 맞이하였다.

그의 삶은 나폴레옹으로부터 비스마르크 시대에 걸친다. 천성적으로 섬세한 감각의 소유자인 시인은 현실세계의 소용돌이에서 벗어난 소박한 삶을 시 세계의 주제로 삼고 있다. 꾸밈없고 은밀한 자연력을 소박한 민요조로 표현, 향토적인 삶의 가락에 균제력과 평온이 깃들게 한다. 비더마이어적 시인의 전형이라고 평가되는 그의 관찰력은 뛰어나다. 더욱이 시적 형상 미를 갖추는데 대가다운 능력을 발휘하고 있으며, 마치 건축가처럼 시를 명쾌하게 접합시키는 명수로 이름을 떨쳤다.

그가 쓴 전원풍의 시는 낭만주의의 영향이라 할 수 있다. 일반 가요풍의 시 <버림받은 아가씨 Das verlassene Mägdlein>는 널리 알려졌으며, <나의 강 Mein Fluß>, <밤에 함께 부르는 노래 Gesang zu Zweien in der Nacht>, <페레지나 노래 Peregina-Lieder>, <기도 Gebet>, <바로 그분 Er ist's> 등 같은 신앙적인 작품들을 통하여 언어의 내용과 형식을 유연하게 구사하고 있다. 특히 시 <병사의 신부 Die Soldatenbraut>, <낡은 풍향기 Der alte Turmhahn>과 교육적 동화 <농부와 그의 아들 Der Bauer und sein Sohn> 속에는 깊고 섬세한 해학과 아이러니가 숨겨져 있다. 그밖에도 관찰력을 과시하는 <램프에게 An einem Lampe>, <너도 밤나무에게 An eine Buche> 등은 섬세한 감정, 영적인 격동, 자연감각과 사랑의 동경을 생생하게 나타내고 있다. <뭄멜 호의 유령들 Die Geister am Mummelsee>, <불꽃의 기사 Der Feuerreiter> 같은 발라드들은 신비에 가득한 자연력을 특징으로 삼고 있다.

DAS VERLASSENE MÄGDLEIN[121]

Früh, wann die Hähne krähn,
Eh' die Sternlein verschwinden, [122]
Muß ich am Herde stehn,
Muß Feuer zünden.

Schön ist der Flammen Schein,
Es springen die Funken;[123]
Ich schaue so drein,
In Leid versunken.

Plötzlich, da kommt es mir, [124]
Treuloser Knabe, [125]
Daß ich die Nacht von dir
Geträumet habe.

---

121) Mägdlein=jünges Mädchen.
122) eh'=bevor.
123) Der Funke=kleines Stück brennendes Holz.
124) es kommt mir=ich erinnere mich.
125) Der Knabe=junger Mann.

Träne auf Träne dann
Stürzet hernieder;[126)
So kommt der Tag heran —
O ging' er wieder!

버림받은 아가씨

닭울음소리 들리는 새벽
샛별들이 사라지기 전
나는 부뚜막에 나서서
불을 지펴야만 하리라.

불빛은 아름답다
불꽃이 튄다
시름에 잠겨
그 속을 들여다보네.

불현듯 떠오르는 생각
믿지 못할 낭군이여,
밤을 지새워
그대 꿈을 꾸었노라.

하염없이
흐르는 눈물
날이 밝아 옵니다 —
오 그는 다시 사라져버렸네!

해설

소설 <화가 놀텐 Maler Nolten>(1832)을 통해 명성을 얻고, 후에 시집 <시

---

126) herniederstürzen=herunterfallen.

Gedichte>(1832)에 민요풍의 장점을 살려 민중의 심상에 강한 호소력을 발휘한 시인답게 뫼리케는 이 시에서 발라드 가락을 서정의 바탕으로 삼고 있다. 소재 상으로 아이헨도르프와 거의 유사한 분위기에서 출발하지만 기법과 내용에 있어서 큰 차이를 보인다. 형상을 제시하는 면에서 소극적이라 본다면, 동작 중심의 시적 분위기가 상대적으로 뚜렷하다. 즉 "부뚜막에 나서서 불을 지펴야 한다", "시름에 잠겨, 그 속을 들여다보네" 등 사회적 의무감 속에 대립적으로 나타나는 자아의 위치인식이 그것이다. 또한 "불현듯 나에게 그런 생각이 떠올랐네"라는 표현은 감정이 더욱 개인적으로 작용되고 있음을 보여준다. 남녀의 봉건적 주종관계가 기본바탕을 이루고 있으며, "신의 Treue"가 모든 덕목의 출발로 강조되는 19세기 사회상이 시를 이해하는 데 필수적이다. 이 시를 통하여 뫼리케는 특히 아이헨도르프보다 괴테에 훨씬 가까이 서 있다는 사실을 입증하고 있다.

GEBET[127)]

> Herr! schicke, was du willt,
> Ein Liebes oder Leides;
> Ich bin vergnügt, daß beides[128)]
> Aus deinen Händen quillt. [129)]
>
> Wollest mit Freuden
> Und wollest mit Leiden
> Mich nicht überschütten![130)]
> Doch in der Mitten
> Liegt holdes Bescheiden. [131)]

---

127) Gebet=Bitte an Gott.
128) ich bin vergnügt=bin zufrieden, froh.
129) quellen=hervorkommen.
130) überschütten=in großer Menge schenken.
131) hold=zart,sanft.
    das Bescheiden=Zurückhaltung.

기도

주여! 당신 원하시는 대로 보내소서
즐거운 일이든 슬픈 일이든
나 오로지 만족하옵는 것은
두 가지가 모두 당신의 손에서 나온다는 것.

기쁨으로도
슬픔으로도
나에게 쏟아 붓지 마소서
하지만 한 가운데에
고귀한 겸손만이 놓이게 하소서.

해설

    시가 사물들에 대하여 말하는 것이 아니라, 사물 자체가 시속에서 오히려 살아 움직이는 듯한 느낌을 준다. 꽃, 바람, 서리, 봄, 아침, 들판이 주체적 역할을 한다. 내면 깊숙이 우러나오는 경건한 신앙심이 전체 분위기를 지배한다. 힘든 나날 속에서 시인은 예술의 무한한 나라 속으로 도피할 수 있었던 순간을 이 시를 통하여 보여주고 있다. 절제와 조화는 그의 등대 불이다. 이것을 위하여 시의 운율을 포옹문으로 장식한 시인은 겸허하게 두 손을 모은다. 1832년에 쓰여졌다.

11. 사실주의 Der Realismus

11.1. 생성배경

19세기 낭만주의가 내용에 있어서 허구에 치우친 나머지 본질을 잃은 문학이란 비판의 목소리가 높아지자 그 보완책으로 사실주의가 나타난다. 고전주의가 지니고 있는 자율적 사상을 높이 평가하면서 "형식, 절제, 균형, 존엄성과 품위, 아름다운 대상의 우위"[132]를 재수용한 이 문학운동은 첫째, 비더마이어적 소극주의와 여성적 수동성 및 서정성을 견지하는 시적 사실주의 der poetische Realismus 유파, 둘째 현실모순에 대응 새로운 시각을 설정하려는 청년독일파 das Junge Deutschland[133] 등 두 갈래로 발전된다.

프랑스 혁명 전후 유럽 사회는 민중의식을 형성하게 되었고, 젊은 층은 현실에 강한 저항을 보이기 시작한다. 칼 마르크스의 직접적인 영향 하에 이루어진 현실에 대한 민감한 반응의 결과이다. 전통 귀족 및 신흥 자본가계급은 현 질서를 유지시키기 위하여 다각도의 노력을 기울이면서 낭만주의 문예사조와 풍부한 감각세계가 어우러져 현실풍자와 감미로운 정취를 마음껏 표현하게 된다. 그에 반해, 청년독일파는 당시의 환경을 절망의 연속으로 보고 정치, 경제, 사회문제를 시문학에서 결코 배제시켜서는 안 된다고 강조한다. 1835년 독일연방의회는 청년독일파에 대하여 출판금지조처를 내린다.

---

132) Reallexikon der deutschen Literaturgeschichte, S. 344.
133) 비인마르크의 <미학출정>의 서두에서 "젊은 독일에 이 책을 바침"이라는 표현에서 유래함.

'위대한 소설문학의 시대'라고 하는 19세기 사실주의는 서정시에 결코 유리한 풍토는 되지 못하였다. 그럼에도 불구하고 시문학은 이 시기에도 나름대로 깊은 뿌리를 내리고 있었다. 바로크 문학의 특징적 요소이던 상반성의 미학이 독일 낭만주의에서 폭넓게 펼쳐졌고 극단적인 '정신성 Geistigkeit'으로 영입되어 상대적 문학사조라 할 수 있는 사실주의에도 반영되었기 때문이다.

저명한 산문작가들이 시단의 전면에 나선다. 호프만 폰 팔러스레벤 Hoffmann von Fallersleben(1798-1874)은 <독일이여, 독일이여, 우뚝 솟아라 Deutschland, Deutschland über alles>같은 애국적인 시를 써서 히틀러 당시 독일 국가로도 쓰이게 하는 등 독일민중에 큰 호소력을 발휘한다. 그는 게오르그 헤르베그 Georg Herwegh(1817-1875)와 <사자타기 Der Löwenritt>같은 이국적 시를 발표한 페르디난트 프라일리그라트 Ferdinand Freiligrath(1810-1876)와 함께 정치적-문학적 사실주의의 시인으로 손꼽힌다.

<알레만 시 Alemanische Gedichte>란 시집을 낸 헤벨 J. P. Hebel (1760-1826)은 소박한 인간의 근심과 궁핍을 노래하면서 이른바 계몽적, 교육적 낙관론을 바탕으로 한 사실주의의 한 측면을 강화시킨다. 엄격한 시 형식 가젤과 소넷에 입각하여 명성을 얻은 플라텐과 더불어, 또한 색깔이 다른 레나우와 뫼리케가 낭만주의의 후예로서 새로운 문학의 흐름을 이끌었다. 그밖에도 프리드리히 뤼케르트 Friedrich Rückert(1788-1866)가 손꼽힌다.

독일의 전통적 민요성과 서정성으로 유명한 하인리히 하이네가 <슐레지엔 직조공> 같은 서사시를 통하여 사회변혁을 노래하여 사실주의 문학의 경지에까지 도달하고 있다. 그의 사회비판은 유태인으로서의 현실 좌절의식과 깊게 관련된다. 또한 그의 비판정신은 시와 비평의 기능을

종합하면서 정형성, 서정성 그리고 서사성의 만남을 가능케 한, 이른바 오늘날의 '현대성'을 예비한 출발이었다.

또한 켈러 G. Keller는 괴테와 낭만주의의 영향을 뚜렷이 보여주고 있는 가운데, 세계의 경건성과 창조에 대한 기쁨을 잔잔한 눈길로 노래부르고 있다. 여류시인 아네테 폰 드로스테-휠스호프 Anette von Droste-Hülshoff는 자신의 고향 베스트팔렌 지방의 전원풍경에 종교적 서정성을 접목시켜 예술적 아름다움으로 승화시킨다. 섬세한 감각을 민요풍으로 노래하는 테오도르 슈토름 Theodor Storm은 대부분 짧은 형태의 시로 사랑과 행복, 삶의 무상함과 죽음 같은 자연과 인간생활의 모티브를 형상화한다.

그밖에도 이상주의를 펼치며 사실주의에 도전하는 시인들이 있는데, 엠마누엘 가이벨 Emanuel Geibel(1815-1884), 하인리히 로이톨트 Heinrich Leuthold(1827-1879), 율리우스 그로쎄 Julius Grosse(1819-1892), 요셉 빅토르 폰 쉐펠 Josepf Victor von Scheffel(1826-1886) 등이 이에 해당된다.

이들 중에는 고전주의의 잔영이 짙게 드리워 있는 시인들도 많다. 가장 먼저 손꼽히는 시인으로서 프리드리히 헵벨 Friedrich Hebbel (1813-1863)과 콘라드 페르디난트 마이어 Conrad Ferdinand Meyer (1825-1898)가 있다. 두 사람은 괴테 풍의 신비적 사상을 작품 속에 내재하고 있는 가운데 영적이면서 감상적인 관찰력을 보여준다.

빌헬름 부쉬 Wilhelm Busch(1832-1908)는 감상적인 서정시 뒤에 유머어린 현실감각을 견지하고 있어서 사실주의의 대표적 시인으로 손꼽는 데 부족함이 없다. 또한 아이헨도르프 풍의 서정성을 기반으로 몽환적이며 사실적인 정감을 동시에 표현하는 테오도르 폰타네 Theodor Fontane (1819-1898)도 사실주의 말기의 모습을 보여주는 중요한 시인이다.

11.2. 시적 사실주의

아네테 폰 드로스테-휠스호프 ANNETTE VON DROSTE-HüLSHOFF

여류시인. 뮌스터(베스트팔렌) 근교 휠스호프의 부친 소유토지에서 1797년 1월 14일 태어났다. 가정에서 교육을 받으면서, 1841년 요양 차 보덴제에 있는 메어스부르크 성으로 옮겨가기까지 줄곧 뮌스터 근교에 있는 어머니의 집에서 외롭게 살았다. 그녀의 가장 큰 문학적 업적은 종교적 서정시를 모아 편찬한 시집 <교회력 Das geistliche Jahr> (1820-1840)(1부 1820, 2부 1839/40; 1851 발행)이다. 사실주의에 뿌리를 둔 엄정한 객관성이 면면히 흐르고 있다. 특히 높은 언어구사력을 바탕으로 유물주의자가 품고 있는 여러 가지 정신적 의구심에 맞서서, 확고한 가톨릭 신앙관을 표명하고 있다. 그녀의 <시집 Gedichte>(1집 1838/2집 1844)은 자연광경과 베스트팔렌 전설을 취급하고 있다. 시 <이끼속에서 Im Moose>와 <풀 속에서 Im Grase>처럼 자연 속의 아주 세세한 과정까지도 관찰한다. <이끼 속의 소녀 Der Knabe im Moor>, <들판의 불길 Das Heidefeuer>, <성스러운 해 Das geistliche Jahr>(1851)등에서는 독특한 색조를 바탕으로 소음과 가락까지도 섬세하게 표현한다. 아이헨도르프에게는 꿈꾸는 것 모두가 현실 속을 관류하고 있다고 한다면, 드로스테에게는 몽환적인 것까지도 사실적으로 인식되고 있다고 할 수 있다. 산문작품 중에는 소설 <유태인의 너도밤나무 Die Judenbuche>(1842)가 있다. 1848년 메어스부르크에서 사망하였다.

MONDESAUFGANG

Da auf die Wellen sank ein Silberflor,
Und langsam stiegst du, frommes Licht, empor;

Der Alpen finstre Stirnen strichst du leise,
Und aus den Richtern wurden sanfte Greise,
Der Wellen Zucken ward ein lächelnd Winken,
An jedem Zweige sah ich Tropfen blinken,
Und jeder Tropfen schien ein Kämmerlein,
Drin flimmerte der Heimatlampe Schein.

O Mond, du bist mir wie ein später Freund,
Der seine Jugend dem Verarmten eint,
Um seine sterbenden Erinnerungen
Des Lebens zarten Widerschein geschlungen,
Bist keine Sonne, die entzückt und blendet,
In Feuerströmen lebt, im Blute endet —
Bist, was dem kranken Sänger sein Gedicht,
Ein fremdes, aber o! ein mildes Licht.

월 출

거기 물결 위에 내려앉은 은빛 비단결
그리고 그대 경건한 빛이여 가만히 솟아오르누나
알프스의 어두운 이마를 그대는 살며시 쓰다듬누나
그리고 재판관들이 순한 노인이 되었다
물결 출렁임은 미소짓는 윙크가 되었다
모든 나무 가지에서 나는 물방울이 반짝이는 것을 보았다
그리고 모든 물방울이 조그만 방처럼 보였다
그 속에서는 고향의 등불이 반짝이고 있었다.

오 달이여. 그대는 나에게 최근에 안 친구 같다
사라져 가는 그의 추억 주위에
삶의 부드러운 되 비침을 삼킨 채,
자기 어린 시절을 가련한 하나되게 한다

그 어떤 태양도 아니다. 사람을 홀리고 눈부시게 하는
불의 물결 속에 살고, 피 흘리며 죽어 가는 태양도 아니다 —
노래 읊는 병든 시인에게 한 조각 시,
낯설지만, 그러나 오! 부드러운 빛이 있다.

해설

전체 6연의 시 중에서 5-6연이다. "주저하는 Zagend", "상실한 verloren", "낙담한 verkümmert", "외로운 einsam", "죄악 Schuld", "고통 Pein" 등의 어휘로 장식된 시의 서두는 공포의 심연으로 빠지게 하면서, 동시에 동정어린 마음으로, 죄의식과 고통 이외에는 아무런 의식도 허락하지 않는다. 그러나 달이 점점 천천히 떠오르면서 "그리고 재판관들이 순한 노인이 되었다"(4행)고 표현되듯이, 그 공포를 자비로 변화시킨다.

기대는 실망으로 끝나지 않는다. 부드러운 빛이 내려와 신비스레 각 이슬 방울을 집의 이미지인 보호와 평화의 상징으로 변화시킨다. "고향 등불의 빛 Der Heimatlampe Schein"이 곧 죄악과 공포의 비전에 대한 대답으로 나타난다. 아네테 폰 드로스테 자신이 의식하고 있는 심연에 직면하여, 그녀의 집이라든지, 고향, 친숙한 광경과 소리 등 너무 가까운 것에 집착한다. 달은 이러한 광경들에 속한다. 마지막 연에서 사랑과 감흥으로 제압하지 못하는 어떤 것으로서 생략부호가 붙여지지만 우정을 가지고 온다. 폭풍이 불어대는 위험한 우정이 아니라, 나이 들어가는 것에 대해 젊은이가 느낄 법한 그런 우정이다. 삶 자체가 아니라, 다른 사람의 죽어 가는 기억 중에서 그것에 대한 부드러운 회상이다. 태양과는 달리 의기충천하는 감정의 변화나 큰 재앙을 상징하지 못한다.

그 어떤 태양도 아니다. 사람을 홀리고 눈부시게 하는
불의 물결 속에 살고, 피 흘리며 죽어 가는 태양도 아니다 - (13-14행)

무엇에 압도당하지 않으면서도 부드러운 위안으로 우리에게 다가온다. 달 속, 아니 그의 시속에서 병든 시인이 무엇을 발견하고 있는 것은 "한 조각 시"(15행)이자, "부드러운 빛"(16행)이다.

혼자 생각에 잠긴 병든 시인은 불명확하여 두렵기만 한 세계와 마주친다. 이 모든 것은 이전에, 독일 낭만주의 작품 속에서 만날 수 있었다. '청년독일파' 작가들과는 달리 아네테 폰 드로스테-휠스호프는 삶을 무한정 평가할 수 있는 그런 것으로서가 아니라, 이전보다 더 잘 만들어질 수 있는 본질적으로 좋은 것, 몰락하기 쉬운 이름 없는 심연의 가장자리로서 파악하는 것이다. 시인은 이 실존적 상황을 시의 움직임에 따라 조심스런 발걸음으로 닿을 수 있는 탈출구로 보고 있다. 일반적으로 "위대한"이라 불리 우는, 즉 불로 시작하여 피로 끝나는 태양에 의하여 상징되는 그런 삶을 피함으로써 말이다.

그리고 모든 물방울이 조그만 방처럼 보였다
그 속에서는 고향의 등불이 반짝이고 있었다. (7-8행)

달은 시인에게 있어서 "온유한 법칙"의 상징이 된다. 혁명이 아니라 발전을 알려주는 법, 영웅적 모험이 아니라 전통적 지방생활에 있어서 달콤한 만족을 선언하는 법이다(비교: 뫼리케의 시 <고운 겸손 holdes Bescheiden>). 이러한 원칙, 즉 비더마이어 세계상을 다루고 있는 것 중에서 가장 잘 알려진 표현은 아달베르트 슈티프터 Adalbert Stifter(1805-1868)의 작품집 <오색 돌 Bunte Steine>(1852)의 서문에 나온다. 자연세계에서처럼 인간의 내면세계에도 있다. 정의, 자제, 이성 등 자신의 범위 내에서 적절하게 일어나는 일에 대한 찬미, 조용하고 침착한 죽음 속의 정점으로 가득한 삶, - 이 모든 것들이 온유한 흐름, 내면적 자각 그리고 작은 것이 큰 것이라는 사실을 알려 준다. 가장 독일적인 정서라 할 수 있다.

고트프리트 켈러 GOTTFRIED KELLER

1819년 스위스 취리히에서 태어나 독일에 살면서 낭만주의의 문학적 체험을 하였다. 산문문학에 능력을 발휘한 그는 고향과 국가관을 형성하는 향토애를 강하게 풍기고 있으며, 사실주의 문학사조에 깊이 몰두하여 질서의 형태를 발견해나가는 시도로서의 서정시 개념을 확립하였다. 그리하여 그의 시는 사물과 풍경을 관찰하는 이른바 '눈과 귀의 인간'이 격동의 표현을 삼가고 인격에 호소하는 지나치게 교훈적이라는 평을 받는다. 1890년 고향 도시에서 죽음을 맞이하였다.

프리드리히 할름 FRIEDRICH HALM

본래 이름은 Eligius Freiherr von Münch-Bellinghausen이다. 1806년 크라카우 출생, 1871년 빈에서 사망하였다. 1844년 이후부터 빈 궁중도서관 전문위원, 1867년부터 1870년까지 빈 궁중극장 총감독을 지냈다. 프란츠 그릴파르쳐 Franz Grillparzer의 뒤를 이은 비극작가로서 주로 드라마 분야에서 당대의 가장 높은 인기를 누렸다.

MEIN HERZ, ICH WILL DICH FRAGEN

Mein Herz, ich will dich fragen:
Was ist denn Liebe, sag'!
„Zwei Seelen und ein Gedanke,
Zwei Herzen und ein Schlag!"

Und sprich, woher kommt Liebe?
„Sie kommt und sie ist da!"
Und sprich, wie schwindet Liebe?
„Die war's nicht, der's geschah!"

Und was ist reine Liebe?
„Die ihrer selbst vergißt!"
Und wann ist Lieb' am tiefsten?
„Wenn sie am stillsten ist!"

Und wann ist Lieb' am reichsten?
„Das ist sie, wenn sie gibt!"
Und sprich, wie redet Liebe?
„Sie redet nicht, sie liebt!"

내 사랑이여, 나 그대에게 묻노라

내 사랑이여, 나 그대에게 묻노라
사랑이란 대체 무엇인가, 말해주오!
"두 영혼과 한 생각이며,
두 심장과 한 고동이오!"

그리고 말해보시오, 사랑은 어디에서 나오는 건지?
"그건 와서 있을 뿐이오!"
그리고 말해보시오, 사랑은 어떻게 사라지는지?
"그것은 모습이 보이지는 않았지만, 무언가 행하였다오!"

그러면 무엇이 순수한 사랑이오?
"그건 자기 스스로를 잊어버리는 것이라오!"
그러면 사랑은 언제 가장 깊은 것이오?
"그것이 가장 조용할 때이라오!"

그러면 언제 사랑은 가장 풍요로운가요?
"그건 스스로가 무언가를 내줄 때라오!"
그러면 말해보시오, 사랑은 어떻게 말합니까?
"그것은 말하지 않고, 사랑을 줄 다름이라오!"

해설

드라마적 대화체로 빈틈없이 구성된 시. 4연 4행의 정형성이 엄격하게 유지되면서, 교훈적 내지 경구적 깨달음이 요구되고 있다. 시의 주제인 사랑은 '한 마음의 것', '의식하지 않는 것', '주는 것'이란 확인이다. 운율 규칙은 십자

운을 기초로 하고 있다.

테오도르 슈토름 THEODOR STORM

1817년 북부독일 슐레스비히-홀슈타인 주의 후숨에서 태어나 1888년 하데스마르쉔에서 세상을 떠났다. 엄격한 가정환경 속에서 성장한 그는 1837년부터 키일과 베를린에서 법학을 공부하고 변호사로 일을 했다. 1846년 혼인하였으며, 도로테아 옌센이라는 여인에 대한 열정적인 사랑으로 위기에 빠진 적도 있었지만, 가정을 무엇보다도 소중하게 지키며 살았다. 이 때의 갈등이 그의 시작품 속에 중요한 소재로 나타난다. 1853년 덴마크 지배하에 있던 고향에서 독립운동에 참가하였다. 1866년 부인이 죽자, 도로테아와 결혼했다.

그의 전 작품은 고향인 북부독일의 잿빛 해변풍경을 배경으로 하고 있다. 바다, 소택지, 연해지, 드넓은 하늘, 적막, 황야, 소도시와 가정 등 극히 제한된 범위에 갇혀있지 않는가 하는 비판이 뒤따를 정도였다. 우수 어린 과거, 고독에 대한 고통, 자신의 내면세계, 꿈, 과거로의 도피 등과 연결된 그의 문학은 줄거리보다 어린 시절에 대한 멜랑콜릭한 회상으로 특성을 이루고 있다. 그의 감정이나 서정성은 자연 그대로의 모습이며, 그것은 사랑하는 연인의 죽음, 상실된 사랑, 떠나온 고향, 아름다움의 무상 등 시인 자신의 내면생활과 연관된 각종 매개체를 통해 표출된다.

MEERESSTRAND

Ans Haff[134] nun fliegt die Möwe, [135]

---

134) durch eine Nehrung od. Inseln vom offenen Meer abgetrennte Bucht einer Flachküste.
135) gesellig am Meer u. an Seen lebender, meist weißer, mittelgroßer Vogel.

Und Dämmerung bricht herein;[136)]
Über die feuchten Watten[137)]
Spiegelt der Abendschein.

Graues Geflügel huschet[138)]
Neben dem Wasser her;
Wie Träume liegen die Inseln
Im Nebel auf dem Meer.

Ich höre des gärenden Schlammes[139)]
Geheimnisvollen Ton,
Einsames Vogelrufen —
So war es immer schon.

Noch einmal schauert leise
Und schweiget dann der Wind;
Vernehmlich werden die Stimmen,
Die über der Tiefe sind.

바닷가

바닷가로 갈매기가 난다
어둠이 스며든다
축축한 모래톱너머
저녁놀이 비친다

---

136) plötzlich u. deutlich spürbar beginnen, einsetzen.
137) das Watt: seichter von Prielen durchzogener Küstenstreifen, dessen Meeresboden aus Sand und Schlick bei Ebbe nicht überflutet ist.
138) sich lautlos und lechtfüßig schnell fortbewegen, so daß man nur flüchtig gesehen wird.
139) weiche, schmierige Ablagerung aus Sand, Erde u. organischen Stoffen am Grund von Gewässern.

잿빛 날짐승들이
물가로 날아든다
바다 위 안개 속
섬들은 꿈처럼 서있다

부글대는 진흙창의
신비 가득한 소리가 들린다
외로운 새 울음소리 —
언제나 그랬었지.

다시 한 번 소나기가 내린다
이제 바람도 멎었다
저 깊은 곳의
소리가 들린다.

해설

 1854년 6월 4일 포츠담에서 쓴 풍경시로서 19세기 독일 서정시 중 가장 높은 수준의 작품으로 평가된다. 시 전체에 고향을 그리는 슈토름 특유의 서정이 담겨있다. 항상 같은 것만이 되돌아오는 불변의 드넓은 고향바다, 그러나 그에 대한 깊은 향수 이면에는 순수한 예술적 형상을 바라보는 시인의 날카로운 눈길이 스며있다. 처음과 끝이 없는 무한성의 단면, 밤의 장막이 드리우면서 시간의식은 무한히 고요한 형상 속으로 들어간다. 하지만 겉으로 보이는 정적은 아주 강하고 독자적인 삶에 의해 채워지고, 신비에 가득 차서 상승하면서 사라지고, 말로 표현되는 것이 아니라, 형상 속에서 관찰되고, 시행의 리듬 속에서 체험된다. 이러한 형상들은 밤의 어둠과 잿빛 안개 속에서 모습을 감춘 채, 멀리 그리고 무한하게 존재한다.
 제 1연은 맑고 밝은 형상을 지니고 있다. 그에 비해 두 번째는 유령이 나올 듯한 섬뜩한 분위기에 내적인 영상. 꿈처럼 바다 위에 놓인 섬들의 형상 속에 아이헨도르프의 형식미가 일깨움을 준다. 마지막 두 연에서는 더 이상 아무 것도 보이지 않는다. 간혹 들리는 소리, 섬뜩한 분위기에 침묵만이 흐른다. 풍경 자체가 말한다. 이런 중간영역에 살고 있는 동물세계의 삶도 무한하여 "잿빛 날짐승들이 물가로 날아든다"라고 표현되면서 모습을 보였다가 멀리 사라진다. 3연과 더불어 형상과 직접적인 연관을 맺고 있는 감지기관인 눈이 무한성의 시간을 초월한 멜로디를 받아들이기 위하여 그 자리를 대신한다. 그와 더불어 처음에 제시된 "해안호가로 갈매기가 난다"(1행)라는 명백한 시각적 인상으로부터 고정된 풍경이 "저 깊은 곳의/소리가 들린다"라는 점점 더 상징적인 것 속으로 빠져들어 간다. 이러한 상징성은 연이 둘로 갈라짐으로써 예비되었다. 두개의 처음 시행들은 "… 저녁놀이 비친다"(4행), "섬들은 꿈처럼 누워 있다"(7행), "외로운 새 울음소리"(15행)이라는 감각적인 인상을 두개의 다른 시행들로 연결시킴으로써 상징성의 깊이를 더해 간다. 이러한 의미관계를 통해서만 느끼고 생각하는 인간적인 자아와의 연관이 이루어지지만, 그렇다고 떠도는 상태에서 본질적으로 벗어나지는 못한다. 자연은 원래 어떤 관객을 필요로 하지도 않고 자체적으로 살아갈 뿐이다.

한 중간의 중요한 자리에 단 한번 시각적 인상이 음향적인 것으로 바뀌고, 꿈이 현실로 되돌아간다. "나"라는 어휘가 자연의 삶 전체 속으로 들어가 아주 폐쇄된 채 머문다. 이상(정신)과 현실, 육지와 바다 사이의 신비로운 중간영역처럼, 그 어떤 부유 상태가 시행의 리듬 속에 맞추어 표현된다.

* 비교: 시 〈도시 Die Stadt〉,
* 그밖에 꼭 읽어야 할 시: 〈나이팅게일 Die Nachtigall〉,
  　　　　　　　　　　　〈거친 들판 너머 Über die Heide〉.

요셉 빅토르 폰 쉐펠 JOSEPF VICTOR VON SCHEFFEL

1826년 칼스루에에서 태어나 1886년 그곳에서 사망하였다. 뮌헨, 하이델베르크, 베를린에서 법학을 공부하고, 졸업 후 같은 계통에서 근무하였다. 그러나 끊임없는 지식욕에 불타던 정열의 시인은 곧 낭만주의 시인답게 정처 없는 방랑자의 삶을 살았다. 자유로운 의식활동, 느긋한 품성, 눈물 많은 감성, 낭만적인 천성으로 많은 시가를 남겼다. 그가 남긴 수많은 노래들은 조국의 자연풍경, 삶의 기쁨과 슬픔이 바탕을 이룬다. 또한 게르만 전통과 독일문학에 대해 깊이 학술적으로 탐구하였다. 그는 원래 화가가 되려고 1852년 이탈리아에 유학하기도 하였으나, 중도에 포기하고 예술에 대한 모든 애착심을 문학에 집중시켰다. 그는 고전주의적 요소를 많이 받아들이면서 사실주의 문학의 아류가 되지 않으려고 애썼다.

ALT HEIDELBERG, DU FEINE

    Alt Heidelberg, du feine,
Du Stadt an Ehren reich, 140)
Am Neckar und am Rheine
Kein' andre kommt dir gleich.

    Stadt fröhlicher Gesellen,
An Weisheit schwer und Wein,
Klar ziehn des Stromes Wellen,
Blauäuglein141) blitzen drein.

    Und kommt aus lindem Süden
Der Frühling übers Land,
So webt er dir aus Blüten
Ein schimmernd Brautgewand.

    Auch mir stehst du geschrieben
Ins Herz gleich einer Braut, 142)
Es klingt wie junges Lieben

---

140) 원래는 'an reichen Ehren.' 4행과 운율을 맞추기 위하여 따로 떼어놓았다.
141) 파란 눈의 소녀에 대한 제유법(提喩法) Synekdoche.
142) stehst … Herz: "그대가 내 가슴에 써보냈노라" 또는 "내 마음에 사랑스런".

Dein Name mir so traut.

   Und stechen mich die Dornen,
Und wird mir´s drauß zu kahl, 143)
Geb´ ich dem Roß die Spornen
Und reit´ ins Neckartal.

고도 하이델베르크, 그대 멋진 도시여

   고도 하이델베르크, 멋진 도시여
그대 넘치는 영예의 도시여
넥카 강변과 라인 강변에
그대를 따를 것이 없어라

   지혜와 술 향기 그득한
즐거운 도제들의 도시
강 물결 맑게 출렁이고
파란 눈의 소녀 모습이 그 속에 반짝인다

   그리고 포근한 남녘 땅
들판 넘어 봄이 오네
그리고 활짝 핀 꽃에서
너의 반짝이는 신부 옷을 짜네

   또한 신부 같은 마음속에
그대가 써보낸 소식
네 이름은 아리따운 사랑처럼
친밀하게 귓가에 울려 퍼지네

   그리고 온갖 가시가 나를 아프게 하고

---

143) 쓸쓸한

쓸쓸함에 젖어 방황할 때면
말채찍을 휘두르며
마냥 넥카 골짜기를 달리네.

하이델베르크
전기낭만주의의 중심지

해설

쉐펠의 운문 서사시 <제킹겐의 나팔수 Der Trompeter von Säckingen>에서 발췌한 유명한 대학생의 노래이다. 제킹겐은 바덴 뷔르템베르크 주 군청 소재지로서 선사시대 주거흔적이 있는 역사의 고장이다. 이 작품에서 시인은 자신이 한동안 학창시절을 보낸 아름다운 대학도시 하이델베르크를 대상으로 삼고 있다. 방랑, 자유, 사랑의 기쁨을 배경으로 하고 있는 낭만적 성향의 이 시는 풍부한 감정표현으로 대중적 유대감을 드높이고 있다.

넥카 강변에 위치한 하이델베르크는 1385년에 창립된 오랜 전통의 대학이 있는 대학도시로 유명하다. 자연경관이 아름답고, 특히 옛 성터에는 수많은 관광객의 발길이 끊이지 않는다. 그곳 지하실에 있는 술통은 직경 23피트, 길이가 33피트로서 49,000갤론의 포도주를 저장할 수 있다. 이 술통은 1751년에 만들어졌다. 도시는 600년 동안 뷔르템베르크, 바덴, 엘사스, 로렌 등이 경계를 이루고 있는 신성로마제국의 제후국 수도였다.

11.3. 고전주의의 잔영

프리드리히 헵벨 FRIEDRICH HEBBEL

1813년 북부독일 베쎌부렌에서 태어나 1863년 빈에서 사망하였다. 가정이 빈한하여 독학으로 작가의 길을 개척하였다. 그는 희곡에서 작가적 역량을 발휘하였으며, 시 세계는 조용한 자연관찰과 내면성찰의 특성으로 이루어져 있다. 어린 시절부터 체험한 신성한 세계관은 형이상학적 명상과 더불어 무한한 상상력을 갖게 하여 시행들 속에 인간-자연-운명의 관계를 매우 엄격한 형태로 반영시키고 있다. 널리 알려진 시로 <가을모습 Herbstbild>, <밤노래 Nachtlied> 등이 있다.

HERBSTBILD

Dies ist ein Herbsttag, wie ich keinen sah!
Die Luft ist still, als atmete man kaum,
Und dennoch fallen raschelnd, fern und nah,
Die schönsten Früchte ab von jedem Baum.

O stört sie nicht, die Feier der Natur!
Dies ist die Lese, die sie selber hält,
Denn heute löst sich von den Zweigen nur,
Was vor dem milden Strahl der Sonne fällt.

해설

헵벨은 순수하고, 온화한, 그리고 성숙한 가을을 정결한 언어로 표현하고 있다. 맑고 밝은 분위기가 지배적이다. 우울한 '쇠락 Verfall'의 정감보다 명랑하고 느긋한 감각으로 가득 차 있다.

콘라드 페르디난트 마이어 CONRAD FERDINAND MEYER

스위스 출신의 작가이자 시인이다. 1825년 전통있는 취리히 귀족가문에서 출생, 유전적 정신질환에 시달리며 젊은 시절을 보내다가, 45세에 비로소 창조적인 각성의 시기를 맞이한다. 그의 작품세계는 강한 형상미를 바탕으로 내면세계를 외부세계와 상징적으로 잘 대립시킨다. 그의 눈길이 은밀하고 어두운 면에 뻗치고 있지만, 작품세계 전반에 추상이나 암시보다 관조적으로 명백한 이야기 풍, 엄격한 절제미가 지배하고 있다. 그의 주된 활동분야는 소설이었다. 그러나 만년기에 또 다시 찾아든 정신질환으로 인하여 그의 이 작품활동 기간은 "두 개의 밤사이의 짧은 대낮"이라 비유되기도 한다. 1898년에 세상을 떠났다.

DER RÖMISCHE BRUNNEN

Aufsteigt der Strahl und fallend gießt
Er voll der Marmorschale Rund,
Die, sich verschleiernd, überfließt
in einer zweiten Schale Grund;
Die zweite gibt, sie wird zu reich,
Der dritten wallend ihre Flut,
Und jede nimmt und gibt zugleich
Und strömt und ruht.

비교: 릴케의 시 <로마 분수 Römische Fontäne>

해설원문 강독 :

Johannes Pfeiffer schreibt in einem Vergleich der Brunnengedichte von

Meyer und Rilke: „Der Gegensatz in der menschlichen Grundhaltung ist gar nicht zu übersehen: dort die betrachtende Fernstellung zum gegenständlichen Eindruck, hier das Sichhineingeben in die Wesenheit der Dinge; dort das beseelende Erfassen streng-gefügter, rein-gerundeter Gestalt, hier das erfühlende Eintauchen in die leisesten Regungen, in die feinsten Schwingungen, in die zartesten Verästelung dieses dinglichen Vorgangs;··· hier das Sprechen von den Dingen her und aus den Dingen heraus."

Aus: R. Hippe, Textanalysen., S. 35.

SCHILLERS BESTATTUNG

Ein ärmlich düster brennend Fackelpaar, das Sturm
Und Regen jeden Augenblick zu löschen droht.
Ein flatternd Bahrtuch. Ein gemeiner Tannensarg
Mit keinem Kranz, dem kargsten nicht, und kein Geleit!
Als brächte eilig einen Frevel man zu Grab.
Die Träger hasteten. Ein Unbekannter nur,
Von eines weiten Mantels kühnem Schwung umweht,
Schritt dieser Bahre nach. Der Menschheit Genius war's.

체자르 플라이쉴렌 CÄSAR FLAISCHLEN

1864년 슈투트가르트에서 태어나, 1920년 군델스하임(뷔르템베르크)에서 죽었다. 서정시로 널리 알려졌으며, 특히 슈바벤 방언으로 아름다운 시편들을 많이 남겼다. 드라마나 소설작품도 많이 썼는데 청년양식의 분위기를 가득 지닌 것들이다. 1895년부터 1900년까지 잡지 <판 Pan>의 편집자로 있었다.

주요작품으로는 <요스트 자이프리이드 Jost Seyfried>(자서전적 소설, 1905); <일상과 태양에 관하여 Von Alltag und Sonne>(산문시, 1908); <신년 서집 Neujahrsbuch>(격언시집, 1908); <회고록 Gedenkbuch> (1914); <고향과 세계 Heimat und Welt>(선집 1916). - <전집 Ges. Dichtungen, 6 Bde.>(1921) 등이 있다.

DAS IST DAS SCHLIMMSTE VON ALLEN ÜBELN

Das ist das schlimmste von allen Übeln:
an Vergangenem herumzugrübeln
und sich müde zu machen mit Klagen···
statt zu sagen:
was geschehen ist, sei geschehn!
Wir ändern es nicht mehr und wollen lieber
weitergehn und vorwärts sehn
und das Herz uns heiter halten,
um in all dem Auf und Ab
und Aus und Ein
frohgemut unsern Mann zu stellen, [144]
wenn es gilt, und nicht aufs Neue
ebenso töricht wie damals zu sein!

모든 악한 일 중에서 가장 심한 것은

모든 악한 일 중에서 가장 심한 것은
이미 벌어진 일은 어쩔 수 없어 라고
말하지 않고,
지나간 일을 골똘히 생각하는 것

---

144) "auf sich gestellt tüchtig sein u. sich bewahren": '남자답게 행동하다'. '충분히 의무를 다하다'. '힘있는 한 일하다'의 뜻.

그리고 안타까움으로 제 몸을 피곤케 하는 것
우리는 그것을 더 이상 바꾸지 못하니
차라리 계속해 나아가며 앞을 바라보리라
그리고 마음을 밝게 하리라
괜찮다면 모든 삶의 기복과
드나드는 일에
기쁜 마음으로 힘껏 애를 쓰리라
그리고 다시는 그 때 같은 어리석음은 저지르지 않으리라!

해설

　인생에 대한 교훈을 바탕으로 이루어진 경구시이다. 지난 일과 다가 올 일을 사이에 두고 부족한 인간이 취해야 할 올바르고 현명한 자세는 무엇인가. 과거의 일에 얽매어 더욱 소중한 미래를 그르쳐서는 안된다는 현실적인 사고에서 뿐만 아니라, 반성, 깨달음, 용서 그리고 새로운 노력이 삶의 중심이라는 종교적 의식이 바탕을 이루고 있다.

VI. 현대 독일시 I

1. 자연주의 Der Naturalismus와 현대

"현대적 modern"이라는 말의 개념은 "지금 막 유행 중인" 어떤 사건이나 현상을 표시하는 것으로부터 설명된다. 대개 의상, 춤, 헤어스타일 등에 예민하게 나타나지만, 어느 것이건 간에 특히 문학 또는 예술과 연관하여서는 그 의미가 진지하다. 순간적으로 흥미있는, 또는 많이 언급되는 특이성 뿐만 아니라, 우리 자신이 살고 있는 시대에 맞이하는 내용과 형태들을 역사적인 것, 즉 '종결된 과거의 산물'로서가 아니라, 오늘날 우리가 겪는 일로서 직접 다시 발견할 수 있는 그런 문학적 환경을 말한다. 따라서 우리 주변상황을 잘 특징지어 주는 대도시 생활, 공업환경, 그에 따른 사회문제, 고급 기술화된 세대의 문제가 주제로 다루어진다.[145]

독일 현대시의 기점은 19세기 말엽으로 볼 수 있다. '전통파기 Traditionsbruch'로 시작되는 문학현상은 1890년 슈테판 게오르게 Stefan George의 <찬가 Hymnen>가 사실적인 체험시 어법을 파기하고 새로운 가능성을 추구한 이후, 아르노 홀츠 Arno Holz가 시 작품집 <환상 Phantasus>(1898-1899)을 통하여 시의 운율을 재조정하고, 전통적 사이비 규범으로부터 과감하게 벗어나 자유로운 표현방법을 찾아 나아가기까지의 기간으로 설정된다. 게오르게를 중심으로 한 상징주의와 더불어, 인상주의적 서정성을 앞세운 새로운 타입의 시인들이 나타난다. 서민적

---

145) H. Stolte, Kleines Lehrbuch der deutschen Literaturgesduichte., S. 95.

삶을 거부하는 집시문학 풍이 새 문학사조와 결합되면서 릴케, 게오르게, 호프만스탈 같은 시인들이 뒤를 잇는다. 횔덜린 문학영역에서 출발하는 트라클 G. Trakl, 바인헤버 J. Weinheber, 벤 G. Benn이 등장한다.

자연과학이 발달되면서 정신분야에도 과학기술적 시대관이 철저하게 지배된다. '현대'라는 새로운 국면을 맞이하여 서정시는 정신적-영적 위기에 가장 민감하게 반응하는 문학장르로 대두된다. 표현력이 강한 가요풍의 체험시가 퇴조하고, 자연과 인간실존의 경험을 '객관적'으로 표현해야 한다는 의식이 대두된다. 이것은 곧 모든 분야에 있어서 인식의 전환을 촉구한다. 문명화가 현대생활을 편리하게 해준 반면, 대도시화와 빈부 차 그리고 사회계급의 대립이 문제점으로 파생된다. 브르주아 계급의 향락생활과 프로레타리아의 비참한 처지가 현실폭로의 대상이 되고, 사회혁명의 주제가 등장하기 시작한다. 문학은 게르하르트 하우프트만 Gerhart Hauptmann(1862-1946)을 중심으로 한 자연주의의 물결 속에 휩싸인다. 전래적인 감상적 시문 보다 객관적이고 이지적인 현실생활 속의 사상과 감정을 높은 가치로 올려놓은 것이다. 프랑스의 에밀 졸라 Emile Zola(1840-1902), 헨릭 입센 Henrik Ibsen(1828-1906) 그리고 스트린드베리히 J. A. Strindberg(1849-1912) 같은 북구의 작가들, 레오 톨스토이 Leo Tostoj(1818-1910)와 표도르 도스또옙스키 Fjodor Dostojewskij (1821-1881) 등의 러시아의 작가세계에서 그랬던 것처럼 여인의 사회적 지위, 환경과 유전의 문제가 정신문화세계 속에 크게 반영된다. 주관성의 울타리에 갇혀 있던 서정시는 새로운 객관성의 마당으로 이끌려 나온다.

너무 급작스런 변화인 만큼 전개과정상에 취약점도 동반하였다. 자연주의는 제 문제를 사회, 심리, 심미적 안목을 토대로 이루어지고 있었다. 새로운 실험정신에 입각하여 자연적 언어리듬을 지향하기 시작한 아르노 홀츠가 내세운 상세한 형상의식과 만난다. 이들이 독일 시단에 남긴 것은 주로 충동과 인상이며, 또한 그에 걸맞지 않게 과학적인 안목의 세계관이다. 그것은 반 자연주의 운동의 기치를 들면서 등장하게 된 신낭만주의, 신즉물주의, 인상주의가 또 다른 각도의 시문학적 풍토쇄신의 한 방법으로 자리잡게 된다.

2. 현대 실험시

아르노 홀츠 ARNO HOLZ

1873년 동 프러시아의 라스텐부르그에서 약사의 아들로 태어나 베를린을 중심으로 현대시문학의 발전을 위해 큰 활동을 하였다. 그는 "풍자적이며 회화적인 소질을 지닌 자연주의 문학의 대가", "사회 비판적인 다락방 시인", "문학의 광신적인 이론가"로 불린다. 1929년 사망하기까지 가난한 사람들의 환경과 대도시의 아스팔트를 "참된" 문학의 테마로 삼고, 아리스토텔레스로부터 렛싱에 이르기까지의 시학을 "아무 것도 없는 볏집"이라고 혹평하였다. 이것은 당대의 문학풍토에 획기적인 촉진제가 되었다.

1887년부터 1892년 사이에 그는 요하네스 슐라프 Johannes Schlaf와 함께 단편소설집 <파파 햄릿 Papa Hamlet>과 드라마 <젤리케 가족 Familie Selike>을 세상에 내놓으면서 이른바 '철저 자연주의 Konsequenter Naturalismus'를 표방하게 된다. 예술은 다시 자연이 될 경향을 지니고 있다는 주장 아래 공간, 시간 그리고 줄거리의 완전한 통일을 기하고, 의식적으로 졸라에 맞서서 시를 삶의 한 현상처럼 '생산'하였다.

1898년에 나온 그의 <환상>에 13편의 시가 처음 실렸다. 제 4판에 이르러서는 360개의 시로, 그 후에는 1,500쪽으로 작품집이 늘어났으며, '환상-나 Phantasus-Ich'의 시각에서 자서전적인 회상이 중심을 이루었다. '서정시의 혁명'이라는 측면에서 그는 운이나 율격에 얽매이지 않는 간결하고 소박한 서정성에 비중을 많이 둔다. 리듬이란 자연적으로 이루어지는 발언이어야 하며, 묘사하고 말하는 모든 것이 시의 유일한 원칙이 되어야 한다고 본다. 이것은 엘리어트의 이론과 매우 가깝다. 또한 제임스 조이스 풍의 '의식의 흐름'과 맥을 같이한다.

EINST

Einst ··· werde *ich* und ··· einst
wirst *Du* nicht
sein.

Gib mir die
Hand!

Noch
scheint und eint
uns Sonnenschein; licht
liegt das
Land.

Ferne
Dunkelheit
lauert ··· Trübsal ··· trauert,
Einsamkeit
kauert.

Gib mir ··· gib mir
die
Hand!

언젠가

언젠가 내가 ··· 그리고 언젠가
네가 존재하지
않을 것이다.

>   나에게 손을
>   내주시오!
>
>   여전히
>   태양은 비치고
>   우리를 하나로 만든다:
>   땅은 밝게
>   자리하고 있다
>
>   멀리
>   어두움이
>   기웃거린다 … 슬픔이 … 슬퍼한다
>   고독이
>   웅크리고 있다.
>
>   나에게 주시고 … 나에게 주시오
>   그
>   손을!

> **해설**
>
>   시가 실험적 대상으로 어떤 모습을 갖추어야 좋을 지에 대한 표현의지가 두드러지게 나타난다. 운율형식이 파기되고 이미지의 대칭이 돋보인다. 좌우의 축을 이루는 점선은 하나의 생략적 의미로 간직하면서 전체적인 상징성의 토대가 된다. 예술이 재생산 조건의 표준을 어떻게 부여하고 취급하느냐에 따라 이루어 질 것이라는 그의 문학이론을 구체적으로 보여주고 있는 듯하다. 그것은 '현대성'의 이름으로 오늘날까지도 큰 영향력을 행사하고 있다.

3. 상징주의 Symbolismus

3.1. 생성배경

상징주의는 프랑스의 보들레르 Ch. Baudelaire(1821-1867)와 베를렝 P. Verlaine(1844-1896)의 영향으로 1890년에 처음 독일에 전파되었다. 지나친 과학화, 대중화로 인해 문학의 의미를 추락시킨 자연주의에 대한 반작용으로 더욱 큰 호응을 받는다. 사실을 전달하고 교훈을 매개해야 하는 것으로서가 아니라, 의식적으로 형상화된 언어의 도움으로 더욱 깊은 현실을 재현해야 한다는 예술의 새로운 방향을 깨닫게 된 것이다. 상징성과 음악성을 통일시키는 것이 그 하나의 방법으로 대두되었다.

슈테판 게오르게는 변화없는 소시민적 일상에 환멸을 느끼고, 종래의 구조와 형식을 해체함으로써 시대와 대립관계에 선다. 엄격한 형식, 일상과 보편적인 것으로부터 거리를 둘 것을 강조하고, 자연주의자들이 자주 쓰는 일상은어에 아주 정교하게 손질된 언어를 맞세웠다. 내관적 영성을 존중, 장중한 분위기를 고취시키면서 점차 독일 예술감정을 올바르게 정립한 국민시인으로 추대된다.

1890년부터 결성된 '게오르게-동아리 George-Kreis'를 주도하면서 그는 <예술지 Blätter für die Kunst>(1900-1919)를 발간한다. 사실주의의 강력한 물살을 맞으며 "구원의 섬"을 발견하게 된 것이다. 일상의 현실을 잘 이해하려는 고집과 자만의 문학은 이제 '예술을 위한 예술 l'art pour l'art'의 원칙에 입각, 그 고유한 세계를 보호받게 된 것이다. 이것은 궁극적으로 상실된 인간성과 정신세계에 올바른 길을 제시해준다. 문학사가 군돌프 Gundolf와 콤머렐 Kommerell, 철학자 클라게스 Klages 등이 앞장 선 가운데 그를 기점으로 작가 호프만스탈, 릴케, 다우텐다이 등 작가의 대열이 이어진다. 그들은 독일문학의 한계를 넘어서 보들레르의 <악의

꽃>, 단테의 <신곡>, 셰익스피어의 <소넷>은 물론 스윈번, 로제티, 말라르메, 베를렝, 랭보 등 세계문학으로 관심의 폭을 넓혔다.

3.2. 신시 운동

슈테판 게오르게 STEFAN GEORGE

1868년 빙겐 부근 뷔데스하임에서 숙박업을 하는 포도주 상인 집안의 아들로 태어났다. 다름슈타트의 김나지움을 졸업한 후, 베를린, 파리, 뮌헨 등지에서 공부하면서 클라인 C. A. Klein, 볼프스켈 K. Wolfskehl과 사귀었다. 자연주의자들에 의해 조잡해진 독일의 예술을 대중성에서 구출, 순수문학의 기틀을 마련했다. 더욱이 고향인 라인강변의 문화를 고대 로마문화와 연결하여 게르만 정신으로 확대시켰다. 카톨릭 정신문화도 그에게 큰 작용을 하였다. 프랑스, 영국, 스페인, 이탈리

슈테판 게오르게
라인홀트 렙시우스의 목판화

아와 빈 등지로도 많은 여행을 하였고, 단테, 셰익스피어, 베를렝 등의 작품을 번역하였다. 말라르메에게 호평을 받은 것을 계기로 그는 파리에 머물면서 상징주의 운동에 적극 가담하였다. 1933년 스위스의 로카르노에서 세상을 떠났다.

<찬가>(1890)에서 형식과 내용의 새로운 통일을 이룩하기 위하여 힘쓴 그는 바이에른의 루드비히 2세에게 헌정된 시집인 <알가발 Algabal> (1892)에서 더욱 고유한 문학관을 표명하고 있다. 알가발은 사제와 왕의 권력을 통합하고 한 사람에게 품위와 권력을 모으게 하는 상징적 인물이다. 연작시 <영혼의 해 Das Jahr der Seele>(1897)는 언어와 내용의 통

일을 주제로 삼는다. 시인은 계절이 변하는 가운데 순수서정시의 수단으로 사랑과 자연을 형상화한다. 또한 <삶의 양탄자 Der Teppich des Lebens>(1900)는 엄격한 3부분의 구조, 4개 연으로 이루어졌으면서 각 연은 또 4개의 시행으로 짜여진 24개의 시모음이다. 형식미를 추구하는 것 이외에도 내용상으로 더욱 많은 것을 암시한다. 여기에서 양탄자는 정돈된 그러나 수수께끼 같은 현존재의 상징이다. 시인은 따라서 삶의 비밀을 탐구하고 도덕적인 규범과 주 이미지를 부여하는 창조자이자 선지자가 된다.

시집 <일곱 번째 반지 Der siebente Ring>(1907)의 한가운데에는 애석하게도 일찍 세상을 등진 시인의 친구 막시민이 자리잡고 있다. 게오르게는 무상함의 원칙에서 벗어날 수 없는 삶 속에서 신성한 것으로 영원히 되돌아갈 수 있는 어떤 것을 추구한다. 그는 신화를 창조하고, 스스로 그 속에서 사제가 된다. 동시에 단테, 괴테, 횔덜린을 본보기로 삼는다. 같은 상황에 기반을 둔 <결속의 별 Der Stern des Bundes>(1907)에서는 자신의 시대에 대하여 비판을 가하는 선지자 또는 예언자로서의 자의식과 정신적 자산에 대한 사랑만이 구원을 가져다 줄 수 있다는 사실을 선언한다. 더욱이 <신 제국 Das neue Reich>(1928)에서는 13개의 노래가 제1차 세계대전과 그 결과를 주제로 삼고 있고, 44개의 경구는 시인의 직접적인 환경에서 나오는 사람들에게 바쳐진다. 또한 12개시는 "노래"라는 공동적인 표제를 지니고 문학의 본질을 의미하는 가운데 시인은 직접적으로 현재라는 시점과 논평을 벌린다.

그 밖의 시집으로는 <순례여행 Pilgerfahrten>(1891) <목자와 찬양시의 책 Die Bücher der Hirten und Preisgedichte>(1895) 등이 있다.

DAS WORT

Wunder von ferne oder traum

Bracht ich an meines landes saum[146]

Und harrte bis die graue norn[147]
Den namen fand in ihrem born[148] —

Drauf konnt ichs greifen dicht und stark
Nun blüht und glänzt es durch die mark[149] …

Einst langt ich an nach guter fahrt
Mit einem kleinod[150] reich und zart

Sie suchte lang und gab mir kund:
„So schläft hier nichts auf tiefem grund"

Worauf es meiner hand entrann
Und nie mein land den schatz gewann …

So lernt ich traurig den verzicht:
Kein ding sei wo das wort gebricht. [151]

해설

<예술지>(11-12집)(1919)에 수록. 엄격한 객관성이 지배하는 작품이다. 교

---

146) Rand.
147) "Norne"= (altnordisch) 보통 복수. (북구신) 시간과 운명의 3 여신.
 "Norn"는 게오르게 자신의 독자적 어휘. "Urd"는 (운명의 3 여신 중 최연장자로서 과거를 맡아보는 여신이다. 고대신화가 세계수의 아랫부분에 써놓은 것을 게오르게는 시인에게 적용시킨다: 그의 말은 비로소 존재의 현실을 기초하고 그의 격언은 지구의 운명을 규정한다.
148) 저지독일어 Bronn에서 r의 위치를 바꿈. Brunnen, Wasserquelle.
149) die Mark: Grenzland, Gebiet an den Grenzen.
150) Kostbares Schmuckstück.
151) gebrechen: fehlen, mangeln.

차되는 4각 운이 특이한 비중을 차지하고 그리스의 고전 풍을 자아내는 리듬 상의 단호함이 느껴진다. 강점이 주어진 맨 처음 "Wunder"와 같은 힘으로 뒤따르는 맨끝의 "gebricht"가 균형과 대립을 이룬다. 다른 시행에서처럼 의미의 비중이 큰 철 음이 첫 박자의 강음 속에 있는 때라도 액센트를 간직한 박자가 분명하게 나타난다. 3, 4, 7연의 내부박자 속에 약음 철을 강음에 접근시키는 게오르게적 취향이 보인다. 심지어 노래와 거리가 먼 사상적 분위기의 마지막 행은 약음으로 떨어지는 액센트가 없는 "ist" 대신에 복모음 접속법 "sei"를 내세운다. 이것은 의미를 변경시키지 않고 가급적이면 풍부한 음향감각을 나타내려고 하는 노력의 소산이다.

반면 전체 92개의 단어 중에서 표제어를 포함하여 70개 이상이 1 철음이고 나머지는 2 철음이다. 짧은 단어가 겹치는 것도 특이하다. 마지막 행은 말과 현실을 아주 뚜렷하게 규정한다. 말 없이는 어느 것도 실현되지 않으리라는 선언이다. 모든 것은 항상 말속에서 규정되고 실현된다. 그러나 그가 언젠가 가져온 보석은 어떤 말로도 옮겨질 수 없다는 사실도 천명된다. 4-6행은 말로 태어난 세계가 표출하는 바를 분명하게 나타내 준다. 말은 먼 것, 파악할 수 없는 것, 꿈과 같이 슬쩍 지나가는 것을 사물로 "압축하여 형상화시키고 verdichtet", 그것을 "파악할 수 있게 greifbar", "피어나게 blühend", "반짝이게 glänzend"한다. 그것은 세계를 보이는 상태로 가져가며, 인간의 감각을 위해서 개방시키는 빛이다. 시인에게 말이란 가시적인 것 자체이며, 개념이 아니라 살아있는 현상이다.

* 게오르게적 개념어

   'Der Kreis' – die literarische Abgrenzung

   'Der Bund' – die Lebensgemeinschaft

   'Das Reich' – die Erweiterung der Lebensgemeinschaft

* 비교: *GOTTFRIED BENN: EIN WORT*

    Ein Wort, ein Satz —: aus Chiffern steigen

erkanntes Leben, jäher Sinn,
die Sonne steht, die Sphären schweigen
und alles ballt sich zu ihm hin.

Ein Wort —, ein Glanz, ein Flug, ein Feuer,
ein Flammenwurf, ein Sternenstrich —,
und wieder Dunkel, ungeheuer,
im leeren Raum um Welt und Ich.

낱말, 글월 —: 암어에서 솟아나
인식된 삶, 번뜩하는 뜻,
태양은 멈추고, 대기는 침묵한다
모든 것이 낱말에 응집된다.

하나의 낱말 —, 광채, 비상, 불길,
내던져진 불꽃, 별빛 스침 —,
다시 찾아드는 어두움, 엄청난,
세계와 나를 에워싼 텅 빈 공간 속에서.

해설원문 강독

George dagegen glaubte an eine fortwirkende Kraft seines Worts. Seine dichterische Bestimmung sah er darin, dem verlorenen und nichtigen Dasein des modernen Menschen durch das Wort eine neue Form und damit Wirklichkeit, Sinn und Würde zu geben. Von dieser Sendung des Dichters in der modernen Welt kündet das Wort-Gedicht: Der Dichter sitzt an der Wurzel des Weltbaums. Sein Wort ist das Wasser des Lebens. Wo es ausbleibt, ist weder Sinn noch Wirklichkeit. Da entgleitet das Sein ins Nichts. (Paul Gerhard Klussmnn, S. 291.)

Aus: Benno von Wiese (Hg.), Die dt. Lyrik II, S. 291.

4. 인상주의 Impressionismus

4.1. 생성배경

인상주의는 회화예술에서 먼저 시작되었다. 급격히 산업화되어 가는 숨막히는 세계상과 예술적 한계성에 고심하고 있던 유럽은 때마침 그곳에 소개된 동양예술을 통하여 새로운 길을 찾게 된 것이다. 프랑스 파리에는 모네 C. Monet(1840-1926), 마네 E. Manet(1832-1883) 등을 중심으로 큰 화가그룹이 형성되어 있었다. 그들은 일본의 목판화가 지닌 새로운 시각과 색채구사법을 대하고 새로운 방법론을 터득하게 된다. '직관 Intuition'을 바탕으로 삼는 동양의 예술은 큰 파장을 이루며 이웃나라로 급속히 전파된다. 독일 화가 리버만 M. Liebermann(1847-1935)은 색채와 점으로 이루어진 확고한 형태를 해체한다. 그것들은 특정한 관점에서 접합되었다가 새롭고 놀라운 인상들을 불러일으킨다.

시대적 구분은 명확치 않지만 인상주의 문학은 현실을 인식하는 데 있어서는 자연주의적이며, 내면화를 위한 노력이라는 차원에서 보면 신낭만주의에 가깝다. 회화와 음악적 요소가 과감하게 문학에 연결된다. 자연과 인간의 화합이 이루어진다. 순간이 고정되고 상세히 묘사된다. 먼 곳에 대한 동경과 모든 구속에서의 탈피가 주제를 이루게 된다. 형용사가 많이 쓰이고, 문장이 짧으며, 이렇다 할 개념적 발언 대신에 자연을 그대로 충실히 재현한다. 시인들은 이른바 '본능적 직관'에 의한 인상을 앞세워 감각적으로 독자에게 다가선다. 독특한 율동에 맞추어 인상시의 새로운 지평을 연다.

자연주의 문학의 후예로 손꼽히는 시인 릴리엔크론 Detlev von Liliencron과 데에멜 Richard Dehmel은 자연적 야성을 노골적으로 묘사함으로써 당시 젊은 세대의 마음을 사로잡기에 충분했다. 그들은 형상적으로 체험된 현실을 영적 세계로 열광적으로 압축시켰으며, 슈니츨러 Arthur Schnitzler는 에로틱한 관점에서 심리관찰에 특징을 보인다.

릴리엔크론의 <3월 März tag>이라는 시는 다음과 같은 정감을 시어들로 엮어진다.

구름의 그림자 들 너머 흘러가고
먼데 숲들은 검푸르다

하늘높이 활개치며 날아가는 학들
오가며 소리치며

종달새 한창 떼를 지어 오르니
사방엔 지저귀는 봄소식

소녀여, 네 리본은 기뻐 춤추누나
일순의 행복은 아득한 나라의 꿈

일순의 행복은 구름 떼와 더불어 흘러가니
이를 붙잡고 날아갔으면.

데에멜의 초기 시는 자연주의 경향을 아직 벗어나지 못하고 있다. 그러나 시간이 흐름에 따라 시인은 대담하고, 아주 열광적인 언어를 구사하면서 남자-여자, 인간-자연-우주 관계를 형상화한다. 그가 표현주의의 본질적인 양식요소를 없애면, <잡역부 Arbeitsmann>나 <어느 가난한 자의 꿈 Traum eines Armen>같은 시들에서 사회문제들을 위한 경향시의 길에 빠졌다고 해도 과언이 아닐 정도이다.

이에 앞서 다우텐다이 Max Dauthendey는 색채와 가락의 세계에 짜여져 사랑과 자연을 체험한다. 모든 자연현상에 영혼을 주입시키고, 고향과 먼 이국적 상황을 서로 가까이 연결하려 애쓴다. 단어와 문장형상을 창조, 초현실주의의 도래를 암시한다.

4.2. 시의 감각성

데틀레브 폰 릴리엔크론 DETLEV VON LILIENCRON

자연주의와 인상주의적 요소를 겸비한 시인. 1844년 북부독일 키일에서 출생, 1909년 함부르크 근교 알트 라알슈테트에서 사망하였다. 1829년 이후 귀족가문이 되었다. 17세에 입대, 1866년과 1870/71년 전투에 참가하여 부상당하였으며, 부채관계 때문에 대위로 제대하였다. 이 일로 인하여 30여 년 동안 미국 등지로 떠돌이 생활을 하였다. 1882년 펠보름의 지방감독관, 1884-87년 켈링후젠 교구감독관을 지냈다. 그 후 뮌헨, 베를린, 함부르크 근교 알토나 오텐젠에서 자유문필가로 활동하다가, 1901년 이후부터는 빌헬름 황제 2세의 연금을 받으며 지냈다.

릴리엔크론은 개별관찰과 형상에서 출발, 생각과 감정들을 모아 전체로 융합시킨다. 무언가 끊임없이 바뀌어 가는 과정을 가로 막는 모든 대상들을 해체한다. 직접적인 발언 대신에 숱한 비유들을 내세운다.

예술적 정감으로 가득한 그의 시는 직접적인 삶을 표현해주는 다양한 사건들이 바탕을 이루고 있다. 기교화 되지 않은 자연성에 시각적이고 음향적인 인상이 가득 차 있다. 자연, 전쟁, 군인생활, 항해, 사냥, 귀공자 기질, 사랑 등이 주제를 이루며, 유머감각이 풍부하다. 그에게 있어서 인상주의적 요소는 이렇다할 반사와 상징성 없이 나타난다. 오히려 자연주의적 영역이 그에게 남아 있어서 그의 시들은 자유로운, 남성적인 삶에 대한 기쁨, 또한 운명과 죽음이 현존하고 있다는 의식이 언급된다.

시집으로는 <부관기행 Adjutantenritte>(1883), <황야를 걷는 자 Der

Heidegänger>(1890), <신시집 Neue Gedichte>(1893), <다채로운 노획물 Bunte Beute>(1903), <시 전집 3권 Ges. Gedichte.>(1897-1903) 등이 있다.

TOD IN ÄHREN

Im Weizenfeld, in Korn und Mohn,
Liegt ein Soldat, unaufgefunden,
Zwei Tage schon, zwei Nächte schon,
Mit schweren Wunden, unverbunden,

Durstüberquält und fieberwild,
Im Todeskampf den Kopf erhoben.
Ein letzter Traum, ein letztes Bild,
Sein brechend Auge schlägt nach oben.

Die Sense schwirrt im Ährenfeld,
Er sieht sein Dorf im Arbeitsfrieden,
Ade, ade, du Heimatwelt!—
Und beugt das Haupt und ist verschieden.

이삭 속의 죽음

밀밭에서, 콩과 양귀비 속에
병사 한사람이 쓰러져 있다, 누구의 눈에도 띄지 않았다
벌써 이틀이 지났다, 벌써 이틀 밤이 지났다
중상을 입었지만, 상처하나 싸매지 못했다

갈증에 고통을 받으며 심한 열에 시달리며
죽음과의 투쟁에서 머리를 들어 올렸다
마지막 꿈, 마지막 형상
그의 부릅뜬 눈은 하늘을 향하고 있다

낫이 이삭들판에서 윙윙거린다
그는 노동의 평화 속에 깃 든 자기마을을 바라본다
잘 있거라, 잘 있어, 너 고향이여! -
그리고는 머리를 떨구고 죽어갔다.

해설

죽음을 맞이하는 병사의 처절한 상황이 인상적으로 묘사되고 있다. 생명의 허무함이 고향을 등지고 떠나는 이별의 아픔과 연결된다. 순간의식이 두드러지게 강조된다. 외양과 내면세계가 자세히 묘사되는 것은 후기 자연주의적 특징이다. 밀 이삭처럼 저물어 가는 생명에서 느낄 수 있는 감각과 관찰력도 그렇다. 십자 운이다.

리하르트 데에멜 RICHARD DEHMEL

자연주의 문학기에 활동하였으면서도 비교적 그런 풍토에서 벗어난 시인이라 할 수 있다. 감각적이며 관념적인 세계관으로 대표되는 문학성을 지니고 있다. 니체에 이어지는 릴리엔크론 문학의 후계자로 평가된다.

1863년 동북변방 헤름스도르프에서 출생하였다. 학생시절부터 시작에 몰두한 그는 첫 시집 <해탈 Erlösungen>(1891)을 발표하면서 릴리엔크론으로부터 격찬을 받는 등 문단의 주목을 받게 된다. 특히 1894년 예술잡지 <판 Pan>을 창간, 신문학운동에 앞장섰다. 1909년 전쟁에 참전하였다. 그의 시적 계열은 사랑의 노래, 사회시, 국민서정시, 순수시 등 다양하게 구분되며, 주로 자연을 향한 그의 눈길은 대지와 인간의 건실한 생명력에 닿고 있다. 시인 자신과 세계의 합일을 노래하는 가운데 스며있는 깊고 은근한 서정미가 돋보인다. 1920년 사망하였다.

그 밖의 시집으로는 <그러나 사랑은 Aber die Liebe>(1893), <삶의 이파리 Lebensblätter>(1895), <여인과 세계 Weib und Welt>(1896), <아름답고 거친 세상 Schöne wilde Welt>(1913) 등이 있다.

5. 신낭만주의 Neo-Romantik

5.1. 생성배경

상실된 인간성을 회복하기 위한 인간존재의 본질에 대한 물음이 중심을 이룬다. 그리하여 대도회지 예술에 대해 향토예술이, 적극적인 사회철학에 대해 민족의 형이상학이, 사회조직의 계몽적 합리주의에 대해 인간존재의 영역을 향해 던지는 신비적 눈길이 촉구된다. 여기에 리하르다 후흐 Richarda Huch, 라이너 마리아 릴케 Rainer Maria Rilke, 후고 폰 호프만스탈 Hugo von Hofmannsthal 등의 시인들이 속하며 물론 슈테판 게오르게도 주도적인 역할을 하였다.

릴케는 시민사회의 고독감과 시대의 아픔을 노래함으로써, 자연에 대한 범신론적 외경, 인생의 신비와 자연의 섭리에 대한 내면적 성찰을 바탕으로 그는 특히 인간, 자연, 종교에 이르는 문을 향한다.

호프만스탈은 그런 완성된 삶에 대한 그리움을 죽음과 무상함에 대한 두려움과 연결시키고 있다. 시 외에도 드라마 작품을 많이 쓴 그는 종교, 역사를 통한 영혼의 섬세한 움직임을 잔잔하게 묘사하고 있다. 참다운 인간의 만남에 대한 개인적 소망과 시대적 사명감을 짙게 그의 정서에 담고 있다. 세기말의 데카당스 문학 계열에서 파생된 탐미주의 의식도 짙게 담겨 있다. 여행, 문화유산, 전통질서에 대한 재검토 과정에서 창작의 기틀이 많이 발견된다.

이들은 순수시의 의미를 확대하고, 인간에 의해 창조된 예술적 사물들을 진지하게 관찰하고 묘사한다. 고전주의보다 낭만주의, 특히 노발리스와 휠덜린의 세계관이 친근하게 여겨진다.

5.2. 직관력의 시인들

리카르다 후흐 RICARDA HUCH

1864년 브라운슈바이크 지방에서 무역상의 셋째 딸로 태어났다. 1892년 취리히에서 박사학위를 받았다. 그 후 잠시 시립도서관에서 근무하다가, 브레멘 여학교 교사를 지냈다. 1898년에 결혼하였다. 1933년 프러시아 예술원의 국가사회주의 평균화정책에 맞서 강한 항거를 하였다. 1947년 타우누스의 쉰베르크에서 사망하였다.

예술의 출발점을 인생에 대한 관찰과 사랑으로 보고 그 안에 있는 갈등을 해소하는 데 초점을 맞추었다. 주로 소설분야에 두각을 나타낸 그녀의 시 세계는 주지주의에 반기를 들고 대두된 이른바 신낭만주의시대에 뿌리를 두고 있다. 그래서 기계적 자연관이 배격되고, 에로스가 강조된 인간성의 탐구가 존중되었다. 극단적인 자유주의가 사회적 연대성을 파기하여, 고독감, 비극적 해방의 시대를 맞이하였다. 따라서 니체, 쇼펜하우어 A. Schopenhauer의 영향에 힘입은 바 크다.

시집으로는 <시 Gedichte>(1891-94), <신시집 Neue Gedichte>(1907), <시 Gedichte>(1919), <시 전집 Ges. Gedichte>(1929), <가을불 Herbstfeuer>(1944), <연애시집>(1891) 등이 있다.

막스 다우텐다이 MAX DAUTHENDEY

1867년 뷔르츠부르크에서 태어났다. 인상주의 회화의 풍부한 색채 구사력처럼 언어를 강도 높은 감각성의 예술로 전환시켰다. 시 뿐만 아니라, 장, 단편 소설도 많이 내놓았다. 미에 탐닉한 낭만적 일원론자로서 잦은 여행에서 얻는 인상들을 작품세계에 그대로 되살렸다. 그는 특히 동양문화와 연관된 작품으로 명성을 떨치었다. 또한 신과 인간에 대한 경외심을 "세계축제감 Weltfestlichkeitsgefühl"의 형태로 드높이려고 노력하였다. 섬세한 정신력은 그의 서정시적 매력이면서도 시인으로서 감당하기 어려운 번민의 희생자가 되었다. 1차 대전 중 두 번째 여행을 하다가 열대병에 걸려, 1918년 그로 인해 자바섬에서 사망했다.

시집: <자외선 Ultra-Violette>(1893), <영원한 결혼 Die ewige Hochzeit>(1905), <불타는 달력 Der brennende Kalender>(1905), <가곡집 Singsangbuch>(1907), <긴 밤의 가곡 Lieder der langen Nächte>(1909), <대전쟁의 고통 Des großen Krieges Not>(1915).

테오도르 도이블러 THEODOR DÄUBLER

1876년 트리에스트에서 출생, 1934년 쌍 블라지엔에서 사망하였다. 이탈리아, 독일, 프랑스, 그리스, 동양 등 여러 곳을 떠돌아 다녔다. 후에 베를린에 정착하였다. 생각이 깊은 독일적 정서를 바탕으로 그의 문학은 오히려 표현주의적이라 할 수 있을 정도로 새로운 형상미와 음향미로 가득 채워졌다. 그는 운율의 예술가라고 불리어지기도 한다. 또한 그의 색채감은 낭만주의적이라고도 할 수 있고, 특히 랭보 문학의 흔적이 뚜렷하여 신비적, 환상적 모습으로 가득 차 있다. 대표작으로는 운문서사시 <북극의 빛 Das Nordlicht> 이외에도 시집 <헤스페리엔 Hesperien>(1915), <샛별 Das Sternenkind>(1916), <페안과 디티람보스 Päan und Dithyrambos>(1924) 등이 있다.

WINTER

    Geduldig ist der Wald,
    Behutsamer der Schnee,

Am einsamsten das Reh.
Ich rufe. Was erschallt?
Der Widerhall macht Schrtte.
Er kehrt zu seinem Weh,
Das kommt heran wie leise Tritte.
Er findet mich in meiner Mitte.
Warum hab ich den Wald gestört?
Vom Schnee ward nichts gehört.
Hat sich das Reh gescheut?
Wie mich das Rufen reut.

겨울

숲은 참을성이 많다
눈은 그 이상 신중하다
노루는 누구보다도 외롭다
내가 외친다. 무슨 소리가 울려 퍼지나?
메아리로 들려오는 발자국 소리
자기 슬픔 속으로 되돌아간다
나직한 발걸음처럼 다가온다
그가 나의 한가운데에 있는 나를 본다
왜 나는 숲의 정적을 깨뜨렸는가?
눈밭에선 아무 소리도 들리지 않는다
소리를 내지른 것이 새삼 후회스럽게 느껴지는 나처럼
노루도 무언가 꺼리고 있는 건 아닌가?

해설

시의 배경은 적막이다. 각 행에 운율적인 단조로움이 스며있어 고요함이 더욱 부각된다. 남성 운을 지닌 얌부스 3각 운의 처음 네 행이 여성 운으로 된 3각 운의 얌부스와 두개의 여성 운을 지닌 4각 운의 얌부스 네 개의 시행으로 팽창된다. 그것은 3개의 남성 3각 운 얌부스로 눈에 띄게 소리가 줄어들도록 짜여진 운율구도와 연관하여, 밀물과 썰물 같은 분위기를 자아낸다. 시는 듣는 자의 귀 뿐만 아니라 눈에 호소할 수 있어야 하며, 결국 인간의 내면성에 닿는 강한 힘을 지녀야 함을 실증하고 있다. 시의 이해를 위하여 세 결말 시행의 의미를 올바르게 파악하는 것이 매우 중요하다. "왜 나는 숲의 정적을 깨뜨렸는가 Warum hab ich den Wald gestört?"라는 물음이 주제상의 전환점을 이룬다.

마지막 세 시행은 리듬과 율격 사이의 분쟁이 시적으로 어떻게 조정될 수 있는가 하는 문제를 보여준다. 율격 상으로 시행은 순전히 얌부스적 특성을 지닌다. 그러나 리듬에 따라서 읽으면, 하나의 트로헤우스와 두 개의 아나페스트로 구성되어 있다. 이처럼 리듬과 율격이 남모를 긴장을 자아내면서 시의 생명력을 상승시킨다.

또한 "숲은 참을성이 있다/눈은 그 이상 신중하다/노루는 누구보다도 외롭다"(1-3행)에 서려있는 소리효과는 너무나도 예술적이다. 비교급과 최상급으로의 상승은 움직임이 숲에서 눈 위로, 그리고 노루에게로 향하면서, 소리의 크고 작아짐이 테마와도 일치한다. "참을성", "신중성", "외로움" 등의 세 특성이 문법적 모험을 통하여 어떤 형상의 기복을 보여준다. 그리하여 겨울 숲의 침묵은 더욱 두드러지게 나타난다. 침묵과 처녀성, 거기에 쏟아지는 인간의 외침은 단지 있을 곳이 아닌 존재로서 그것은 하나의 고통 그 자체이다.

프리드리히 니체 FRIEDRICH NIETZSCHE

1844년 라이프치히 근교 룃켄에서 목사의 아들로 태어나 고전문헌학에 몰두, 1869년 바젤 대학의 교수가 되었다. 그가 수학하는 동안 쇼펜하우어, 바그너 R. Wagner와 가까이 지냈다. 1876년부터 1888년까지 스위스 혹은 이탈리아에 머물면서 방랑생활을 하였다. 1888년에 정신분열증을 일으켜, 10여 년간 병상에 누워 있다가 1900년 세상을 떠났다.

<비극의 탄생: 음악정신 Die Geburt der Tragödie aus dem Geiste der Musik>(1872), <차라투스트라는 이렇게 말했다 Also sprach Zarathustra> (1883-1885), <선악의 피안 Jenseits von Gut und Böse>(1886) 등 많은 철

학적 저서를 내었고, 그의 사상은 문학 전반에 큰 비중을 차지하고 있다. 일찍부터 시를 썼지만, 1876년 바그너와 사이가 벌어진 다음부터 그에 더욱 몰두하였다. 그의 시는 자유운율에 기반을 두고 있으며, 순수와 진실을 찾아 고독 속에 자신을 가두고 허무에 맞서는 예언자적 파토스를 내세우고 있다.

VENEDIG

An der Brücke stand
jüngst ich in brauner Nacht.
Fernher kam Gesang:

goldener Tropfen quoll's
über die zitternde Fläche weg.
Gondeln, Lichter, Musik —
trunken schwamm's in die Dämmerung hinaus ⋯

Meine Seele, ein Saitenspiel,
sang sich, unsichtbar berührt,
heimlich ein Gondellied dazu,
zitternd vor bunter Seligkeit.
— Hörte jemand ihr zu? ⋯

베네치아

얼마 전 나는 갈빛 밤에
다리 옆에 서 있었다
멀리서 노랫소리가 들려왔다:

진동하는 표면 위로
황금 방울들이 흘러 넘쳤다

곤돌라, 불빛, 음악 —
술에 취해 어둠 속으로 헤엄쳐 갔다…

나의 영혼, 현을 타는 소리
노래를 불렀다, 보이지 않게 몸을 맞대며
온갖 복락에 겨워 몸을 떨면서
남몰래 곤돌라 노랫소리가 들렸다
— 누가 그에 귀 기울였을까? …

해설

　1888년에 발표된 시. 이국적인 감각이 밤과 영혼의 감각적 상황에서 노래 불리어진다. 1연의 시각적인 체험이 2연의 청각적인 세계와 어우러져 '복락'이라는 상상 속의 시각세계로 응집된다. 철학과 찬가적으로 이루어진 문학적 비전 사이에서 낭만적 요소가 특별히 강조되는 시적 분위기가 자유와 꿈의 세계 속에 펼쳐진다.

6. 20세기 시의 기둥

후고 폰 호프만스탈 HUGO VON HOFMANNSTHAL

모든 완전한 시는 예감이자 현재이며, 동시에 동경이자 성취이다
Jedes vollkommene Gedicht ist Ahnung und Gegenwart, Sehnsucht und Erfüllung zugleich.
- 호프만스탈 -

호프만스탈

1874년 2월 1일 빈의 부유한 가정에서 출생, 법학과 로만문학을 전공, 박사학위를 취득하였다. 계속 공부하여 대학교수자격논문을 썼으나 대학당국에 의해 채택에 되지 않음에 따라 빈 근교 로다운에 거주하며 작가의 생활에 전념하였다. 1891년 익명으로 드라마 미완성품 <어제 Gestern>와 1900년에는 서정 드라마 <바보와 죽음 Der Tor und der Tod>을 출간하였다. 게오르게의 <예술지>에 참여, 다수의 드라마 스케치와 시들도 발표하였다. 후기작품들 중 가장 주목받을 만한 것은 <엘렉트라 Elektra>(1903), <장미의 기사 Der Rosenkavalier>(1911), <낙소스 섬의 아리아드네 Ariadne auf Naxos>(1912) 등인데 대부분 리하르트 슈트라우스 Richard Strauss(1864-1949)에 의해 작곡되었다. 그밖에도 중세의 신비와 도덕성을 제시한 작품 <모든 사람 Jedermann>(1911), <잘츠부르크 세계 대 극장 Das Salzburger große Welttheater>(1923), <곤란한 자 Der Schwieriger>(1921), <탑 Der Turm>(1925) 등과 다수의 산문 소설 비평서가 있다. 1929년 7월 15일 로다운에서 죽었다.

시집으로는 <시선집 Ausgewählte Gedichte>(1903); <시전집 Gesammelte Gedichte>(1907); <시집 보유편 Nachlese der Gedichte>(1934) 등이 있다.

REISELIED

Wasser stürzt, uns zu verschlingen, [152]
Rollt der Fels, uns zu erschlagen, [153]
Kommen schon auf starken Schwingen[154]
Vögel her, uns fortzutragen.

Aber unten liegt ein Land,
Früchte spielgelnd ohne Ende
In den alterslosen Seen.

Marmorstirn[155] und Brunnenrand
Steigt aus blumigem Gelände,
Und die leichten Winde wehn.

해설

잘츠부르크 남동쪽 호수지대인 '잘츠캄머굿 Salzkammergut'이 작품의 배경인 것으로 추측된다. 제 1연은 뛰어오름의 모티브에 속하는 "떨어짐"과 "솟구침"의 대립을 보여주고 있다. 그것은 폐쇄된 힘의 작용으로 형상화된다. 가까이 규정되지 않은 "우리"가 자신들에게 쏟아지고, 자신들을 내쫓을 물과 바위를 통한 공격으로 나타난다. 물과 바위는 액체와 고체로서 서로 대립되는 물체이다.

시적 구조에 있어서 "Wasser stürzt"(1행) x "Rollt der Fels"(2행)처럼 주어와 동사가 서로 엇갈리게 설정되어 있는 '교차어법 Chiasmus'이 특징적이다. 또한 "uns zu verschlingen"(1행) - "uns zu erschlagen"(3행)을 보기로 하는 '수평어법 Parallelismus'도 두드러진 현상 중의 하나이다. "공포의 장소 locus

---

152) verschlimgen=untergehen lassen.
153) erschlagen=totschlagen.
154) die Schwingen=der Flügel.
155) Marmor=glatter,weißer Stein, die Stirn=0berer Teil des Gesichts.

terribilis"로서의 산 이미지가 중심을 이룬다. 3행의 도치문은 부사 "이미 schon"와 결부해서 조건문으로 이해된다. 새는 우리를 어디론가 데려갈 수 있는 구원자로 나타난다. "물"과 "바위"에게 뿐만 아니라, "새들"에게도 "우리"라는 존재는 어떤 대상이다.

    시는 10개의 4강음의 트로헤우스 시행으로 이루어져 있다. 하나의 4행 시와 두개의 3행 시, 즉 하나의 4행 시가 빠진 소넷 형식이다. 운은 abab cde cde이며, 문법적으로 관사가 쓰이지 않고, 율격 상으로는 박자 Auftakt가 없다. "하지만 Aber"으로 시작되는 국면전환이 뚜렷하다. 제 1연과 연관된 시각의 변화는 높은 곳에서 아래를 내려다보는 조감도의 형태가 마침 새의 이미지와 잘 상응된다. 또한 아래에 놓인 "땅 Land"과 "호수들 Seen"은 '물'과 '바위', 즉 액체와 고체의 요소와 일치된다. 그러나 형상이 바뀌어, 공격적인 역동성이 평화로운 적막을 피해간다. 물과 바위가 아래로 몰아침으로써 그들의 숙명을 완수한다. 떨어지는 형태의 사고는 자연에서 문화로의 이전을 의미한다. 풍경의 중앙에는 거울의 반사형상이 있다. 그 속에서는 대립체로 남아 있던 액체와 고체가 서로 만난다. 과일들이 한해가 지남에 생산되는 동안, 호수는 더 이상 생성된 것으로 인식되지 않는다. "세월의 흐름을 모르는 alterslos" 호수는 과일과 비교하여 분명 시간을 초월해 있다. 제 3연은 시를 총체적인 것으로 반사한다. 오스트리아 도시의 형상을 의미하는 "대리석 앞면 Marmorstirn"과 "분수대 가장자리 Brunnenrand"는 리듬 상으로 처음만을 가리키는 것은 아니다. 그것들 속에 물과 바위가 다시 한번 새로운 형상을 받아들인다. 그것들은 고전적 석상, 즉 목가적 풍경의 장식품에 속하는 고전적 미완성 조각품이다. 자아인식의 수단으로서 조각예술형태가 마지막에 강조된다.

해설원문 강독:

Die erste Strophe stellt im Erlebnis der Bergwelt das Erleben selber dar, bei dem die Außenwelt unmittelbar auf „uns" mit momentaner Plötzlichkeit eindringt. „Wir" sind ihr ausgesetzt und reagieren unwillkürlich mit einem erhabenen Gefühl. Das Erlebnis selbst erzeugt aus sich die Möglichkeit, sich ihm zu entziehen. Die unmittelbare Plötzlichkeit impliziert Vergänglichkeit. Die Zeitlichkeit des Erlebnisses führt zu jener Distanznahme, die es aus verändertem Standpunkt anders erscheinen läßt.

Dem Blick von oben zeigt sich die Spiegelung des Jüngstvollendeten im Längstvergangenen. Das unmittelbare Erlebnis, betrachtet man es ex post, erscheint im Bezugssystem vorgebildeter und vorgeformter Modelle. Er erweist sich als Nachvollzug von Gewesenem.

Seinen Alpenübergang verstand Hofmannsthal offensichtlich von Goethe aus, von dem er einen Band im Reisegepäck bei sich hatte. Er reiste im Nachvollzug des Goetheschen Vorbildes, wie es die Dichtungen und Reiseberichte aufbewahrten. Später, anläßlich seiner Sizilienreise, erläuterte Hofmannsthal dieses Verhältnis ausführlich. Daß es ihn schon in Lugano beschäftigte, bezeugen die gleichzeitig mit dem „Reiselied" entstandenen Epigramme, die das Verhältnis von Natur und Kunst behandeln.

Aus: Karl Pestalozzi, Die Entstehung des lyrischen Ich., S. 300.

DIE BEIDEN

Sie trug den Becher in der Hand
— Ihr Kinn und Mund glich seinem Rand —,
So leicht und sicher war ihr Gang,
Kein Tropfen aus dem Becher sprang.

So leicht und fest war seine Hand:
Er ritt auf einem jungen Pferde,
Und mit nachlässiger Gebärde
Erzwang er, daß es zitternd stand.

Jedoch, wenn er aus ihrer Hand
Den leichten Becher nehmen sollte,
So war es beiden allzu schwer:
Denn beide bebten sie so sehr,
Daß keine Hand die andre fand
Und dunkler Wein am Boden rollte.

두 사람

그 여인은 술잔을 움켜쥐었습니다
— 그녀의 턱과 입술은 술잔에 가 닿았습니다 —
어찌나 그녀의 몸집이 가볍고 또렷했던지
술은 한 방울도 술잔에서 떨어지지 않았습니다

사나이의 손은 몹시 홀가분하고 억세었습니다
그는 새파랗게 젊은 말을 타고 왔습니다
모든 걸 다 체험하는 모습으로
그냥 그렇게 떨면서 말을 서있게 했습니다.

그러나 그가 여인의 손에서
그 가벼운 술잔을 받아야 했을 적에
두 사람은 너무나 마음이 괴로웠습니다
그들은 두 손을 너무나 떨었기에
서로의 손을 찾을 수가 없었습니다
그래서 짙은 술잔은 땅바닥에 뒹굴고 말았습니다.

해설

아주 잘 다듬어진 감각과 풍부한 음향미를 바탕으로 객관적 명쾌성이 지배하고 있는 시작품이다. 남녀의 만남이 하나의 객관적 대상으로 관찰하는 시인의 시각을 통해 잘 서술된다. 운율구조는 abba abba abccab. 1연은 두개의 쌍 운, 2연은 포옹 운, 3연은 두개의 십자 운으로 되어 있다. 11행 다음에 나오는 복부 점(複附點) (:)을 기준으로 하여 나누면, 소넷 형식이 근간을 이루고 있음을 알 수 있다. 시의 특징은 외적 형식이 내용을 지배하고 있다는 사실이다. 두개의 4행 시는 각기 여인(1-4행)과 남자(기사)(5-8행)를 대상으로 하고 있으며, 다음의 6행 시 중 처음 3행(8-11행)은 "leicht"를 "schwer"로, 나중 3행(12-14행)은 실패의 원인을 언급한다.

그것은 형태에도 가볍게 암시되어 있다. 1연은 잔의 둥그런 모습, 얼굴 표정, 곧은 걸음걸이 등으로 암시되는 여인의 모습은 "다소곳함 Sicherheit"(1행)으로 특성화되어 있고, 쌍 운의 형태가 남녀의 관계를 상징적으로 암시한다. 2연은 건장하며 우악스런 남성의 모습에 어휘와 시행구조가 그에 일치한다. 말을 거칠게 다루다가, 반대로 "느긋한 몸짓"(7행)을 보여 주는 것은 어느 때나 마구 행동할 수 있음을 보여준다. 이 시행은 '흔들대는 schwingend' 리듬으로 구성되어 있다. 한 쌍 운이 다른 쌍 운에 의해 느슨하게 에워싸이는 포옹 운은 두개의 남성 시행 끝 사이로 두개의 여성적 시행 끝이 들어가 있다. 1행과 6행, 4행과 7-8행이 각각 일치된다. 두 사람의 행동은 "가볍게"라는 표현으로 일치된다(3, 5행). 만남 속에서 그러나 그들은 "무겁다"(11행)고 느끼며, 그 상황은 두 사람에게 똑같다(11, 12행).

사랑의 진실이 노래 불리어진다. 인간의 참다운 만남이 간절히 추구되고 있다. 서로의 고독은 인간의 내면성을 추구하는 데 근본적인 바탕이 된다. 시의 중심형상은 "손"이다(1, 5, 9행). 손은 만남의 "중심"이다. 이 만남은 그러나 충격으로 인하여(4행과 14행 비교), "어느 손도" "다른 손을" 발견하지 못한다(13행; 1, 5, 9행 끝 비교); "두 사람은 손을 너무나도 떨었기 때문이다 denn beide bebten sie so sehr"(12행. 두운). 그래서 만남은 실현되지 않는다. 소넷 형식을 시인이 어째서 외형적으로 회피하고 있는지 이제는 분명해진다.

WELTGEHEIMNIS

    Der tiefe Brunnen weiß es wohl,
    Einst waren alle tief und stumm,
    Und alle wußten drum.

Wie Zauberworte, nachgelallt
Und nicht begriffen in den Grund,
So geht es jetzt von Mund zu Mund.

Der tiefe Brunnen weiß es wohl,
In den gebückt, begriffs ein Mann,
Begriff es und verlor es dann.

Und redet' irr und sang ein Lied —
Auf dessen dunklen Spiegel bückt
Sich einst ein Kind und wird entrückt.

Und wächst und weiß nichts von sich selbst
Und wird ein Weib, das einer liebt
Und — wunderbar wie Liebe gibt!

Wie Liebe tiefe Kunde gibt! —
Da wird an Dinge, dumpf geahnt,
In ihren Küssen tief gemahnt …

In unsern Worten liegt es drin,
So tritt des Bettlers Fuß den Kies,
Der eines Edelsteins Verlies.

Der tiefe Brunnen weiß es wohl,
Einst aber wußten alle drum,
Nun zuckt im Kreis ein Traum herum.

해설

여덟 개의 연이 3행으로 구성, 독일 시에서는 드문 '테르치네'의 아름다움을 독일인의 형태감각에 맞추려고 한 것 같다. 호프만스탈은 형식미에 일가

견이 있어서 시연들을 나름대로 잘 다듬었다. 운이 없이 남아있는 첫 행은 서로 운이 맞추어진 두개의 다음 시행들과 균형을 이룬다. 특히 서두에 뿐만 아니라 시 전체에 두 번(3연 초와 끝연 초)이나 나오는 "깊은 샘물은 알고 있겠지"라는 구절이 기본테마를 이루어, 시적 표현의 실마리가 신비성과 연결되고 있음을 알리고 있다. 가까이 규정되지 않은 "언젠가"와 "지금은"이 그에 연관된다. 깊은 샘물의 이미지는 "근원성 die Urgründlichkeit", "신비의 가득함 die Geheimnisfülle", "무의식적인 것 das Unbewußte", "심층 tiefste Schicht" 등으로 삶 전체를 위한 열쇠이다. 그런 세계는 현실 속에, 나날의 요구 속에 뒤엉켜 있거나 너무 지성에 쏠려있는 인간에게는 주어지지 않는다. 원초적 무의식 속에 살고 있는 인간의 존재는 신비롭다. 깊고 말이 없다. 그 때의 사람들은 사물들과 더불어 시간과 공간을 넘어서 존재를 예감하며 살 수 있었다. 그래서 이미 그것을 알고 있었다. 그러나 의식상태로 돌아오면서 그 세계와 맞선다.

　시인은 깊은 '언어회의(言語懷疑) Sprachskepsis'에 빠진다. 모든 본질적인 것이 언어를 통해서 가리워지거나 둔화되기 때문이다. 그 책임은 말 자체가 아니라, 말하는 사람들에게 있다. 말이 올바르게 사용된다함은 "주술어 Zauberworte"의 영역이다. 일곱 번째 연에서 "우리의 말속에 그것이 들어 있다 In unsern Worten liegt es drin"라고 하지 않는가! 의미없이 따라 부르는 것, 근원을 파악하지 못하는 것에 시인은 회의를 품고 비판을 가한다. 언제가 그가 일기에서 쓰고 있듯이, 말은 '우상들 Götzenbilder' 보다 신성하지도, 매장된 항아리보다도 부유하지도, 땅에 묻힌 보검보다도 더 튼튼하지도 못한지 모른다. 하지만 언젠가는 활기에 넘쳐 신비롭고 경이롭게 나타나리라 믿는다. 마지막 연에서는 말이 의미상으로 '자갈 Kies'과 비교된다. 세계신비에 대한 이전의 지식에서 인간에게 남아있던 것은 텅 빈 "아무 생각없이 따라하면서 입에서 입으로 전해지는 마력의 말들, 어둡고 이해할 수 없는 꿈"이다. 보석을 간직하고 있는 자갈이다. 그렇기 때문에 사람들(말하는 자)은 그들에게는 죽은 물질(자갈-언어)을 감추고 있는, 참다운 부유함에 대해서는 생판 모르는 거지로 보인다: "그렇게 거지의 발길에 자갈이 채인다/보석의 감옥이다 So tritt des Bettlers Fuß den Kies,/Der eines Edelstein Verlies."

　3연은 시의 중심이다. 이전까지는 "모든" 인간은 "예전에 einst"와 "지금

jetzt"과 같은 일반적 발언의 대상이었지만, 차츰 구체적으로 나타난다. 다른 사람들이 하지 못하는 것을 한 남자가 파악하여 말한다. 몸을 숙여 "깊은 샘물"을 들여다봄으로써 자라난 능력, 즉 자기 자신에로의 침잠을 이룩한다. 그러나 거기에는 상실이 뒤따른다. 착종된 망상도 뒤따른다. 세계의 신비를 이겨낼 힘을 아무도 갖고 있지 않다. '전세실존(前世實存) Präexistenz' 상태에서 세계신비에 접근하다가 미혹된다. 사랑이 주는 힘은 헌신이요, 희생이다. 노래는 관찰된 자와 다시 상실된 자에 의해 생산된다. 관계문장(11/12행)이 그에 연관된다. 노래의 계속되는 생산력은 안전하게 유지될 것이다.

라이너 마리아 릴케 RAINER MARIA RILKE

누가 승리라고 말할까? 극복이 전부다
Wer spricht von Siegen? Überstehen ist alles.
- 릴케 -

1875년 프라하 출생. 어머니의 지나치게 섬세한 사랑을 받고 자라나 그 테두리에서 벗어나는 일이 평생의 과제가 되었다. 부모의 이혼과 더불어 천성과는 달리 쌍 푈텐의 군사학교에 보내졌으나, 중퇴하고 린츠의 실업학교에 다녔다. 한동안 뮌헨, 베를린에서 공부하다가 완전히 작가의 생활에 전념하였다.

그는 줄곧 수많은 여인들을 곁에 두었다. 그 중 루 안드레아스 살로메같은 여인은 시인의 삶과 문학에 절대적인 영향을 미쳤다. 또한

라이너 마이라 릴케
에밀 올리크의 스케치

클라라 베스트호프와 보릅스베데에서 결혼생활로 잠시 머문 것말고는 생의 대부분을 이탈리아, 러시아, 파리, 코펜하겐 등 유럽전역을 떠돌아 다녔다. 1914년 이후 뮌헨에 거주하였고, 1919년부터는 스위스에 머물면

서 발리스의 뮈좃 성을 생의 종착지로 삼았다. 1926년 스위스 발 몽 Val-Mont에서 세상을 떠났다. 첫 번째 러시아 여행(1899/1900)의 산물인 <시도집 Das Stunden-Buch>(1905)은 감정과 분위기의 조화에 주력한 초기시와는 달리, 신과 인간의 관계를 앞세우고 있다. 신의 위대함은 겸허한 자에게만 나타난다. 스스로 높이 서 있는 자는 불안과 고독에 위협을 받게 된다는 내용이다.

19세 때 단숨에 써 내려간 산문시 <기수 크리스토프 릴케의 사랑과 죽음의 노래 Die Weise von Liebe und Tod des Cornets Christoph Rilke>(1906)는 형태와 내용에 있어서 초기시의 정서를 가득 담고 있다. 언어는 서정적 정감으로 가득 차고, 분위기는 과정보다 더 중요하다.

1905년부터 1906년까지 로댕의 비서로 일했다. 이 프랑스 대 예술가의 '사물자체 Ding an sich' 사상과 접하면서 예술적 전환기를 맞았다. 릴케 문학의 중기를 대표하는 소설 <말테의 수기 Die Aufzeichnungen des Malte Laurids Brigge>는 비록 산문이지만 젊은 시인이 겪는 내면과 세계 사이의 갈등을 시적으로 잘 그리고 있다. 주인공이 멸망의 나락으로 빠져드는 동안 릴케는 자기 자신에게로 되돌아간다. 릴케는 파리에 체류하는 동안 현실과의 새로운 관계를 맺는다. 동식물, 건축물 등이 거의 조각작품으로 또는 정신적 움직임으로 파악된다. "사물을 관조할 수 있는 내면성"이 시인을 감동시킨다. 이런 바탕에서 프랑스의 예술가 로댕의 비서로 일을 하면서 체득한 새로운 관찰법으로 그는 <신시집 Neue Gedichte>(1907/1908)을 내놓는다. '사물시 Dinggedichte'의 개념도 정립시킨다.

1910년 투른 운트 탁시스 후작부인의 도움으로 아드리아 해안 두이노 성에서 머물면서, 스페인, 북아프리카, 이집트 등으로 여행을 하였고, 그 경험을 바탕으로 만년의 두 대작을 남긴다. <두이노의 비가 Duineser Elegien>(1923)에는 "더 이상 서정적으로 표현되는 친숙한 체험세계가 아니라, 비로소 밝혀질 위탁"(Paul Böckmann)의 문제가 다루어진다. 인간을 현존재와 화해시키는 이러한 '위탁 Auftrag'은 시인이 모든 것을 세상 속에서, 죽음까지도 찬양함으로써 완수하고자 하는 사명으로 인식된다. 더욱이 <오르페우스에게 바치는 소넷 Sonette an Orpheus>(1923)에서는 시적 어휘의 힘이 기계화시대에 심히 위협을 받을지라도 새 가치를 구할 수 있는 원동력이 되리라는 확고한 믿음으로부터 출발한다.

대표작으로는 위의 두 작품 외에도 <형상시집 Buch der Bilder>, <시도집 Das Stunden-Buch>, <신시집 Neue Gedichte>(1907/08) 등 수많은 시집이 있다.

HERBSTTAG

HERR: es ist Zeit. Der Sommer war sehr groß.
Leg deinen Schatten auf die Sonnenuhren,
und auf den Fluren laß die Winde los.

Befiehl den letzten Früchten voll zu sein;
gieb ihnen noch zwei südlichere Tage,
dränge sie zur Vollendung hin und jage
die letzte Süße in den schweren Wein.

Wer jetzt kein Haus hat, baut sich keines mehr.
Wer jetzt allein ist, wird es lange bleiben,
wird wachen, lesen, lange Briefe schreiben
und wird in den Alleen hin und her
unruhig wandern, wenn die Blätter treiben.

가을날

주여, 때가 왔습니다. 지난 여름은 참 위대했습니다

당신의 그림자를 해시계 위에 내리시고
벌에는 바람이 일게 하소서

마지막 열매들을 여물게 하여 주시고
그들에게 남녘의 날을 이틀만 더 내리시어
무르익게 하시고, 무거운 포도송이에
마지막 단맛이 넘치게 하소서

이제 집이 없는 사람은 집을 짓지 못합니다
이제 홀로 있는 사람은 그렇게 오래 남아서
잠못 이루며, 책을 읽거나 긴 편지를 쓸 것이며
또한 나뭇잎 흩날리는 가로수 길을
하염없이 떠돌 것입니다.

해설

1902년 9월 21일 쓰여진 시. 구조 자체가 예술적이다. 세 연이 각기 3, 4, 5행으로 한 행씩 늘어감으로써 내용적인 상승과정과 일치한다. 시의 첫 연은 신에게 간구하며 감사하는 기도의 형태 시작된다. 완성을 그리는 마음이 1행과 4행, 그리고 7행에 이르기까지 이어진다. 곧 무르익어 가는 과일과 완성의 순간을 향하는 인간에 대한 열망이 노래로 불리어진다. 그러나 가을은 모든 사람에게 정처없음, 외톨이, 불안, 고독 같은 위험도 가져다준다.(3연) 그것은 시의 세 단계를 이루어 광범위한 공간 속에서 시인의 가장 고유한 사건이 완성을 향해 가고 있다는 추측을 가능케 한다. 여기에 "하염없이 떠돌다 unruhig wandern"(12행)라는 어휘가 비로소 그런 가능성을 확인시킨다. 그것은 12년 후에 <횔덜린에게 An Hölderlin>(SW I. 342)라는 시에서(특히 1-2행에서) "머무름이여, 역시 친밀한 모습으로는/우리에게 주어지지 않았노라 Verweilung, auch am Vertrautesten nicht,/ist uns gegeben…"이라고 노래함으로써 시인 릴케에게 있어서 평생의 중요한 주제임을 보여준다.

비교:

헵벨 Hebbel의 시 <가을 모습 Herbstbild>

트라클 Georg Trakl의 <가을 Herbst>:

Sonne, herbstlich dünn und zag,
Und das Obst fällt von den Bäumen.
Stille wohnt in blauen Räumen
Einen langen Nachmittag.

Sterbeklänge von Metall;
Und ein weißes Tier bricht nieder.
Brauner Mädchen rauhe Lieder
Sind verweht im Blätterfall.

Dämmerung voll Ruh und Wein;
Traurige Gitarren rinnen.
Und zur milden Lampe drinnen
Kehrst du wie im Traume ein.

* '가을 Herbst' - '소멸 Vergehen', '쇠망 Verwehen', '죽음 Sterben'

DER PANTHER

Im Jardin des Plantes, Paris

Sein Blick ist vom Vorübergehn der Stäbe
so müd geworden, daß er nicht mehr hält.
Ihm ist, als ob es tausend Stäbe gäbe
und hinter tausend Stäben keine Welt.

Der weiche Gang geschmeidig[156) starker Schritte,
Der sich im allerkleinsten[157) Kreise dreht,
ist wie ein Tanz von Kraft um eine Mitte,
in der betäubt ein großer Wille steht.

Nur manchmal schiebt der Vorhang der Pupille[158)
sich lautlos auf —. Dann geht ein Bild hinein,
geht durch der Glieder angespannte Stille —
und hört im Herzen auf zu sein.

표 범
파리의 식물원에서

그의 시선은 스쳐 가는 창살로 인해
이미 지쳐 더 이상 보이는 것이 없다
그에게는 오직 수천의 창살만이 있는 듯 하며
수천의 창살 뒤에는 그 어떠한 세계도 없는 것 같다

가장 작은 원을 돌고 있는 유연하며 힘센
걸음걸이와 그 부드러운 발걸음은
그 속에 커다란 의지가 마비되어 서 있는
하나의 중심을 돌고 있는 힘의 춤과 같다

오직 이따금 눈동자의 장막이 소리 없이
열린다 —. 그러면 한가지 모습이 비쳐들어
긴장된 사지의 침묵을 뚫고 지나간다 —
허나 마음에는 그 흔적조차 남지 않는다.

---

156) biegsam, schmiegsam, glatt. weich u. dabei voll Spannkraft.
157) '작은 klein'의 최상급 표현에 강조적인 의미가 포함됨.
158) die Pupille: die schwarze Öffnung im auge, durch die das Licht eindringt; Sehloch.

해설

1902년에 쓰여져 이듬해 9월 <뵈멘 지방신문 Böhmisches Provinzblatt>에 처음 실렸다. 릴케가 베를린과 뮌헨의 동물원에서 본 갇힌 동물형상들의 영혼 - 인간까지 포함하여 - 을 상징적으로 표현하고 있다. 특히 '파리의 식물원에서'라는 진행되는 사건의 현장을 작품 속에 명백히 표시함으로써 배경과 환경에 친밀감을 부여하고 있다. 시인 자신의 가족이나 일상 및 시민생활에서 소외된 모습을 암시하고 있다. 릴케가 관심을 가졌던 동물학자 브렘 A. E. Brehm의 <동물생활 Tierleben>에서 많은 영향을 받은 것으로 알려져 있다. 아울러 인간과 동물과의 관계가 어떠하여야 할 것인가를 가리키고 있다. 릴케는 시인 자신의 의식을 동물형상에 투영시켜 존재와 예술의 문제점을 부각시키는 주제를 강하게 내세우고 있다. 프랑스의 조각가 로댕의 엄격한 교육의 결과로 이루어진 작품으로 평가된다. <신시집>의 189개 시작품 중 47개가 규칙적인 소넷이고 그밖에는 약간씩 변형된 것인데 이 시는 바로 후자에 속한다. 시가 소유대명사 "sein"으로 시작되어 역시 동사 "sein"으로 끝나는 이른바 '울타리 두름' 현상이 구조상으로 특기할 사항이며, 내용과도 일치한다.

시인은 관찰을 추상화하여 창살로 하여금 지루한 영상으로 지나가게 하며, 그에 따른 음향적 효과를 동반시킨다. 이러한 과정은 '연속어운 Schlagreim', 즉 "Stäbe" - "hält" - "Stäbe" - "gäbe" - "Stäbe" - "Welt"를 통해서 느낄 수 있다. 아울러 관점의 변화가 뚜렷하게 제시되어, 표범의 눈길이 창살을 지나는 것이 아니라 창살이 그의 눈길을 지나간다. 왜곡된 것은 눈길의 관찰상태만이 아니다. 눈이 형상을 보는 것이 아니라, 형상이 또한 눈 속으로 들어간다. 모든 형체는 안에서 관찰되어 보이지 않는 것으로 귀환된다. 따라서 아무런 대상체험도 없으며 보이지 않는 것은 볼 수 있는 것의 한계에까지, 바라볼 수 있는 것은 영혼에 의해 보여져서 내면화될 수 있는 데까지 연결된다. 모순, 왜곡 그리고 자연법칙에 어긋난 현상이 행동을 하도록 정해진 피조물의 차단이다. "작디작은 원 allerkleinsten Kreis"위 "세찬 발걸음"의 제한도 "거대한 의지"가 이끌지 않는 "힘의 춤 Tanz von Kraft"도 전도되어 있다. "한 중심을 맴도는 힘의 춤"은 예술인식의 근본으로 표현된다. 표범의 역할은 "죽은 중심 tote Mitte"이다.
　영혼의 자발성, 중심기관인 "가슴"과 모든 것을 통제하는 "의지"로 서있는 한 생물의 움직임이 완전히 마비되었다. 표범은 더 이상 자극과 감각체험의 주체가 아니고, 낯선 존재로서 그것들을 체험한다. 그렇기 때문에 표범은 문장의 주어로 나오지 않는다. 신체기능들이 따로, 즉 지쳐버린 눈길, 맴도는 발걸음, 열리는 "동공막 die Pupille" 등이 주어로 나타난다. 2-4행에서는 예외인 것 같지만, "그는 생각한다 er denkt" 대신에 "그에게 느껴진다 ihm ist"라는 수동성의 문장으로 되어 있다. 오로지 현실이 있는 창살 뒤에서 표범은 현실을 더 이상 포착하지 않는다. 그런 형상들이 "허나 마음에는 그 흔적조차 남지 않는다 und hört im Herzen auf zu sein"로 되어 마비된 주체는 객체가 없다. 개성이 상실되면 또한 세계도 상실된다.

ARCHAISCHER TORSO APOLLOS

　　　Wir kannten nicht sein unerhörtes Haupt,
　　　darin die Augenäpfel reiften. Aber
　　　sein Torso glüht noch wie ein Kandelaber,
　　　in dem sein Schauen, nur zurückgeschraubt,

　　　sich hält und glänzt. Sonst könnte nicht der Bug
　　　der Brust dich blenden, und im leisen Drehen
　　　der Lenden könnte nicht ein Lächeln gehen
　　　zu jener Mitte, die die Zeugung trug.

　　　Sonst stünde dieser Stein entstellt und kurz
　　　unter der Schultern durchsichtigem Sturz
　　　und flimmerte nicht so wie Raubtierfelle;

　　　und bräche nicht aus allen seinen Rändern
　　　aus wie ein Stern: denn da ist keine Stelle,
　　　die dich nicht sieht. Du mußt dein Leben ändern.

고대 아폴로 토르소

우리는 한번도 들어 본 일조차 없는
그의 머리에 눈동자가 익어 가고 있다는 걸 몰랐다. 하지만
그의 몸통은 촛대처럼 여전히 불타고 있다.
그 속엔 그의 눈길이 죄어 들어가

줄곧 머물며 빛나고 있다. 그렇게 하지 않으면
불룩한 가슴팍이 그대를 눈부시게 할 수 없으리라
살짝 뒤틀린 허리춤 속에서 한 가닥의 미소가
생식을 지닌 저 중심으로 나아가지도 못하리라

그렇지 않으면 어깨의 투명한 그루터기 아래에
이지러지고 짤막한 돌덩어리에 지나지 않으리라
그리하여 맹수의 모피처럼 빛나지도 못하리라

또한 그의 모든 가장자리로부터 별빛처럼 터져
나오지도 못하리라. 거기에는 그대를 보지 못할 데가
하나도 없기 때문이다. 그대는 사는 법을 바꾸어야 한다.

해설

조형예술을 대상으로 쓰여진 시이다. 고대 '아폴로 토르소'는 그리스의 델프 신이자 입법자이다. 시의 서정적 자아는 "우리 wir"(1행)로 나타나며, 동시에 그의 대상에 대한 개인적 관계가 일반적인 것으로 서술된다. 그것은 또한 부정적 발언으로 시작된다. 즉 열매인 눈이 "들어 본 일조차 없이 unerhört" 특별히 부각(2행)된 석각의 머리를 "몰랐다"는 선언으로 시작된다. 2연은 이런 모순을 벗어나려고 한다. 신성한 머리의 "눈길 Schauen"(4행)이 토르소 안에 유지, 다음 연의 비현실적 부정적 조건문 "Sonst könnt nicht …"(5행)으로 제기되면서 "und bräche nicht…"(12행)에 이른다. 그리하여 줄곧 새로 시작하면서 놀라움에 빠진 자아로 하여금 그의 인상을 되새기며 확

증케 한다. 그것은 곧 토르소의 눈부신 빛과 미소짓는 "명랑함"(2연)을 보여준다. 내부에서 비치고 있는 빛은 "맹수의 모피 Raubtierfelle"(11행)처럼 엄청나게 진동하는 축소되고 변형된 "돌"(9행)을 채운 삶을 실현한다. 이 삶이 조형작품의 공간적 한계를 어떻게 파기하고 토르소가 어떻게 열린 눈, 즉 신의 "눈길"로 되는가(4연)를 경험케 한다. 엄청난 노출의 상태를 벗어난다는 것은 불가능하다. "거기에는 그대를 보지 못할 데가 하나도 없기 때문이다"(13-14행). "들어 본 일조차 없는" 그것을 체험하는 반사가 이미 시의 서두를 규정해주었고, 그의 끝머리에서 나타났다.

시인은 아폴론 Apollon[159]의 예술모형상과 만남으로써, 조각난 형태 속에서 원초형상의 '에피파니 Epiphanie', 즉 관찰하는 신 자신의 압도적인 현존이 이루어진다. 그리스 이래로 합리와 이성이 지배는 세계에서 가장 대표적인 존재는 물론 아폴론이다. 그것은 자아의 집착에서 벗어나 이루게 되는 엄청난 현실의 경험이다. "사는 법을 배워야 한다"라는 구절은 따라서 현존재의 현상들이 본질적이 되리라는 선언을 요구한다. 예술을 매개체로 한 인간과 신의 만남, 그 속에서 서정적 자아(우리로 관찰된다)는 객체로 여겨진다.

시의 근본형태는 이탈리아 소넷이다. 엄격하게 지켜지지 않는 미운 대신, 문장론적 구조가 시 전체를 접합시키고 있다. 두 번째 문장이 두 개의 4행 시를 연결하듯, 넷째도 3행 시들을 연결한다. 시행과 문장이 주로 동일시되지 않음으로써, 2-3, 4-5, 5-6, 6-7, 12-13행들에서처럼 예술성이 높은 시행 넘기 Enjambement가 구사되고 있다. 또한 5-6, 6-7, 9-10, 11, 13, 14행들에서와 같은 두운현상이 빈번한 반면, 반해운 Assonanz(5-6행)과 행내운 Binnenreim

---

[159] 그리이스 신화에 나오는 올림포스 12신 중의 하나. 제우스와 레토 사이에서 출생하였다. 레토는 제우스의 아내 헤나의 질투로 해산할 장소를 구하지 못하다가 델로스 섬으로 도망쳐 그곳에서 아폴론을 낳았다고 하며, 여신 아르테미스와는 쌍둥이 동기간이다. 아폴론은 원래 목자의 수호신이고, 그리스 성격과 문명의 대표적 신이다. 학예의 신으로서 나라의 중요한 도덕이나 법률을 주관하고, 특히 살인죄를 벌하여 그 더러움을 씻어주는 힘을 갖고 있었다. 또한 예언의 신이기도 하여 델포이를 중심으로 그의 신전이 세워졌고, 무녀를 통해 신탁을 받는 일이 성행하였다. 그리고 아폴론은 태양과 사랑의 신이기도 하다. 다프네는 아폴론의 구애를 피하여 월계수가 되었고, 카산드라는 그의 사랑을 받아 예언의 힘을 얻었으며, 하천의 신 페네이오스의 손녀딸 킬레네를 사랑하여 아리스타이오스의 아버지가 되고, 테사리아의 왕녀 코로니스와의 사이에서는 히아킨토스도 그의 사랑을 받았다.

(6-7행)은 비교적 드물다. 4행 시와 3행 시 사이에 형식적, 문장론적 단절이 강조된다. 첫 3행 시와 더불어 시작되는 문장은 시의 도입문장 이외에도 시행의 내면 속에 시작되지 않는 유일한 것으로 느긋함이 있다. 어휘들은 시각적인 감각에 집중되어 있다. 아폴로의 신비적 본성이 느껴진다. 밝은 광채를 발하는 신으로 감각화된다.

해설원문 강독:

Einheit im Gedicht bewirkt schließlich das dicht gewebte Netz von Substantiven und Verben, die dem Bereich des Optischen angehören und damit das mythische Wesen des Apollo, des lichten, strahlenden Gottes, sinnfällig machen: vom Nennen der „Augenäpfel"(V.2) ausgehend, sich steigernd vom „Glühen" über das „Glänzen" und „Blenden" bis zum „Flimmern"(V.3, 5, 6, 11) und wie mit einer Klammer zusammengehalten durch den Kandelaber-Vergleich und das „Schauen" der ersten sowie den Stern-Vergleich und das „Sehen" der letzten Strophe. (Helmut Fuhrmann)

Aus: Jörg Hienger u. Rudolf Knauf(Hg.), Deutsche Gedichte von Andreas Gryphius bis Ingeborg Bachmann., S. 153.

DIE FLAMINGOS
Jardin des Plantes, Paris

In Spiegelbildern wie von Fragonard
Ist doch von ihrem Weiß und ihrer Röte
Nicht mehr gegeben, als dir einer böte,
Wenn er von seiner Freundin sagt: sie war

Noch sanft von Schlaf. Denn steigen sie ins Grüne
Und stehn, auf rosa Stielen leicht gedreht,

Beisammen, blühend, wie in einem Beet,
Verführen sie verführender als Phryne[160]

Sich selber; bis sie ihres Auges Bleiche
Hinhalsend bergen in der eignen Weiche,
In welcher Schwarz und fruchtrot sich versteckt.

Auf einmal kreischt ein Neid durch die Volière;[161]
Sie aber haben sich erstaunt gestreckt
Und schreiten einzeln ins Imaginäre. [162]

해설

1907년 가을과 1908년 사이에 파리에서 쓰여진 시이다. 프랑스의 로코코 화가 프라고나르 Jean Honore Fragonard(1732-1806)의 예술세계가 배경을 이루고 있다. 릴케는 1907년 7월말 '샤르댕-프라고나르 Chardin-Fragonard' 대전시회에서 그의 그림을 세잔느의 수채화와 함께 관람하였다. 그러나 1906년 2월 추운 겨울 날씨에 식물원을 방문한 경험도 시로 표현되고 있음을 시인 자신이 밝히고 있다.

시는 관능적 매력의 대상인 4세기경 아테네의 마녀 프리네 Phryne와 연결되고 있는데, 그녀는 재판정에서 재판관까지 유혹한 요염하고 적극적인 여인이다. 조각가 프락시텔레스 Praxiteles는 이 여인을 모델로 삼아 작품을 남겼다. 그와는 달리, 홍학은 자기모습을 바깥으로가 아니라, 자기충족의 기쁨에 사로잡히는 나르소스적 상황을 보여 준다. 그것은 8행에 이르기까지 넘치는 감각적 성분들을 통하여, 그리고 특히 "흰 빛 Weiß"과 "붉은 빛 Röte"(2행), "초록 빛 Grüne"(5행), "장미빛 다리 rosa Stiele"(6행), "창백함 Bleiche"(9행), "검은 빛 Schwarz"와 "과일처럼 붉은 fruchtrot"(11행) 등과 같은 파스텔 화풍

---

160) Hetäre im Athen des 4. Jahrhunderts.
161) (frz.) Vogelhaus.
162) Von (lat.) imago = das Bild: Das Eingebildete, das nur in der der Vorstellung Vorhandene.

의 색채암시기법을 통해 부각된다. 프라고나르는 "흰 빛"과 "붉은 빛"을 외계의 상황에 연결시킨다면, "검은 빛"과 "과일처럼 붉은 빛"은 그에 대한 숨김의 반작용으로, 그리고 "장미 빛 Rosa"을 보충하는 중간색채로 제시한다. 또한 홍학은 첫째, 물 속에 서서 그 속의 자기 몸을 보고, 둘째, 육지로 올라서서 몸에 머리를 감추고, 셋째, 소리에 놀라 몸부림치는 3단계 동작을 보여준다.

1연에서는 홍학에 대한 발언이 이루어진다. "물 속에 비친 거울형상"이 베일에 쌓인 듯한 분위기를 자아내면서, 화가의 색채구도를 연상시킨다. "als ob"에 이끌리는 접속법 문장에서 배합 색채인 "장미 빛"이 중심을 이룬다. 복부점 (:) 다음에 '여자 친구'에 대한 지시적인 발언이 나오고, 에로틱한 영역과 유사한 범위로 파장된다.

2연의 대상에 대한 발언 "아직 포근히 잠에 취하여 noch sanft von Schlaf"는 다음 문장과 연관하여 홍학의 색채감각에서 깨어나는 출발점을 이루며, 곧 잔디풀로 옮겨진다. "꽃밭에서처럼 wie in einem Beet" - '푸른 빛'은 "장미 빛 다리"의 바탕색이 된다. 새와 꽃의 연상작용이 이루어진다. "살짝 몸을 돌려 leicht gedreht"는 "sie"를 향하도록 하면서, 그 효과로서 주문장은 술어와 비교급으로 나타난다.

그에 반해 3연의 '프리네'는 꽃의 인상을 성적 감각으로 연결시킨다. 음향적 표현수단은 'ü'-음(8행)이다. "sich selber"가 연의 경계를 넘어서면서까지 역할을 강화, 상호유혹하는 상황이 강조된다. 스스로의 몸을 휘감고 있는 자세는 '자체유혹 Selbstverführung'을 암시한다. 이와 관련해서 "자체의 흰빛", "애인", "프리네"가 색채의 감각화를 이루면서 3자 조화를 이룬다.

마지막 연은 형상들이 반사가 아닌 풍부한 감각을 통함으로써 일종의 공감각(共感覺) Synästhesie 현상을 강조한다. "kreischen"은 혼합음조로서 그런 현상을 일으킨다. 그들이 휘감은 몸을 풀고 홀로 걷는다. 색채감각영역에서 벗어나면서 개념적 의미가 부각된다. 현실에 눈을 뜬 홍학이 새장에 들어가 한 마리의 새로 고유화되는 대신 비현실적 원초의 상태로 옮겨간다. 즉 연못의 반사에서 이제 '환상적인 것 속으로 Ins Imaginäre'의 예술적 변용을 이룬다. 연못의 거울영상은 들어갈 수 없는 영역이기 때문에 그 현상을 특징지우기 위해 시의 처음과 나중에 명사를 쓰지 않고 인칭대명사 내지 그리 중요하지 않은 "doch"(2행) - "aber"(13행)에 선행시킨다. 홍학은 원형구조의 종결부분에 나타난 비현실화를 토대로 스스로 몸을 휘감는 동작과 더불어 언어적 구조에 있어서도 그런 임무를 수행하고 있는 것이다. 이러한 에로틱한 태도는 예술-사물의 형식미학적 고유성을 말한다.

또한 시를 형태 면에서 보면, 종래의 시적 구조를 벗어나려는 의도가 강하다. 소넷 형식으로 1-3연에서는 시행 넘기 기법이 구사되며 논리성이 배제되는 대신 자유로운 연결이 강조된다. 시 전반에 구사된 언어적 특징은 다음과 같다.

1) 대명사: ihrem, ihrer, sie, ihres
2) 'a'-음: "sagt", "war", "sanft", "Schlaf", Röte
3) 'ei'-음: "Weiß", "kreischen", "Neid", "schreiten", "einzeln"
4) 'ü'-음: "verführen sie verführender als Phryne", "blühend"

RÖMISCHE FONTÄNE
Borghese

Zwei Becken, eins das andre übersteigend
Aus einem alten runden Marmorrand,
Und aus dem oberen Wasser leis sich neigend
Zum Wasser, welches unten wartend stand,

Dem leise redenden entgegenschweigend
Und heimlich, gleichsam in der hohlen Hand,
Ihm Himmel hinter Grün und Dunkel zeigend
Wie einen unbekannten Gegenstand;

Sich selber ruhig in der schönen Schale
Verbreitend ohne Heimweh, Kreis aus Kreis,
Nur manchmal träumerisch und tropfenweis

Sich niederlassend an den Moosbehängen

Zum letzten Spiegel, der sein Becken leis
Von unten lächeln macht mit Übergängen.

로마의 분수
보르게제

해묵은 둥근 대리석 수반 속에서
두개의 물받이가 하나는 다른 것 위에 솟아 있고
위에 있는 물은 아래에서 기다리며 서있는
물을 향해 나직이 고개를 숙여

아랫물은 나직이 이야기하는 윗물을 침묵으로 맞이하며
마치 오목한 두 손안에 들어 있는 것같이
초록과 어둠 뒤로 비쳐진 하늘을
서로 모르는 사이인양 은밀히 윗물에게 가리켜주고

조용히 아름다운 물받이 속에서
향수도 없이, 여러 겹의 파문을 그리며 퍼지면서
그저 이따금씩 꿈에 잠긴 듯, 방울진 모습으로

드리워진 이끼를 따라 마지막 거울을 향해
떨어지고, 거울은 물이 옮겨감에 따라
자신의 물받이를 아래에서 나직이 미소짓게 한다.

해설

1906년 7월 8일 파리에서 쓰여진 시. 제목 아래의 장소 표시에서 알 수 있는 바와 같이 어떤 특정한 체험을 담고 있다. 릴케는 1903년 9월 10일부터 1904년 6월초까지 이탈리아 로마에 머무는 동안 빌라 보르게제에 있는 공원 안 '로마분수'를 보고 시상을 얻었다. <신시집>에서 표현하는 예술관을 대표하는 작품이라 할 수 있다. 로댕과의 만남에서 얻은 '무의도성 Absichtlosigkeit'에 입각한 새로운 예술관의 형성이며, 시인의 눈길이 시의 대상형성에 깊이 관여하고 있음을 느끼게 한다. 즉 분수 앞에 마주서서 바라보는 것이 아니라, "분수 속에서, 분수 자체로 존재하면서" 노래부르는 새로운 시각을 보여주고 있다. 세계는 존재하지 않고, 자기존재에 대한 의식조차 없다. 어휘 면에서 볼 때, 분사(1, 3, 5, 7, 11, 12행), 형용사와 부사(3, 5, 11행)가 많이 사용되고, 각 연들이 서로 교차한다. 운율형태는 abba; abab; cdd; ede이다.

릴케의 '사물시 Ding-Gedichte'를 대표하는 작품이다. '원형운동 Kreislauf'의 중심인 시인은 주체이자 객체가 된다. 분수는 '예술사물 Kunst-Ding'로서 영원한 사물의 순환과정에 참여한다.

어느 젊은 여인에게 보내는 릴케의 1919년 8월 2일자 다음 편지 구절은 작품에 깃든 시인의 예술관을 이해하는 데 큰 도움이 된다:

„Das Kunst-Ding kann nichts ändern und nichts verbessern; sowie es einmal da ist, steht es den Menschen nicht anders als die Natur gegenüber, in sich erfüllt, mit sich beschäftigt (wie eine Fontäne), also, wenn man es so nennen will, teilnahmslos."

예술사물은 아무 것도 변경할 수도, 개선할 수도 없습니다. 언젠가 존재하고 있는 그런 것처럼 자연과 다르지 않은 모습으로 인간에게 맞서 있을 뿐입니다. 자체 속에 가득 차서, 스스로에 몰두하고 있는 것입니다(분수처럼). 그러므로 굳이 말하자면 무관심하게 말입니다.

GRABSPRUCH

Rose, oh reiner Widerspruch, Lust
Niemandes Schlaf zu sein, unter soviel
Lidern.

묘비명

장미, 오 순수한 모순이여
수많은 눈동자 속에 누구의 잠도 아닌
즐거움이여.

7. 고전주의의 그늘 아래 돋트는 새 문학운동

크리스티안 모르겐슈테른 CHRISTIAN MORGENSTERN

1871년 뮌헨에서 출생, 1914년 폐 질환을 앓다가 메란에서 사망하였다. 짧은 생애동안 깊은 고뇌를 겪으면서 그는 독특한 문체와 신선한 착상의 새로운 문학 영역을 개척하였다. 게오르게, 호프만스탈 등과 같은 자세로 출발하였고, 특히 기독교적 톤을 깊이 간직함으로써 릴케의 여운을 짙게 풍긴다. 입센, 함순 등 북구작가들의 작품을 번역하면서 그들로부터 큰 영향을 받았다. 또한 신낭만주의로부터 표현주의에 이르기까지 그의 손길을 널리 펴서 니체의 사상에도 많이 접근하였다. 그로테스크한 익살을 통해 무의미해진 세계를 왜곡시키고, 긴장을 이완시켜 보려고 하는 한편, 환상적이며 영국적 넌센스 풍의 시들로 명성을 떨쳤다. 그는 우주론적 직관을 체득한 신비적 경향의 시인이지만, 후기시에 이르면서 훨씬 순수한 모습을 간직하게 되었다. 그는 내면세계를 통하여 세상의 고통을 치유해 보려고 노력하였다.

시집으로는 <교수대의 노래 Galgenlieder>(1905), <나와 세계 Ich und die Welt>(1898), <그러나 꽃다발은 만들어지리 Und aber ründet sich ein Kranz>(1902, 1922), <우수 Melancholie>(1906), <명상 Einkehr>(1910), <나와 너 Ich und Du>(1911), <우리는 오솔길을 찾았네 Wir fanden einen Pfad>(1914), <환상의 성에서 Im Phatos Schloß>(1895), <수많은 길을 걸으며 Auf vielen Wege>(1898), <어느 여름 Ein Sommer>(1899) 등을 남겼다.

* 시인을 특징지어 주는 어휘들:
    die christlichen Töne,   der Mystiker zum Humoristen,

der Widerspruch,   das Groteske,
der Tiefsinn,   die Naturstimmung

VORMITTAG AM STRAND

Es war ein solcher Vormittag,
Wo man die Fische singen hörte:
Lein Lüftchen lief, kein Stimmchen störte,
Kein Wellchen wölbte sich zum Schlag.

Nur sie, die Fische, brachen leis
Der weit und breiten Stille Siegel
Und sangen millionenweis
Dicht unter dem durchsonnten Spiegel.

한스 카롯사 HANS CAROSSA

1878년 남부독일 될츠에서 태어나 1956년 파싸우 근교 리트슈타이크에서 세상을 떠났다. 뉘른베르크, 뮌헨, 세스테텐 등지에서 의사생활을 하다가 제1차 세계대전 중 군의관으로 참전했다. 이 경험을 그는 <루마니아 일기 Rumänisches Tagebuch>(1924)에 자세히 기술하고 있다. 1941년에는 국가사회주의 기구인 유럽작가연합의 회장직을 맡기도 하였다. 김나지움 시절부터 그는 자연감정, 생의 순결 그리고 우주에 대한 인식의 눈을 떴다. 고귀한 세계를 실현하기 위해 진력하면서 모든 사람들에게 친숙한 여유를 보여주고 있는 그는 주로 자서전적 성격의 작품을 많이 남겼다.

카롯사는 게오르게, 릴케, 호프만스탈 등을 전형으로 삼은 현대 시인이다. 마털랭의 상징극을 보고 베를랭의 시를 애독하기도 하였다. 그러나 차츰 괴테 풍의 작품세계를 구현하면서 독일 고전주의적 요소를 독자적으로 발전시켰다. 1946년에 발표된 시집 <숲의 공지에 비치는 별 Stern über der Lichtung>에서 그는 고전적인 단순한 시행에 신성한 영적 자연을 형상화하고, 그 속에서 인간은 불안한 시대에서도 평온과 보호를 찾을 수 있다고 노래하고 있다. 고대 기독교 전통에 얽매여 있지만, 현존재의 어두운 힘을 인식하는 데에도 강한 의지를 지니고 있다.

그 밖의 시집으로는 <서정시 Lyrik>(1907), <시집 Gedichte>(1910, 증보판 1948), <부활절. 시 Ostern. Gedichte>(1920) 등이 있다.

RAUHES LAND

Die Stadt verdämmert weit in unserm Rücken,
Der letzte sanfte Rebenhügel schwand. 163)
Wir fahren über hohe Eisenbrücken,
Wir nähern uns dem rauhen Heimatland.

Verspätet reift am Hang die Vogelbeere, 164)
Wacholderschatten165) liegt auf Urgestein.
Der Sperling rüttelt an der magern Ähre,
Die Bergschlucht atmet Wolken aus und ein.

Hin schrumpfen alle Dome zu Kapellen,
Verziert mit Gnadenbildern feurig bunt.
Und draußen im Geröll166) entspringen Quellen,
Die gehn zum schwarzen See im Fichtengrund.

---

163) 짙은 상실감.
164) 마가목 Eberesche.
165) 노간주나무, 杜松.
166) 조약돌.

O bald sind alle Steige schneeverweht,
Ungangbar auch der Weg zum fernen Grabe.
Wir trösten uns, in jedem Hause steht
Ein guter Sarg bei andrer lieben Habe.

Vielleicht um Osten, wenn in unserm Norden
Die Heide blüht, wird einer fromm versenkt,
Und bald ist Staub und Geist aus ihm geworden —
Wohl dem, der dann noch freundlich an ihn denkt.

Noch sind wir stark. Die Luft blinkt von Kristallen,
Und Hoffnung lebt im Gras wie einst im Kinde, —
Land ohne Wein und ohne Nachtigallen —
Daß er in Dir den Stein der Weisen finde.

황 야

도시는 우리의 등 뒤 멀리 어둠에 잠긴다
마지막 포근한 포도원 비탈이 사라졌다
우리는 높은 철교 위를 지난다
거친 고향 땅에 다가간다.

산비탈에는 마가목 열매가 뒤늦게 익어간다
노간주나무 그림자가 원성암(原成岩) 위에 드리웠다.
참새가 메마른 가지에 부르르 몸을 흔든다
산골짜기는 구름을 삼켰다 내뿜는다

대성당들은 모두 예배당으로 줄어들고
성화상들로 찬란하게 꾸며져 있다
그리고 바깥 자갈더미에는 샘물이 솟아
가문비나무 땅의 검은 호수로 흘러든다

오 곧 모든 비탈길은 눈 더미에 쌓였다
저 먼 무덤으로 가는 길도 막혔다
우리는 위로를 받는다. 집마다
아끼는 다른 재산 곁에 좋은 관이 놓여 있다.

우리의 북쪽 황야에 꽃이 피어날 때,
동쪽에는 혹시 누군가가 경건하게 죽어갈지도 모른다
그리고 곧 그것이 먼지와 정신이 되었다 —
여전히 다정하게 그를 생각하는 그 사람이.

아직 우리는 튼튼하다. 바람은 수정 빛으로 반짝이고
희망은 언젠가 어린이 가슴 속에서 그랬듯이 풀 속에서 살고 있다, -
포도주와 꾀꼬리가 없는 땅이라, —
그는 당신 안에서 현자의 돌을 발견하리라.

해설

카롯사가 75세 되던 해에 쓴 시. 인간실존의 한계상황을 뚜렷하게 보여주고 있다. "포근한 포도원 비탈"(2행)은 그의 영혼의 지형이라 할까. 특히 "마지막"(2행)이라는 형용사로 강조되는 도시화 및 산업화의 상실감이 노래불리어진다. 나이팅게일, 즉 그의 자연 속에 카리타스로서 새겨놓은 남쪽의 땅을 기억한다. 구름없는 맑은 하늘에 바이에른 지방 숲의 체험이 대립적으로 제시된다. 바위가 많고, 침침하며 거친 지역이다. 모호한 분위기가 맑은 창조적인 상황을 공감케 한다. 시의 내용을 보면 다음과 같다.

1연: 산맥에서 터져 나오는 강을 넘어 계곡 위로 연결된 "높은 철교"는 상징적 설정이다. 귀향자가 아름다운 것을 모두 뒤에 남겨두겠다는 감정이 아니라, 관찰된 기적이 북쪽의 고향 속으로 넘어가는 가슴의 내면에 다리가 있으리라 느껴진다. 다리는 여기서 "협곡"이나 "분리"에 맞서는 영적, 정신적 화합의 상징이다.

2연: 이제 방랑자가 집에 있다. 거친 풍경의 모티브이다. 옛 고향을 바라보는 자의 사랑, 온화한 남쪽에 대한 회상이 짙게 풍긴다.

3연: 귀향자는 다시 한번 바깥의 풍요로운 세계 속을 들여다본다. 서두에 커다란 성당의 영상들이 영적인 눈앞에 서 있다. 그는 작은 예배당 안에서 고향사람들의 경건성을 다채로운 은총의 형상들을 가지고 체험한다. 그것들은 하나의 "장식"이다. 비록 성당의 크기가 위축된다하여도 말이다. 미학적인 자만심없이 순박한 농부같은 표현으로 고향에 뿌리를 두고 있는 경건한 영혼성과 친해진다.

4연: 오솔길을 모두 덮어버리는 눈의 계절에 대한 두 개의 표상, 이 때 들이닥칠지도 모를 죽음이 보인다. "눈에 덮여 사라진 schneeverweht"이라는 단어에서 공허한 음향을 듣는다. "저 먼 무덤으로 가는 길"이 간직하고 있는 연결의 비중이 느껴진다.

5연: 남쪽(부활절)과 대립되는 여기 북쪽은 봄 전체와 부활절의 기적이 꽃피는 황야 속에 있다. 그리고 나서 겨울에 죽은 사람이 관에 "경건하게 안장된다". 죽은 자와 친근하게 늘 사랑의 교제를 나누는 사람은 내적으로 축복을 받고 영적으로 부유해진다.

6연: 관과 무덤에서 눈길을 떼어 삶 쪽으로 향한다. 밝고 맑은 모음구조 속에 빛을 보여주는 그 어떤 것이 깃들어 있다. "i"를 지닌 모음이 한 번 보일 뿐, 죽음에 대한 승리를 표시하는 어휘선택, 삶에 대한 사랑이 두드러지게 나타난다.

전체적으로 시의 모든 형상이 선명하고, 감정이 형식미 속에 잘 다듬어져 있다. 규칙적으로 잘 정돈된 시행은 감정을 리드미컬하게 표현하고, 그 곳에는 지혜의 말들이 깃들어 있다.

8. 신고전주의 Neo-Klassik

전후의 현실은 정치적, 경제적 불안정으로 점철되어 있었다. 그러나 사회가 차츰 안정되고 정신적 건강이 회복되자 표현주의적 격정과 지나친 기대감이 수그러지고 새로운 현실의 엄정한 인식을 촉구하게 된다. 민주주의 사상이 보편화됨과 더불어 냉철한 질서와 합목적성의 미가 요구되었다. 릴리엔크론의 문학노선을 이어 받은 파울 에른스트 Paul Ernst (1866-1933)가 이 계열에서 우선적으로 손꼽힌다. 빌헬름 폰 숄츠 Wilhelm von Scholz(1874-1969)는 후에 헵벨을 또한 전형으로 삼으며 신비적이며 명상적인 방향의 예술관을 대표하는 작가로 크게 활동한다. 그밖에도 심리적 잠재의식을 바탕으로 작품을 쓴 슈피텔러 Carl Spitteler (1845-1924), 종교적 내면세계의 문제성을 다룬 헤르만 슈테어 Hermann Stehr (1864-1940)도 있다. 이들은 주로 소설과 드라마 분야에 특별히 큰 자리를 차지하였으나 서정시 분야에도 적지 않은 영향력을 과시하였다.

9. 표현주의 Der Expressionismus

9.1. 생성배경

제 1차 세계대전을 전후로 태동한 표현주의는 비록 체계적이지는 못하였지만 복합적이고 다양한 형상들로 여러 가지 문제점을 불러 일으켰다. 일체의 전통질서를 거부하고 일대 변혁을 불러일으킨 문학사조로서 정치적, 사회적, 윤리적 규범들이 더 이상 유효하지 않은, 그리하여 점점 새로운 삶의 형태들이 타당성을 얻게 된 그런 세계의 표현이었다. 자연주의와 마찬가지로 표현주의는 변화된 세계에 있어서 현존재의 위기를 올바르게 극복해보고자 하는 현대인의 노력을 높이 산다. 그러나 현실의 묘사에 만족하지 않고, 기계문명에 대한 개인과 집단 간의 싸움, 원시적이고 신비적인 인간존재의 가능성을 추구하는데 주력한다. 대도시의 그늘에 가리워있는 비참한 인간의 모습을 구하기 위하여 단순히 감상적인 것을 배격하고 관례적인 형태를 파기함으로써 영혼을 해방한다.

원래 표현주의는 회화예술운동의 하나였다. 세잔느 Paul Cézanne (1839-1906)와 반 고흐 Vincent van Gogh(1853-1890)의 영향 하에 독일에서는 드레스덴과 뮌헨의 젊은 예술가들이 각기 <다리 Die Brücke>와 <청기사 Der blaue Reiter>라는 단체를 만들었다. 그들의 작품 속에는 형상과 색채들이 과감하게 구사되어 표현된 내면세계가 더욱 자유로운 환상력을 얻게 되었다. <폭풍 Der Sturm>(1910), <행위 Die Aktion>(1911)같은 잡지들은 특히 서정시에서 회화예술과 거의 유사한 형태요소를 인식케 하는 문학에로의 다리를 놓았다. 종종 문장조직이 해체되고, '함성'이 구체적 발언의 자리에 나타난다.

표현주의는 가장 순수함을 지향하는 표현예술의 극치이다. 자연주의가 이론을 서사작품에 확산시키고, 실제는 드라마에서 절정을 이룬 반면, 표현주의는 어느 장르 중에서도 시에서 가장 활발한 움직임을 보였다. 짧은 시 형태 속에는 환상, 열광, 외침과 소란 등으로 넘쳤다. 이것들은 서사성을 넘어 선 압축된 감정이다. 접속사, 관사, 전치사, 특히 연계사를 생략함으로써 나타나는 언어절약의 효과도 컸다.

이에 게오르그 트라클 G. Trakl, 게오르그 하임 G. Heym, 에른스트 슈타들러 E. Stadler, 고트프리트 벤 G. Benn, 엘제 라스커-쉴러 Else Lasker-Schüler 등 같은 서정시인들이 기존문화에 대한 거침없는 반항을 돌출시키며 문단에 회오리바람을 일으켰다. 당시의 불안스런 경제 및 사회적 환경에 영향을 받아 격렬하게 내뿜는 혁명적인 양상, 병적인 신경의 흥분과 히스테리… 그것들은 먼저 형식을 타파하는 데에서 시작된다. 종래의 문체가 지닌 구성, 논리와 심리를 벗어나, "오 인간이여-문학 O-Mensch-Literatur"으로 지칭되는 빠른 템포와 변화많은 리듬이 우선된다. 자연의 외적 인상에 따르지 않고, 직접 인간정신의 내부에서 세계를 재현하는 것이 아니라 새롭게 구성한다. 직접적이고, 원시적인 형식과 시어가 특징을 이룬다. 동사가 주로 사용된다. 이 모두가 무엇보다 인간탐구의 의지를 앞세워 새로운 시문학의 길목에서 만난다.

1910년부터 1925년 사이는 정신적으로 경직된 시민계급이 강한 도전을 시작하던 때이다. 하임의 경우를 보면, 대도시의 마성, 개인성의 파멸, 현대전쟁의 파괴력 등 엄격한 외적 형태가 시대감각을 대표한다. 대담한 색채상징과 비유가 불러일으키는 긴장은 서정시에 환상력을 더해 준다.

예언적인 모습으로 번져 가는 비탄의 목소리가 표현주의 시대의 의미를 느끼게 한다. 트라클은 <소멸 Verfall>이란 시를 통하여 이렇게 노래 부르고 있다.

종소리가 평화를 알리는 저녁이면
경건한 순례자의 행렬처럼 길게 무리 지어
맑은 가을 하늘 저 멀리로 사라져 가는
새들의 그 기이한 행렬을 따라 나는 날아가리라

저물어 가는 뜨락을 지나 배회하면서
나는 새들의 밝은 운명을 꿈꾸리라
시침조차 움직이는 걸 느끼지 못하니
나는 구름 넘어 그들의 행로를 따라 가리라

나의 숨결은 소멸로 진동하고
지빠귀는 앙상한 나무 가지에서 울고 있다
녹슨 창살 가엔 붉은 포도주가 흔들거리고 있다

그동안, 창백한 아이들의 윤무처럼
비바람에 삭는 침침한 우물 언저리
푸른 과꽃은 바람에 덜덜 떨며 머리숙인다.

 니체 이후 전래의 신앙이 문제시된 이후 현대인간의 역사적 상황을 중심으로 다루고 있다. 괴테가 말하는 시인의 사명이란 숨겨져 있으나 항상 현존하는 사물들의 본질을 현상들 속에서 볼 수 있게 하는 것이라 한다면, 게오르게는 이미 존재하고 있는 사물의 의미관계를 더 이상 믿지 않는 데에서 출발한다. 시적인 말과 형상은 그에게 있어서 존재의 질서와 진실을 새로이 진작시키는 기능을 지닌다. 이런 관점은 게오르게뿐만이 아니라, 벤 같은 대부분의 현대시인들에게 있어서 공통적으로 나타나고 있다. 다른 점이 있다면 벤은 비판적 염세주의 아니면 말에 대한 확신이 그에 비해 약하다고 할 수 있을 것 같다.
 벤은 문학예술을 곧 '표현의 세계'로 바꾸어보려고 한다. 유명한 강연 <서정시의 문제들 Probleme der Lyrik>(1951)에서 그는 형식의 중요성을 강조하고, 공동체, 즉 예술가치의 수용을 바라보지 않아도, 오로지 견딜 만한 것으로 유용하게 밝혀질 수 있는 '서정적 자아'를 위하여 고립된 독백 자세에 아주 큰 가치를 부여하고 있다.

니체의 영향이 뚜렷한 그의 시 세계는 인간들에게 모든 보편적인 것, 충동적인 것을 피하고, 사랑과 경외감으로 되돌아갈 것을 촉구하는 베르펠 Franz Werfel에 이르러 제동이 걸리는 듯 했지만, 레르쉬 Heinrich Lersch(1889-1936)와 엥겔케 Gerrit Engelke(1890-1918)같은 기능공 작가들이 등장하면서 공장과 기계의 세계 한 가운데에 살고 있는 인간상, 즉 기술에 내버려진 자의 고독이 더욱 새로운 각도로 조명된다. 그 호흡 속에는 "지구, 인간, 빛"에 대한 동경이 가득 차 있다.

9.2. 환상과 열정의 시인들

엘제 라스커-쉴러 ELSE LASKER-SCHÜLER

1869년 부퍼탈-엘버펠트에서 유태인 상인의 딸로 태어나 예술적인 환경 속에서 성장했다. 도이블러, 트라클, 벤, 힐레 P. Hille 등과 가까이 지내면서 큰 영향을 받았다. 1933년 취리히로 망명, 후에 예루살렘으로 가서 빈곤에 시달리다가 1945년 그곳에서 세상을 떠났다.

그녀의 내면에는 타오르는 환상과 열정적인 유대 종교성이 독일 문화와 자연에 대한 사랑과 잘 융합되고 있다. 현실과 꿈, 신화적, 성서(구약)적, 동양적 세계관, 인간 존재 문제 등이 그의 예술 속에 넘친다. 또한 사랑과 동경, 고독과 죽음의 예감, 꿈과 마력의 세계를 불러내어 이국적-동화적인 세계에까지 서정성을 확장시킨다. 그녀는 자기 자신을 삶과 작품 속에서 "테베의 왕자 Prinz von Theben", "바그다드의 티토 Tino von Bagdad", "이집트의 요셉 Joseph von Ägypten"이라 부르기도 한다.

벤은 그녀를 "독일이 이전에 갖지 못했던 가장 위대한 여류시인"이라고 극찬했다.

시집으로는 <명부(冥府)의 내 Styx>(1902); <제 7일 Der siebente Tag>(1905); <나의 기적 Meine Wunder>(1911); <히브리 담시 Hebräische Balladen>(1913); <시모음 Die Gesammelten Gedichte>(1917); <둥근 지붕 Die Kuppel>(1920); <테베 Theben>(1923); <나의 푸른 기사 Mein blaues Klavier>(예루살렘 1943); <밝은 잠-어두운 깨어남 Helles Schlafen - dunkles Wachen, Ausw. v. F. Kemp>(1962); <시전집 Sämtl. Gedichte, hg. v. dems. Ausgew. Gedichte>(1968) 등이 있다.

GEBET

>Ich suche allerlanden eine Stadt,
>Die einen Engel vor der Pforte hat.
>Ich trage seinen großen Flügel
>Gebrochen schwer am Schulterblatt
>Und in der Stirne seinen Stern als Siegel.

>Und wandle immer in die Nacht ...
>Ich habe Liebe in die Welt gebracht, -
>Daß blau zu blühen jedes Herz vermag,
>Und hab ein Leben müde mich gewacht,
>In Gott gehüllt den dunklen Atemschlag.

해설

심오한 기도의 마음이 바탕을 이룬다. 종교적 성스러움이 하늘과 땅의 관계에서 조명된다. 그리고 간절히 탐구되는 서정적 자아의 존재와 피곤한 인간의 삶 속에 숨겨진 거대한 모순이 노출된다. 시인은 우수와 쉼이 없는 삶을 통하여 신의 영원한 힘을 찾고자 한다.

각 5행으로 이루어진 두 연의 시. 쌍 운과 포옹 운이 겸비된 운율규칙 (aabcb, aacdc)이 안정감을 자아내며 고요한 기도의 분위기에 도움을 준다.

게오르그 트라클 GEORG TRAKL

1887년 잘츠부르크에서 출생. 약학을 공부하고, 긴 방황 끝에 제1차 세계대전 중 약정장교로 출정하였다. 활기있고 감성적인 상반 정서가 과격한 양상으로 그의 심성에 자리잡고 있다. 카톨릭 위주인 오스트리아에서 신교를 신봉하게 된 그는 누이동생과의 근친상간 관계 때문에 평생 깊은 죄의식을 갖고 살았다. 그로 인해 시민적 생활에 적응하지 못한 외톨이로 지내다가 1914년 11월 크라카우의 야전병원에서 약물과다복용으로 죽었다.

게오르그 트라클
요네 H. Jone의 석판화

1912년 <브렌너>의 발행자인 루드비히 폰 피커 Lidwig von Ficker를 만났고, 그 이후 트라클의 시집이 그에 의해 출간되었다. 세계에 대한 우수와 비애, 특히 전쟁체험을 통해 야기된 몰락의 분위기가 시행과 리듬을 관통한다. 낙원에서 쫓겨나 원죄의식을 느낄 겨를도 없이 타락해 가는 인간상에 대한 항변으로서 끊임없는 "환상의 사슬 Visionskette"(W. Killy) 속에 엮여진다. 그리하여 "은둔자", "순수한 자"를 동경한다. 그는 동사를 최대한도로 줄이고, 정상적인 문장구성을 탈피하여 영적 갈등을 묘사함으로써 휠덜린을 연상시키는 표현의 힘을 얻는다. 그의 영향이 가장 두드러지게 나타나는 <수난 Passion>의 한 구절은 다음과 같다.

오르페우스가 은빛 가락을 튕기면
저녁 뜨락에서 죽은 자의 울부짖는 소리가 들린다

높은 나무들 아래 쉬고 있는 그대는 누구인가?

Wenn Orpheus silbern die Laute rührt,
Beklagend ein Totes im Abendgarten,
Wer bist du Ruhendes unter hohen Bäumen?

시집 <꿈속의 세바스티안 Sebastian im Traum>(1915)은 병적인 시대에 있어서 몰락해 가는 인간영혼의 메아리이며 죄악, 부패, 죽음, 불안, 공포, 고독, 우울 및 절망이 넘치는 어두운 세계를 그리고 있다. 특히 <깊은 곳에서 De profundis>와 <그로덱 Grodek> 같은 시에서는 형상, 암어, 음향이 하나로 융합된다. 이 밖에도 1917년 라이프치히에서 출판된 <문학 Die Dichtungen>은 우아한 종합시집으로서, 트라클 특유의 진실성을 그린 심령의 결정체이라 할 수 있다. 하이데거는 그래서 트라클의 문학을 유일한 삶의 노래로 이해한다.

그 밖의 시집으로는 <시집 Gedichte>(1913), <고독한 자의 가을 Der Herbst des Einsamen>(1920), <은둔자의 노래 Gesang des Abgeschiedenen> (1933), <황금 성배 Aus goldenem Kelch. Die Jugenddichtungen>(1939) 등이 있다.

EIN WINTERABEND

Wenn der Schnee ans Fenster fällt,
Lang die Abendglocke läutet.
Vielen ist der Tisch bereitet.
Und das Haus ist wohlbestellt.

Mancher auf der Wanderschaft
Kommt ans Tor auf dunklen Pfaden.
Golden blüht der Baum der Gnaden

Aus der Erde kühlem Saft.

Wanderer tritt still herein;
Schmerz versteinerte die Schwelle.
Da erglänzt in reiner Helle
Auf dem Tische Brot und Wein.

겨울 밤

창밖에 눈이 내릴 때
만종은 긴 목 울음을 운다
사람들은 모두 식탁을 준비하고
집집마다 화려한 자리를 마련한다

숱한 길손은 이리저리 거리를 헤매면서
어두운 오솔길을 헤치고 성문에 이르는데
은총의 나무는 대지의 서늘한 즙을 마시며
찬란히 피어오른다

나그네는 조용히 들어선다
고통으로 문지방이 굳어진다
티없이 밝은 빛으로
식탁 위에는 빵과 포도주가 반짝이고 있다.

해설

"만종 Abendglocke", "준비된 식탁 bereiteter Tisch", "은총 Gnade", "빵과 포도주 Brot und Wein" 등 기독교적 상징어들을 중심으로 대속(代贖)의 종교적 주제가 강한 인상을 남긴다.

첫 연은 잔잔한 가락이 울려 퍼지는 저녁 나절의 모습을 보여준다. 느긋한 영적 상태와 정감이 처음의 두 행에서 마지막의 두 행에 이르기까지 안과 밖의 교차를 표현하고, 제 2행의 그러한 교차가 복잡한 변화로 파악될 때 비로소 하나의 대조로 인식된다. 무수한 사람들 중의 "다수 Mancher"가 이 포근한 저녁에 반겨 맞아들여진다. 바로 그 문턱에 서 있는 "그"사람(10행). 도착하여 들어서는 과정 사이에 "은총의 나무는 대지의 서늘한 즙을 마시며/찬란히 피어오른다 Golden blüht der Baum der Gnaden/Aus der Erde kühlem Saft"(7-8행)같은 시행들이 놓인다. 문장론상으로 볼 때는 명령법과 직설법 ('tritt') 사이를 오락가락 하는 불명확한 상태가 표현력의 강점을 이룬다. 트라클 특유의 은유형태라 할 수 있다. 더 이상 장식적이거나 깊은 의미를 내포한 것도 아니고, 하나의 상황, 즉 존재를 해체하지 못한 단순한 발언일 따름이다. "피어오른다 blüht"는 상태는 곧 포도주의 취기로 해서 (8행) 더 이상은 설명하고 밝힐 수 없는 영역이 존재한다는 뜻을 담고 있다. 3행과 4행도 이와 똑같은 내면의 존재를 지칭한다. 그리고 마지막 연이 시에 자리잡은 은유기능을 통하여 바깥 행위와 안쪽 존재 사이를 구분한다. 그 과정 속에는 고통으로 경직되어 있다. 여기에서 문턱은 하나의 이전장소이다. 식탁의 만찬 앞 빵과 포도주에 고난이 있다. 그것은 세속화된 게세마네이다. 믿을 수 없는 세계 속의 기독교적인 언어는 은유이다. 성찬은 고난 앞에서의 자선이 아니라, 취해 있는 가운데의 은총이다. 어두운 오솔길 저 편, 어느 것으로도 지양될 수 없는 고통의 저 편에서 말이다. 트라클의 기본테마인 "고난과 고통에서의 조화와 그리스도적 변용 Harmonie und Verklärung aus Leid und Schmerz" (C. Heselhaus)이다. 이 시는 따라서 <수난 Passion>, <헬리안 Helian> 등 비교적 큰 시들과 연결시켜 읽어야 할 것이다.

GRODEK

    Am Abend tönen die herbstlichen Wälder
    Von tödlichen Waffen, die goldnen Ebenen
    Und blauen Seen, darüber die Sonne
    Düstrer hinrollt; umfängt die Nacht
    Sterbende Krieger, die wilde Klage
    Ihrer zerbrochenen Münder.
    Doch stille sammelt im Weidengrund

Rotes Gewölk, darin ein zürnender Gott wohnt,
Das vergoßene Blut sich, mondne Kühle;
Alle Straßen münden in schwarze Verwesung.
Unter goldnem Gezweig der Nacht und Sternen
Es schwankt der Schwester Schatten durch den schweigenden Hain,
Zu grüßen die Geister der Helden, die blutenden Häupter;
Und leise tönen im Rohr die dunkeln Flöten des Herbstes.
O stolzere Trauer! Ihr ehernen Altäre,
Die heiße Flamme des Geistes nährt heute ein gewaltiger Schmerz,
Die ungebornen Enkel.

해설

1914년 가을 처참한 전투가 끝난 후에 쓰여진 시로 처절한 감각이 가득 맴돌고 있다. 격전지 이름을 시의 제목으로 삼았다. 같은 해 트라클은 정신착란을 일으키고 11월 3일과 4일 밤에 크라카우 위수병원에서 27세의 나이로 죽었다. 11년 후 그의 유해는 뮐라우로 이장되었다.

사물의 엄정한 질서 속에서 처참한 전쟁에 희생된 수많은 이름 모를 병사들… 여기에 나오는 시행들이 무한한 외침으로 나타나는 동안, 갈리치아 지방의 이름 '그로덱'은 다른 말로 바꾸어 쓰여진 것처럼 새로운 비전으로 떠오른다. 트라클의 초기 작품에 그로덱의 음조와 리듬이 이미 형성되어 있다고 할 수 있는데, 여기에는 몰락을 향한 우수가 내밀하게 매혹적인 힘을 자아내고 있다.

"가을 나무숲들 Die herbstlichen Wälder"(1행), "죽음을 물들이는 무기 die tödlichen Waffen"(2행), "황금빛 평야/ 저 깊은 푸른 호수 die goldnen Ebenen und blauen Seen"(2-3행), "죽어가는 전사들 sterbende Krieger"(5행), "그들의 깨진 입에서 터져나오는/ 저 거친 탄원소리 die wilde Klage ihrer zerbrochenen Münder"(6행). 이러한 표현들은 사실과 경험의 영역 바깥에 닿는다. 실제적인 것을 전면에 놓고 상징적으로 극복하는데 목표를 둔다. 쏟아지는 피는 붉은 구름 떼이며, 그 속에는 분노한 신이 있다. 밤의 풍경, 희생자 언덕을 통해 천당에 있을 누이동생의 그림자가 눈앞에 흔들거린다. 그 뒤로는 가을의 맥빠진 음악이 흐른다.

10행의 "모든 길은 검은 쇠락으로 모여 흐른다"는 시의 은밀한 축을 이루며, 상징적으로 이전 것을 종합함과 동시에 미래의 서약을 위한 토대를 마련한다. 누이동생의 그림자가 나타나 시인의 눈길 앞에 멈춘다. 죽음에 희생된 아픔과 그 뒤에 숨어있는 위로의 손길 사이에 긴장이 서리었지만, 이제 통합이 이루어지면서 시인의 모든 영적 체험요소들과 일치한다. 역사적이고도 냉엄한 "청동의 ehernen", 제단에서 들려 오는 외침 속에 비애를 표현하고, 그래서 "자랑스런 슬픔이여 stolzere Trauer"라고 일컬어진다. 그것은 인류의 희생 속에 숨어 있는 안타까움들이 아닐 수 없다.

마지막 세 행은 간결한 금언의 형태로 나타난다. 한없는 몰락 가운데에서 오히려 한 가닥 희망을 발견할 수 있는 것, 그것은 차라리 "태어나지 않은 상태"로 복귀함으로써 가능하다고 본다. 무얼 개선해보고자 하려는 의지는 이 세상에서 의미가 없고, 원초성에서 새로이 출발하는 '인간' 자체가 희구되고 있다.

자유리듬이다. 내적 호흡의 법칙에 따라 이루어진 균형이 있다. 음조를 형상화하는 것이 아니라 의미에 따른 표현이 앞선다. 색채효과는 극도의 대조를 이룬다.

과제: 다음에 대해서 논하시오.
    1. 트라클과 누이동생
    2. 트라클 시의 색채현상
    3. 트라클의 시와 음악성
    4. 트라클의 시에 나타난 계절 및 시간 변화

프란츠 베르펠 FRANZ WERFEL

1890년 프라하 출생. 프라하 대학을 다니면서 카프카, 브로트 등과 가까이 지냈다. 1911년부터 14년까지 라이프치히와 뮌헨의 출판사에 근무하면서 편집에 몰두하고 있다가, 제 1차 세계대전 이후 줄곧 빈에 살았다. 1929년 결혼, 1938년에 프랑스로 이주, 스페인, 포르투갈을 거쳐 1940년 미 대륙으로 건너갔다. 1945년 미국 캘리포니아에서 사망하였다.

1차 대전 당시의 사회환경을 바탕으로 표현주의 문학운동에 앞장섰다. 종교적 경건함, 자아의 깨달음, 인간애, 사회혁신을 중심으로 다룬 휴머니즘의 시인으로 등장한다. 기도와 정신적 고민을 통한 인간심리의 구현이 그의 작품에 있어서 주제를 이루고 있다. 시각적인 상이 주체가 되어 추상성보다 구상적 표현을 앞세운다. 또한 종래의 전통적 운율체계에서 탈피하여 자유시형을 추구하였다.

시집으로는 <세계의 벗 Der Weltfreund>(1911), <세 왕국의 노래 Gesänge aus den drei Reichen>(선집 1917), <공판일 Der Gerichtstag> (1919), <서약 Beschwörungen>(1923), <시집 Gedichte>(1927), <비몽사몽 Schlaf und Erwachen>(1935), <30년의 시 Gedichte aus dreißig Jahren>(1919), <어제와 오늘 사이 Zwischen Gestern und Morgen> (1942), <1908-45년의 시 Gedichte aus den Jahren 1908-45), <우리는 있다 Wir sind>(1913) 등이 있다.

MENSCHENBLICK

In der trägen Abendheimkehr der Gasse,
Die uns durch die Schläuche der Städte preßt,
Treiben wir ichlos in strudelnder Masse,
Leib mit Leibern, undurchscheinlich und fest.

Doch da weckt aus dem Schlaf des Massengeschickes
Jäh uns ein Antlitz, berückenden Sinnes schwer,
Und aus dem Wolkenriß eines träumenden Blickes
Starrt eine Ewigkeit, größer als Sonne und Meer.

해설

시의 배경을 이루고 있는 나른한 저녁 시간은 시인이 처한 기우는 시대의 모습이다. 허물어져 가는 도시의 형상이다. 자아를 상실한 채 배회하는 군중 속의 고독이다. 십자 운으로 이루어진 운율효과는 흐릿한 시야 속에서 상실된 그 무엇을 찾기 위한 시인의 아픔이 느껴진다.

루돌프 알렉산더 슈뢰더 RUDOLF ALEXANDER SCHRÖDER

1878년 브레멘에서 태어났다. 1897년 김나지움 졸업과 더불어 건축가가 되려는 꿈을 접고 문학계에 뛰어 들었다. 1899년 사촌형 하이멜 A. W. Heymel과 비어바움 O. J. Bierbaum과 함께 뮌헨에서 문예지 <섬 Insel>을 발간, 후에 인젤 출판사의 기초가 되었다. 1905년부터 1908년까지 베를린에 살았다. 그리고 1914년경까지 건축업에 종사하였다. 제 1차 세계 대전 중 브뤼셀 군사령부에 근무하였다. 그러나 1931년 미술관장을 역임하면서 예술분야의 생활로 되돌아 왔다. 프랑크푸르트 대학에서 박사학위를 취득하였다. 1962년 사망하였다.

표현주의 이전 시대에 속하면서 고전적 간결성과 엄격한 형식미를 통하여 인간의 품위를 드높이는 종교시 및 사상시를 많이 내놓았다. 송가, 소네트, 비가, 담시 등 시작에 전념하는 한편, 그리스 고전을 번역하기도 했다. 쇼펜하우어적 회의론과 낭만적 미학주의의 흐름 속에 수많은 어려움을 이겨내고 개신교 찬송가를 새롭게 만들었다.

시집: <연인에게 드리는 노래 Lieder an eine Geliebte>(1900), <운문 경구 Sprüche in Reimen>(1900), <이상향 Elysium>(1906), <쌍둥이 형제 Die Zwillingsbrüder>(1908, 소넷), <보덴호의 가을 Der Herbst am Bodensee>(1925), <헌정과 희생 Widmungen und Opfer>(1925), <계절 Jahreszeiten>(1930), <찬가 Ein Lobgesang>(1937, 개정판 1939), <고향길에서 Auf dem Heimweg>(1946), <성탄절 노래 Weihnachtslieder>(1946),

<노인의 여름 Alten Mannes Sommer>(1947), <좋은 밤 Gute Nacht> (1947), <선집 Ausgewählte Werke, hg. v. J. Pfeiffer, 1: 성시 Geistliche Gedichte(1965); 2: 세속시 Weltliche Gedichte>(1966).

빌헬름 레에만 WILHELM LEHMANN

1882년 뤼벡 출신 상인의 아들로 베네주엘라에서 태어나 1968년 엑커른푀르데에서 죽었다. 튀빙겐에서 철학, 언어학, 자연과학을 공부하고 한동안 교사생활을 하였다. 1차 대전에 종군하였다. 1923년부터 1947년까지는 자유문필가로 지냈다.

뢰르케와 특별한 친분을 맺은 그는 서정시인으로서 "푸른 신 der grüne Gott"으로 대표되는 자연과 그 속에 있는 인간을 중심테마로 삼고 낭만주의 자연서정시와는 달리 자연을 상징적이며 마적인 의미를 지닌 물성(物性) Dinglichkeit 속에서 파악한 이른바 '자연서정시'의 영역을 개척하였다. 시간을 초월한 자연현상의 영원한 힘을 그는 모든 시대의 신비적인 것과 연결시킨다. 더욱이 특유의 동식물에 대한 지식을 바탕으로 자연을 세밀하게 관찰하고, 그 속에 침잠함으로써 자기 자신과 대응되는 그 무엇을 탐색하였다. 또한 엄격한 언어예술은 소박함과 상세한 형상성을 얻기 위한 노력의 하나로서, 예술적으로는 모순적인 이미지의 표상들을 날카롭게 연결시키고 있다. 소박함과 예술적 완숙미가 대극을 이루고 있는 것은 브렌타노나 아네테 폰 드로스테-휠스호프에게서 본받은 것이다.

시집 <침묵의 대답 Antwort des Schweigens>(1935), <푸른 신 Der grüne Gott>(1942), <무아경의 인간(티끌) Entzückter Staub>(1946), <아직 충분치 않다 Noch nicht genug>(1950), <살아남은 날. 1951-54년의 시 Überlebender Tag. Gedichte aus den Jahren 1951-54>(1954), <나의 시집

Meine Gedichtbücher>(1957), <이별의 욕망. 1957-61년의 시 Abschiedlust. Gedichte aus den Jahren 1957-61>(1962), <가시의 시간. 1962-66년의 시 Sichtbare Zeit. Gedichte aus den Jahren 1962-66>(1967) 등이 있다.

9.3. 진실을 능가하는 표현

고트프리트 벤 GOTTFRIED BENN

1886년 프러시아 만스펠트에서 목사의 아들로 태어났다. 북구 혈통의 아버지와 스위스 출신의 어머니로부터 남북 유럽의 문화를 유산으로 받았다. 성장하면서 아버지와의 심한 갈등을 일으켰다. 철학과 신학공부를 중단, 의학으로 진로를 바꾸었다. 군의관으로 제 1차 세계대전에 참전한 후, 1918년 이후 베를린에 머물면서 의사로 개업하였다. 서정시, 산문, 드라마 작품을 발표하면서 전위적 표현주의자로 주목을 받았다. 1932년 프러시아 예술아카데미에 가입, 1933년 나치에 협력하였지만 곧 사이가 벌어지고, 1935년에는 반 나치운동을 일으켰다. 1938년 집필금지를 당하였다. 2차 대전 중에는 방위관으로 참전하였다. 1945년에 다시 베를린에서 개업하였고, 1948년에는 첫 책이 출판되었다. 1951년 게오르크 뷔히너 상을 받았다. 1956년 베를린에서 사망하였다.

벤은 표현주의 10년대의 증인으로서 이 때를 18세기 이후 독일 언어예술을 완성시키는 단계로 보고, 죽기까지 "표현만이 존재"라는 주장을 강하게 펼친다. 1912년 첫 시집 <시체공시장(屍體公市場) Morgue>을 펴냈다. 그는 해부의 장면을 묘사하면서 추악하고 역겨운 것들이나 아주 자극적인 것까지도 회피하지 않는다. 현대도시는 모든 것을 파괴하는 괴력을 지니며 인간들을 소외시키고 향락의 노예로 만든다. 그는 염세주의적 안목으로 "인간의 본질이 형상권역이며, 양식이 진실을 능가한다 Das

Wesen des Menschen ist die Gestaltungssphäre, Stil ist der Wahrheit überlegen"고 굳게 믿는다. 니체 이후 현대시를 대표하는 시인으로 평가되는 그는 시에 있어서 가장 중요한 표현력은 리듬이라 생각한다. 묘사하고 의미하고 연결하는 기능이나 동사가 없는, 즉 명사중심의 표현방법이 추구된다. 시집 <정체시(停滯詩) Statische Gedichte>(1948)는 아무런 설명없는 결정적인 어휘, 명사, 초자연적인 힘을 지닌 주물(呪物) Fetisch로 언어 속에서 논리적 개념이 작용되는 현상을 보여준다. 또한 모든 것은 자라난 것이 아니라 만들어진다는 "조형성"의 본질이 강조된다. 그는 강연 <서정시의 문제들>에서 "우리는 지상의 숭배 바깥에 그리고 행위의 숭배 바깥에 서 있다 Wir stehen außerhalb des Kultus der Erde und außerhalb des Kultus der Taten"고 말한다. 한 걸음 더 나아가 그는 자서전격의 에세이집 <이중생활 Doppelleben>(1950)에서 "감정"을 생산적으로 만들어야 하는 사실에 자신의 힘이 미치지 않음을 안타깝게 여긴다.

사회생활에 대한 절망과 시작, 예술(형식)에 절대적으로 귀의가 전제로 제시된다. 여기에는 날카로운 지성과 성실한 인식력을 바탕으로 인간의 참다운 모습을 비춘다. 그의 시는 주로 자아의 균열, 자아와 세계로부터 소외된 현실, 파기된 주관-객관 관계. 혼돈과 현실의 문제를 제시한다.

이러한 초기시의 니힐리즘은 후기의 작품 속에서 차츰 극복된다. 그가 보여주고자 한 세계는 "혼돈은 시간을 초월한 순수 형식을 통해서 추방된다"는 것이다.167)

그 밖의 시집으로는 <육신 Fleisch>(1917); <파편 Schutt>(1924); <시전집 Ges. Gedichte>(1927); <취한 호수 Trunkene Flut>(Ausw. bis 1935, mit Epilog 1949); <단장 Fragmente>(1951); <증류 Destillationen>(1953); <아프레뤼뜨 Aprèslude>(1955); <시 전집 Ges. Gedichte>(1956).

---

167) Fricke.

KLEINE ASTER

Ein ersoffener Bierfahrer wurde auf den Tisch gestemmt.
Irgendeiner hatte ihm eine dunkellila Aster
Zwischen die Zähne geklemmt.
Als ich von der Brust aus
Unter der Haut
Mit einem langen Messer
Zunge und Gaumen herausschnitt,
Muß ich sie angestoßen haben, denn sie glitt
In das nebenliegende Hirn.
Ich packte sie ihm in die Brusthöhle
Zwischen die Holzwolle,
Als man zunähte.
Trinke dich satt in deiner Vase!
Ruhe sanft,
Kleine Aster!

작은 과꽃

물에 빠져 죽은 맥주 배달부가 대상 위에 눕혀져 있었다
누군가 그의 이빨 사이에
어두운 담자 색 과꽃을 꽂아 두었다
피부를 찢고 흉부로 손을 대어
긴 수술칼로 혓바닥과
구개강을 도려내자
내 그 과꽃을 건드린 탓인가 보다
옆에 있는 뇌 속으로 미끄러져 들어갔다
아마 내가 꿰맬 때
그 과꽃을 톱밥과 함께
흉곽에 싸 넣었나 보다

오 아리따운 과꽃이여!
꽃병 속에서 실컷 목을 추기고
고이 쉬려무나!

해설

　연작시 <시체공시장>(1912)의 첫 작품이다. '과꽃'은 여름이 끝나고 서서히 다가오는 가을정취의 꽃이다. 평화로운 분위기와 잘 어울린다. 그러나 시에 있어서는 그와는 달리, 맥주배달원의 시체가 해부되는 끔찍한 사실묘사가 던져주는 충격으로 시작된다. 누군가 그의 "이빨 사이에 꽂아 넣은 zwischen die Zähne geklemmt"(3행) "어두운 자색 과꽃 dunkellila Aster"(2행) 하나가 뇌 속으로 빠져들어 간다. 그러자 그것은 "봉합할 때/나는 그 과꽃을 톱밥과 함께/흉곽에 in die Brusthöhle zwischen die Holzwolle, als man ihn zunähte" (10-12행) 싸 넣어진다. 서정적 자아로 표현되는 '인간의 매장'이 연상되면서 시행은 끝을 맺는다.(13-15행)

　연의 구분없이 15행으로 이루어진 시는 서술과정이 객관적이다. 감정은 매우 메마르다. "받쳐 놓은 gestemmt", "긴 수술칼로 혓바닥과/구개강을 도려낸다 mit einem langen Messer/Zunge und Gaumen herausschnitt" 등 의사의 전문은어, 외래어가 대담하게 구사됨으로써 해부보고서와 비슷한 인상을 준다. 또한 공포스러운 분위기와 욕지기나는 상황(10-12행)이 거침없이 표현된다. 이 시를 어머니의 죽음과 연관하여 단순히 1914년 벤의 전기적 사실과 연결시키는 경우도 있는데, 그것보다는 시민사회, 문명과정, 제 1차 세계대전 같은 사회적인 상황에 대한 반작용이라 보는 것이 합리적이라 할 수 있다. 그러나 "고이 쉬려무나! 오 작은 (아리따운) 과꽃이여! Ruhe sanft, kleine Aster!"라고 끝맺는 시는 사회의 금기사항에 대한 강한 저항감을 표시하는 대신에, 제목에서처럼 부드러운 감각과 아름다움을 찾고자 하는 시인의 강한 의지를 나타내기도 한다.

　벤은 리듬적 표현력을 운과 연으로 돌리고 있다. 운으로 연결된 것은 1, 3, 7, 8행뿐이다. 전체적으로 리듬의 효과도 적다. 그러나 자연적인 언어리듬은 첫 시행들에 나타나 있는 산문형식 속에서 두 번째 시행의 강음이 많은 종결어로부터 제 3행의 첫 어휘를 위한 안정된, 닥틸루스(강강약 격)적 정체된 준비로서 "아스터"가 나타난다. 다른 원고에는 "아스터"가 두 번째 시행의 결말어로 더 강조되어 있다. 점차 강하게 Crescendo 설정된 운율감각에 따라서 부여된 액센트들이 취소된다. "어두운 담자 색"과 "과꽃"의 여운이 귓전에 남아 있다. 단지 그것을 통해서만 사람들은 네 개의 다음 (두개의 강음에 이르기까지 짧은) 시행들이 망설이고 조심하는 해부동작으로 표현된다. 후반부에서도 그런 모습은 공격적인 어휘선택이나 반어적인 종결장식음부 속에서도 리듬을 통해서만 간파된다. 리듬의 위치에 따라 섬세한 어휘가 제자리를 잡는다. "과꽃" - '가을꽃', "고이 쉬려무나" - '명복을 비는 말'로 이어지는 연상의 가능성들도 부각된다. 그러나 리듬적 환경이 나타나면, 즉시 어휘가 감소됨으로써 '모순을 논증하는 ad absurdum' 분위기로 들어선다.

EINSAMER NIE

Einsamer nie als im August:
Erfüllungsstunde —, im Gelände
Die roten und die goldenen Brände,
Doch wo ist deiner Gärten Lust?

Die Seen hell, der Himmel weich,
Die Äcker rein und glänzen leise,
Doch wo sind Sieg und Siegsbeweise
Aus dem von dir vertretenen Reich?

Wo alles sich durch Glück beweist
Und tauscht den Blick und tauscht die Ringe
Im Weingeruch, im Rausch der Dinge —:
Dienst du dem Gegenglück, dem Geist.

해설

이른바 "완성의 시간 Erfüllungsstunde"이라 하는 8월, – 시인은 그 속에 갇혀서 겪는 삶과 정신의 모순을 안타까이 노래부른다.

첫 연에서는 예기된 모든 것이 변증법적으로 전개된다. 첫 어휘의 닥틸루스(강강약격)는 "nie"를 강조하고, 그 뒤에서 연속되는 얌부스(약강격)가 비로소 수확의 달을 강조하지만, 무결산의 시기임을 깨닫게 한다. 삽입구와 쉼표를 통하여 리듬적으로 여유를 두어야 한다는 의식이 뚜렷하게 표시된다. 들판의 수확물을 위해서이다. 가득한 트로헤우스(강약 격) 운과 더불어 여성운 속의 부드러운 굴곡이 눈에 띈다. 형용사들은 무엇인가를 의미하고 있으며, 단순히 서술묘사하고 있는 것만은 아니다. 이렇게 견고한 네 째, 얌부스의 시행이 화자의 대상인 "너의 deiner"라는 어휘에 중심 액센트를 두고 조용함을 부각시킨다.

둘째 연은 첫 연과 변증법적으로 맞서서 "완성의 시간"을 더욱 뚜렷하게 해 준다. 얌부스적, 문장조직 없이, 어미변화 없는 형용사를 호칭하는 명사의 의미에 따라 뒤에 세워진다. 삶은 풍요하다. 이번에는 "wo"로 시작되는 질문이 "네가 대표하고 있는 왕국"이라는 범위까지 제한해주며 3행에서 4행까지 이어진다. 쉽게 대답할 수 없는 것이다. 행복의 증거는 어디에 있는가?

그리고 "wo"와 함께 시작되는 마지막 연이 완성을 찾는 모든 것 사이의 광대한 간격이 제 3연의 삽입구에까지 모인다. 복부점 다음에(다시금 리듬적 수단으로서의 문장표식) 이 모든 것에 "상응하는 행복 Gegenglück"이 맞선다. 마지막 시행은 전적으로 강음으로 배열되어 있으며, 두운으로 맞추어진다. 욕망과 정신은 각기 서로를 배척한다. "뇌피"를 통해 파악된 세계는 어떤 도취 상태 속에서도 전체 이상으로 느껴지지 않는다. 행복과 정신은 이러한 세계 시간에 더 이상 함께 속하지 않는다. 오늘날 정신적인 것을 요구하는 자는 모든 사람의 행복을 단념해야 한다. 그는 "결코 더 이상은 외롭지 않으리 einsamer nie…"

게오르크 하임 GEORG HEYM

1887년 슐레지엔 지방의 히르쉬베르크에서 출생, 1912년 겨울 슈바아

넨베르다 근처에서 스케이트를 타던 중 얼음이 깨져 익사했다. 보들레르, 랭보 등 프랑스 상징주의 시인의 영향을 받아, 강렬한 비전과 마력적 어두움이 작품 속에 가득 넘친다. 이로써 그는 독일표현주의 시문학의 선구자 역할을 했다. 시대적 문제점에 민감한 그는 다가오는 문화적 파국의 암울한 비전과 콘크리트 더미 속의 대도시, 인간의 소멸형상을 작품의 주제로 삼는다. 추악하고 거대하여 위협적인 것에 대한 부정적 견해를 담고 있는 그의 풍경 시는 삶의 감각과 그의 예술적 표현의 극단적인 변천을 잘 보여주고 있다.

시집으로는 <영원한 날 Der ewige Tag>(1911), <생의 그늘 Umbra vitae>(1912), <시 전집 Ges. Gedichte>(1947) 등이 있다.

DER GOTT DER STADT

Auf einem Häuserblocke sitzt er breit.
Die Winde lagern schwarz um seine Stirn.
Er schaut voll Wut, wo fern in Einsamkeit
die letzten Häuser in das Land verirrn.

Vom Abend glänzt der rote Bauch dem Baal,
die großen Städte knien um ihn her.
Der Kirchenglocken ungeheuere Zahl
wogt auf zu ihm aus schwarzer Türme Meer.

Wie Korybanten-Tanz dröhnt die Musik
der Millionen durch die Straßen laut.
Der Schlote Rauch, die Wolken der Fabrik
ziehn auf zu ihm, wie Duft von Weihrauch blaut.

Das Wetter schwält[168] in seinen Augenbrauen.

Der dunkle Abend wird in Nacht betäubt.
Die Stürme flattern, die wie Geier schauen
von seinem Haupthaar, das im Zorne sträubt.

Er streckt ins Dunkel seine Fleischerfaust.
Er schüttelt sie. Ein Meer von Feuer jagt
durch eine Straße. Und der Glutqualm braust
und frißt sie auf, bis spät der Morgen tagt.

도시의 신

주거구역 위에 넓게 앉아 있다
바람은 그의 앞이마를 검게 에워싸고 있다
분노에 차서 바라보는 눈길, 멀리서 쓸쓸히
마지막 집들이 들판에서 헤매이는 걸

저녁부터 붉은 배가 바알 신에게 빛을 발한다
거대한 도시들이 그 주위에 무릎을 꿇는다
엄청나게 많은 교회당 종들이 소리 쏟아내는
검은 탑의 바다에서 그에게 물결쳐 온다

퀴벨레 사제의 광란의 춤처럼 음악소리가
거리를 지나 수많은 사람들에게 울려 퍼진다
굴뚝 연기, 공장의 매연이
방향내음이 푸르스름한 모습으로 그에게 옮겨온다

대기의 지꺼기가 그의 눈 섶에 들러붙는다
어두운 저녁은 밤이 되면서 마비된다
분노로 헝클어진 그의 머리칼에서
독수리처럼 노려보는 폭풍이 인다

---

168) sich festsetzen.

어둠 속으로 그의 주먹을 뻗는다
마구 흔들어 댄다. 불길의 바다가
거리를 휘몬다. 타오르는 불꽃이 이글대며
늦게 아침이 밝아 올 때까지 그것들을 삼킨다.

해설

　시 전체에 시인의 감각적인 성품을 통한 활력과 생생한 인간의 모습이 나타난다. 30년 전쟁을 배경으로 한 바로크 시문학적 상황이 그대로 재현되는 듯한 느낌을 갖게 된다. 형태의 명확성이 곳곳에 특징으로 스며 있다. 상징주의 시인 슈테판 게오르게에게 애증의 극단적인 감정을 품고 있던 시인은 자연스레 프랑스 상징주의에 쏠려 있었고, 또한 그런 시인의 성향이 작품에 엿보인다. 그러면서도 객관성을 잃지 않으려는 시적 노력도 끊이지 않는다. 그러나 표현주의 시인으로서 하임은 엄청난 개인적 환상을 추구하는 기본 자세를 바탕으로 비개인적 또는 초개인적인 그 어떤 것을 향하면서 참다운 인간상을 규명해 내고자 하는 이른바 치열한 '내면성의 투쟁'을 보여준다. 그런 곳에 트라클의 잔영이 구체적으로 남아 있다.

해설원문 강독:

Heym hatte Verstälndnis für Georges Worte: „Ihr baut, Verbrechende am Maß und Grenze." Diese mythisch-gegenwärtige Welt des Übermaßes und des Umschlagens menschlicher Mächte in dämonische steht vor uns wie scheußliche Traumlandschaften. Heym sieht die „Dämonen der Städte", wie er sich in einem andern Fall ausdrückt: „Breitbeinig sitzen sie auf einem First und schrein wie Katzen auf zum Firmament." — Und das Tier des Satans, die Ratte, huscht immer wieder durch diese Gedichte, treibt in einer Wasserleiche, und so fort.

　　　Aus: J. Klein, Geschichte der deutschen Lyrik, S. 820

에른스트 슈타들러 ERNST STADLER

1883년 엘사스 지방의 콜마에서 태어났다. 독문학, 로만 문학, 비교언어학을 전공, 1908년 슈트라스부르크 대학에 교수자격논문을 제출, 통과되었다. 1910년 브뤼셀 대학 교수를 지냈다, 1914년 7월에는 카나다로 초빙되었다. 프랑스 작가 잠 F. Jammes(1868-1938)의 저술들을 독일어로 번역함으로써 골 I. Goll, 쉬켈레 R. Schickele, 플라케 Otto Flake 등처럼 독일과 프랑스 문학의 중개자로 활약하였다. 1914년 플란드의 위퍼른 Ypern 지방에서 사망하였다.

슈타들러는 대부분 율격없는 느슨하고 단순한 운의 긴 시를 즐겨 썼다. 유일한 시집인 <출정 Der Aufbruch>(1914)은 리듬이 살아 움직이는 산문시로서 시문학적 영역을 확대한 것으로 평가된다. 다우텐다이를 시인적 전형으로 삼고, 후에는 호프만스탈, 게오르게와 가까이 지내기도 하였지만, 여기에서 그는 문학적으로 자기만의 길을 견지하고 있었다. 하임의 시와 여러 면으로 대조적이다. 이야기를 펼쳐 보이는 듯한 긴 시행도 암시기능을 간직하고 있으며, 트라클이나 벤처럼 독자적인 메타포를 발전시켜 전형적인 표현주의 성향을 보여준다. 가난한 자, 매춘부 등 이른바 추악한 것에 대한 애정을 갖고 있다는 의미에서 릴케나 베르펠과 유사하다. 니체 풍의 자유리듬을 바탕으로 그는 삶의 활기를 작품 속에 열정적으로 나타낸다. 소박한 환경이나 삶까지도 윤리적 "각성 Aufbruch"의 계기로 삼기 때문에, 표현주의보다 신즉물주의를 개척한 시인으로 더 높이 평가된다. 그가 살았던 상부 라인강가의 풍경과 사람들을 서정시 속에 수용하여, 암담한 삶의 단면이 아닌 새로운 인간형상을 묘사하고자 노력하였다.

SCHWERER ABEND

Die Tore aller Himmel stehen hoch dem Dunkel offen,
Das lautlos einströmt, wie in bodenlosen Trichter,
Land niederreißend. Schatten treten dichter
Aus lockren Poren nachgefüllter Schollen.
Die Pappeln, die noch kaum von Sonne troffen,
Sind stumpf wie schwarze Kreuzesstämme übers Land geschlagen.

Die Äcker wachsen grau und drohend - Ebenen trüber Schlacke.
Nacht wirbelt aus den Wolkengruben, über die die Stöße rollen
Schon kühler Winde, und im dämmrigen Gezacke
Hellgrüner Weidenbüschel, drin es rastend sich und röchelnd eingeschlagen,
Verglast das letzte Licht.

무거운 저녁

모든 하늘의 문들이 높이 어둠에 열려 있다
밑 빠진 깔때기처럼 들판을 가라앉히어
소리없이 흘러든다. 다시 채워진 흙덩이의 느슨한 구멍에서
그림자가 빼곡이 나온다.
아직 태양 빛에 젖지 않은 포플러들
검은 십자줄기처럼 들판에 펼쳐졌다

밭은 잿빛으로 위험스레 자라난다 - 흐릿한 석탄재의 평야
밤은 구름더미에서 소용돌이치고, 그 위로 싸늘한 바람이
벌써 밀려든다. 그리고 어둠 깃든 톱니모양이
연둣빛 버드나무 덤불 속, 그 속에서 마지막 빛살이
쉬면서 구멍 뚫으며 들어 와, 유리처럼 투명해진다.

> 해설

　시의 제목인 <무거운 저녁>은 암울한 순간의 이미지가 아니라, 형상 속에 깃든 개인적 경험을 표출한다. 자연은 바로 화자가 느끼는 "무거운 저녁"의 광장이다. 초월적인 그의 눈길은 잘 정돈되어 있다. 그리고 그 아래에 드리운 밤은 "바닥이 없고 bodenlos", "어두운 dunkel", "찢어 내리며 niederreissend", "뒤에 채워진 nachgefüllt", "묵중한 stumpf", "검은 schwarz", "잿빛의 grau", "위협하는 drohend", "흐릿한 trüb" 등과 같은 어휘들로 불안과 무거움을 가득 채우면서 종말의 상황을 대표하고 있다. 이들 형용사는 수식하는 명사를 부각시키기보다는 그 자체로서 더 강한 독립성을 보여주고 있다.

　여섯 개의 상이한 문장들은 예외없이 길고, "하늘의 문", "그림자", "포플러", "농부", "밤"같은 영상들을 연달아 보여준다. 운의 구성도 거의 느껴지지 않으며, 리듬이 발언의 배열을 좌우하고 있는 편이다. 처음 네 개의 주어들은 어두워지기 시작한 저녁의 이미지가 역동적으로 나타나게 한다. 수시로 두운으로 강조된다. 첫 문장은 고원에서 흘러드는 땅을 가라앉히는 무한한 어두움을 형상화한다. 두 번째 문장은 처음 것에 맞서는 움직임을 보여준다. 아래로부터 그림자가 밤으로 가득한 흙덩이 속에서 나온다. 셋째 문장은 똑바로 서있는 포플러를 "그리스도 수난의 십자가 상"처럼 그 사이에 세우고, 완료 "들판에 펼쳐졌다"를 통하여 움직임을 억제한다. 가장 짧은 다음 문장 "밭은 잿빛으로 위험스레 자라난다 ― 흐릿한 석탄재의 평야"는 지금까지의 수직적인 것에 맞설 수 있게 설정되었다. 그리하여 "높이 어둠에 열려 있는" ― "소리없이 가라앉히어" ― '밑 빠진 깔때기에 맞서는 모든 하늘 문들' ― '뭉뚝하게 들판에 펼쳐진 포플러들'같은 상반감정의 대립이 해소된다. 마찬가지로 동사들이 수시로 방향의 접미사를 통해 집중화된다. 농부의 눈길은 드넓은 평야로 펼쳐진다. 그 위로 밤이 소용돌이치며, 돌풍이 일고, 마지막으로 자극적인 대립이 일어난다. 4행 이상의 가장 긴 마지막 문장은 항상 다시 시작하고 머물면서 움직이는 순환과정을 보여준다. 그것은 마지막 행에서 ― 주어는 마지막까지 등장이 억제되고 문법적인 "es"가 먼저 모습을 나타낸다 ― 눈에 띄는 세 얌부스적 액센트 속에 경직된 채, 마지막 빛 속에서 "유리처럼 투명해진다".

9.4. 현대시에 이르는 비탈길

아우구스트 슈트람 AUGUST STRAMM

1874년 뮌스터 출생, 1915년 동부전선에서 전사하였다. 1913년 표현주의 기관지 <폭풍 der Sturm>을 접수, 감성적이며 환상적인, 그리고 강한 형태미와 리듬감각의 시 세계를 펼치었다.

야콥 반 호디스 JAKOB VAN HODDIS

초기 표현주의 시인. 1887년 베를린에서 태어났다. 아버지는 엄격한 외과의, 어머니는 슐레지엔 유태계 귀족가문 출신이다. 건축학과 철학을 공부하였으나 중도에 포기, 1909년 힐러 K. Hiller와 함께 '신 클럽'을 창설, 1910년 대외적으로는 "네오 파테틱 캬바레 Neopathetisches Cabaret"로 알려졌다. 게오르크 하임 등도 가담하였다. 잡지 <폭풍 Sturm>과 <행위 Aktion>에 작품을 발표하였다. 카톨릭의 극단성에서 탈피하려고 애를 썼으며, 1914년에는 시대의 공포에 억눌려 정신착란을 일으켰다. 28년 후 1942년 정신병자수용소에서 나치당원에 의해 발견, 처형되었다.

넬리 작스 NELLY SACHS

1891년 12월 10일 베를린에서 출생, 1970년 5월 12일 슈톡홀름에서 사망한 시인이다. 유태인으로 나치의 탄압을 피해 1940년 스웨덴으로 망명하였다. 1965년에 독일출판상, 1966년에는 노벨 문학상을 받았다. 기독교, 유태교의 신비주의를 공부하였다. 그녀의 문학은 운율없는 신비와 묵시, 그리고 깊은 우수와 내면적 형상미로 가득 차 있으며 유럽 유태정신의 몰락을 주로 작품의 주제로 삼고 있다. 삶이 고난과 죽음에서 비롯된다고 보는 그녀는 그것을 현세적 삶의 축복으로 인식한다. 성화(聖化)된 질서 속에는 증오가 아닌, 사랑의 공간만이 있다는 의식이 시의 주제를 이룬다. 시집 <먼지 없는 곳으로의 여행 Fahrt ins Staublose> (1961)은 유대민족의 운명을 형상화하고 있다. 자유리듬 속에서, 메타포와 암어가 너무 풍부하게 구사되었기 때문에 언어 상으로 쉽게 접근할 수 없다.

그 밖의 시집으로는 <죽음의 거주지에서 In den Wohnungen des Todes>(1947); <일식(日蝕) Sternverdunkelung>(1949); <그리고 아무도 더 더이상 모른다 Und niemand weiß weiter>(1957); <도피와 변천 Flucht und Verwandlung>(1959); <시선집 Ausgewählte Gedichte>(1963), <작열하는 수수께끼 Glühende Rätsel>(1964); <후기시 Späte Gedichte> (1965); <탐색자 Die Suchende>(1966); <밤을 나누어라. 최후 시 Teile dich die Nacht. Die letzten Gedichte>(1971) 등이 있다.

SCHMETTERLING

Welch schönes Jenseits
ist in deinen Staub gemalt.
Durch den Flammenkern der Erde,
durch ihre steinerne Schale
wurdest du gereicht,
Abschiedswebe in der Vergänglichkeiten Maß.

Schmetterling
aller Wesen gute Nacht!
Die Gewichte von Leben und Tod
senken sich mit deinen Flügeln
auf die Rose nieder
die mit dem heimwärts reifenden Licht welkt.

Welch schönes Jenseits
ist in deinen Staub gemalt.
Welch Königszeichen
im Geheimnis der Luft.

나 비

얼마나 아름다운 저 세상이
네 가루 속에 그려져 있는가
지구의 불꽃 심지를 통해
그의 딱딱한 껍질을 통해
너는 다다랐다
무상의 척도 속에 짜여진 이별이여.

나비여
모든 본성 중에서 좋은 밤이여!
삶과 죽음의 무게가
네 날개에 실려
고향 쪽으로 익어 가는 불빛으로 시드는
장미 위에 내려앉는다.

얼마나 아름다운 저 세상이
네 가루 속에 그려져 있는가
어떤 왕의 표식이 대기의 비밀 속에 있는가.

해설

분리된 것을 혼합시키는 언어구사의 특징을 엿볼 수 있다. 추상적인 것이 구체적인 것과 연결된다. 1, 2행과 13, 14행은 나비의 "가루 Staub" 속의 "피안 Jenseits"에 관해 언급하고, "이별 Abschied"과 "직물 Gewebe"은 합성어 "Abschiedswebe"(6행)로 연결된다. 복수로 사용되어서 구체어로 여겨지는 명사 "무게 Gewichte"는 추상적 개념쌍 "삶과 죽음 Leben und Tod"에 배열된다.(9행) 그러나 실제가치는 명사 "빛 Licht"에 의해 상실된다. 그것은 식물처럼 "시든다". 같은 과정이 동사 "익다 reifen"에도 해당되는데, 방향을 가리키는 부사 "고향 쪽으로 heimwärts"와 연결, 움직임의 동사가 된다.(12행) "아름다운 Schön"과 "가루 Staub"는 "무게 Gewichte"와 "날개 Flügel"처럼 서로 대조된다.

제한은 형태 뿐만 아니라, 시의 테마를 표시한다. 삶과 죽음은 서로 일치와 대립을 공유한다. 죽음은 사람의 상승이나 변천으로 여겨진다. 변천은 살아있는 것의 법칙으로 나타난다. 그것은 '알 Ei' - '애벌레 Raupe' - '번데기 Puppe'로 이어지는 '변형 Metamorphose'이 한 형상의 죽음과 다른 형상의 탄생을 작용시키는 피조물, 즉 나비를 통하여 파악될 수 있다. 나비의 날개에 붙어있는 가루와 같은 실체는 모든 생물체가 떨어지고 말 소멸현상을 연상시킨다. 나비를 태어나게 하는 땅은 삶과 죽음의 병립을 모른다. "딱딱한 껍질 steinerne(n) Schale"(4행)에 그것의 껍질이 죽어버린다. 그것의 '불꽃 심지 Flammenkern'(3행)만이 살아 움직인다. 나비는 "모든 본성 중에서 좋은 밤"(8행)이라 불리운다. 밤은 종종 죽음의 상징이요, 여기에서 "좋은"이란 어휘는 어떤 것을 절멸시키는 것이 아니라, 삶을 가져다주는 것이다. 결국 죽음과 생성의 병립은 개념적 방향전환에서도 뚜렷해진다. 말하자면 "삶과 죽음의 무게가/(…) 장미 위에 내려앉는다"(9-12행)가 날개와 더불어 가라앉는다는 것이다. 삶의 상징인 장미는 "빛과 함께" 시든다. 그것을 우리는 성숙이라 말하기도 한다. "익다 reifen"와 "시들다 welken"는 근본에 있어서 하나다. 변천의 과정은 "고향 쪽으로" 표현된다.

비교: 장자(莊子)의 <나비>에 나오는 비유

"전에 장주(莊周)는 꿈에 나비가 되었다. 훨훨 나는 것이 분명히 나비였다. 스스로 즐겁고 뜻대로라 장주인 줄을 알지 못했다. 그러다가 조금 뒤에 문득 깨어보니 분명히 장주였다. 장주가 꿈에 나비가 된 것이지, 나비가 꿈에 장주가 된 것인지 알지 못하겠다. 장주와 나비는 반드시 구분이 있을 것이니 이를 물화(物化)라고 한다."[169]

오스카르 뢰르케 OSKAR LOERKE

1884년 바이히젤 강변 융엔에서 출생, 철학, 독문학, 역사, 특히 음악을 공부하였다. 1917년 이후 1941년 죽기까지 피셔 출판사의 편집장으로 있었다. 1913년 클라이스트 상을 받았다. 1926년에는 프러시아 학예술원 회원이 되었다.

주로 인간과 자연관계에 대한 문제를 다룬 뢰르케에게 있어서 자연은 변화 속의 세계질서에서 불변하는 것으로 강조된다. 풍경이나 식물의 성장에 있어서 인간은 생의 상징과 만난다. 조련된 언어와 형식 속에서 자아와의 일정한 간격이 늘 유지된다. <여러 세대의 동시대인 Zeitgenossen aus vielen Zeiten>(1925), <보이지 않는 왕국 Das unsichtbare Reich> (1935) 등의 에세이집과 장, 단편 소설을 남겼지만, 풍경체험을 통한 시인의 소양을 키우며 달빛 풍의 아류에 머물던 문학을 표현주의적 열정으로 정화시켜 새로운 자연시의 영역을 개척하였다. 자연서정시는 "나무, 시내, 속삭임, 달, 우수" 따위의 천편일률적인 소재에 얽매이지 않고, 시인의 개인적 체험이 광범위하게 표현되는 새로운 의미의 서정성을 간직하고 있다. 그는 "시적 언어란 되새기는 것이 아니라 발견하는 것 das poetische Wort ist kein widerkäuendes, sondern ein entdeckendes Wort" 이라 생각한다. 그렇기 때문에 그는 시를 형상 속에 그대로 묘사하거나 구속력이 없는 감정에 관례와 틀을 적용시키기를 거부한다. 서정시를 정신적 질서로 받아들이면서도 사상시와는 근본적으로 다른 관점을 보여준다.

시집으로는 <시 Gedichte>(1916), <비밀의 도시 Die heimliche Stadt> (1921), <가장 긴 날 Der längste Tag>(1926), <대지의 숨 Atem der Erde>(1930), <은빛 엉겅퀴 숲 Der Silberdistelwald>(1934), <세계의 숲

---

169) 노자, 장자. 장기근, 이석호 역. 서울(삼성출판사) 1977, 208쪽.

Der Wald der Welt>(1936), <가족의 벗들 Hausfreunde> (1938), <이별의 손 Die Abschiedshand>(1949)(유고) 등이 있다.

DER WALD DER WELT

Erblickt ihr hinter mir die Flüchtlingsspur
Und trifft Euch ein gehetzter Atemstoß?
Ihr sucht und horcht umsonst. Ich lächle nur:
Der Wald der Welt ist groß.

Er wächst in bittern Lüften der Gefahr.
Und wenn ihr es für Hochmut nehmt, vergebt:
Ihr wüßtet, wären eure Stirnen klar:
Der Wald der Welt entschwebt.

Und wer einmal in ihn gefunden hat,
Wird mit ihm hochgetragen, ist es not.
Was hier ist, fehlt nicht dort, kein Wurm am Blatt,
Kein kleiner Mund, kein Kot.

Auch Feinde nicht, wie sie der Gott bestellt,
Nur ihr, die ihr mit Würfeln um ihn lost!
Vielleicht verirrt er mich, der Wald der Welt,
Und doch ist er der Trost.

Ihm glimmt, damit die Nacht zu schwer nicht sei,
Auf einem Hirschwildgeist das goldne Kreuz;
Ihm brennt Huberti Schreck im Schwarzgeweih,
Und wer es weiß, der scheuts.

Nur wer es nicht scheut, zäumt und sattelt schon —

So ihr! Der Riemen knirscht am Pferdebauch,
Doch fehl prescht eure rasselnde Schwadron;
Der Wald zerging in Rauch.

해설

시의 전반을 지배하는 관조적 눈길이 뛰어나다. 자연은 어느 현대시인에게서와 마찬가지로 단순한 자연이 아니다. 현상과 이념, 감정까지도 살아 움직이며, 모두를 동일화시키기 위한 '투영차원(投影次元) Projektionsebene'이상이다. '세계의 숲'을 따라서 시가 지니고 있는 예전의 도전과 모험을 변함없는 정신적 경험으로 변화시켜야만 한다는 정보 자체가 시인의 과업으로 인식된다.

해설원문 강독:

Mein Vater, heute achtundachtzig, nahm seine beiden Buben von früh an mit in die Wälder bei Offenbach am Main. Wir bauten dort Hütten aus Zweigen und bedeckten sie mit dichten Moosteppichen. Wochen später fanden wir diese Hütten meist unversehrt wieder.

In meinem Leben wurde der Wald zum Widerfahrnis, Erlebnis der für sich weilenden, heimlichen, Schutz gewährenden und geheimen Welt des Planeten. (Für andere das Hochgebirg oder die See.) Als im April 1945 der Ruhrkessel kapitulierte (Model hatte sich erschossen), zog ich mit einigen Kriegsgefährten in den Wald bei Herdecke (Ruhr) und vergrub Pistole und Munition im dichten Moos. Fünf Jahre Kriegsdienst waren im Wald beendet.

Zu den Lyrikern, die zu meiner „Welt" gehören, zählt neben Keats, Trakl, Benn, Lehmann und Celan auch Loerke. Drei seiner Gedichte sind mir die liebsten: „Pansmusik", „Strom" und der „Wald der Welt".

Hermann Kasack, der Freund des verstrobenen Dichters, schrieb mir: *Der*

Wald der Welt ist, „wie Sie richtig vermuten, nur aus der Zeit der politischen Verfolgungen nach 1933 zu verstehen und zu interpretieren. In der ‚Rasselnden Schwadron' verkörpert sich der Ungeist des Bösen."

Der Gedichte schreibende Mensch auch unserer Tage, umkreist von Zeitgenossen, die dem (amusischen) Tüchtigkeits- und Verdienstwahn verfallen sind, darf (wie jede schöpferische Natur, der wir Kunst verdanken) ihnen gegenüber Loerkes Worte in Anspruch nehmen: *Ihr sucht und horcht umsonst.* Der Bereich der Dichtung ist im Nichtsichtbaren, Immateriellen gegründet. Wer uneingeweiht dort eindringen will, wird ihn nicht finden: *Ihr wüßtet, wären eure Stirnen klar: Der Wald der Welt entschwebt.*

Der Bereich des Unsichtbaren ist kein Phänomen der Physik, der verschlüsselte Ursinn der Welt läßt sich nicht messen. „Alles Sichtbare haftet am Unsichtbaren", sagt Novalis. Der Wald der Welt ist der unzerstörbare Ursprung und die Zukunft alles Schöpferischen. In der Not wird der, der in diesen unsichtbaren Wald gefunden hat, mit ihm hochgetragen. Es handelt sich auch nicht um ein ästhetisches Phänomen, keinen „Elfenbeinturm". Denn was uns in der sichtbaren Realität bedrängt, angelegt durch den Grunsriß unseres Geschickes, wirkt auch im Unsichtbaren, die Spannungen indessen transzendieren. Wohl ist Verirrung möglich (wann, wo nicht?), und *doch ist er der Trost*, dieser unsichtbare Wald der Welt.

Die Häscher scheuen nichts, auch nicht diesen „Wald", die Untäter, die machtbesessenen Praktiker, die „Marschierer" aller Jahrhunderte zäumen und satteln heute und morgen. Loerke wußte, daß sie diesen *Wald der Welt* nie erreichen werden: *Doch fehl prescht eure rasselnde Schwadron: Der Wald zerging in Rauch.*

Zauberworte eines, dessen letzter Vers, kurz vor dem Tode, 1941, lautet:

Jedwedes blutgefügte Reich
Sinkt ein, dem Maulwurfshügel gleich.
Jedwedes lichtgeborene Wort
Wirkt durch das Dunkel fort und fort.
                    (Ernst Kreuder)

Aus: Dieter E. Zimmer(Hg.), Mein Gedicht., S. 151-152.

오스카 뢰르케

칼 크롤로

잉게보르크 바하만

에리히 프리이트

한스 마그누스 엔첸스베르거

귄터 아이히

현대 독일시 I

요하네스 보브롭스키

페터 후헬

헬무트 하이쎈뷔텔

라이너 쿤체

하인츠 피온텍

요셉 바인헤버

현대 독일시 II

VII. 현대 독일시 II

1. 전쟁의 잿더미에서 재건되는 독일시

두 차례에 걸친 전쟁 이후의 독일은 모든 분야에 있어서 급변하는 시대적 흐름 속에 처하게 된다. 의미를 잃고 방황하는 현대인의 정신적-영적 상황, 시문학은 곧 현대인의 복잡다단한 의식과 고뇌에 바탕을 둔 적합한 문학적 발언을 찾기 위해 힘을 모은다. 형식적으로는 19세기의 전통을 이어 받아 복고풍의 문학사조를 지향하는 듯 하지만, 현대적인 새로운 길은 이전과의 단절을 통한 비가적-형이상학적 서정시로 나타난다.

현대서정시의 움직임은 일차적으로 언어적인 국면에서 인다. 그것은 언어가 과연 인간의 생각을 올바로 전달하는 표상의 도구일까 하는 이른바 언어회의적 질문으로부터 시작된다. 자연회복운동을 주창한 루소 이후 19세기에 강하게 일었던 문명비판의 흐름과 일맥상통한다.

언어를 종래의 무한한 '관계'에서 해방시키려는 노력이 시작된다. 언어의 참뜻을 찾고자 하는 움직임이다. 현대적 의미에 있어서 언어에 대한 성찰은 극도의 주관과 감성을 거부하는 데 있다. 시가 냉정해졌다. "간접적인 대상이 없는 언어 Sprache ohne mittelbaren Gegenstand"[170]가 추구된다. '비밀 Geheimnis', '기적 Wunder', '힘 Gewalt'이라는 제한적 틀에서 벗어나 '소환 Evokation'과 '조립 Montage'이 본질적인 형상수단이 되면서, 감정과 정서가 광범위하게 제외된다. 종종 그것은 운, 연, 이미지같은

---

170) Hugo Friedrich, Die Struktur der modernen Lyrike., S. 105.

전통적 형태요소들은 물론, 문장구조나 품사기능 같은 문법규칙까지도 파기시킨다. 공간과 시간의 결속도 지양된다. 리듬과 시행을 통해서 합리적인 인식과 비판을 앞세워 매개하려 하기 때문이다. 따라서 서정시는 경구 또는 풍자문학과 유사해지면서 산문에 가까워지는 느낌을 준다. 이 모든 것은 현대서정시의 실험적인 성격을 말하는 것으로 현대문명이 지닌 속성의 일부라 하지 않을 수 없다.

독일의 시문학은 전통적인 서사성에 서정성을 결합, 관념적이고 사변적인 서정시로 거듭난다. 서정시의 취약성으로 말미암아 유럽 시 문단에서 소외당할 수밖에 없었던 독일문학이 몇 세기가 지나 뒤 향유하게 된 풍요로움이다.

파울 첼란 P. Celan은 리듬은 활발하지만, 거의 무운의 긴 시행으로 새로운 시문학을 주도한다. 대담한 언어 메타포와 색채상징들을 구사하며 말을 이전보다 더욱 합리적으로 파악할 수 있는 경지까지 몰고 간다. 암어화된 짧은 시행들이 인간과 현실 사이의 관계설정에 한계를 드러냈기 때문이다. 그러므로 모든 실제 관계들을 넘어선 언어를 종교적 테마에 되돌리고 새로운 환경과 인간의 정신적 관계에 대한 질문을 던진다.

이러한 시적 조류 속에 잉게보르크 바하만 I. Bachmann도 가담한다. 고독, 실존적 불안, 우수로 시 세계를 가득 채운 이 여성시인은 서정적 발언의 가능성을 확대하는데 주력한다. 역사 이래 인간의 가장 중요한 문제요, 서정시의 시발점인 '사랑'까지도 위험스럽고 고난에 가득 찬 것으로 본다. 그러나 시적 소박함을 토대로 철학적 의미를 재확인하여 존재의 한계성을 극복하기 위한 찬양으로 승화시킨다.

피온텍 H. Piontek과 쿤체 R. Kunze 등이 그것을 이어 받아, 은유, 상징, 암어와 모놀로그를 독자적으로 사용함으로써 현대 서정시의 언어와 융합시킨다. 이들은 시적 실험을 가하는 것 이외에도 언어의 본질에 대한 불만과 환멸을 거침없이 부각시킨다. 그것은 발라드 풍의 시와 노래들이 풍자적으로 형상화된 브레히트 Brecht적 전통이요, 맥빠진 발언과 지시들로 이어지는 비어만 W. Biermann적 언어실험의식과 상통한다.

또한 시집 <지형학 Topographien>으로 이름을 널리 알린 하이쎈뷔텔 H. Heißenbüttel은 자신의 해설이 딸린 작품집을 내놓으며, "실험적"이며 "구체적"인 서정시의 경향을 추구한다. 또한 그의 <대본 Textbuch I>(1960)부터 <대본 V>(1965)까지에서는, 문장론적인 구조가 해체되고, 단어, 어군, 말의 형태, 인용어들이 추상적 사고과정의 힘을 입어 종래의 서정적 요소를 희석시킨다.

1.1. 자연서정시

기계문명에 대한 새로운 인식과 심미안이 확대된다. 시대의 고뇌를 뚫고 나가 냉정하고 무상한 것을 극복하며, 영원으로 향하는 시의 새로운 자세가 촉구된다. 아이헨도르프적 세계관이 다시금 자연서정시의 형태로 나타난다. 자연은 더 이상 낭만주의가 노래하는 전통의 감정영역이 아니라 새로운 상징의 공간이 된다.

전원적이면서도 마적 경향들을 철저하게 파헤치는 새로운 의미의 모험적인 자연 서정시가 나타나기 시작한다. 이를 대표하는 시인들은 뢰르케 O. Loerke, 레에만 W. Lehmann, 크롤로 K. Krolow, 페터 후헬 Peter Huchel, 한스 카롯사 H. Carossa, 슈뢰더 R. A. Schröder, 바인헤버 J. Weinheber, 브리팅 G. Britting, 랑게써 E. Langgässer, 카슈니츠 M. L. Kaschnitz, 베르겐그륀 W. Bergengruen 등이다.

이들은 '자연서정시인'이다. 대표적인 시집 <푸른 신 Der grüne Gott> (1942)과 <황홀한 먼지 Entzückter Staub>(1946)를 발표한 레에만은 아주 새롭고 의식적으로 자연을 향해 접근함으로써 현대인의 불안을 씻으려고 노력한다. 뢰르케가 지향하는 길도 비슷하다. <나의 시집 Meine Gedichtbücher>(1957)은 생명세계가 갖고 있는 유한성과 자연의 영원성, 그런 관계 속에서 고대와 중세의 모든 전설이 자연현상의 신화적-우주적 통합의 상징이 되게 한다. 그는 수필집 <현존재로서의 문학 Dichtung als Dasein>(1956)에서 "정감 인상의 생산성 die Produktivität des Stimmungseindrucks"을 강조하고 있다. 즉 깨끗한 예술기교적 작업을 앞세우면서 "시 이외는 아무 것도 아닌" 순수한 서정시를 유지하려고 한다. "시적인 것 속에서의 정확성"을 필수적인 전제로 시인과 비평가의 행복한 연합을 돋보이게 한다.

랑게써의 서정시에도 자연현상과 신화가 아주 잘 혼합되어 있어서, 관찰자와 대상, 시간과 공간 사이의 한계가 지양된다. 신성한 은총이 도움을 주지 않는다면, 자연만이 인간을 악의 위협 속에서 구할 수 없다는 생각이다.

현대적 의미에 있어서 자연서정시는 귄터 아이히 G. Eich에 이르러 절정에 달했다고 할 수가 있다. 1945년 이후 시집 <외딴 농가 Abgelegene Gehöfte>(1948)에서 빠듯한 언어와 감각적으로 포착될 수 있는 것으로부터 더욱 깊은 관계들을 가리키는 형상들까지 작용되는 하나의 혼돈적인 세계를 보여준다. 운(韻)의 연결이 없는 짧고 간결한 시행들 속에서 구체적인 표현들이 사라지고, "말과 사물"이 동시에 탈락하지만, 언어적 실험의식 뒤에 심화된 종교성이 자리한다. 인간에 대한 물음이 진지하게 이어진다.

　　　　이것은 나의 모자
　　　　이것은 나의 외투
　　　　여기에 나의 면도기
　　　　아마포 주머니 속에 있다

(…)

빵 주머니 속에
털 양말 한 켤레
그리고 몇 가지가 있다
무언지 아무도 모른다

(…)

이것은 나의 수첩
이것은 나의 텐트
이것은 나의 수건
이것은 나의 실타래.

〈소지품 조사 Inventur〉

횔러러 W. Höllerer의 시행에는 인간과 자연이 오버랩된다.

사랑의 추가 '영원'과 '절대부재' 사이에
흔들리고 있는 밤이면
그대의 말은 심장이라는 달(月)에 이어지고
뇌우를 알리는 그대 푸른 눈은
대지에서 보면
하늘에까지 이른다

〈밤이면 Nachts〉

자연서정시는 종래의 것과는 달리 사회비판적 요소를 바탕에 견지하고 있다. 고도로 발달된 자연과학 기술은 생태환경의 파괴를 불러왔고 이제 참된 인간성 회복을 위한 '생태시 Ökolyrik'가 현대서정시의 큰 영역을 차지한다. 여기에 오스카 뢰르케를 중심으로 한 시인군이 형성된다.

페터 후헬의 시는 자연을 운명의 거울로서, 인간으로 하여금 그의 가능성의 한계를 경험하게 하는 공간이 되게 한다. 시의 주제는 전쟁과 파괴, 죽음과 무상함이다. 운의 미학을 포기하지 않는 가운데 강한 표현력으로 가득 차 있는 그의 문학은 <신작로 Chausseen Chauseen>(1963)에 이르러 언어를 독자적인 형상요소로 감소시키고 자유리듬을 쓴다. 요하네스 보브롭스키 Johannes Bobrowski는 그의 고향 사르마티아 지방을 회상의 영역 속에 불러들임으로써 전설과 신화의 아득한 시대까지 연결시켜 체험한다. 크롤로는 초기시에서 레에만과 뢰르케의 전형을 뒤따르다가, 후에 낭만주의의 본질적 규범들을 앞세우기 시작했고, 여기에 좀 더 강화된 자유의식으로 현대성의 선두에 나선다.

1.2. 정치풍자시

사회적 투쟁과정에서 나타난 강한 정치풍자적 경향의 서정시가 현대적 관점의 일면을 대변한다. 중세기 '떠돌이 풍물패 Bänkelsänger'들이 부르던 민속 발라드 형태가 재발굴된다. 브레히트의 '俗歌 der Moritat'가 그 대표적인 예라 할 수 있다.

발라드풍의 시 <가정기도서 Hauspostille>(1927)에서 그는 종교적, 도덕적 교훈을 토대로 사회와 기존 문명의 허상을 풍자, 비판한다. <서푼짜리 오페라 Die Dreigroschenoper>(1928)에서는 수많은 '노래들 Songs'을 동반해서 뒤이어 나온 드라마작품들과 더불어 사회비판의 영역을 이어받는다.

청소년 대상의 책을 많이 쓴 에리히 케스트너 Erich Kästner도 <허리 위의 가슴 Herz auf Taille>(1927), <걸상 사이의 노래 Gesang zwischen den Stühlen>(1932), <작은 자유 Die kleine Freiheit>(1952) 같은 시집들을 통하여 1945년 전후 사회의 모순을 반어적 또는 냉소적 기법으로 신랄하게 공박한다. 이와 같은 사회도덕주의적 위치에 투콜스키 K.

Tucholsky(1890-1935), 리겔 Werner Riegel(1925-1956), 륌코르프 Peter Rühmkorf(1929년생) 등도 앞장서고 있다.

엔첸스베르거 H. M. Enzensberger는 기존의 사회비판적 요소 이외에 조형적인 여러 시집 등에서 몽타쥐 테크닉으로 통일된다. 실험들을 곁들여 시대사상의 새로운 경향들을 주도한다. 그의 언어는 반어 및 조소적 표현 사이를 오가며 모든 형식적 가능성을 여는 도구로 쓰인다.

1.3. 언어실험시

현대시의 의미에서 말은 표상의 재료 및 도구가 아닌 대상으로서 이해된다. 더욱이 대상을 포기하고, 주관에서 해방된, 사물세계를 해방시킨 상태에서 "시적 주관의 탈개인화 Entpersönlichung"에 이르는 출발점이 된다. 그것은 아리스토텔레스의 모방원칙에 입각, 현실을 번역하는 것이 예술의 기능이라고 보던 상태에서, 즉 감정에 충일한 조화 대신에 일종의 '암어 Chiffre'로서 '부조화의 혼합 die dissonante Mischung'을 강조하게 된 것이다. 따라서 말장난, 상투어, 해학적 내용, 낯선 인용구 등 일상의 쓰레기더미에서 나오는 이미지들이 거리낌없이 사용된다.

이런 경향의 시인들이 새로운 현대시의 길을 주도하고 나섰다. 그들은 아폴리네르 G. Apollinaire, 엘뤼아르드 P. Eluard, 디에고 G. Diego, 귈렝 J. Guillén, 갸르시아 로르카 García Lorca, 웅가레티 G. Ungaretti, 몬탈레 E. Montale, 엘리어트 T. S. Eliot, 파운드 E. Pound, 오든 W. H. Auden, 공고라 L. de Góngora 등이며, 17세기초반의 영국 형이상학적 시인들과 연관되어 있다. 이들이 내세운 것은 말라르메에 의해 대표되는 "이른 바 어둡고도 해석적인" 서정시로서 직관력을 시적 인식의 최고의 가치로 여긴다. 무엇보다도 근대과학적 관찰의 물길이 직접법과 감탄법으로 연결되기 때문이다. 현실적인 모든 것을 암어와 기호로 변천시키면서 시문학을 의식적으로 다듬는다. 추상적인 성향을 통하여 체험시의 전통과 길을 달리한다.

그것은 또한 1916년부터 1920년까지의 다다이즘 Dadaismus 계열과 합류하면서, 상형적 문자, 의성어, 원시적 표현 등을 거침없이 사용하는 몽타쥐 테크닉으로 대중예술에 접근한다. 프랑스의 문자주의 Lettrismus도 큰 영향력을 행사한다. 더욱이 후고 발 Hugo Ball의 음성시 Lautgedicht처럼 운문시 Verslyrik의 그것과도 전혀 다른 '해방된 언어'의 자유시가 등장한다.

카슈니츠는 <시집 Gedichte>(1947)에서 시간의 문제로 논쟁을 벌인다. 여성시인이 고통과 궁핍을 극복할 수 있었던 것은 그 자신이 삶에 말을 하기 때문이다. 시집 <너의 침묵-나의 음성 Dein Schweigen- meine Stimme>(1962)은 신랄한 언어로 죽음의 체험, 고독 등을 노래한다.

또한 콘라드 바이쓰 Konrad Weiß(1880-1940)는 시집 <말의 마음 Das Herz des Wortes>(1929)에서 독특한 언어창조와 엄격한 형태로 채색된 시행과 연의 역할을 강조하고 있다.

1.4. 초현실주의 Surrealismus와 다다이즘 Dadaismus

초현실주의 화가 달리 Salvador Dali는 보이는 대로 그린다는 미술의 고정관념을 탈피하여 인간의 내면이나 무의식의 세계까지 화폭에 담는다. 대표작 <기억의 고집>(1931)에서 그는 고요한 분위기에 시계의 문자판이 흐물흐물 녹아 내리는 환상적 내용을 정교하게 묘사하고 있다. 또한 <졸음>(1937)은 졸고 있는 인간의 머리를 5개의 받침대로 받치고 있는 모습을 담고 있다. 상상을 초월한 기괴함이 넘친다.

초현실주의(프랑스어 sur=über)는 묘사의 한계가 현실적인 것의 영역을 넘어서 표현되는 것을 말한다. 그것은 원래 상징주의와 더불어 멀리 낭만주의에 깊은 뿌리를 두고 있다. '낭만적 아이러니 Romantische Ironie'에서 출발하는 노발리스의 언어회의에서 보들레르의 '환상 Phantasie'을 지나, 체험이 아닌 이성적 상태에 이른다. 디오니소스 Dyonisos적인 상태에서 태양(빛)의 신 아폴론적 상황을 거쳐 현대서정시로 넘어가는 하나의 공식을 형성한다.

또한 1차대전 후(1916-1924) 파리, 취리히, 뉴욕 등 유럽과 미국에서 일어난 허무주의적 예술운동이 급한 물결을 이루며 밀려온다. 다다 Dada, 즉 '우연히'라는 원시적 의미를 모토로 내건 이 운동은 합리주의 사고를 바탕으로 한 기존 예술의 전통을 배격한다. 그 이후 이러한 반예술적 풍토는 다양한 양상으로 전개되어 다다이즘 Dadaismus이란 문학유파를 형성한다. 언어기능을 해체시키기 위하여 단어없는 시를 창안한다든지, 음향시를 내세우기도 한다. 신문지를 원하는 길이만큼 잘라 주머니에 넣고 다니다가 순차적으로 꺼내 베끼는 행위가 곧 예술로 인정된다.

모든 문학적 언어는 단어가 지니고 있는 의미에 국한하지 않고, 서정적 형태나 운율을 빨리 이해하려는 노력을 포기하고 언어적인 감각력에 호소하려고 노력해야 한다는 것이다.

1.5. 구체시 Konkrete Poesie

절대시는 신화적-미신적 의식과 자체 내에 폐쇄된 자율적인 세계에서 이루어진 문학이다. 어떤 의미에서 현실에서 떠난 까닭에 어휘형성 자체를 거부하는 언어, 음향, 리듬을 통해 순수미를 지향한다. 그에 따라 소재의 제한에서도 탈피한다. 다양한 것을 효과있게 서로 연계시키는 인간적인 환상의 움직임으로서 그 어떤 심리 외적인 요소에 이끌리지 않는 절대적이고 자유로운 연상작용이 언어적 전달형태에 불을 붙인다. 문학이 탈감각화 Entsinnlichung를 이루어 추상 Abstraka의 세계로 옮겨간다. 그것은 에드거 앨렌 포우 E. A. Poe로부터 시작하여 보들레르, 말라르메, 고트에 T. Gautier, 발레리 P. Valéry 등 프랑스 상징주의자들에 의해 강화된 '예술을 위한 예술' 원칙에 따라 실현된다.171)

이와 같은 예비단계를 거쳐 그것은 다시 "구체시"라는 범주로 이어진다. 구체시는 크게는 추상적 문학이라 불리는 언어를 재료로 한 문학적인 실험이다. 현대시가 맞이하는 국제적인 조류로서 구체적인 재료인 언어적 요소에서 출발하여 그것을 기능 면에서 해결하려고 노력하며, 또 그것을 모든 발언이나 전달을 포기하는 대신 음향적 특성에 따라서 새로 조합하는 시적 운동이다. 그것은 시문학이 다른 예술과 연결될 수 있는 가능성을 보여주는 것이다. 또한 지나치게 합리성이 강요되는 데에서 열광적인 것, 환상적인 어떤 것 속으로 들어가야 한다는 기대가 넘친다. 그래서 의미영역에서 벗어난 비논리적이며, 시각적-청각적으로 장식된 언어 배열이 이루어진다. 비슷한 운동이 프랑스의 '문자주의'를 비롯하여, 미국, 일본, 브라질 등에서 일어났고, 독일에서는 맨 처음 모르겐슈테른 Chr. Morgenstern이라든가, 다다주의자 아르프 H. Arp, 슈비터스 Schwitters, 또한 하이쎈뷔텔 H. Heißenbüttel, 몬 F. Mon, 곰링거 E. Gomringer, 륌 G. Rühm, 얀들 E. Jandl 등에 의하여 활발하게 전개된다.

구체시는 서정시를 생산활동의 개념으로 받아들인 문학의식의 열매라 할 수 있다. 테오 반 되스부르크 Theo van Doesburg가 <구체 예술의 선언 Manifest der konkreten Kunst>(1930)에서 밝힌 바와 같이, '구체적'이란 말의 뜻은 원시성의 자료인 색채, 선, 표면 등과 연결된다. 실험적 시문학의 일환으로 전개되어 프란츠 몬에 의한 "새로운 시학 neue Poetik" 운동으로서, 정식 이름을 붙인 사람은 스위스 작가 오이겐 곰링거이다.

---

171) Gero v. Wilpert, Sachwörterbuch, S. 3.

'구체시'가 자체적으로 지니고 있는 뜻은 구체적으로 인식하고 파악되는 것은 현실의 사물들이 아니라, 문자, 소리, 단어 또는 표현들, 즉 문자와 말의 기호이다.172)

단어나 그 단어들로 이루어지는 텍스트 모두가 두 가지 면을 지니고 있는데, 하나는 말의 의미요, 또 하나는 청각적인 형태이다. 이런 요소들은 다른 언어로 번역할 때 잘 드러나는데, 이 "원문표현 Wortlaut"은 작가 특히 서정시인의 발언을 전달하는 매개수단이 된다. 그것은 모든 매체와 마찬가지로 작가가 동시에 다루어야만 하는 재료이다. 화가 - 화판, 조각가 - 목재와 대리석, 연출자 - 무대, 방송, 필름, 티브이 등이 그것이다. 이러한 재료의 연관성에 토대를 두고 있는 것이 구체시라고 할 수 있다. 그것이 시인의 생각, 즉 원문표현을 문자 상으로 고정시킨다. 모든 발음은 주로 말하기, 그러니까 자기 편의로 쓰여진, 즉 시각적인 표시로 이루어진다. 여기에는 클라우스 브레머 Claus Bremer 같은 시인들이 보여주는 이른바 '그림(형상)시 Bildgedicht'도 포함된다.

그 보기로 곰링거의 <침묵 Schweigen>(1953)이란 시는 우리에게 이런 모습으로 제시된다.

   schweigen schweigen schweigen
   schweigen schweigen schweigen
   schweigen   schweigen
   schweigen schweigen schweigen
   schweigen schweigen schweigen

---

172) 같은 책, 399쪽.

클라우스 브레머 Claus Bremer의 그림시

    시각적 시는 상징적인 문자형상과 더불어 자유롭게 표현된다. 원문어휘가 원래의 언어재료라면, 문자형상은 제 2등급의 재료이다. 그리스 고대시대 이래 널리 알려진 이런 형태의 표현의식은 특히 르네상스와 바로크 시대에 심장, 십자가, 기둥, 큰 잔, 관 그리고 기타 일상생활에 쓰이는 대상물들의 형태를 제시하는 것으로 적지 않은 인기를 누려 왔고, 이제 현대의 이름으로 다시 그 의미가 확산되고 있다.

    이처럼 음향적이며 문법적-문장론적인 그리고 문자적인 형태에 뿌리를 두고 있는 구체시의 예술개념은 자동적 '설정 Konstellation'을 통하여 익살과 풍자효과에 이르기까지 쓰고 말하는 종래의 언어 습관에서 벗어난다.[173]

---

173) B. Asmuth, Aspekte der Lyrik., S. 101.

2. 현대시인들 1

헤르만 헤세 HERMANN HESSE

1877년 슈바벤 주 칼브에서 태어나, 1962년 스위스 몬타뇰라에서 사망하였다. 선교사의 가정에서 경건한 종교교육을 받은 그는 곧 신학교에 들어갔으나 중퇴하고, 각종 직업을 전전하다가, 1904년부터 자유문필가로 생활하였다. 1919년 이후 스위스에 거주하면서 1923년에 시민권을 획득, 만년을 그곳에서 보냈다. 1946년 노벨 문학상, 1955년 독일 출판 평화상을 수상하였다.

<페터 카멘친트 Peter Camenzind>(1904) 등 많은 작품들을 통해서 그는 유럽의 전반적인 위기에 직면한 현대인간의 내적 갈등을 다룬다. 지성과 감성의 대립과 갈등으로 인한 현대정신성의 문제를 그는 종교 내지 도덕적 신비성으로 극복하려고 한다. 또한 대표작 <유리알 유희 Das Glasperlenspiel>(1943)에 나타난 바와 같이, 이상주의 사상에 입각한 그의 인류애는 평생에 걸친 탐구의 대상이었다.

시인으로서 헤세는 고전-낭만주의 기풍을 통해 인류에게 잔잔하면서도 강한 호소력을 발휘한다. 그의 장중한 문화의식과 진지한 도덕성이 그 바탕이다. 더욱이 시인 특유의 동양적 세계관과 고독한 내면세계에 자리잡은 자아탐구의 정신은 삶과 죽음까지도 초월한 영원한 예술로 승화된다.

IM NEBEL

Seltsam, im Nebel zu wandern!
Einsam ist jeder Busch und Stein,
Kein Baum sieht den andern,

Jeder ist allein.

Voll von Freunden war mir die Welt,
Als noch mein Leben licht war;
Nun, da der Nebel fällt,
Ist keiner mehr sichtbar.

Wahrlich, keiner ist weise,
Der nicht das Dunkel kennt,
Das unentrinnbar und leise
Von allen ihn trennt.

Seltsam, im Nebel zu wandern!
Leben ist Einsamsein.
Kein Mensch kennt den andern,
Jeder ist allein.

해설

헤세의 대표적 시작품이다. 시는 소설창작과 다름없이 섬세하고, 형상보다는 암시적 기능을 표현도구로 삼는다. 젊은 시절의 더 많은 시행들 속에는 조밀한 형상체로 변화된 삶의 이야기가 넘친다.

밝고 맑은 진실을 추구하느라 지친 현대인에게 안개와 같은 모호함은 또 다른 원초적 고향이 아닌가? 형체를 무형체로 만들고, 보이는 것을 보이지 않는 것으로 바꾸는 상황에서 인간은 참다운 고독과 만날 수 있다. 삶은 "홀로 있는 것"이며, "누구나 홀로"라고 선언하는 다른 시 <홀로 Allein>가 연상된다. 허무한 사랑, 허무한 삶, 그리고 허무한 진실을 가장 잘 대표할 수 있는 안개를 통하여 가장 잘 상징된다. 현대인의 노이로제적 영혼의 균열, 미학적 인간과 윤리적 인간의 대립 등을 통하여 우주적 총체성을 향하고 있다.

해설원문 강독:

Es gibt natürlich kein „Mein Gedicht". Mein Gedicht sind viele Gedichte – und die „meinen" wären von – Goethe, von Gryphius, Hölderlin, Trakl – von vielen. Ihren Wert, oder auch nur ihren Wert für mich, verglichen zu wollen, wäre töricht. Daß ich dieses Gedicht von Hermann Hesse nenne (Ich hätte von Hesse allein ein halbes Dutzend gleichwertiger auswählen können), hat zwei Gründe.

Erstens haben mir seine Gedichte in meinen Jünglingsjahren sehr viel bedeutet – und auch als ich schon älter und härter und kritischer wurde, liebte ich jenes Halbdutzend immer noch.

Und zweitens ist es an der Zeit, daß endlich jemand unseren Kritikern die Meinung sagt, unter denen es in den letzten Jahren Mode geworden ist, an Hesse kein gutes Haar zu lassen. Ein paar junge Leute, deren Urteil durch keinerlei eigene Leistung gestützt ist, brandmarken Hesse als einen Nachahmer der Romantiker und sein Werk als „Kitsch". Das aber ist nicht nur geschmacklos – Hesse hat seit bald zwei Jahrzehnten nichts mehr geschrieben und lebt als ein einsamer, sehr alter Mann unter uns –, sondern auch eine Frechheit. Auch in Heines Gesamtwerk gibt es neben dem seltenen Großen einen Wust leeren Geklingels. Sogar im Werk Goethes. Sechs Hesse-Gedichte für den bleibenden Bestand deutscher Lyrik – das ist eine ganze Menge für ein einziges Leben. Und daß diese sechs zu diesem Bestand gehören werden – zu einer Zeit, wenn man die Namen seiner Kritiker nur mehr im Kataster verstorbener deutscher Gymnasiallehrer finden kann-, davon bin ich überzeugt. (Rebert Neumann)

Aus: Dieter E. Zimmermann, Mein Gedicht., S. 98.

요셉 바인헤버 JOSEF WEINHEBER

1892년 3월 9일 오스트리아 빈에서 태어났다. 그 후 고아원에서 자라는 등 혹독한 어린 시절을 보냈다. 1911년부터 1932년까지 우체국 직원, 후에 빈의 국장이 되었다. 1927년 개신교로 개종, 1932년 이후 자유문필가로 활약하였다. 1936년부터 고향인 저지 오스트리아의 키르히슈테텐에 살다가, 전쟁말기인 1945년 4월 8일 그곳에서 죽었다. 수면제 과다 복용으로 인한 자살로 추정된다.

"혼돈 속의 고전주의자"로 일컬어지는 시인은 릴케와 정신적으로 깊은 유대관계를 지니고 있다. 자아와 탈신화의 시대적 경향에 저항하는 가운데 자신의 영웅적-격정적 서정시에 광폭한 요소를 덧붙였다. 그러나 그의 시에는 조형적, 실험적이자 유희적인 것을 의식한 언어예술이 큰 작용을 하고 있으며, 시인은 그에 대한 이론적 바탕을 세우는 데에도 기여하였다.

표현주의의 영향이라 할 수 있는 시집 <외로운 인간 Der einsame Mensch>(1920)은 내적으로 곧 고대문화의 엄격한 전형을 따르고 있다. 송가와 찬가와 같은 시형식들을 통하여 명백한 형상들, 곧 바른 감각과 무조건적인 진실성을 과감하게 표현하고 있다. <귀족과 몰락 Adel und Untergang>(1934), <늦은 왕관 Späte Krone>(1936), <말 그대로의 빈 Wien wörtlich>(1935), <오 인간이여 주의하라 O Mensch, gib acht>(1937) 같은 시집들에서 시인은 민요풍의 가락을 강조하고 있다. <실내악 Kammermusik>과 <문자에 부치는 송가 Ode an die Buchstaben>에서는 언어의 가능성을 실험하기도 한다. 그밖에 <강변 양쪽에서 Von beiden Ufern>(1923), <해안의 배 Boot in der Bucht>(1926), <여기에 말이 있노라 Hier ist das Wort>(유고로 출판 1947)가 있다.

Im GRASE

Glocken und Zyanen,
Thymian und Mohn.
Ach, ein fernes Ahnen
hat das Herz davon.

Und im sanften Nachen
trägt es so dahin.
Zwischen Traum und Wachen
frag ich, wo ich bin.

Seh die Schiffe ziehen,
fühl den Wellenschlag,
weiße Wolken fliehen
durch den späten Tag —

Glocken und Zyanen,
Mohn und Thymian.
Himmlisch wehn die Fahnen
über grünem Plan:

Löwenzahn und Raden,
Klee und Rosmarin.
Lenk es, Gott, in Gnaden
nach der Heimat hin.

Das ist deine Stille,
Ja, ich hör dich schon.
Salbei und Kamille,
Thymian und Mohn,

und schon halb im Schlafen
— Mohn und Thymian —

landet sacht im Hafen
nun der Nachen an.

해설

　나날이 문제점이 늘어가는 당시에 보기 드문 순수서정시라 할 수 있다. 자아상실, 존재불안, 버림받았다는 느낌을 지닌 현대인의 문제의식에 이 시는 이렇다 할 흔적을 내보이고 있지 않다는 것도 특징이라 할 수 있다.
　시에 제시되는 중심영상은 "초원 Wiesen" - "꽃 Blumen" - "구름 Wolken" - "세계 Welt" 등이다. 작은 세계의 한 조각, 여름철의 잔디, 온갖 꽃들, 흰구름이 지나가는 그 위의 푸른 하늘, 거기에는 한 인간의 자아가 있다. 그 사이로 거의 눈에 띄지 않는 다리가 있다. 음향, 가락, 형상으로 나타난다. 이런 순수하고 완전한 음향 위로 모든 설명이 아주 메마르고 빈약하게 여겨진다.
　섬세하고 깨어지기 쉬운 형상들이 제시되는 시 전체에는 순한 기운이 감돈다. 시어 속에 이미 멜로디의 음향이 보인다. 시각과 청각적 요소들이 잘 조화된다. 자아는 제목에서 이미 대상에 공간적으로 맞서지 않고, "풀" 그 자체 속에 자리잡는다. 모든 것이 함께 어우러지는 세계, 거기에 있는 꽃들은 장미나 물망초 같은 것이 아니라, 길가나 들판에 피어나는 들꽃이다. 가슴으로만 들을 수 있는 고요함, 계획, 위대한 말, 텅빈 채 울려 퍼지는 소리, 자아상실감 … 현대인간이 완전하고 가득한 삶의 총체성에서 눈을 돌리게 되면서 이 시의 배경이 인간의 가슴에 밀려든다. 자연과 인생 전체와 하나가 되는 것이다. "예견하다 ahnen", "보다 sehen", "느끼다 fühlen", "듣고 가지고 가다 hören und dahintragen", "내가 어디 있는지 묻다 fragen 'wo ich bin'", "끌다 ziehen", "도피하다 fliehen", "(바람)불다 wehen", "조종하다 lenken", "착륙하다 landen" 같은 동사들이 인지와 동작의 영역을 보여준다. 또한 형용사나 부사들도 형상과 사건의 영역을 적절히 마련한다. 더욱이 "하얀 구름 weiße Wolken", "푸른 벌판 grüner Plan", "천상의(숭고한) himmlisch" 같은 어휘들이 색채감각을 통해 "세속을 떠난 unirdisch", "현실을 넘어선 unwirklich", "깃발과 바람 die Fahnen und ihr Wehen", "먼 조상 ein fernes Ahnen", "나긋한 범선 ein sanfter Nachen", "저녁의 포근한 상륙 sachtes Anlanden am späten Tag" 등과 연결된다.

"a"-음이 압도적으로 많이 쓰이고 있는 가운데, "o"-음이 그에 조화를 이루도록 마련된다. 단개음 "o"(Glocken, Wolken, Gott)와 장폐음 "o"(in Mohn, schon, so, wo, Rosmarin)가 교차된다. 몇몇 밝은 음들이 "ä"에서 "e"를 거쳐 "i"로 상승하는 현상도 뚜렷하다. 음향면으로도 시는 완숙의 경지에 있다.

해설원문 강독:

In einer Sachlichkeit, die heute ihresgleichen auf weite Strecken hin vergeblich sucht, macht dieses Gedicht den so schwer zu fassenden Zauber spürbar, der von einem Stückchen lebender Natur, Blumen und Gras ausgeht auf den Menschen, der sein Herz zu öffnen und sich in den Zauber hineinnehmen zu lassen bereit ist. Aus dem Gegenüber von „Glocken und Zyanen" und dem Ich wird im Mitschwingen langsam ein Mit- und Ineinander und die leise Bewegung des Auf und Ab wird zur vollen Harmonie des Ineinanderseins. Aus fernen Ahnen wird innigstes Innesein, aus Fahrt zur Heimat ein im Hafen, zu Hause, bei sich, in der Alleinheit des Wesens Angekommensein. Und das alles in einer solchen Harmonie des leisen Vollzuges, im Hörbarwerden der Stille, die tönt, in einer Einheit von schlichtem Bild und leisem Ineinanderübergehen des Klanges. Ein Gedicht, das Musik ist im Stillewerden, reine Lyrik, die Zauberkraft verwirklicht und verwandelnd wirklich macht mit leisem zartem Klang, der anrührt und hineinnimmt und uns stille werden läßt:

> Glocken und Zyanen,
> Thymian und Mohn.
> Ach, ein fernes Ahnen
> hat das Herz davon.

(Helmut Motekat)

Aus: Interpretationen moderner Lyrik, S. 29.

베르너 베르겐그륀 WERNER BERGENGRUEN

1892년 리가에서 의사의 아들로 태어나 1964년 바덴 바덴에서 세상을 떠났다. 1936년 카톨릭으로 개종, 휴매니즘에 입각하여 경건하면서도 질서있는 세계 탐구에 몰두하였다. 국가사회주의에 대해 격렬한 항거를 하였다. <대폭군과 심판 Der Großtyrann und das Gericht>(1935)을 필두로 한 장, 단편소설에 역량을 발휘하였다. 그러나 사실적인 서사풍의 시에도 그만의 독특한 경지를 개척하며 작품을 많이 남겼다.

시집 <카프리 Capri>(1930), <방랑수 Der Wanderbaum>(1932), <여리고의 장미 Die Rose von Jericho>(1936), <숨겨진 과일 Die verborgene Frucht>(1938), <분노의 날 Dies irae>(1945), <마력과 축복의 격언시 Zauber- und Segensprüche>와 <구원세계 Die heile Welt>(1950)를 냄으로써 독자적인 시 영역을 개척하였고, 대부분 모든 고난에도 불구하고 새로운 질서의 회복을 촉구하는 기독교인의 참모습을 소재로 삼고 있다.

베르톨트 브레히트 BERTOLT BRECHT

1898년 아욱스부르크에서 태어나다. 의학과 철학을 공부하였고 1918년 위생병으로 군 복무하였다. 1920년 뮌헨 소 연극회 고문으로 있었으며, 1922년 클라이스트 상을 받았다. 그 후 마르크시즘에 집중적으로 몰두하였다. 쿠르트 바일 Kurt Weil, 한스 아이슬러 Hans Eisler, 파울 힌데미트 Paul Hindemith 등과 함께 일하였다. 1933년 그의 책들이 당국에 의해 불태워졌다. 스위스, 덴마크, 필란드, 미국 등지에서 망명생활을 하다가, 1947년 동베를린으로 귀환, 베를린 앙상블을 세웠다. 1956년 베를린에서 죽었다.

서사극의 새로운 연극이론을 전개시킨 그는 또한 서정시를 감정이나 형태의 문제가 아닌, "사상전달의 원천적 발짓"이라 말하고 있다. 따라서 그의 시는 정치적, 사회적 내용을 담은 것들이 많다. 마르크스 사상의 영향으로 사회혁명의 풍자적 관점에서 또는 권리를 빼앗긴 자의 운명에 대한 관심을 촉구하면서 무정부적인 냉소주의를 체질화하고 있다. 담시편, 소넷, 송, 형식을 초월한 경구 등 교육(교습)적인 것이면 다양하게 사용하고 있다. 풍자적으로 이어지는 시 형태는 세계 문학적인 차원에서 중국문학을 비롯하여 루터, 셰익스피어, 비용, 랭보에 이르기까지 그 영향범위가 가히 무한대라 할 수 있다. 후기에 이르러 차츰 언어표현을 최소한으로 절제하면서 스냅사진을 찍듯이 사물에 대해서 아주 냉정하게 임하는 모습도 보인다.

SCHLECHTE ZEIT FüR LYRIK

    Ich weiß doch: nur der Glückliche
    Ist beliebt. Seine Stimme
    Hört man gern. Sein Gesicht ist schön.

    Der verkrüppelte Baum im Hof
    Zeigt auf den schlechten Boden, aber
    Die Vorübergehenden schimpfen ihn einen Krüppel
    Doch mit Recht.

    Die grünen Boote und die lustigen Segel des Sundes[174]
    Sehe ich nicht. Von allem
    Sehe ich nur der Fischer rissiges Garnnetz.
    Warum rede ich nur davon
    Daß die vierzigjährige Häuslerin[175] gekrümmt geht?

---

174) 해협.
175) 전답을 소유하지 못하고 집만 가지고 있는 소작인. 가난뱅이 농부 셋집에 사는 사람. Einlieger.

Die Brüste der Mädchen
Sind warm wie ehedem.

In meinem Lied ein Reim
Käme mir fast vor wie Übermut.

In mir streiten sich
Die Begeisterung über den blühenden Apfelbaum
Und das Entsetzen über dei Reden des Anstreichers.
Aber nur das zweite
Drängt mich zum Schreibtisch.

해설

장식없는 냉엄한 형식이 지배한다. 시적 화자가 무엇을 고백하고 있는가가 관심을 불러일으킨다. 시의 운(韻)이 거의 "오만처럼 Wie Übermut" 느껴질 정도로 시적인 표현을 단념해야만 했다는 뜻이 표명된다. 따라서 운 자체가 '부분으로 전체를 대표하기 Pars pro toto'로 여겨진다. 포에지의 특징으로 인간에게 미의 영역을 열어주는 발언의 방법으로, 인간을 일상적 현실이 강요하는 경직상태에서 밀어낸다. "하지만 나는 알고 있다 Ich weiß doch"는 미에 대한 인간의 요구가 얼마나 강한가를 간접적으로 암시하고 있다.

3연의 제 1행은 비천한 미의 요구에 맞선 상태가 제시된다. "Sehe ich nicht"는 보이는 것들이고 찢어진 그물을 가지고 먹고 살 빵을 버는 어부, 40세 소작농여인의 굽은 허리, 모든 비천한 자의 고통같이 처참한 것이어서, 차라리 보지 않겠다는 의미가 강하게 담겨 있다. 행복이라든가 아름다움은 외적 조건에 얼마나 좌우되며, 가난한 자의 뒤에는 얼마나 많은 부정이 숨겨져 있는가를 생각게 한다.

1연부터 4연까지는 비교적 쉬운 이해도로 사상의 흐름을 느낄 수 있게 한다. 특히 5연에 이르러서는 자기 내부에 꽃피는 사과나무에 대한 감격과 칠장이의 연설에 대한 경악이 갈등을 일으킨다. 가난한 자의 궁핍과 칠장이의 범죄적 발언이 꽃피는 사과나무, 재미있는 뱃놀이, 그리고 젊은 소녀들에 대해 노래하고 서정시를 포기하도록 강요한다. 그들은 사회참여를 촉구한다. 목적에 얽매인 발언이다. 미학적 미의 법칙을 고려치 않는다. 칠장이는 히틀러, 그가 독일을 오도하는 지도자로 부상하기 전 질낮은 화가가 아니었던가. 파시즘을 자본주의적 반 공산주의당으로서, 노동계급에 대항한 처절한 반란으로서 추방하려고 한 망명기의 브레히트의 발언과 관계가 깊다.

시의 구성은 다양한 행의 길이, 개개 어휘나 어군만큼이나 다양하게 전개된다. 일상어에서 벗어난 문장론, 장단문장의 교차, 시행 내에 깃든 그로 인해 생긴 휴식이 이루어지고, 연도 예술적 구성에 큰 역할을 한다.

1연: 엄격한 대칭적, 행 중간에 분명하게 '쉼표 Zäsur'가 설정되었다. 2연: 부사적 접속사 "aber"가 중심 축으로 연 전체를 양분한다. 3연: 8/10행, 11/14행 대조에서 이루어진 다양하게 구성된 단일체들 ('lustige Segel'-'rissiges Garnnetz';'gekrümmte Häuslerin'- 'junge Mädchen')같은 원래의 형상대조체들이 처음의 두 연에 연결된다. 그리고 곧 직접 연이어 결말 행들을 채운다. 그리하여 중간에 있는 반 행들("Sehe ich nicht", "Von allem/Sehe ich nur")이 "Warum rede ich nur davon"과 연결, 특별한 비중을 가한다. 유일하게 2행으로만 이루어진 4연은 지난 일과, 앞의 일을 가리키는 방향타가 된다. 처음 3개 연을 내용과 형식상으로 마무리한다. 마지막 연, 특히 마지막 두 행은 경악을 통해 이미 제기된 어떤 결정력을 위한 대책을 마련한다. 그것은 제 3연의 "어째서 warum"에 대한 대답이다. 피할 수 없을 정도로 가득한 참상들에 대한 시인의 경악스러운 반응이 여운으로 남는다.

FRAGEN

Schreib mir, was du anhast! Ist es warm?
Schreib mir, wie du liegst! Liegst du auch weich?
Schreib mir, wie du aussiehst! Ist´s noch gleich?
Schreib mir, was dir fehlt! Ist es mein Arm?

Schreib mir, wie's dir geht! Verschont man dich?
Schreib mir, was sie treiben! Reicht dein Mut?

Schreib mir, was du tust! Ist es auch gut?
Schreib mir, woran denkst du? Bin es ich?

Freilich hab ich dir nur meine Fragen!
Und die Antwort hör ich, wie sie fällt!
Wenn du müd bist, kann ich dir nichts tragen.

Hungerst du, hab ich dir nichts zum Essen.
Und so bin ich grad wie aus der Welt
Nicht mehr da, als hätt ich dich vergessen.

이반 골 IWAN GOLL

　1891년 프랑스 보게젠 산맥 안의 마을에서 태어났다. 독일어와 프랑스어를 사용하는 작가이다. 1920년 부인 크레르와 시 선집 <프랑스의 마음 Das Herz Frankreichs>을 발표하였다. 1948년 백혈병에 걸리면서 그는 거의 생의 피안에 서서 새로 찾아 온 환상 속에서 현실을 초월한 세계를 언어로 전환시켰다. 15년간 쓰지 않던 독일어 시에 손을 대면서, 그 중 많은 시를 종이쪽지와 신문지에 남긴 채 1950년 세상을 떠났다. 평화주의의 투사로 그는 알려져 있다.

　시집: <유럽의 죽은 사람들을 위한 진혼곡 Requiem für die Toten Europas>(1919), <적의 마음 La coeur de l'ennemi>(1920), <사랑의 시 Poémes d'amour>(1925), <삶과 죽음의 시 Po'emes de la vie et de la mort>(1927).

게오르그 브리팅 GEORG BRITTING

　1892년 바이에른 레겐스부르크 출생. 1914년 군에 입대, 부상을 당하였다. 1920년 이후 뮌헨에 거주하면서 작가생활에 전념하였다. 그의 서정시는 자연의 아름다움과 원시적 비정을 객관적으로 노래하고 있다. 주로 향토성, 소년시절의 회상, 바로크적 삶의 기쁨, 우울한 죽음의 예견, 에로스의 세계 등에 시적 관심이 놓여 있다. 1964년 뮌헨에서 세상을 떠났다.

시집: <지상의 날 Der irdische Tag>(1935), <까마귀와 말과 닭 Rabe, Roß und Hahn>(1939), <술의 예찬 Das Lob des Weines>(1942), <높은 나무 아래에서 Unter hohen Bäumen>(1951).

귄터 아이히 GÜNTER EICH

1907년 오더 강변 레부스에서 태어남. 중국문학과 경제학을 공부하였다. 1927년 익명으로 첫 시작품을, 1929년 첫 방송극을 발표하였고, 1932년부터 자유문필가로 베를린, 드레스덴, 파리 등지에서 살았다. 6년간 군대생활을 했다. 1950년 '47 그룹'의 첫 수상자가 되었다. 1952년 방송작가상, 1959년 게오르크 뷔히너 상을 받았다.

그의 시는 단순 소박하면서도 아주 상세한 묘사로 이루어진다. 감정은 상황의 자세한 묘사에 비해 크게 무시되는 편이다. 그것은 운의 체계와 율격에 아주 확고하게 묶여 있고, 지나간 세기의 노래 가락 속에 은근히 정형화되어 있었기 때문이다. 시집 <두더쥐 Maulwürfe>(1968)와 <내 사무실의 티벳인(두더쥐 II) Ein Tibeter in meinem Büro(Maulwürfe II)>을 통하여 시에 대한 논쟁의 불씨를 지핀 그는 횔러러 W. Höllerer가 말하고 있듯이, 참된 어휘가 늘 변함없이 현재의 한복판에서 "떠도는 순간 schwebender Augenblick"이 되게 한 시인이다. 또한 그의 시에 자리잡고 있는 전형적인 형상들은 순식간에 마구 짓밟힌 풀이나, 새의 비상 등으로 표현된다.

그 밖의 대표적 시집들로 <외딴 농가 Abgelegene Gehöfte>(1948), <지

하철 Untergrundbahn>(1949), <비 소식 Botschaften des Regens>(1955), <처리 Zu den Akte>(1964), <행사와 석조 뜨락 Anlässe und Steingärten>(1966) 등이 있다.

SCHUTTABLAGE

Über den Brennesseln[176] beginnt,
keiner hört sie und jeder,
die Trauer der Welt; es rührt der Wind
die Elastik einer Matrazenfeder.

Wo sich verwischt die goldene Tassenschrift,
im Schnörkel von Blume und Trauben,
wird mir lesbar, — o wie es mich trifft:
Liebe, Hoffnung und Glauben.

Ach, wer fügte zu bitterem Scherz
so die Scherben zusammen?
Durch die Emaille wie durch ein Herz
wachsen die Brennesselflammen.

Im verrosteten Helm blieb ein Wasserrest,
schweifenden Vögeln zum Bade.
Verlorene Seele, wen du auch verläßt,
wer fügt dich zusammen in Gnade?

해설

시 전반에 멜랑콜릭한 분위기가 서려있다. 제목 <쓰레기 적치장

---

176) 쐐기풀불꽃. 온대지방에 서식하는 식물로서 고대로부터 약초와 채소로 쓰임.

Schuttablage>이 지닌 고유한 의미로도 이해된다. 특별한 소원이나 의욕이 감추어진 채 운으로 연결된 질문형식에 불과하다는 인상이 갑자기 무슨 큰 의미를 간직하고 있으리라는 기대감을 불러일으킨다. 네 개의 연은 십자 운으로 연결되어 있고, 관례적인 운을 제거하여 신선함을 준다: 남성 운의 시행이 시작되면서 긴장감과 놀라움을 주고, 뒤이은 여성 운의 시행, 때때로 두 번째 행이 완화의 역할을 한다. 곧 마땅한 율격이 없어도 닥틸루스가 편안한 감각으로 마련하여 시행에 호감이 가게 한다. 그래서 시는 감동적으로 울려 퍼진다.

의미와 무의미가 마주치는 상황설정, 그에 따라 결정적인 가치를 어디에 두어야 할지 확실한 결론을 내리지 못하게 한다. 세계의 비애는 첫 행의 "쐐기풀 위에서 시작되어" 더 이상 기대할 수 없는 상황으로 들어선다. 그와 동격인 두 번째 행이 긴장을 강화시키면서, 대답이 나오고 그 다음 즉시 동사 "건드리다 rühren"의 연상력을 통해 계속 부여된다: "매트리스 스프링의 탄력재 die Elastik einer Matratzenfeder"(4행)에 서린 슬픈 세계가 별다른 언급 없이 사라진다. 이야기 체에 가까운 묘사가 이어지면서 깨어진 생일 찻잔을 가리키는 옛 단어들, - "golden", "Schnörkel", "Blume", "Traube" - 이 동원된다. 이 어휘들은 괴테 이래로 널리 쓰이는 것이다. 시인의 의도대로 마련된 대조감은 "오 얼마나 내가 놀랐던가 o wie es mich trifft"(7행)라는 기지로 표현된다.

"믿음", "소망", "사랑"(8행)은 성서의 구절(고전 13:13)을 연상케하는, 마음을 경건하게 하는 요소이지만 놀라움과 아이러니는 아니다. 변화적응에 있어서의 "파편 깨지는" 사고는 전혀 보이지 않는다. 결과로서의 믿음, 덕의 전제조건은 아니다. 제 3연은 마지막 두 시행에서 비로소 염두에 두었던 고통의 적절한 형상을 얻게 된다: 한낱 들풀처럼 생기 있는 것이지만 "쐐기풀불꽃 Brennesselflammen"은 흐트러진 에나멜 통을 관통한다. 원래 선정된 "고통 Schmerz"-"가슴 Herz" 운이 포기되고 "Scherz"-"Herz"로 바뀌는 가운데 불안감은 나타난다. 동시에 그 형상은 이미 지칭된 고통에 부딪치는 가슴의, 오래 전부터 익숙해진 연상의 토대를 상실한다. 마지막 연에서도 처음의 두 행만이 조화를 이룬다. 1행의 3개의 가락을 지닌 단어들은 상실감을 증가시키고, 대답을 하는 제 2 행은 그것을 세 개의 상응하는 단어들 속에서 없애버린다. 그러나 어느 것이 종결하는 질문과 문법적 관계를 맺고 있는가에 대해서는 별 묘사가 없다. 영혼은 항상 누구에게 의지하는가? 어떻게 연결될 것인가? 또 어떻게 그 영혼이 깨어졌는가? 이런 주제들이 시의 여운을 남긴다.

* 꼭 읽어야 할 시: <소지품 조사 Inventur>
　　　　　　　　　<뒷간 Latrine>

한스 에곤 홀트후젠 HANS EGON HOLTHUSEN

렌츠부르그에서 출생. 문학비평가 및 에세이스트. 1937년 <릴케의 '오르페우스에게 바치는 소넷'에 대한 주석시도>라는 논문으로 박사학위 취득하였다. 2차 대전 중 동부전선에 참전, 종전 무렵 반 나치운동에 가담하였다. 1949년 첫 시집 <현세의 시간 안에서 Hier in der Zeit>를 출간하였고, 특히 서두의 '전쟁 3부곡'에서 전쟁을 예술적으로 절실하게 노래한 것으로 유명하다. 만년에는 릴케, 엘리어트, 오든에게서 큰 영향을 받았다. 제 2시집 <미로의 여러 해 Labyrinthische Jahre>(1952)에서는 '시간'안에 자리한 인간실존의 문제를 노래함으로써 비가시인으로 명성을 얻었다. 평론집으로는 <정처없는 인간 Der unbehauste Mensch>(1951), <긍정과 부정 Ja und Nein>(1954), <미와 진 Das Schöne und das Wahre>(1958)이 있다.

칼 크롤로 KARL KROLOW

1915년 11월 3일 하노버에서 출생. 괴팅겐, 브레스라우 대학에서 수학하였다. 1942년 이후 괴팅겐에 상주하면서 문필활동을 했다. 빌헬름 레에만으로부터 직접적인 영향을 받다. 크롤로는 프랑스, 스페인 서정시를 번역하면서 세계관을 넓혔고, 그 영향은 특히 나중에 쓰여진 시들 속에 나타나고 있다. 그밖에도 릴케, 트라클, 로르카, 생 종 뻬르스 등의 시세계를 이어받아 목가적이면서도 비가적인, 자연적이면서도 형이상학적인 시 영역을 개척하였다.

시집으로는 <높이 찬양될 선한 삶 Hochgelobtes, gutes Leben>(1943), <고향찾기 Heimsuchung>(1948), <세계라는 기호 Die Zeichen der Welt>(1952), <바람과 시간 Wind und Zeit>(1954), <낮과 밤 Tage und Nächte>(1956), <보이지 않는 손 Unsichtbare Hände>(1962), <시 전집 Ges. Gedichte>(1965), <시로 쓴 일기 Poetisches Tagebuch>(1966) 등이 있다.

파울 첼란 PAUL CELAN

파울 첼란

첼란은 1920년 11월 23일 현재 루마니아 북부지방 부코비나의 수도 체르노비츠에서 태어나 김나지움을 마치기까지 살았다. 그 후 의학을 공부하기 위해 파리에 가면서 초현실주의자들과 사귀게 되었고 문학에 대한 관심이 더욱 커졌다. 유태인으로서 혹독한 나치시대를 겪은 후, 2차 대전이 끝나면서 부카레스트를 거쳐 빈에 정착하려다 가 실패, 방랑생활을 하였다. 1948년 이후 파리에서 언어교사와 번역가로 활동, 거기서 첫 시집 <유골항아리에서 나온 모래 Der Sand aus den Urnen>(1948)를 내었다. 500부 한정판으로 출판된 이 책은 오자가 많이 나왔다는 것을 이유로 수거해 버렸다. 그리고 그 절반 이상이 1952년에 나온 시집 <양귀비와 추억 Mohn und Gedächtnis>에 재수록되었다. 그것이 이 시집의 제 1부 <유골항아리에서 나온 모래>, 제 2부 <역광 Gegenlicht>, 제 3부 <밤의 풀줄기 Halm der Nacht>이며, 그밖에 1, 2부사이의 비교적 긴 시 <죽음의 푸가 Todesfuge>와 더불어 전체 56편의 시를 담고 있다. 또한 <문지방에서 문지방으로 Von Schwelle zu Schwelle>(1955), <언어격자창살 Sprachgitter> (1959), <누구의 것도 아닌 장미 Die Niemandsrose> (1963) 등의 시집이 있다. 1958년 브레멘 문학상이 슈뢰더 R. A. Schröder를 통해 전달되었다. 1960년 게오르크 뷔히너상을 받았다. 또한 랭보 Rimbaud, 샤르 Char, 만델슈탐 Mandelstamm, 제쎄닌 Jessenin, 블로크 Blok 등의 작품을 번역하였으며, 1967년에는 마지막 시집 <숨길 Atemwende>과 셰익스피어의 <21개 소넷>(번역)이 출간되었다. 1970년 4월말 파리에서 숨을 거두었다.

STILLE

Stille! Ich treibe den Dorn in dein Herz,
denn die Rose, die Rose
steht mit den Schatten im Spiegel, sie blutet!
Sie blutet schon, als wir mischten das Ja und das Nein,
als wirs schlürften,
Weil ein Glas, das vom Tisch sprang, erklirrte:
es lautete eine Nacht, die finsterte länger als wir.

Wir tranken mit gierigen Mündern:
es schmeckte wie Galle,
doch schäumt' es wie Wein —
Ich folgte dem Strahl deiner Augen,
und die Zunge lallte uns Süsse…
(So lallt sie, so lallt sie noch immer.)

Stille! Der Dorn dringt dir tiefer ins Herz:
er steht im Bund mit der Rose.

정 적

정적이여, 네 가슴에 가시를 박는다
장미는, 장미는
거울에 그림자를 드리우고 있으니, 피를 흘리고 있으니!
벌써 흐르고 있었지. 우리가 예와 아니오를 가려내지 못했을 때,
우리가 그것을 훌쩍 마셨을 때.
유리잔이 테이블에서 튀어 올라 깨어졌을 때,
우리보다 더 오래 어둠의 자락을 드리웠던 밤을 알리지 않았던가.

탐욕스런 입으로 우리는 마셨다:
소태 맛이었다
하지만 포도주처럼 거품은 일었지 -
네 눈에 서린 그 빛을 따라 갔다
혀는 웅얼웅얼 우리의 단맛을 알렸다.
(그렇게 혀는 웅얼거린다, 아직도 웅얼대고 있다)

정적! 가시는 네 가슴 속 깊이 파고 든다
장미와 한 몸이 되었다.

해설

거울에 비친 장미가 피를 흘린다. 애처로운 시적 이미지가 2행에 반복되면서 그런 모습을 강조하려는 의도가 엿보인다. 거울은 마치 '틀 소설 Rahmen-Erzählung' 기법처럼, 피를 흘리던 시절에 대한 회상을 부각시킨다. 장미의 고통은 "우리"의 원초적 죄과와 연결된다. 마음을 분명히 결정하기 전, 그것을 두리 뭉실 섞어서 마셨다. 취했다. "우리"의 몰지각이 더 큰 고통을 가져다준다. 그 때 "우리"는 평화롭고 우정어린 축배를 들 수 있었던 것이 아니라, 잔이 테이블에서 튀어나와, 장미에게 또 다른 상처를 냈다. 그 잔이 부딪쳐 내는 소리는 우리의 삶보다도 더 긴 어둠을 예고하는 신호였다. 그 잔에 담긴 쓰디쓴 음료가 우리를 취하게 한다. 우리 존재 보다 더 긴 암흑이 닥쳐

온다. 그럼에도 줄곧 횡설수설하는 혀에는, 우리가 모르는, 그리고 영원히 알 수 없을 것 같은 무언가 지독한 슬픔이 담겨 있다.

사건의 틀을 이루는 장미는 서정적 자아와 밀접하게 연관된다. 장미와 그림자가 거울에 비친 것, 피를 흘리고 있는 것으로 보아 "내"가 정적에 가시를 박고 있다고 연상된다. "나"는 가해자다. "정적", 즉 장미에 대한 가해자이다. 또한 상한 장미의 거울에 "우리"의 죄과가 나타난다. "나"의 모습이 비춰진다. 장미와 자아의 관계, 정적과 가슴에 가시를 박는다는 것은 곧 지울 수 없을 기억을 침묵에다 남겨두는 게 아닐까?

이런 의미에서 2절의 마지막 구절은 함축미가 절정을 이루는 시문학적 선언이다: "혀는 웅얼웅얼 우리의 단맛을 알렸다./(그렇게 혀는 웅얼거린다. 아직도 웅얼대고 있다)". 말이란 정적을 손상시키는 행위, 아니면 막혔다가 어처구니없이 쏟아지는 웅얼거림일 뿐, 진실의 본질을 옮겨주는 표현의 도구로는 부족하기 이를 데 없다. 가시와 장미, - 이런 언어적 합일은 릴케에게도 특징적인 "장미신비 rosamystica"의 함축적 상징이다.

MOHN UND GEDÄCHTNIS

Ein Knirschen von eisernen Schuhn ist im Kirschbaum.
Aus Helmen schäumt dir der Sommer. Der schwärzliche Kuckuck
Malt mit demantenem Sporn sein Bild an die Tore des Himmels.

Barhaupt ragt aus dem Blattwerk der Reiter.
Im Schild trägt er dämmernd dein Lächeln,
Genagelt ans stählerne Schwißtuch des Feindes.
Es ward ihm verheißen der Garten der Träumer,
Und Speere hält er bereit, daß die Rose sich ränke…

Unbeschuht aber kommt durch die Luft, der am meisten dir gleichet:
Eiserne Schuhe geschnallt an die schmächtigen Hände,
Verschläft er die Schlacht und den Sommer. Die Kirsche blutet für ihn.

발터 횔러러 WALTER HÖLLERER

1922년 12월 19일 오버팔츠의 슐츠바하 로젠베르크에서 태어났다. 프랑크푸르트 암 마인에서 살았다. 1958년부터 베를린 공대 교수를 지내면서 문학연구와 비평활동에 전념하였다. 1954년 2월부터 1967년까지 문학잡지 <악첸트 Akzent>를 한스 벤더와 공동편집으로 발행하였다. 또한 1961년 이후 계속 발간되는 문학지 <기술시대의 언어 Sprache im technischen Zeitalter>의 편집인을 지냈다. 대표적인 시집으로는 <다른 손님 Der andere Gast>이 있다.

잉게보르크 바하만 INGEBORG BACHMANN

여성시인. 1926년 6월 25일 오스트리아 클라겐푸르트 출생. 인스부르크, 그라츠, 빈 대학에서 철학과 문학을 공부하였다. 1950년에는 빈 대학에서 <마르틴 하이데거의 실존철학 비판 Die kritische Aufnahme der Existenzphilosophie Martin Heiddeggers>이란 논문으로 박사학위를 받았다. 1953년 독일에서 행동주의적 작가 '47 그룹'상, 1955년 독일산업문화 서클문학상, 1957년 브레멘 시 문학상을 받았다. 시인은 열정적이고 아름다운 관찰력으로 시국에 관계되는 저항, 비판 내지 사상시를 많이 썼다. 1973년에 세상을 떠나기까지 에세이, 단편소설, 방송극 등 다양한 문학적 업적을 남겼다. 대표시집으로는 <유예된 시간 Die gestundete Zeit>(1953), <북두칠성의 부름 Anrufung des Großen Bären>(1959)이 있다.

3. 동독 출신의 시인들

귄터 쿠네어트 GÜNTER KUNERT

1929년 베를린에서 태어나 동부 베를린에서 살았다. 사회에 대한 경고와 개인적인 호소를 불러일으키는 그의 시는 인간적인 문제에 근본적인 출발점을 갖고 있다. 일기, 방송 오페라, 장편소설 등과 더불어 시집으로는 <이정표와 장벽에 새겨진 글자 Wegschilder und Mauerinschriften>(1950), <이 하늘 아래 Unter diesem Himmel>(1955), <메아리 Echos>(1958), <일과 Tagwerk>(1961), <고지식한 노래책 Das kreuzbrave Liederbuch>(1961), <어느 유성에 대한 추억 Erinnerung an einen Planeten>(1963), <초대받지 않는 손님 Der ungebetene Gast>(1965), <일기예보 Verkündigung des Wetters>(1966) 등이 있다.

BERLINER NACHMITTAG

    Im Sommer bei bedecktem Himmel
    im Sommer bei sanftem Regen
    im Sommer in der Kühle alter Wohnungen
    zwischen dunkler Tapeten Gesichtsträchtigkeit:
    da liegen
    und auf die Stadtbahn lauschen
    gedämpfter Schwellenstoss
    Traben der Droschken[177]
    Stakkato[178] handbetriebener Maschinen

---

177) die Droschke: russ. droschki=leichter Wagen. leichtes ein- od. zweispänniges Mietfuhrwerk zur Beförderung von Personen.
178) Stakkato: Ital. staccato. (von Tönen) so hervorgebraht, dass jeder Ton von

in weggeblasenen Hinterhöfen
sterbliches Spiel verwehter Leiber
blass in der Blässe heimlicher Betten
versteckt hinter bröckelndem Stuck
hinter wucherndem Schorf alter Häuser
die eines plötzlichen Nachmittags
von Dumpern und Kränen samt Inhalt
unbekränzt überführt werden
aus ihrem Dasein in mein Erinnern
wo ihre begrüsste und beweinte Vergänglichkeit
zum Stillstand kommt: im Sommer
bei sanftem Regen.

라이너 쿤체 Reiner Kunze

　1933년 동독에서 출생. 노동자의 가정에서 태어나 엘리트 계층으로 성장하였다. 라이프치히 대학에서 언론학을 전공하며 학자의 길을 걸었으나 동독 정권과의 갈등으로 포기하였다. 노동자 생활을 하다가 1977년 서독으로 이주, 문필가로서 빠른 성공가도를 달렸다. 관조적이며 서술보다는 장면체험에 입각한 간결함으로 동양적 표현기법과 유사한 새로운 시적 풍토를 개척하였다.
　시집으로 <밧줄 위의 새 Vögel über dem Tau. Gedichte>(1959), <헌정시 Widmungen. Gedichte>(1973), <시 앨범 Poesiealbum 11>(196), <감각적인 길 Sensible Wege. Gedichte>(1969), <실내음 크기 Zimmerlautstärke. Gedichte>(1972), <파란 인장이 찍힌 편지 Brief mit blauem Siegel. Gedichte>(1973), <자기 희망대로 Auf eigene Hoffnung. Gedichte>(1981) 등이 있다.

---

andern deutlich abgesetzt ist.

ICH BIN ANGEKOMMEN

Ich bin angekommen

Lange ließ ich auf nachricht
euch warten

Ich habe getastet

Doch ich bin angekommen

Auch dies ist mein land

Ich finde den lichtschalter schon
im dunkeln

DAS ENDE DER KUNST

Du darfst nicht, sagte die eule zum auerhahn
du darfst nicht die sonne besingen
Die sonne ist nicht wichtig

Der auerhahn nahm
die sonne aus seinem gedicht

Du bist ein künstler,
sagte die eule zum auerhahn

Und es war schöne finster

사라 키르쉬 Sarah Kirsch

1935년 동독 태생의 여성시인. 1977년 서독으로 이주하기 이전에 서정시인으로서 명성을 얻었다. 정확한 부분묘사, 생생한 감정의 뉴앙스, 어떤 쪽으로도 쏠리지 않은 균형감각으로 독자의 마음을 사로잡는다.
<용의 승천 Drachensteigen>(1979) 등 많은 시집이 있다.

SCHWARZE BOHNEN

Nachmittags nehme ich ein Buch in die Hand
Nachmittags lege ich ein Buch aus der Hand
Nachmittags fällt mir ein es gibt Krieg
Nachmittags vergesse ich jedweden Krieg
Nachmittags mahle ich Kaffee
Nachmittags setze ich den zermahlenen Kaffee
Rückwärts zusammen schöne
Schwarze Bohnen
Nachmittags ziehe ich mich aus mich an
Erst schminke dann wasche ich mich
Singe bin stumm

볼프 비어만 Wolf Biermann

1936년 함부르크에서 태어나 1953년 이후 동독에서 살았다. 발라드 풍의 시를 쓰면서 때로는 비판적 논설을 즐겨 쓴 시인. 가수로도 활동하였다. 시집으로 <전선줄 하프 Drahtharfe>(1965), <마르크스와 엥겔스의 혀로 Mit Marx- und Engelszungen>(1968) 등이 있다.

페터 후헬 PETER HUCHEL

1903년 베를르니-리히터펠데에서 태어났다. 문학, 철학을 공부한 후 1933년까지 <문학세계>의 동인으로 활약하였다. 1933년 이후 상을 받기로 된 시집 <소년의 연못 Der Knabenteich>의 출판이 좌절되었다. 1940년 군입대하여 전쟁에 참전, 러시아에서 포로생활을 하다가 귀환되었다. 1945-48년 동베를린 방송 예술담당관, 편집장, 극장 장과 방송국장을 지냈다. 1948년 이후 잡지 <의미와 형태 Sinn und Form>의 발행자로 있다가 1962년 그 자리에서 물러섰다. 고향의 자연과 소박한 인간들을 향한 섬세한 감각의 서정시인으로서 그는 소박함과 영상력을 엄격한 형식감과 연결시킨다. 방송극도 많이 썼다.

시집으로는 <별바구니 Sternenreuse>(1928), <소년의 연못 Der Knabenteich>(1932), <가을 칸타타 Die Herbstkantate>(1935), <Gott im Ährenlicht>(1936), <시집 Gedichte>(1948), <신작로 Chausseen, Chausseen> (1963), <Die Sternenreuse. Gedichte 1925-47>(1967) 등이 있다.

SOMMER

O Nüstern des Staubs!
Feuerschlund August,
Teiche schlürfend!

Die schartige Sense
des Winds
glüht im Rohr.

Im knisternden Schatten
brütender Garben

hockt der Sommer,
den nackten Fuß
von Stoppeln rissig.

Dich will ich rühmen,
Erde,
noch unter dem Stein,
dem Schweigen der Welt
ohne Schlaf und Dauer.

해설

1925년에 쓰여진 시. 격렬한 상황 속에서도 오히려 냉담한 자세를 견지하고 있는 브레히트와 대조적으로, 따사로운 정이 넘치는 시인의 표정이 보이는 듯 하다. 시인은 무엇보다도 묵시적인 종교성과 비가적 톤을 바탕으로 하여 시의 가락을 고르고 있다.

DER RÜCKZUG

I

Ich sah des Krieges Ruhm.
Als wärs des Todes Säbelkorb,
durchklirrt von Schnee, am Straßenrand
lag eines Pferds Gerippe.
Nur eine Krähe scharrte dort im Schnee nach Aas,
wo Wind die Knochen nagte, Rost das Eisen fraß.

해설원문 강독:

Ich stieß auf dieses Gedicht Ende der vierziger Jahre, als ich nach

Kreigs- und Gefangenschaftszeit versuchte, mir ein Bild von der inzwischen erschienenen Lyrik zu machen. Damals war es noch selbstverständlich, daß man sich auch drüben, in der „Ostzone", umsah. Seitdem ist mir das Gedicht geblieben.

Die kurze Strophe erscheint so erschütternd eindeutig, daß man nur zögernd versucht, etwas dazu zu sagen. Aber vielleicht erscheint sie wie manches vollkommen Gelungene manchem zu eindeutig und verbirgt ihre Tiefe?

Auf dem Rückzug ein Bild- viel entsetzlichere, schauerlichere, vorher nicht vorstellbare hat man gesehen -, im Winter ein Pferdekadaver an der Straße. Das ist seit Tausenden von Jahren so, ein Bild in jedem Krieg. Aber gerade dieses Bild bleibt, schlägt ein, und zwar so stark, daß in der Strophe zuerst nicht das Bild, sondern die Metapher steht: *Des Todes Säbelkorb* - eine kühne Metapher, aber mit einem alten Vorstellungsgehalt: *Säbelkorb*.

(Herbert G, Göpfert)

Aus: Dieter E. Zimmer(Hg.) Mein Gedicht., S. 124.

* 꼭 읽어야할 시: <표식 Das Zeichen>
　　　　　　　　<바르샤우 저편 풍경 Landschaft hinter Warschau>
　　　　　　　　<거울 Der Spiegel>

요하네스 보브롭스키 JOHANNES BOBROWSKI

1917년 4월 9일 독일 리타우엔, 러시아와 유태인들이 오래전부터 함께 모여 사는 국경지인 멤멜 강변의 틸싯에서 태어났다. 쾨니히스베르크에서 예술사를 공부하다가 전투에 참가, 소련 포로생활을 하게 되었다. 귀환 후 1949년 동베를린 출판사 편집장으로 일하였다. 그의 시적인 고향은 게르만 문화와 슬라브 문화가 만나는 사르마티아 지역이다. 시들은 신화가 깃들어 있는 회상의 증거물이며, 그의 산문은 자기 고향의 삶을 형상화하고 있다. 또한 "탐색하는 묘사"의 형식으로 인간생활의 특이한 것과 설명할 수 없는 것을 지향하고 있다. 1965년 9월 2일 베를린에서 사망하였다.

시집으로는 <사르마티아 시대 Sarmatische Zeit>(1961)와 <어둠의 땅, 강물 Schattenland, Ströme>(1962), <기상예보 Wetterzeichen>(1966) 등이 있다.

EBENE

See.
Der See.
Versunken
die Ufer. Unter der Wolke
der Kranich. Weiß, aufleuchtend
der Hirtenvölker
Jahrtausende. Mit dem Wind

kam ich herauf den Berg.
Hier werd ich leben. Ein Jäger
war ich, einfing mich
aber das Gras.

Lehr mich reden. Gras,
lehr mich tot sein und hören,
lange, und reden, Stein,
lehr du mich bleiben, Wasser,
frag mir, und Wind, nicht nach.

평 야

호수
그 호수
구름아래
둑이 가라앉았네
두루미. 흰빛으로, 반짝이며
유목민들의
수 천년. 바람 타고

나는 산에 올랐네
여기서 살리라. 사냥꾼이었던
이 몸을 반기네

풀이여, 말하는 걸 가르쳐주렴
돌이여, 죽는 법과 듣는 법을
오래도록, 또한 말하는 걸 가르쳐주렴
물이여, 머무는 법을 가르쳐 주렴
그리고 바람이여, 나에게 묻지는 말렴.

해설

1963년에 발표된 시. 시를 읽으면 전통적 의미의 서정성, 즉 음악적인 가락과 상징성을 기반으로 한 노래의 개념보다는 한 폭의 수채화를 보는 듯하다. 비교적 간결한 3연의 시행 속에 무언가 암시되기보다는 어떻게 보여질 수 있는가 하는 문제에 시인적 호소력이 집중되고 있다. 그것은 그의 시의 속성이라 할 수 있는 "순간촬영"에 입각한 사실제시와 연관된 새로운 자연의식이 강하게 자리잡고 있다. 시인은 독일 동쪽 변방의 광활한 대지를 우리 눈앞에 그대로 펼쳐놓는다. "유목민들의/수 천년"(6-7행)을 통하여 수많은 민족이 어우러져 사는 지리적, 역사적 현실을 상기시키고 있다. 즉 풍경을 소재로 다루면서 역사적 차원의 문제들, 특히 애향심과 외세통치 사이에 가로놓인 감정의 대립을 폭로적인 시각으로 다루고 있다. 낭만주의에서 말하는 "순수한 자연"을 생활의 공간이 아닌 이상이라고 한다면, 여기서는 "탈 인간화된 자연 die enthumanisierte Natur", 즉 현실감, 현장감의 재현에서 이루어지는 "의식의 풍경"이다. 이런 것을 "자연역사시 Naturgeschichtgedicht"라고 말한다. 유라시아 토착적인 새인 "두루미"는 박해받는 민족을 상징한다. 박해자인 "사냥꾼"(역사적 현장의 행동주체)과 대립한다. 흰빛, 구름, 바람, 한계초월, 무 윤곽, 단일성, 결정적인 것, 완성. 원초적인 이것들이 신화성과 만난다.

• 기타 시인들

하인츠 칼라우 Heinz Kahlau(1931년 생)
칼 미켈 Karl Mickel(1935년 생)
쿠르트 바르취 Kurt Bartsch(1937년 생)
폴커 브라운 Volker Braun(1939년 생)
베른트 옌취 Bernd Jentzsch(1940년 생)

4. 현대시인들 2

하인츠 피온텍 HEINZ PIONTEK

1925년 상부 슐레지엔의 크로이츠베르크에서 출생하였다. 전쟁에 참가했다가 나중에 고등학교졸업 국가시험을 치르고, 대학에 진학하여 독문학, 철학, 예술사를 공부하였다. 1952년 첫 시집 <여울 Die Furt>을 내놓은 이후, <연기깃발 Die Rauchfahne>(1953) 등의 시집들과 <불탄 참나무 Kastanien aus dem Feuer>(1963) 등의 산문작품을 내놓았다. 또한 1966년에는 첫 장편소설 <중기 Die mittleren Jahre>와 새 시집 <석명문 Klartext>를 출간하였다. 그 후 도나우 강변의 딜링겐과 뮌헨에서 자유문필가로 살고 있다.

잔인한 과거와 불확실한 미래의 의식 속에 빠진 채, 많은 공감대를 지니고 있는 복된 순간들을 그는 즐겨 작품의 테마로 삼고 있다. 자연서정시인으로서 그는 또한 새로운 어휘로 옛 시대의 어떤 고정틀에서 벗어나려고 한다. "개별 순간들과 그 세속적인 현재를 묘사하는 데 최선을 다한다. 관찰의 결(흐름)은 자연스레 암시하는 말들의 지휘를 받아, 순간 촬영 속에서 파괴되거나 고정된다"(Th. Koebner)는 평가가 그의 언어미학에 주어진다.

세계를 언어문학적으로 파악하는 것은 피온텍이 서정시에서 체득한 하나의 원칙이다. 순간의 상황이 맴도는 형상들에 충격을 가한다. 초기 시집 <수위표식 Wassermarken>(1957)은 소박한 언어 속에 단순한 자연체험을 묘사한다. <석명문>에서는 축소와 암어로 어휘의 선택에 있어서 닥틸루스적 진동 리듬이 선호된다. 그 밖의 시집으로는 <두루미 깃털 펜으로 Mit einer Kranichfeder>(1962) 등이 있다.

DAS MAHL DER STRAßENWÄRTER

Im Teefaßschatten kauen sie gelassen
durchwachsnen Speck und weißes Kümmelbrot[179)]
und spucken aus, wenn sie die Messer fassen,
und blinzeln nach dem Limousinenrot.

Die Kaffeeflasche gluckst, die Krusten brechen,
dem Alten hängt im Bart das gelbe Ei,
der Ziegenkäse hindert sie beim Sprechen,
der Mittag zieht als Butterduft vorbei.

Durchs Grabengras rolln die verschwitzten Hüte,
die Männer wischen sich das Fett vom Mund,
bei Schaufeleisen und Kamillenblüte
spürn sie des Daseins wunderlichen Grund.

Sie stopfen Krüll in die zerbißnen Pfeifen,
Ein Becher Kirschschnaps treibt ihr zähes Blut.
Das Künftige, schon ist's für sie zu greifen
im Schotterhügel. He — die Welt ist gut!

거리 파수꾼의 식사

찻잔 그늘 아래에서 한가로이 씹고 있는
비계 살 베이컨과 새하얀 카룸 빵
칼을 집어들고선 내 뱉고
빨간 리무진 버스를 실눈 뜨고 바라본다.

커피 병이 꿀꺽 소리를 내고, 껍데기가 터진다,

---

179) 카룸(깨의 일종) 빵.

노인의 구레나룻엔 노란 계란 부스러기가 달려 있다,
염소치즈가 그들의 말을 가로막고,
정오는 버터냄새로 사라진다.

땀에 절어 망가진 모자들이 도랑의 풀위로 구른다,
사내들은 입에서 기름 끼를 닦아내고,
철삽과 깨꽂에서
그들은 현존재의 기이한 근원을 살핀다

그들은 깨문 파이프 속을 털을 넣어 틀어막는다
버찌소주 한잔이 그들의 끈적한 피를 돌린다.
앞날의 것이 이미 그들을 위해서 돌 언덕에서
손에 잡힌다. 헤 — 세상은 좋다!

해설

    시인은 존재하는 사물 자체나 그와 더불어 살아가는 소박한 인간들에게 대해 의심을 품어 조금이라도 괴로움을 겪거나 하지 않는다. 4개의 각 연이 4행으로 틀에 박힌 듯 짜여진 시는 어휘선택에 있어서 거친 측면도 있지만, 아주 구체적이고도 지나칠 정도로 명백하기 때문에 신뢰성과 편안함을 느끼게 한다. 로만체(하이네적 의미가 아닌)적 이야기 형태에 어떤 의도가 실려 있어야 할 때에 어떤 확증으로 끝을 맺는다. 따라서 반어적인 다른 의미가 들어갈 필요가 없다.
    시는 여성 및 남성 운을 교차적으로 간직하고 있는 안정된 5강음의 시행들로 되어 있다. 빨간 리무진 버스를 실눈 뜨고 바라본다. "앞날의 것", 즉 "현존재의 기이한 근원" 속에 목표를 부여하고, 의미를 설정한다. 거리 파수꾼에게는 자갈언덕이 포착된다. 그것이 세상이다. 작품에 근간을 이루는 낙관주의를 볼 수 있다.

에리히 프리이트 ERICH FRIED

    1921년 5월 6일 빈에서 태어남. 1938년 런던으로 이주, 고생 끝에 1946년 이후부터 집필생활로 생계를 유지하게 되었다. 1952년 이후부터 1968년까지 BBC 방송 독일 소련점령지역 프로그램의 해설자로 일했다. 1988년 세상을 떠났다. 수많은 원고 중에는 소설, 방송, 오페라 텍스트, 번역작품이나 특히 시작품 등 상당한 양의 출판물이 있다. 처음의 것들은 1944년 런던에서 <독일 Deutschland>이라는 제목으로 출판, 그 후 <돌들의 왕국 Reich der Steine>(1963), <경고시 Warngedichte>(1964), <심사숙고 Überlegungen>(1965), <그리고 베트남 그리고 und Vietnam und>(1966), <논쟁 Anfechtungen>(1967), <도피로부터의 해방 Befreiung von der Flucht>(1968) 등이 있다.

DIE MAßNAHMEN

    Die Faulen werden geschlachtet
    die Welt wird fleißig

    Die Häßlichen werden geschlachtet
    die Welt wird schön

    Die Narren werden geschlachtet
    die Welt wird weise

    Die Kranken werden geschlachtet
    die Welt wird gesund

    Die Traurigen werden geschlachtet
    die Welt wird lustig

Die Alten werden geschlachtet
die Welt wird jung

Die Feinde werden geschlachtet
die Welt wird freundlich

Die Bösen werden geschlachtet
die Welt wird gut.

대 책

게으른 자들이 처단되면
세상은 근면으로 넘치리

추악한 자들이 처단되면
세상은 아름다움으로 넘치리

멍청한 자들이 처단되면
세상은 현명함으로 넘치리

아픈 자들이 처단되면
세상은 건강으로 넘치리

슬픈 자들이 처단되면
세상은 기쁨으로 넘치리

늙은 자들이 처단되면
세상은 젊음으로 넘치리

대적하는 자들이 처단되면
세상은 우정으로 넘치리

약한 자들이 처단되면
세상은 선함으로 넘치리

해설

　1959년에 쓰여진 시. '양자택일 Entweder-oder'의 단순한 이분법 논리가 강조된다. '사느냐 죽느냐'하는 햄릿적 사고가 무슨 문제를 해결하기 위해서는 당장 철저한 조처일 수 있지만 그것은 어디까지나 흑백의 단순논리 또는 획일주의에서 벗어날 수 없다. 그래서 더 많은 문제점을 가지고 온다. 그에 대한 반어적 비판의식을 불러일으키는 것이 시의 주제라 할 수 있다. 시인이 눈길을 떼지 않고 있는 대상은 물론 평생토록 피해를 입었던 히틀러. 그를 향한 정신적 투쟁은 인간의 순수하고 진실한 모습을 찾고자 하는 몸부림과 같다. 특정한 이름을 통한 개성 대신 형용사의 명사화를 통한 일반적 공통점으로 모든 대상이 군집체로서 표현되는 것도 이러한 의도 하에 이해될 수 있다. 형태 면에 있어서 일정한 2 행시가 연을 이루는 총 8연의 시. 첫 행은 같은 운. 그러나 둘째 행은 자유로이 설정되었다. 접속사가 한군데도 쓰이지 않았다. 단절성의 세상을 자연스럽게 상징한다. 내용과 형식면에서 아주 단순하지만 기교적 전개과정이 특징을 이룬다.

한스 마그누스 엔첸스베르거 HANS MAGNUS ENZENSBERGER

　1929년 남부독일 알고이의 카우프보인렌에서 태어나 놀웨이, 베를린 등지에서 살았다. 문학, 언어, 철학 등을 공부하였으며, 1955년 에어랑겐 대학에서 <브렌타노 서정시작품에 있어서의 시적 절차>라는 논문으로 박사학위를 취득하였다. 1955-57년 남 독일방송 주필, 울름 대학 객원교수. 미국, 멕시코, 노르웨이, 로마 등으로 여행을 한 후, 수르캄프 출판사 편집장이 되었다. 그는 시, 번역, 에세이, 비평 등을 쓰며 열정적으로 정치사회 상황에 참여하였다. 시집으로는 <늑대의 방호 verteidigung der wölfe>(1957), <나랏말 landessprache>(1960), <현대시 박물관 museum der modernen poesie>(1960), 아동시집 <온갖 소리 allerleirauh>(1961), <맹인문자 blindenschrift>(1964) 등이 있다. 1964년 이후부터 사회 및 언어 비평적 잡지 <열차시간표 kursbuch>를 발행하였다. 1963년 게오르크 뷔히너 상을 받았다.

freizeit

    rasenmäher, sonntag
    der die sekunden köpft
    und das gras.

    gras wächst
    über das tote gras
    das über die toten gewachsen ist.

    wer das hören könnt!

    der mäher dröhnt,
    überdröhnt
    das schreiende gras.

    die freizeit mästet sich.
    wir beißen geduldig
    ins frische gras.

여가 시간

    잔디깎는 기계, 순간들을
    참수하는 일요일과
    풀

풀은 자란다
죽은 풀 위로 자라난
풀을 죽이고

누가 그 소리를 들을 수 있으랴!

기계가 윙윙거린다
아우성치는 풀을
소리로 짓누른다.

여가 시간은 살찌어 간다.
우리는 싱싱한 풀 속을
느긋하게 깨문다.

해설

    시집 <맹인책자 blindenschrift>에 수록된 시. 계몽적 자세의 작품이라 할 수 있다. 일요일에 잔디를 깎는 한 남자의 평화로운 영상, 그러나 그것을 가능케 하는 것은 소박한 접촉마저 꺼리는 현대인의 개인주의이다. 첫째, 시간을 보내기 위해서, 둘째, 잔디를 짧게 하기 위해서이지만, 모두 부질없는 자기 영역 확보에 지나지 않는다. 다시 말해서 "참수하다 köpfen"는 풀을 잔인한 방법으로 기능화 내지 규격화된 소위 '아름다움'을 제조해 내는 행위일 뿐이다. 풀은 죽은 것 위에서 또 자라난다. 풀처럼 그러나 우리 인간의 삶도 덧없다. 그처럼 현대인의 삶은 다른 사람의 죽음 위에서 이루어진다.

꼭 읽어야 할 시: <양들을 노리는 늑대들 물리치기 verteidigung der wölfe gegen die lämmer>
            <지연 weiterung>
            <상급반 독본에 ins lesebuch für die oberstufe>

위르겐 베커 JÜRGEN BECKER

　1932년 쾰른에서 태어난 시인은 지금도 줄곧 같은 곳에 살면서 작품 활동을 하고 있는 시인이다. 70년대 이후 독일문단에 확고한 자리를 차지하게 된 환경(생태)시를 대표하는 시인 중의 한 사람이다. 1954년 대학을 중퇴한 이후, 출판사 편집자 생활을 거쳐 자유문필가로 자리를 굳혔다. 산문집과 방송극들을 출판한 이후, 시를 쓰는 일에 전념하였다. 굳이 거창한 환경문제는 아닐지라도 일상을 소재로 하여 인간과 인간 사이에 높이 드리운 장벽을 거두고, 삶 자체를 위협하는 생태계 환경, 각종 제도와 인습에 저항하는 작품을 많이 남겼다. '47 그룹 상', '쾰른 시 문학상', '바이에른 예술원 상', '비평가 상' 등을 받았다.
　시집: <말이 사라진 시대 Eine Zeit ohne Wörter>(1971), <눈 Schnee>, <풍경화의 종말 Das Ende der Landschaftmalerei>(1974), <전쟁에 대해서는 내게 말도 꺼내지 말라 Erzähl mir nichts vom Krieg>(1977), <시집 Gedichte 1965-1980)>(1981).

IM SCHATTEN DER HOCHHÄUSER

>Die Leute unten haben schlechteren
>Fernseh-Empfang. Ihre Kinder, die kleinen,
>schießen den ganzen Tag; die größeren
>schaffen mehr noch mit ihren Mofas.

>Die Leute unten leben in der Nähe
>der Wiesen, die mit leeren
>Fläschchen und Päckchen, Kippen
>und Hundeacke bestreut sind.

Die Leute unten haben weniger Himmel
und zahlen weniger Miete; sie sparen
für Fertighäuser auf dem Land, wo
die Autobahn nahe,
das Kraft- und das Klärwerk im Bau
und der Fernseh-Empfang klar ist.

고층 건물의 그늘에서

아래층 사람들은 텔레비전이
잘나오지 않는 곳에 산다. 그 집 애들,
작은 녀석들은 온종일 쏘다니고
큰 녀석들은 오토바이로 더 멀리 돌아다닌다

아래층 사람들은 초원 가까이 살고 있지만
거기엔 빈 병과 봉지들, 담배꽁초와
개똥들로 너저분하다.

아래층 사람들은 하늘도 거의 막혀
값싼 셋집에 살지만, 너른 벌판의
조립식 주택 하나 분양받기 위해 돈을 모은다
그곳은 고속도로변이며,
발전소와 환경정화소 건물을 세우고 있는 중이지만
텔레비전 화면만큼은 끝내준다.

해설

 세 연이 똑같이 "아래층 사람들은"으로 시작되는 시는 "아래 unten"라는 부사를 통해 현대사회의 서민계층을 대변하면서, 그들의 어려운 생활환경과 소박한 꿈을 애정어린 눈길로 고발하고 있다. 오늘날 우리 사회가 안고 있는 환경문제에 가장 피해를 당할 수밖에 없는 사람들, 그들은 많은 것들을 포기 하지만, 규격화 내지 개성상실의 상징인 "조립식 주택"에 모든 꿈을 걸고,

"텔레비전 수신상태 하나 좋으면 그만"이라는 단 한가지 소원으로 나름대로 현대사회에 적응해 살려고 하는 사람들의 평가기준이 강조된다. 그것은 참다운 인간됨을 포기하고, 겉도는 삶에 안주할 수밖에 없는 도시 서민들의 슬픔이 아닐까.

5. 현대시에 대한 반성과 전망

> "시란 매우 깊이 사색하는 예술이다.
> 그것은 우리 자신의 감정에 대해 특별한 자유를 전제로 하고 있다.
> — P. Valéry —

오늘날 우리의 시는 중대한 시련기에 있다고 해도 과언이 아닐 것 같다. 날이 갈수록 시는 일반 대중에게서 소외당하고 있다. 독자는 시에 대해서 결코 고운 눈길을 던지지 않는다. 그 이유는 과연 무엇일까? 일차적인 책임은 무엇보다도 현대시가 난해하다는 데 있는 것 같다. 그럼 왜 현대시는 난해할 수밖에 없는가? 이 문제에 대해서는 지금까지 많은 논의가 있었지만 만족할만한 답을 얻지 못한 채 머물러 있다. 시에 대한 본질적인 이해와 검토가 없었던 탓이리라.

이른바 상징 및 주지주의가 새로운 문학의 희망으로 소개된 이래, 지성인임을 자처하는 많은 시인들은 실험적 호기심으로 이에 적극적인 참여를 한다. 시가 '현대'라는 이름의 의상을 걸치면서 그 열기는 더욱 강렬해진다. 시란 원래 함축과 압축을 통한 간결성 및 상징성이 생명인 문학장르이어서 어쩔 수 없는 일이지 모른다. 시는 일상적 범주의 표현기능을 자연히 배제하게 되고, 가장 기본요소인 언어를 결별의 상징으로 전환시킨다.

현대시는 냉정한 사안이 되어 버렸다. 그것을 되새겨 보는 눈길도 차갑다. 모든 것을 기술적 지식만으로 판별한다. 동시에 서정시는 하나의 비밀이며, 거의 말로 할 수 없는 가운데 얻어지는 한계설정이고, 기적이자 힘이라는 의식을 결코 떠나지는 못한다. 그러면서도 실험을 위해 폭발물을 해체하듯 말하자면 원자

핵과 같은 언어의 힘이 과연 어떤가 하는 것만을 조사한다. 그리하여 신비 가득한 언어를 화학반응의 놀라운 성과 정도로 여긴다. [180]

과거의 시는 주어진 틀 속에서 안주해 왔다. 이에 만족할 수 없는 시인들은 내용까지도 좌우할 수 있는 새로운 형식을 제일의 가치로 내세우기 시작한다. 시의 본질을 올바른 곳에 두고자하는 현대시인들의 관심은 자연히 언어의 재편이라는 실험행위로 옮겨지게 된다. 그에 따라 형식에 치우친 무미건조함은 난해성의 정도를 더욱 높인다.

유럽의 현대시는 급한 템포로 '조형성 das Artistische'에 접근한다. 고트프리트 벤 Gottfried Benn은 시인이 양식과 형태의 의지를 진지하게 여기며 시행을 현미경으로 검사하여 병리학적 부분을 찾아내듯 순전히 과학자적인 입장에서 분석할 요구한다. 엘리어트는 예술적 과정의 "집약성 Intensität"을 강조하면서 사상적 배경을 확인할 수 있도록 가슴속을 깊숙이 들여다보아야 한다고 주장한다. 이런 견해들은 다시 폴 발레리가 제기한 '형식에 대한 의식 Formbewusstsein'에 따른 '형식의 엄격함 Formstrenge'과 "의심은 곧 형식으로 통한다"는 지성적 회의반응과 동시 작용된다. 발레리는 <시문학서설 Introduction a la poetique>에서 "예술가의 모든 예술적 작업은 기능인간 homo faber의 최고유형이다. 그의 신은 아폴로이지 디오니소스가 아니다. 영감은 부차적인 등급의 문제이다. 주된 것은 분석적인 발견이다"[181]라고 주장하기에 이른다. 이 말은 곧 사고하는 시로서의 현대서정시가 '생산하는 것 fabrication', 즉 '만들다 machen'의 의미로 되돌아가고 있음을 뜻한다.

현대시의 난해성은, 엘리어트에 의하면, '이해가 아니라 전달'에 안목

---

180) Hugo Friedrich, Die Struktur der modernen Lyrik. Hamburg 11 1970, S. 55.
181) 같은 책, 165쪽.

을 두는 서정시의 속성 때문이다. 많은 문학비평가들은 모든 시도를 넘어서는 곳에 새로운 시의 가능성이 보인다고 한다. 현실의 새로운 영역을 확대하기 위하여 마음속을 들여다 볼 수 있도록 말하자면 "뇌피나 신경체계 속으로" 더욱 깊이 들어가 관찰하기를 촉구한다.

엘리어트를 기점으로 하여 말라르메, 보들레르, 랭보 등의 프랑스 주지주의 및 상징주의 문학사조가 서구에 뿌리를 박고 꽃을 피우게 된 것은 그들 나름대로의 사회 문화적 배경이 있기 때문이다. 그러나 이른바 "난해한 시"의 모습을 드러내게 된 것은 기존세대가 이미 죽은 형식에 대한 저항으로부터 출발하여 새로운 형식을 창출해 내기 위한 준비로서 필연적 현상일 수도 있다. 그러므로 깊은 철학적 통찰력을 가지고 그 어떤 혁신을 위해 시어를 재정비하는 일이 현대시에 부과된 당면과제가 아닐 수 없다.

문학의 3대 요소는 작가, 작품 그리고 독자라고 할 수 있다. 볼프강 카이저 Wolfgang Kayser는 문학이 작가의 일방적인 독백이 아닌 한에 있어서 이 세 가지 요소 중의 어느 것도 소홀히 인식되어서는 안될 것이라고 강조한다. 폴 발레리도 "나의 시는 독자가 부여하는 그런 의미를 지닌다"고 하여 독자의 역할을 크게 보고 있다. 그것은 시가 독자의 주관성에 그만큼 맡겨지고 해석되고 있으며, 그를 위해 그 가능성의 문을 더욱 활짝 열어 놓아야 한다는 선언적 발언으로 이해된다. 그러므로 난해성은 바로 이러한 시적 특성 때문에 앞으로도 필연적으로 존속할 것이라는 사실을 인정하지 않을 수 없을 것 같다.

그러나 시의 '난해성'이 단지 '알지 못할 시'로 밖에 이해되지 않는 상황에서 지성주의적 실험성에 박탈당한 시인과 독자들을 건강한 일상어로 복귀시키는 노력도 중요한 숙제로 받아들여야 할 것 같다. 흔히 시라 하면 평범하지 않은 사람들이 고상한 언어로 신비로운 영혼의 세계를 노래하는 것이라는 선입견을 갖기 쉽다. 더욱이 복잡한 형식과 제약으로 인해 누구나 선뜻 시 창작을 할 엄두를 내지 못하는 경우도 있다. 문학의 본질이나 목적을 추구함에 있어서 문학의 백미라 할 수 있는 시가 소박하고 솔직한 감정들을 표현하는 생활의 쓰임새를 높였으면 한다.

전후의 혼란기에서 시문학의 재건을 위한 독일의 다양한 실험의지는 이러한 전통 기저를 일실하지 않으려는 노력의 차원에서 이루어지고 있다. 이런 흐름은 일찍이 엘제 라스커 쉴러, 모르겐슈테른, 후고 발, 한스 아르프 등에서 출발하여 디터 로트 Dieter Rot, 하인츠 갚마이르 Heinz Gappmayr 등에 의해 구체적으로 일어나, 순전히 무언가를 보여주려는 감각능력에 호소하는 '그림 시 Bildgedicht', 즉 '시각적 시 das visuelle Gedicht'라든지, 음과 철로만 이루어진 '음성학적 시 das phonetische Gedicht' 등으로 나타났다.

크리스토프 메켈 Christoph Meckel(1935년 생)같은 시인도 이런 양상을 긍정적으로 수용한 사람으로 손꼽히지 않을까. 1956년 일찍 개인 시집을 낸 그는 과거 파시즘 시대에 걸친 '아버지에 관한 책들'을 냈고, 그 후 <마법외투 Tarnkappe>(1956), <밤참 Nachtessen>(1975) 등의 시집을 내면서 바로 '현대' 속에 전통의 맥을 함께 연결시켜 주위의 관심을 불러 일으켰다. 더욱이 원래 디자인을 공부한데 다가 세계 각지로 잦은 여행을 함으로써 넓힌 견문과 감각성을 더욱 진흥시켜 현대시의 흐름과 밀착되게 한다. 그런 가운데 이른 바 "새로운 시학 neue Poetik"이라 불리는 신실증주의적 극단성과 만나면서 옛 것과 새로운 것 사이의 관계를 한층 더 결별의 차원으로 옮겨 놓는다. 시는 언어적 차원에서 어휘들을 단순한 재료로 삼아 영상 미학을 추구하는데 효율적으로 사용한다. 이처럼 언어를 "부리는" 시운동은 종래의 미술과 음악, 산문과 시의 한계까지도 무의미하게 만들며 범위를 확장한다. 1930년부터 1946년 사이에 태어난 시인들은 이전의 문학을 지배하고 있던 이른바 "가치의 시문학 Poesie der Werte"을 "사실의 산문 Prosa der Fakten"으로 옮겨 놓으려고 한다.182)

새로운 시문학의 질서를 위해 활발한 작품활동을 하고 있는 다음의 시인들은 바로 독일 시문학의 가까운 미래로 지목된다.

    안드레아스 오코펜코 Andreas Okopenko(1930년 생)
    가브리엘레 보만 Gabriele Wohmann(1932년 생)
    호르스트 빙겔 Horst Bingel(1933년 생)
    폴커 폰 퇴르네 Volker von Törne(1934년 생)
    헬가 노박 Helga Novak(1935년 생)
    울프 미에 Ulf Miehe(1940년 생)
    델리우스 F. C. Delius(1943년 생)

현대 미학은 형이상학적이기보다는 과학기술적이라는 막스 벤제 Max Bense의 진단은 결코 새로운 것이 아니다.183) 그런 문학적 테두리에 많은 시인들이 스포트라이트를 받을 수 있지만, 그들은 '현대적 미학'이라는 관점에서 절규나 소음 같은 음향이나 영상미를 모두 과학기술의 방법으로 재구성하여 현대적 호흡을 갖추어 간다.

실제로 현대적 실험시의 효시가 된 엘리어트의 <황무지>를 제대로 이해하기는 매우 힘들다. 그러나 시어의 뜻을 정확히 몰라도 생략 투성이의 시 구절에서 섬광같은 깨달음을 얻듯 행과 행 사이의 여백을 음미할 수 있어야 할 것이다. 즉 기존의 언어가 지나치게 고정된 산업화의 기능처럼 사용됨으로써 나른한 일상성에 빠진 것이 혁신의 대상이 된

---

182) 같은 책, 395쪽.
183) F. D. Hoffmann/H. Rösch, Grundlagen, Stile, Gestalten der dt. Literatur., S. 405.

것이다. 그리하여 새로운 실험정신은 전후 피폐해진 독일 시단에 희망이 되었다.

현대라는 시간적 공간에서 자생력을 키워가는 독일시는 부단히 유럽의 한 문화영역으로서 폭을 넓혀가고 있다. 1990년 독일통일을 출발점으로 하여 독일 시문학은 그간 지속되어 온 언어실험적 시의 문제성을 가지고 또한 이질적으로 성장하여 온 문학과 만나 새로운 약진의 시문학적 시금석이 될 가쁜 숨을 내쉬고 있다.

참고문헌

1. 시해설을 위해 참고된 문헌

Gryphius, Abend:
    Jörg Hienger und Rudolf Knauf(Hg.), Deutsche Gedichte von Andreas Gryphius bis Ingeborg Bachmann., S. 12-14.

Klopstock, Die Frühlingsfeier:
    Robert Ulshöfer, Die Frühlingsfeier. In: Benno von Wiese(Hg.), Die deutsche Lyrik I., S. 168-184.

Claudius, Der Mensch:
    Edgar Neis, Wie interpretiere ich Gedichte und Kurzgeschichten? Methoden und Beispiele., S. 59-60.

Goethe, Mailied:
    Robert Hippe, Textanalysen mit Aufgaben und Übungen., S. 13-15.

Goethe, Kleine Blumen, Kleine Blätter:
    Jörg Hienger und Rudolf Knauf(Hg.), Deutsche Gedichte von Andreas Gryphius bis Ingeborg Bachmann., S. 34-35.

Brentano, Wiegenlied:
    Jörg Hienger und Rudolf Knauf(Hg.), Deutsche Gedichte von Andreas Gryphius bis Ingeborg Bachmann., S. 85-87.

Eichendorff, Der frohe Wandersmann:

Jörg Hienger und Rudolf Knauf(Hg.), Deutsche Gedichte von Andreas Gryphius bis Ingeborg Bachmann., S. 94-95.

Eichendorff, Heimweh:
Josef Müller-Marein, Joseph Freiherr von Eichendorff, *Heimweh*. In: Dieter E. Zimmer(Hg.), Mein Gedicht., S. 58-60.

Lenau, Einsamkeit:
Wolfdietrich Rasch, Nikolaus Lenau. In: Benno von Wiese(Hg.), Die deutsche Lyrik II, S. 150-158.

Heine, Lorelei:
Ursula, Jaspersen, Heinrich Heine, *Ich weiß nicht, was soll es bedeuten*··· In: Benno von Wiese(Hg.), Die deutsche Lyrik II., S. 128-133.

Droste-Hülshoff, Mondesaufgang:
S. S. Prawer, German Lyric Poetry., P. 161-167.

Storm, Meeresstrand:
Edgar Neis, Wie interpretiere ich Gedichte und Kurzgeschichten? Methoden und Beispiele., S. 85-86.

C. F. Meyer, Der römische Brunnen:
Johannes Pfeiffer, Was haben wir an einem Gedicht?, S. 145-147.

George, Das Wort:
Paul Gerhard Klussmann, Stefan George: Das Wort. In: Benno von Wiese(Hg.), Die deutsche Lyrik II, S. 284-291.
J. Pfeiffer, Was haben wir an einem Gedicht?, S. 72-73.

Hesse, Im Nebel:
  J. Pfeiffer, Was haben wir an einem Gedicht?, S. 80-81.

Hofmannsthal, Die Beiden:
  Robert Hippe, Textanalysen mit Aufgaben und Übungen, S. 25-26.

Hofmannsthal, Weltgeheimnis:
  Jörg Hienger und Rudolf Knauf(Hg.), Deutsche Gedichte von Andreas Gryphius bis Ingeborg Bachmann., S. 141-145.

Rilke, Der Panther:
  Jörg Hienger und Rudolf Knauf(Hg.), Deutsche Gedichte von Andreas Gryphius bis Ingeborg Bachmann., S. 149-150.

Rilke, Archaischer Apollo Torso:
  Jörg Hienger und Rudolf Knauf(Hg.), Deutsche Gedichte von Andreas Gryphius bis Ingeborg Bachmann., S. 151-153.

Carossa, Rauhes Land:
  Hans Stahlmann, Hans Carossa. In: Bayerischer Philologenverband (Hg.), Interptrationen moderner Lyrik., S. 65-69.

Trakl, Grodek:
  J. Pfeiffer, Was haben wir an einem Gedicht?, S. 44-46.

Benn, Kleine Aster:
  Robert Hippe, Textanalysen mit Aufgaben und Übungen, S. 25-24.

Stadler, Schwerer Abend:
  Manfred Seidler, Moderne Lyrik im Deutschunterricht., S. 40-42.

N. Sachs, Schmetterling:

>Jörg Hienger und Rudolf Knauf(Hg.), Deutsche Gedichte von Andreas Gryphius bis Ingeborg Bachmann., S. 188-191.

Weinheber, Im Grase:
>Helmut Motekat, Josef Weinheber, Im Grase. In: Bayerischer Philologenverband(Hg.), Interptrationen moderner Lyrik., S. 20-29. Johannes Pfeiffer, Was haben wir an einem Gedicht?, S. 113-115.

Brecht, Schlechte Zeit für Lyrik:
>Jörg Hienger und Rudolf Knauf(Hg.), Deutsche Gedichte von Andreas Gryphius bis Ingeborg Bachmann., S. 195-198.

Eich, Schuttablage:
>Manfred Seidler, Moderne Lyrik im Deutschunterricht., S. 93-96.

2. 시 자료집

Das deutsche Gedicht. Vom Mittelalter bis zum 20. Jahrhundert. Auswahl und Einleitung von Edgar Hederer. Frankfurt a. M. 1974.

Das Wort der Dichter. Literaturgeschichtliches Lesebuch. Anlage, Textauswahl und literaturgeschichtlichen Überblick besorgte Oberstudiendirektor Alfred Enzinger. München o. J.

Deutsche Lyrik vom Barock bis zur Gegenwart. Hg. von Gerhard Hay und Sibylle Steinsdorff. München 1986.

East German Poetry. An Anthology. Ed. by Michael Hamburger. New York 1973.

Easy German Poetry for Beginners. Ed. by Chester William Collman. Boston 1913.

German Poetry for Beginners. Ed. by A. Watson Bain. London 1957.

Jahrhundertmitte. Deutsche Gedichte der Gegenwart. Wiesbaden 1955.

Lesebuch. A(Gymnasium) Oberstufe. Lyrik. Stuttgart 1969.

3. 연구 서적

Asmuth, Bernhard: Aspekte der Lyrik. Mit einer Einführung in die Verslehre. Leverkusen 1981(=Grundstudium Literaturwissenscfaft; Bd.6).

Benn, Gottfried: Probleme der Lyrik. Marburger Rede. Wiesbaden 1951.

Die Fachgruppe Deutsch-Geschichte im Bayerischen Philologenverband (Hg.), Interpretationen moderner Lyrik. Anläßlich der Germanistenverbandstagung in Nürnberg. Frankfurt/Berlin/Bonn/München 1966.

Domin, Hilde(Hg.): Doppelinterpretationen. Das zeitgenössische deutsche Gedicht zwischen Autor und Leser. Frankfurt a. M. 1969.

Friedrich, Hugo: Die Struktur der modernen Lyrik. Hamburg 1970.

Goes, Albrecht: Dichter und Gedicht. Zwanzig Deutungen. Frankfurt a. M. 1966.

Günther, Vincent J.: Johann Wolfgang von Goethe. In: Deutsche Dichter des 18. Jahrhundert. Ihr Leben und Werk. Hg. v. Benno von

Wiese. Berlin 1977.

Hienger, Jörg und Knauf, Rudolf(Hg.): Deutsche Gedichte von Andreas Gryphius bis Ingeborg Bachmann. Eine Anthologie. Göttingen 1969.

Hippe, Robert: Textanalysen mit Aufgaben und Übungen. Deutsch auf der neugestalteten gymnasialen Oberstufe. Bd. 4. Hollfeld 1982.

Hoffmann, Friedrich/Rösch, Herbert: Grundlagen, Stile, Gestalten der deutschen Literatur. Eine geschichtliche Darstellung. Frankfurt a. M. 1980.

Höllerer, Walter: Theorie der modernen Lyrik. Dokumente zur Poetik I. Reinbek bei Hamburg 1965.

Kayser, Wolfgang: Das sprachliche Kunstwerk. Eine Einführung in die Literaturwissenschaft. 17. Aufl. Bern/München 1976.

Killy, Walter: Elemente der Lyrik. 2. Aufl. München 1972.

Klein, Albert/Vogt, Jochen: Methoden der Literaturwissenschaft I: Literaturgeschichte und Interpretation. Bd. 3. Opladen 1977.

Klein, Johannes: Geschichte der deutschen Lyrik. Von Luther bis zum Ausgang des zweiten Weltkrieges. Wiebaden 1960.

Köpf, Gerhard(Hg.): Neun Kapitel Lyrik. München/Wien/Zürich 1984.

Krusche, Dietrich: Mit der Zeit. Gedichte in ihren Epochen. Ausgewählt für den Unterricht Deutsch für Fremdsprache. Teil I: Texte, Teil II: Erläuterungen und Materialien. Bonn 1992.

Kruse, Joseph Anton: Liebe als Krankheit zum Tod. (Zu: H. Heine, Der Asra) In: Frankfurter Anthologie. 8. Bd. Hg. v. Marcel Reich-Ranicki. Frankfurt a. M. 1984, S. 87-90.

Last, R. W.: Hans Arp. The Poet of Dadaism. London 1969.

Leppmann, Wolfgang: Des schrecklichen Ende. (Zu: R. M. Rilke, Der Panther) In: Frankfurter Anthologie. Bd. 5. Frankfurt a. M. 1982, S. 152-154.

Link, Jürgen: Literaturwissenschaftliche Grundbegriffe. Eine programmierte Einführung auf strukturalistischer Basis. Zweite überarbeitete und ergänzte Auflage. München 1979.

Ludwig, Hans-Werner: Arbeitsbuch Lyrikanalyse. Tübingen 1981.

Neis, Edgar: Was interpretiere ich Gedichte und Kurzgeschichten? Methoden und Beispiele. Hollfeld/Ofr. 1983.

Neumann, Peter Horst: Die Rettung der Poesie im Unsinn. Der Anarchist Günter Eich. Stuttgart 1981.

Pfeiffer, Johannes: Was haben wir an einem Gedicht? Sechs Kapitel über Sinn und Grenze der Dichtung. Mit einem Anhang: Zu Heideggers Deutung der Dichtung. Hamburg 1959.

Pfeiffer, Johannes: Das lyrische Gedicht als ästhetisches Gebilde. Halle 1931.

Pfeiffer, Johannes, Umgang mit Dichtung. Eine Einführung in das Verständnis des Dichterischen. Hamburg 1952.

Pratz, Fritz(Hg.): Deutsche Gedichte von 1900 bis zur Gegenwart. Frankfurt a. M. 1979.

Prawer, S. S.: German Lyric Poetry. A critical analysis of selected poems from Klopstock to Rilke. London 1952.

Ramping, Dieter: Das lyrische Gedicht. Definitionen der Theorie und Geschichte der Gattung. Göttingen 1989.

Seidler, Manfred: Moderne Lyrik im Deutschunterricht. Frankfurt a. M. 1968.

Sorg, Bernhard: Das lyrische Ich. Untersuchungen zu deutschen Gedichten von Gryphius bis Benn. Tübingen 1985.

Spender, Stephen: The Making of a Poem. New York 1962.

Staiger, Emil: Dir Kunst der Interpretation. Studien zur deutschen Literaturgeschichte. München 1977.

Staiger, Emil: Grundbegriffe der Poetik. München 1971.

Staiger, Emil: Die Zeit als Einbildungskraft des Dichters. Untersuchungen zu Gedichten von Brentano, Goethe und Keller. München 1976.

Stolte, Heinz: Kleines Lehrbuch der deutschen Literaturgeschichte. Hamburg 1982.

Text+Kritik. Zeitschrift für Literatur. Hg. v. Heinz Ludwig Arnold. Heft 30. Konkrete Poesie II. Oktober 1975.

Wellek, René /Warren, Austin: Theorie der Literatur. Aus dem Englischen übertragen von Edgar und Marlene Lohner. West-Berlin 1968

(=Ulstein Buch Nr. 420/421).

Wiese, Benno von(Hg.): Die deutsche Lyrik. Form und Geschichte. Interpretationen vom Mittelalter bis zur Frühromantik. 2 Bde. Düsseldorf 1970.

Wiesmann, Louis, Das moderne Gedicht. Versuch einer Genealogie. Basel 1973.

Wilpert, Gero von: Sachwörterbuch der Literatur. Stuttgart 1969.

Zimmer, Dieter E.(Hg.), Mein Gedicht. Begegnung mit deutscher Lyrik. Wiesbaden 1961.

그랜드 성경. 서울(성서교재간행사) 1991.

이석호(역), 莊子. 서울(삼성출판사) 1977.

조두환/김인수, <양들을 노리는 늑대들 물리치기>. 환경을 사랑하는 시인들의 저항-엔첸스베르거, 베커 - 서울 1997.

콜웰, C. 카아터: 문학개론. 이재호, 이명섭 역. 서울(을유문화사) 1974.

키르쉬, 사라: 굴둑새의 유리집에서. 박상배 옮김. 서울(고려원)1993.

핸디, 찰스: 헝그리 정신. 노혜숙 옮김. 서울(생각의 나무) 1998.

인 명 색 인

【ㄱ】

가르테내레 87
가스파라 스탐파 65
가이벨 53, 230
갈릴레이 119
게르하르트 93, 101
게오르게 165, 249, 250, 255, 266, 297, 298, 306, 327
겔레르트 58, 102, 123
고트예 350
고흐 304
골 327, 364
곰링거 350
공고라 347
괴레스 190
괴테 41, 51, 53, 54, 55, 56, 58, 59, 64, 65, 68, 82, 85, 105, 128, 132, 133, 134, 135, 136, 138, 142, 146, 151, 153, 174, 182, 226, 230, 257, 299, 306
군돌프 255
권터 101
귈랭 347
그로쎄 230
그루버 200
그리피우스 93, 96, 100
그릴파르쳐 22, 56, 235
글라임 58, 101

【ㄴ】

나폴레옹 223
네안더 93
노발리스 105, 172, 176, 182, 191, 266
니체 165, 265, 267, 270, 319, 327

【ㄷ】

다우텐다이 255, 262, 267, 327
다하 93
단테 64, 65, 256, 257
달리 348
던 93
데쓸러 93
데에멜 261, 262, 265
도스또옙스키 250
도이블러 268, 307
드로스테-휠스호프 230, 231, 234, 317
디에고 347
디오니소스 17
딜타이 104

【ㄹ】

라스커-쉴러 305
라이프니츠 117, 119
랑게써 343
랭보 256, 268, 324, 361, 370
레그나르트 91
레나우 175, 219, 229

레르쉬 307
레에만 317, 343, 368
렛싱 40, 56
로가우 22, 92
로댕 287
로르카 347, 368
로이엔탈 86
로이톨트 230
로제티 256
로젠로트 92
롱기누스 124
뢰르케 317, 334, 343, 344, 345
루 안드레아스 살로메 281
루소 165, 341
루터 87, 88, 89, 105, 361
뤼케르트 53, 206, 229
륍 350
리버만 261
리스트 92
리히텐슈타인 87
릴리엔크론 261, 262, 263, 265, 303
릴케 18, 19, 21, 22, 68, 105, 128, 165, 250, 255, 266, 281, 297, 298, 327, 356, 368

【ㅁ】

마네 261
마로 64
마르크스 228, 361
마이어 230, 245
마이파르트 92
마털랭 298
만델슈탐 370
말라르메 256, 350

맥퍼슨 82
모네 261
모룽겐 80
모르겐슈테른 297, 350
모오르 199
몬 350
몬탈레 347
몽테뉴 82
뫼리케 65, 172, 175, 223, 226, 229, 234
무르너 88
뮌히하우젠 65
뮐러 174, 187
뮤즈 17
밀턴 104

【ㅂ】

바그너 50, 270, 271
바이쎈부르크 48, 52
바이쓰 348
바인헤버 250, 343, 356
바일 360
바켄로더 182
바하만 342, 373
발 348
발레리 350
베르겐그륀 343, 360
베르너 146
베르질리우스 15
베르펠 307, 314, 327
베를랭 255, 256, 298
베크헤얼린 91
베토벤 162
벤 250, 305, 306, 307, 308, 318, 327
벤더 373

보들레르 255, 324, 350
보브롭스키 346, 380
보이에 128
보트머 104, 122, 124
볼프 197
볼프스켈 256
부쉬 230
뷔르거 52, 64, 128
뷔히너 365, 370, 390
브란켄제 187
브레히트 343, 346, 360, 363, 379
브렌타노 172, 174, 175, 190, 191, 213, 317, 389
브렘 287
브로케스 101
브로트 314
브리팅 343, 364
블로크 370
비르켄 92
비스마르크 223
비어만 343, 377
비어바움 316
비용 64, 361
비일란트 104, 159
빅크람 88
뻬르스 368

【ㅅ】

사포 18
샤르 370
샤미쏘 206, 208
샤인 91
샬렌베르크 91

세네카 96
세잔느 292, 304
셰익스피어 56, 66, 256, 361, 370
소크라테스 122
쇼펜하우어 267, 270, 316
숄츠 303
쉐데 91
쉐펠 230, 240, 243
쉘링 164
솅겐도르프 187
쉬켈레 327
슈니츨러 262
슈뢰더 316, 343, 370
슈미트 123
슈바르트 128
슈밥 201
슈베르트 146, 187, 190
슈비터스 350
슈타들러 305
슈타이거 22, 24
슈테어 303
슈토름 230, 237
슈트라쓰부르크 80
슈트라우스 273
슈트라호비츠 65
슈트람 330
슈티프터 234
슈페 93, 101
슈피텔러 303
슐라이어마허 176
슐라프 252
슐레겔 42, 53, 172, 176, 191
스윈번 256
스트린드베리히 250

인명 색인 413

스펜서 66
스피노자 150
시드니 66
실러 22, 56, 57, 60, 64, 65, 105, 128, 132,
    133, 134, 158, 159, 165, 176
실레시우스 93

【ㅇ】

아르님 174, 184, 190
아르프 350
아른트 187
아리스토텔레스 347
아스클레피아데스 58
아씨시 86
아우에 80
아이슬러 360
아이헨도르프 172, 174, 184, 190, 196,
    199, 213, 219, 226, 231, 343
아이히 344, 365
아퀸 86
아폴론 17
아폴리네르 347
알카이오스 22
얀들 350
에른스트 303
에쉔바하 80
에우리디케 17
엑카르트 86
엔첸스베르거 347, 389
엘뤼아르드 347
엘리어트 252, 347, 368
엘제 라스커 - 쉴러 307
엠페도클레스 164, 170
엥겔케 307

오든 347, 368
오르페우스 17, 18
오씨안 82, 127
오피츠 55, 91, 92, 96, 97, 100
우츠 101
울란트 172, 174, 201
웅가레티 347
워렌 23
웰렉 23
입센 250, 297

【ㅈ】

작스(넬리) 330
작스(한스) 89
잠 327
장 파울 164
제쎄닌 370
제우스 17
조이스 252
조이제 86
졸라 250, 252
질허 212

【ㅊ】

체르클래레 87
체젠 92
첼란 342, 369
친첸도르프 102

【ㅋ】

카롯사 298, 343
카슈니츠 343
카프카 314
칸트 133

칼리오페 17
칼크로이트 187
케르너 201
케스트너 213, 346
케플러 119
켈러 51, 230, 234
코페르니쿠스 119
콤머렐 255
쾨르너 158, 187
쿠네어트 374
쿤체 342, 375
쿨만 93
크라머 123
크롤로 343, 346, 368
클라게스 255
클라우디우스 128
클라이 92
클라이스트 56, 101, 164, 186, 360
클라인 256
클롭슈톡 22, 41, 54, 67, 102, 103, 105, 125, 127, 128, 135, 165, 174
키르쉬 377

【ㅌ】

타울러 86
타이히너 87
테르슈테겐 102
투른 운트 탁시스 282
투콜스키 346
툰달루스 46
틸리에 33
트라클 250, 285, 305, 307, 309, 327, 368
트림베르크 87
티이크 172, 191, 216

【ㅍ】

파운드 347
팔러스레벤 229
페트라르카 64, 65, 94
펠데케 76
포겔바이데 68, 77, 202
포쓰 128
포우 350
폰델 96
폰타네 65, 230
푸케 208
푹스 54
프라고나르 292
프라이당크 87
프라일리그라트 229
프락시텔레스 292
프랑크 92
프리드리히 25
프리이트 12, 387
프톨레메우스 119
플라케 327
플라텐 53, 216, 229
플라톤 31, 32, 164
플레밍 93, 97, 100
피샤르트 88
피온텍 342
피커 309
피히테 176
핀다로스 22, 66

【ㅎ】

하게나우 80
하게도른 58, 101
하르스되르퍼 92

하만 127
하우젠 76
하우프 174
하우프트만 250
하이네 73, 85, 175, 207, 216, 229, 386
하이데거 164, 373
하이멜 316
하이쎈뷔텔 350
하임 305, 323, 330
하피스 53
할러 101
할름 235
함부르거 22, 24
함순 297
핸디 32
헤겔 165, 208
헤라클레이토스 13, 164
헤르더 57, 64, 82, 85, 127, 128, 132, 136, 159, 174
헤르베그 229
헤벨 164, 229
헤세 353
헤에르만 92
헤츨러린 82
헨젤 187
헵벨 56, 230, 244, 285, 303
호라티우스 67, 122
호메로스 13, 15, 31, 41
호크 91
호프만 172, 208
호프만스발다우 93, 99
호프만스탈 250, 255, 266, 279, 297, 298, 327
홀츠 249, 251, 252

홀트후젠 368
횔덜린 22, 25, 42, 67, 105, 128, 164, 219, 223, 250, 257, 266, 284, 309
횔러러 365, 373
횔티 128
후텐 88
후헬 343, 345, 378
후흐 266, 267
훔볼트 23
히틀러 229, 363
힌데미트 360
힐러 330
힐레 307

조두환(趙斗桓)

건국대학교 문과대 독문과 교수(현). 1944년 서울 출생. 고려대학교 독문과 및 동 대학원을 졸업하고(문학박사), 스위스 바젤 대학 수학, 프리부르 대학을 졸업하다(Lic. phil). 독일 바이로이트 대학 교환교수를 지냈다. 저서로는 <라이너 마리아 릴케. 삶과 문학>, <게오르그 트라클. 검은 바람 속의 방랑자>, <양들을 노리는 늑대들 물리치기>(공저), <조두환 교수의 독일문화기행>, 시집 <중랑천 근방>, <마포일기> 등이 있고, 역서로는 <하이네: 하르츠 기행>, <호프만스탈: 지나가는 사람들에게>, <코르넷 크리스토프 릴케의 사랑과 죽음의 노래>, <막스 피카르: 사람의 얼굴>, <카프카 문학사전>(공역) 등이 있다. 또한, <릴케의 여인상과 심의 현상>, <릴케의 여성해방의식>, <릴케와 동양사상>, <릴케의 그릇 메타포> 등 다수의 논문이 있다.

독일시의 이해

2000년 10월 5일 인쇄
2000년 10월 10일 발행

지은이 조 두 환
발행인 김 진 수
펴낸곳 한국문화사

133-112 서울시 성동구 성수1가2동 13-156
등록번호 제2-1276호
전화: 02)464-7708, 3409-4488
팩스: 02)499-0846
Homepage: www.hankookmunhwsa.co.kr

값 20,000원
ISBN 978-89-7735-782-2 93850